新文科建设教材
物流与供应链系列

LOGISTICS
ENGINEERING

物流工程

理论与方法

李玉民◎主编

李金辉　张晶蓉◎副主编

清华大学出版社
北京

内 容 简 介

本书以"概念—原理—方法—应用"为主线，围绕物流工程的基本理论和分析方法，系统阐述了物流工程的内涵和发展、常见物流技术装备、物流系统分析、物流系统建模、物流系统预测、物流设施选址、物流设施布置设计、物料搬运系统分析、物流系统控制、物流系统决策、物流系统评价、物流系统仿真等内容。本书既涵盖了物流工程领域的经典理论方法，又吸收了近年物流工程的最新研究成果，注重物流系统的分析建模、规划设计、控制决策、评价仿真等方面的能力培养。

本书作为河南省研究生精品教材建设项目成果，旨在让读者系统、全面地认识物流工程，并掌握物流工程的原理、技术、方法及应用。本书既可作为物流工程、物流管理、工业工程、交通运输、管理科学与工程、工商管理等专业类的研究生教学用书，也可作为相关专业本科生深入学习的教学用书，还可作为企事业单位相关专业技术人员的培训教材或参考书籍。

本书封面贴有清华大学出版社防伪标签，无标签者不得销售。
版权所有，侵权必究。举报：010-62782989，beiqinquan@tup.tsinghua.edu.cn。

图书在版编目(CIP)数据

物流工程：理论与方法/李玉民主编. —北京：清华大学出版社，2024.6
新文科建设教材. 物流与供应链系列
ISBN 978-7-302-66237-2

Ⅰ.①物… Ⅱ.①李… Ⅲ.①物流管理—教材 Ⅳ.①F252

中国国家版本馆 CIP 数据核字(2024)第 096751 号

责任编辑：	张　伟
封面设计：	李召霞
责任校对：	王荣静
责任印制：	宋　林

出版发行：清华大学出版社
网　　址：https://www.tup.com.cn，https://www.wqxuetang.com
地　　址：北京清华大学学研大厦 A 座　　邮　编：100084
社 总 机：010-83470000　　邮　购：010-62786544
投稿与读者服务：010-62776969，c-service@tup.tsinghua.edu.cn
质量反馈：010-62772015，zhiliang@tup.tsinghua.edu.cn
课件下载：https://www.tup.com.cn，010-83470332

印 装 者：三河市少明印务有限公司
经　　销：全国新华书店
开　　本：185mm×260mm　　印　张：24.25　　字　数：571 千字
版　　次：2024 年 6 月第 1 版　　印　次：2024 年 6 月第 1 次印刷
定　　价：75.00 元

产品编号：104891-01

前 言

物流业是支撑国民经济发展的基础性、战略性、先导性产业。党的十九大报告首次明确将物流基础设施与铁路、公路、水运、航空、电网等重大基础设施并列。物流作为实体经济的关键"经络"、社会经济的重要"血脉",连接着生产和消费、内贸和外贸,是延伸产业链、提升价值链、打造供应链的重要支撑,是国家核心竞争力的重要组成部分,也是推动经济高质量发展不可或缺的重要力量。党的二十大报告更是明确要求建设高效顺畅的流通体系,降低物流成本,着力提升我国产业链供应链韧性和安全水平。一个国家的物流能力强弱直接影响到其在全球化竞争中的地位和竞争优势,物流的国家核心竞争力水平是实现国家经济高质量发展的关键要素之一。

物流工程(logistics engineering)是现代物流的重要研究内容。物流工程是关于物流系统分析、规划、设计和管理的学科。它以物流系统的整体为研究对象,从系统观、全局观出发,综合运用系统工程、管理科学、技术科学等相关理论、技术和方法,对物流系统进行分析、规划、设计、优化、管理和控制,为社会提供低成本、高效率、高质量的物流服务。

一般认为,物流工程起源于两个相对独立领域的生产活动:一个侧重于工业企业、生产制造等微观领域的物料流、物料搬运(material handling,MH)、设施规划与设计等,这也就是我们常说的企业物流系统,又称"小物流",研究对象常称为"物料";另一个侧重于交通运输、商贸流通等宏观领域的物流过程,研究如何在运输(transport)、中转、配送(distribution)、储存(storing)、流通、批发、零售等环节实现降本增效,这也就是我们常说的社会物流系统,又称"大物流",研究对象常称为"货物""商品""物资"等。虽然起源不同,但随着现代物流的发展、各种物流技术的综合运用、各种物流资源的有效整合,使得长期以来处于割裂的两个领域最终殊途同归,融合到了一起,实现了"两源归一"、互促发展。

本书以全国工程管理专业学位研究生教育指导委员会物流工程与管理领域培养要求和教育部高等学校物流类专业教学指导委员会公布的物流专业培养方案为指导,从物流工程的系统观、整体观和全局观出发,围绕物流工程的基本理论和分析方法进行有机展开。本书编写过程中,既涵盖了物流工程领域的经典理论方法,又吸收了近年物流工程的最新研究成果,还考虑了云计算、大数据、物联网等数智技术在物流工程中的创新应用,注重物流系统的分析建模、规划设计、控制决策、评价仿真等方面的能力培养。

全书分为五个部分:物流工程基础,物流系统分析与建模,物流系统规划与设计,物流系统控制与决策,物流系统评价与仿真。其中:第一部分物流工程基础包括第1章和第2章,主要介绍现代物流和物流工程的起源、内涵和发展,常见的集装单元设备、运输技术装备、仓储技术装备和智慧物流技术装备等的结构、原理及应用,为后续章节做以铺垫;第二部分物流系统分析与建模包括第3章和第4章,主要介绍物流系统分析和建模的主要内容、基本方法和常见模型；第三部分物流系统规划与设计包括第 5 章、第 6 章、第 7 章和第 8 章，主要介绍物流系统预测、物流设施选址、设施布置设计、物料搬运系统分析等内容；第四部分物流系统控制与决策包括第 9 章和第 10 章，主要介绍物流系统控制的理论基础以及成本控制、质量控制和风险控制，物流系统决策的理论基础以及采购供应决策、运输决策和存储决策；第五部分物流系统评价与仿真包括第 11 章和第 12 章，主要介绍物流系统评价的指标体系、指标量化和综合评价，物流系统仿真的基本原理、仿真步骤、仿真应用和常见仿真软件。

本书由郑州大学李玉民、河南科技大学李金辉、郑州轻工业大学周福礼、河南农业大学樊为刚、河南财经政法大学陈浩东、河南工业大学刘威和岳卫宏等多位物流教学科研经验丰富的教授、博士共同编写。其中，李玉民担任主编，李金辉和张晶蓉担任副主编；第 1 章由李玉民编写，第 2 章由宋巍和张晶蓉编写，第 3 章和第 4 章由周福礼编写，第 5 章和第 6 章由樊为刚编写，第 7 章和第 8 章由李金辉编写，第 9 章和第 10 章由陈浩东编写，第 11 章由张晶蓉编写，第 12 章由刘威和岳卫宏编写；全书案例由张晶蓉和宋巍编写。全书由李玉民统稿。

为了便于读者学习，本书注重新形态教材建设，注重数字化教学资源建设，提供支撑授课教学的电子课件、教学视频、数字资源、复习思考题及参考答案、课程思政等立体化教学资料，以落实国家教育数字化战略行动，推进教育数字化转型，为学生提供更丰富、多样的学习体验和知识获取途径。

本书是河南省研究生精品教材建设项目成果，同时获郑州大学研究生教育质量提升工程项目资助。我们参考和引用了许多中外学者的著作和文献，已尽可能在参考文献中列出，但难免疏漏，在此向他们表示衷心感谢！郑州大学刘梦伟、李腾、马芳媛、王子琳、谷东红、杜岩霖，河南科技大学周晴、孙家浩，在资料整理和书稿校对方面，做了大量工作，在此表示感谢！

由于物流学科发展迅速，加上编者水平有限，书中难免有不妥之处，敬请广大读者批评指正。

编　者

2024 年 1 月

目录

第一部分 物流工程基础

第1章 物流工程概述 2
1.1 物流概述 2
1.2 物流系统概述 10
1.3 物流工程发展概况 17
案例 24
即测即练 24

第2章 常见物流技术装备 25
2.1 集装单元技术装备 25
2.2 运输技术装备 29
2.3 仓储技术装备 40
2.4 搬运装卸技术装备 45
2.5 物流标准化 58
2.6 智慧物流技术应用 64
案例 70
即测即练 70

第二部分 物流系统分析与建模

第3章 物流系统分析 72
3.1 物流系统分析概述 72
3.2 物流系统分析的主要内容 78
3.3 常见的物流系统分析方法 87
案例 97
即测即练 98

第4章 物流系统建模 …… 99

4.1 物流系统模型概述 …… 99
4.2 物流系统模型建立 …… 101
4.3 常见的物流系统模型 …… 105
案例 …… 111
即测即练 …… 111

第三部分 物流系统规划与设计

第5章 物流系统预测 …… 114

5.1 物流系统预测概述 …… 114
5.2 定性预测方法 …… 119
5.3 因果关系预测 …… 129
5.4 时间序列分析预测 …… 138
案例 …… 153
即测即练 …… 153

第6章 物流设施选址 …… 154

6.1 物流设施选址概述 …… 154
6.2 物流设施选址的影响因素 …… 159
6.3 物流设施选址分析方法 …… 160
案例 …… 173
即测即练 …… 174

第7章 物流设施布置设计 …… 175

7.1 物流设施布置设计概述 …… 175
7.2 物流分析技术 …… 180
7.3 系统布置设计 …… 193
7.4 订单品项数量分析 …… 205
7.5 SLP方法与EIQ分析比较 …… 208
7.6 系统布置设计的改进 …… 209
7.7 计算机辅助设施设计 …… 213
案例 …… 215
即测即练 …… 215

第8章 物料搬运系统分析 …… 216

8.1 物料搬运概述 …… 216

  8.2 物料搬运系统分析过程 ·· 222
  8.3 搬运作业合理化 ·· 233
  8.4 物流拣选系统 ·· 237
  8.5 自动物料搬运系统 ·· 240
  案例 ··· 243
  即测即练 ··· 243

第四部分 物流系统控制与决策

第9章 物流系统控制 ·· 246

  9.1 物流系统控制概述 ·· 246
  9.2 物流系统成本控制 ·· 251
  9.3 物流系统质量控制 ·· 259
  9.4 物流系统风险控制 ·· 265
  案例 ··· 276
  即测即练 ··· 277

第10章 物流系统决策 ··· 278

  10.1 物流系统决策概述及理论基础 ···································· 278
  10.2 采购与供应决策 ·· 282
  10.3 物流运输决策 ·· 288
  10.4 物流存储决策 ·· 298
  10.5 物流服务决策 ·· 305
  案例 ··· 316
  即测即练 ··· 317

第五部分 物流系统评价与仿真

第11章 物流系统评价 ··· 320

  11.1 物流系统评价概述 ·· 320
  11.2 物流系统评价指标体系的确定 ···································· 323
  11.3 指标数量化与指标综合方法 ······································· 325
  11.4 典型的物流系统评价方法 ·· 333
  案例 ··· 348
  即测即练 ··· 349

第12章 物流系统仿真 ··· 350

  12.1 物流系统仿真简介 ·· 350

12.2 物流系统仿真基本原理 …………………………………………………… 354
12.3 物流系统仿真步骤 ………………………………………………………… 363
12.4 物流系统仿真应用 ………………………………………………………… 365
12.5 物流系统仿真的常见错误与注意事项 …………………………………… 367
12.6 物流系统仿真软件 ………………………………………………………… 369
案例 …………………………………………………………………………………… 374
即测即练 ……………………………………………………………………………… 375

参考文献 …………………………………………………………………………… 376

第一部分

物流工程基础

第 1 章

物流工程概述

物流工程是物流领域的重要内容之一,侧重从工程技术角度(包括系统工程的理论和方法)研究物流系统的设计、实现和运行等问题,涉及物流系统规划、设计、实施、运行和管理的全过程,其理论和技术的广泛应用对物流建设发展具有重要的意义与作用。本章内容主要包括物流概述、物流系统概述、物流工程发展概况三部分。

1.1 物 流 概 述

1.1.1 物流的概念与基本要素

1. 物流的概念

物流中的"物"是指一切可以进行物理位置移动的物质资料,包括物资、物料、货物、商品、物品与废弃物等。物流中的"流"是指空间位移和时间转换,在流通领域、生产领域、消费领域、军事领域都有重要的意义。简言之,物流是物质资料从供给者到需求者的物理性移动和时间转换,是创造时间价值、空间价值或一定加工价值的经济活动。这是物流最简单、最直观,也是最初步的定义。

定义一,我国在国家标准《物流术语》(GB/T 18354—2021)中的定义为:物流是根据实际需要,将运输、储存、装卸(loading and unloading)、搬运(handling)、包装(packaging)、流通加工(distribution processing)、配送、信息处理等基本功能实施有机结合,使物品从供应地向接收地进行实体流动的过程。

定义二,1981年,日本通商产业省运输综合研究所(即日通综合研究所)编著的《物流手册》认为,物流是将货物由供应者向需求者的物理移动,它由一系列创造时间价值和空间价值的经济活动组成,包括运输、保管、配送、包装、装卸、流通加工及物流信息处理等多项基本活动。1992年成立的日本后勤系统协会(Japan Institute of Logistics Systems,JILS)将"物流"改称为"后勤",其名称中"后勤"几个字并没有翻译成日文,而直接用"logistics"的英文注音。这不仅是词语转换,logistics已经突破商品流通范围,把物流活动扩大到生产领域。1997年,该协会的专务理事稻束原树在《这就是"后勤"》一文中对"后勤"下了定义:后勤是一种对于原材料、半成品和成品有效流动进行规划、实施和管理的思路,它同时协调供应、生产和销售各部门的个别利益,最终达到满足顾客需求的目的。

定义三,2003年,美国供应链管理专业协会(CSCMP)对物流的定义为:物流管理是供应链管理的一部分,是对货物、服务及相关信息从起源地到消费地的有效率、有效益的正向和反向流动与储存进行的计划、执行和控制,以满足顾客要求。

定义四,1994年,欧盟物流协会(European Logistics Association,ELA)在《物流术语》中将物流定义为:物流是一个系统内对人员及商品的运输、安排及与此相关的支持活动进行计划、执行与控制,以达到特定的目的。

各国及地区关于物流定义特点的比较,如表1-1所示。

表1-1 各国及地区关于物流定义特点的比较

国家或地区	定义特点	总结
中国	从物流包含的功能出发,强调了物流功能的有机结合性	欧美国家的物流定义较多强调组织管理,中国和日本则较多强调物流的功能和过程
日本	从物流包含的内容出发,强调了物流活动过程的一体性	
美国	从企业管理的角度出发,明确指出物流是供应链的一部分,强调了客户服务的思想	
欧洲	从企业管理的角度出发,强调了供应链思想	

总体来说,物流是包括运输、储存、装卸、搬运、包装、流通加工、配送和物流信息处理等基本功能的活动,它是物品由供应地流向接收地以满足社会需求的一种经济活动。

2. 物流的基本要素

物流的基本要素包括基础要素、功能要素与网络要素等。

1)物流活动的基础要素

物流活动的基础要素是维系物流活动运行的基本条件,没有这些基本条件,物流就无法发生,也无法运行。这些基础要素就是与物流活动有关的"人""财""物"三要素。

2)物流活动的功能要素

物流活动的功能要素是指与物流有关的各种作业活动(功能),包括运输、储存、装卸、搬运、包装、流通加工、配送及物流信息(logistics information)等。

(1)运输。运输是指利用载运工具、设施设备及人力等运力资源,使货物在较大空间上产生位置移动的活动。其中包括集货、分配、搬运、中转、装入、卸下、分散等一系列操作。运输是物流活动中最重要的部分。运输的方式包括铁路运输、公路运输、水路运输、航空运输和管道运输。

(2)储存。储存是指贮藏、保护、管理物品。储存是物流活动中十分重要的组成部分,又与仓储(warehousing)、保管、储备和库存等密切相关。

(3)装卸。装卸是指在运输工具间或运输工具与存放场地[仓库(warehouse)]间,以人力或机械方式对物品进行载上载入或卸下卸出的作业过程。

(4)搬运。搬运是指在同一场所内,以人力或机械方式对物品进行空间移动的作业过程。通常在物流实践中,装卸和搬运是密不可分的,因此,合称为"装卸搬运",即在同一地域范围内进行的,以改变物品存放状态和空间位置为主要目的的作业活动。在强调物品存放状态的改变时,常用"装卸"一词;在强调物品空间位置的改变时,常使用"搬运"一词。装卸搬运的好坏、效率的高低是整个物流过程的关键所在。

(5) 包装。包装是指为在流通过程中保护产品、方便储运、促进销售,按一定技术方法而采用的容器、材料及辅助物等的总体名称;也指为了达到上述目的而采用容器、材料和辅助物的过程中施加一定技术方法等的操作活动。包装是物流的起点,对流通领域的意义要大于生产领域。通常包装可分为两大类:一类是工业包装,又称运输包装,即物流包装;另一类是商业包装,又称销售包装。

(6) 流通加工。流通加工是指根据顾客的需要,在流通过程中对产品实施的简单加工作业活动(如包装、分割、计量、分拣、刷标志、拴标签、组装、组配等)的总称。流通加工是生产加工在流通领域的一种延续,是从生产到消费之间的一种增值活动。

(7) 配送。配送是指根据客户要求,对物品进行分类、拣选、集货、包装、组配等作业,并按时送达指定地点的物流活动。配送是物流的缩影,配送是从送货发展而来的,它是现代物流的重要标志。

(8) 物流信息。物流信息是反映物流各种活动内容的知识、资料、图像、数据的总称。物流信息是现代物流发展的前提和保障。应用计算机、互联网、实时通信等技术对物流信息进行快速有效的处理,已成为现代物流运作的重要特征之一。

3) 物流活动的网络要素

物流网络结构是指产品从原材料起点到市场需求终点的整个流通渠道的结构,物流活动的网络要素包括物流组织网络、物流基础设施网络及物流信息网络。

(1) 物流组织网络。它是物流网络运行的组织保障,包括生产商(供应商)、批发商、零售商、物流服务商以及消费者(客户)等。它们是一个系统的整体,相互影响、相互作用、不可分割、共同进化、协同发展是物流组织网络中各实体的关系与目标。物流组织网络使相互依存的各要素通过相互间的合作与竞争、交互运动、自我调节、协同进化,进而推动整个物流网络结构的进化。

(2) 物流基础设施网络。它是物流网络高效运作的基本前提和条件,包括物流节点、运输线路及运输方式等。所有的物流活动都是在线路和节点上进行的,其中在线路上进行的活动主要是运输,包括集货运输、干线运输、配送运输等。物流节点不仅执行一般的物流职能,而且越来越更多地执行指挥调度、信息等神经中枢的职能。物流网络节点实体之间的连接需要通过运输来实现,包括运输线路和运输方式的选择。

(3) 物流信息网络。它是物流网络运行的重要技术支撑。在物流网络各节点之间不仅存在产品实体的流动,而且有大量物流信息的传递,物流网络系统内物流信息的及时传递、共享以及处理都会对整个物流网络的效率产生重要的影响。因此,在构建物流网络构架时,既要考虑有形的硬件节点建设,也要考虑无形的信息网络体系建设,只有拥有物流信息管理体系的支持,物流网络才能真正激活并发挥效用。

1.1.2 物流学科体系架构与物流重要理论学说

1. 物流学科体系架构

物流学是研究物质资料在生产、流通、消费各环节的流转规律,寻求获得最大的空间效益和时间效益的科学,经济学、管理学和工程学这三个支点,支撑起物流学科体系。为了深入探讨物流学科体系的建立问题,可以将物流学科体系构架分为四个层次,如图1-1所示。这四个层次形成的物流学科体系框架,与供应、制造、流通、消费四大环节具有紧密的联系。

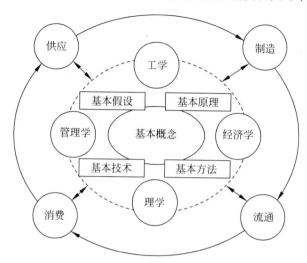

图1-1 物流学科体系架构

1) 物流学科体系的核心

物流学科体系的核心是物流系统的基本概念,是由一组最关键的核心概念组成的,如物流、配送、物流中心、配送中心等。要理解物流,必须借助这些概念,物流学科体系的所有其他组成部分都是通过这些概念来表现并且由此而展开的。这些概念是人类在逐步归纳和综合几千年的社会实践基础上抽象出来的,当这些概念足够稳定,其内涵和外延能够被准确地表达的时候,才能说明以这些概念体系为基础演绎出一个学科的时机的成熟。

2) 物流学科体系的四大支柱

物流学科体系的基本假设、基本原理、基本技术和基本方法,这四大支柱与物流学科体系的核心概念一起演绎出物流学科体系的基本框架。物流的核心概念和这四大支柱组成了物流学科体系的主要理论。

3) 物流学科体系的理论基础

物流学科的建立,本身依赖其他已经成熟的学科作为自己的理论基础,这也是物流与其他相关学科联系的具体反映。不过,与物流相联系的学科很多,它们本身分成不同的层次。与物流学科构成最紧密联系的理论主要有四类,即系统论、运筹学、经济学、管理学。系统论提供物流学科最根本的思维方法和逻辑;运筹学提供实现物流系统优化的技术与工具,它是系统论在物流中应用的具体方法;经济学提供物流系统资源配置的基本理论,物流系统的资源配置服从经济学的假设、原理和规律;管理学提供物流系统具体运作的基本假设、原理和规律。除了这些理论以外,物流学科体系还以其他一些学科理论为支撑,但其他理论同这些理论相比,与物流学科理论体系的距离要远一些,因此作为第四个层次。

4) 物流学科体系的相关学科

现代物流的运作和管理都依赖现代化的技术手段和条件,研究这些技术或手段的学科就成为物流学科体系的相关学科,如电子、电气、信息、计算机、工程技术类学科。这些学科对现代物流的作用越来越显著,因此将它们作为物流学科的相关学科来看待。

以上四个层次形成的物流科学体系框架与供应、制造、流通、消费四个环节紧密结合,并贯穿这些环节,以满足这些环节的物流需求服务。

2. 物流重要理论学说

物流学研究大量的物流资源优化配置、物流市场的供给与需求、宏观物流产业的发展与增长等问题,解决这些问题需要借助经济学理论,各物流重要理论学说的对比如表1-2所示。

表1-2 各物流重要理论学说的对比

物流重要理论学说	来源	含义	特点
"黑大陆"学说	1962年美国彼得·德鲁克(Peter Drucker)提出	物流活动中包括物流成本等在内的未知事物还很多	强调应当高度重视流通以及流通过程中的物流
"物流冰山"学说	1970年日本西泽修提出	潜藏在海面下的冰山主体才是物流费用的主要部分	强调有相当数量的物流费用是不可见的
"第三利润源"学说	1970年日本西泽修提出	在制造成本降低空间不大的情况下,降低物流成本成为企业的"第三利润源"	强调物流的潜力及效益
效益背反学说	18世纪德国伊曼努尔·康德(Immanuel Kant)提出	一种物流活动的高成本会因另一种物流活动成本的降低或效益的提高而抵消	强调物流成本的总体效果
成本中心学说	1962年美国德鲁克提出	物流是主要成本的产生点,也是降低成本的关注点	强调物流的成本机能
服务中心学说	美国和欧洲学者提出	物流活动的最大作用在于提高了企业对用户的服务水平	强调物流的服务保障功能
战略中心学说	2001年中国马士华提出	物流会影响到企业总体的生存与发展,应站在战略的高度看待物流对企业长期发展所带来的深远影响	强调物流管理战略全局化的观念
绿色物流学说	中国学者提出	在物流过程中抑制物流对环境造成危害的同时,实现对物流环境的净化,使物流资源得到最充分的利用	强调现代物流的发展应优先考虑环境问题
低碳物流学说	国内外学者提出	物流作为高端服务业的发展,必须走低碳化道路,着力发展绿色物流服务、低碳物流和智能信息化	强调有效实现物流领域的能源使用效率

1) "黑大陆"学说

1962年,美国管理学家德鲁克在《财富》杂志上发表了《经济的黑暗大陆》一文,强调应当高度重视流通,以及流通过程中的物流。这个学说认为物流领域尚有许多不为人知的规律,需要在理论和实践中加以研究,它是对物流运作的评价。这种探索就像发现新大陆一样令人无限期待,对物流的实业界和理论界的进一步发展有着重要的历史价值,标志着企业物流管理领域的正式启动。

2)"物流冰山"学说

1970年,日本早稻田大学教授、权威物流成本学者西泽修先生形象化地提出关于物流费用描述的学说,其含义是:人们并不容易把握物流费用的总体内容,提起物流费用通常只看到冰山一角,而潜藏在海面下的冰山主体却看不见,事实上海面下的冰山主体才是物流费用的主要部分。一般情况下,在企业会计科目中,只把支付给外部运输、仓库企业的费用列入成本,实际这些费用在整个物流费用中确实如冰山一角。因为,物流基础设施建设费和企业利用自己的车辆运输、利用自己的库房保管货物、由自己的工人进行包装和装卸等费用都没列入物流费用科目。一般来说,企业向外部支付的物流费用是很小的一部分,真正的大头是企业内部发生的物流费用。

3)"第三利润源"学说

第三利润源说,也称利润中心说。1970年,西泽修先生提出了第三利润源说。在生产力相对落后、社会产品处于供不应求的历史阶段,由于市场商品匮乏,制造企业无论生产多少产品都能销售出去。于是企业就大力进行设备更新改造、扩大生产能力、增加产品数量降低生产成本,以此来创造企业剩余价值,即"第一利润"。当产品充斥市场,转为供大于求,销售产生困难时,也就是第一利润达到一定极限,很难持续发展时,便采取扩大销售的办法寻求新的利润源泉。人力领域最初是廉价劳动,其后则是依靠科技进步提高劳动生产率,降低人力消耗或采用机械化来降低劳动耗用,从而降低成本、增加利润,这就是"第二利润"。然而,在前两个利润源潜力越来越小、利润开拓越来越困难的情况下,人们发现物流不仅可以帮助扩大销售,而且是一个很好的新利润增长源泉,物流成本的降低就被认为是第三利润源。它是对物流价值和物流职能的评价。

4)效益背反学说

效益背反,是指一种活动的高成本会因另一种物流活动成本的降低或效益的提高而抵消的相互作用关系,其规律如图1-2所示。它是物流领域的一个普遍现象。例如包装问题,包装越节省,则利润越高,但包装不足,无法起到保护作用,使得物流的其他活动环节遭受损失;包装可以提高商品的附加值,但过度包装会影响经济效益。所以,达到物流总体效益最优是物流追求的目标,它强调的是物流的总体效果。

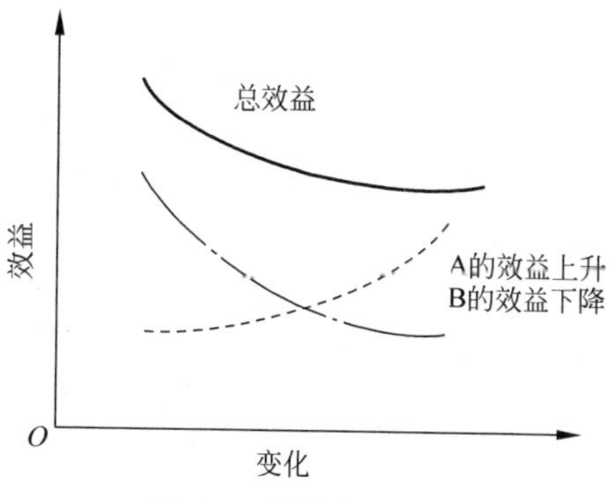

图1-2 效益背反规律

5)成本中心学说

物流是企业成本的重要产生点,因而解决物流问题不仅是为了支持和保证其他活动,重要的是通过物流管理和物流的一系列活动降低成本。所以,物流成本中心学说既是指主要成本的产生点,也是指降低成本的关注点。物流是"降低成本的宝库"等说法,正是对这种认识的形象表述。

6）服务中心学说

服务中心学说代表了美国和欧洲一些学者（如鲍尔索克斯）对物流的认识，他们认为，物流活动的最大作用并不在于为企业节约了成本或增加了利润，而是在于提高了企业对用户的服务水平，进而提高了企业的竞争力。服务中心学说特别强调了物流的服务保障功能，借助物流的服务保障作用，企业可以通过整体能力的加强来压缩成本、增加利润。目前，在国内有关物流的服务性功能的研究也是一个比较热的话题，有的从顾客满意度的角度，探讨物流服务的功能和作用以及衡量指标体系；也有的从客户关系角度，研究客户关系管理在物流企业中的应用价值和方法。

7）战略中心学说

物流战略中心说是当前非常盛行的说法，学术界和企业界逐渐意识到物流更具有战略性。这一学说把物流提到了一个相当重要的地位，认为物流会影响到企业总体的生存与发展，应该站在战略的高度看待物流给企业长期发展所带来的深远影响。将物流与企业的生存和发展直接联系起来的观点，对促进物流的发展具有重要意义。

8）绿色物流学说

绿水青山就是金山银山，绿色物流是指在物流过程中抑制物流对环境造成危害的同时，实现对物流环境的净化，使物流资源得到最充分的利用。随着环境资源恶化程度的加深，对人类生存和发展的威胁越大，因此人们对环境的利用和环境的保护越来越重视，现代物流的发展必须优先考虑环境问题，需要从环境角度对物流体系进行改进，即需要形成一个环境共生型的物流管理系统。这种物流管理系统建立在维护全球环境和可持续发展的基础上，改变原来发展与物流、消费生活与物流的单向作用关系，在抑制物流对环境造成危害的同时，形成一种能促进经济与消费健康发展的物流系统，即向绿色物流转变。因此，绿色物流管理强调全局和长远的利益，强调全方位对环境的关注，体现了企业绿色形象。

9）低碳物流学说

低碳物流顺应低碳经济的时代要求，是应对社会能源消耗严重、全球气候变暖最有效的物流发展方式，是实现可持续发展的物流运营模式。2020年9月22日，习近平主席在第七十五届联合国大会一般性辩论上郑重宣布："中国将提高国家自主贡献力度，采取更加有力的政策和措施，二氧化碳排放力争于2030年前达到峰值，努力争取2060年前实现碳中和。"2021年3月5日《政府工作报告》中指出，要扎实做好碳达峰、碳中和各项工作，制定2030年前碳排放达峰行动方案。低碳物流并不是一味地减少能源消耗，降低碳排放，而是降低碳强度。低碳物流的本质就是通过物流规划与物流政策、物流合理化与标准化、物流信息化与低碳物流技术等方式，提升行业内的能源使用效率，既能达到实现物流能力，满足社会经济发展的适度增长的要求，又能达到缓解能源供给压力的目的，即有效实现物流领域的能源使用效率。

1.1.3 国内外物流的发展历程

1. 美国物流发展历程

美国是世界上物流业起步最早、技术最为领先的国家之一。一般来说，美国物流业的发展主要经历了五个阶段：概念化的20世纪五六十年代、发展的70年代、革新的80年代、整合的 90 年代、21 世纪的物流新发展。

（1）概念化的 20 世纪五六十年代。20 世纪五六十年代，美国物流业的发展一直处于休眠状态。在这个阶段，美国并未形成主流的物流理念，企业中的物流活动被分散管理。例如，运输由生产部门管理、库存由营销部门管理等。

（2）发展的 70 年代。20 世纪 70 年代的美国经济发生了重大变革，石油危机导致油价大幅攀升，使得运输成本提高，迫使企业不得不研究如何降低物流费用；同时，政府开始意识到传统的物流政策已经限制了自由竞争，不利于经济的发展。为此，20 世纪 70 年代的美国企业开始逐渐改善大量生产、大量消费时代的物流模式。

（3）革新的 80 年代。20 世纪 80 年代是美国物流发展的一个重要阶段。大量的技术革新、管理理念的创新以及宽松的政府政策，使美国物流业得到了很大的发展，技术革新就是在这个阶段产生和发展的。

（4）整合的 90 年代。经过了前几十年的发展，美国物流业已经初具规模，在国民经济中的地位也是越来越重要。到 20 世纪 90 年代，美国物流业开始了自己的整合之路，从而创造更大的价值。这期间的代表有：供应链管理理论、信息化推动增值服务，以及第三方物流的出现和发展。

（5）21 世纪的物流新发展。进入 21 世纪，随着全球化进程的不断加快，尤其是电子商务的不断发展，各国之间的经济贸易往来更加密切。国际物流、区域物流、电商物流等成为重要的经济增长点。美国的企业更是很好地抓住了这个机遇，这个阶段涌现出很多拥有强大国际物流业务能力的企业，如 FedEx 和 UPS。

2. 日本物流发展历程

物流现代化和生产现代化，是日本第二次世界大战后经济发展的两个车轮。物流的概念虽然在 20 世纪中期才从美国引入日本，但无论在物流的发展速度、政府的重视程度，还是在物流基础设施建设、现代化物流发展水平等方面，日本都可以和欧美发达国家相媲美。日本的物流产业经历了以下的阶段。

（1）物流概念的导入和形成期(1956—1964 年)。1956 年，日本流通技术考察团考察美国，引入物流的概念。日本自此开始了对物流的深入研究，物流体系也在这个阶段萌芽并有了初步的发展。

（2）物流近代化阶段(1965—1973 年)。在这个阶段，伴随着日本政府《中期 5 年经济计划》的出台，各企业都建立了相应的部门积极推进物流基础建设，这种基础建设的目的在于构筑与大量生产、销售相适应的物流设施。这一举动为日后物流业在日本快速发展奠定了良好的基础。这一阶段也伴随着第一次石油危机的开始而结束。

（3）物流合理化阶段(1974—1983 年)。在这个阶段，物流的功能整合发展很快。人们不再将物流看成运输、仓储、包装、搬运等个别职能的分散活动，而是运用系统论的理论和观点，把物流作为一个系统来研究和运作。同时一些日本企业开始把先进的物流技术运用于生产，如丰田公司推行的准时制生产理念，日立、三洋、东芝等企业纷纷设立的独立物流中心或配送中心。

（4）物流现代化阶段(20 世纪 80 年代中期至今)。这个阶段也可以称为物流战略化时代。物流作为包括采购物流、生产物流、配送物流、销售物流等子系统在内的一个大系统,被视为企业经营总体战略的重要组成部分和企业经营的重要内容。

3. 我国物流发展历程

从1949年中华人民共和国成立到现在,我国物流的发展大体可以划分为以下五个阶段。

(1) 萌芽阶段(1949—1978年)。这个阶段是我国国民经济的恢复和初始发展时期。这一阶段实行的是高度集中的计划经济管理体制,物资资料都是通过各级政府按部门、按行政区域制订计划进行调配和供应,我国的经济还相当落后,物流还没有引起企业界的关注。但是,传统的仓库和储备形态已不足以支持经济发展和企业生产的要求,将储运联结在一起,实现一体化,自然成为一种选择。因此,物流在经济界和企业界已经自发出现了。

(2) 学习和引进阶段(1979—1989年)。1979年6月,我国物资工作者代表团赴日本参加第三届国际物流会议,回国后在考察报告中第一次引用和使用"物流"这一术语,并介绍了日本物流的发展情况。我国也开始对物流进行理论研究,主要是探讨生产资料流通领域活动,对其他领域的物流涉及很少。这个摸着石头过河的时期,为以后我国物流的崛起打下了基础。

(3) 现代物流起步阶段(1990—1999年)。伴随着改革开放的不断深化,我国现代物流也迎来了发展的机遇。多领域的探索和从理论向实际运行与操作的转化逐渐成为经济界和企业界关注的热点问题。

(4) 快速发展阶段(2000—2009年)。进入21世纪以后,企业逐渐意识到制造业成本已经没有可压缩空间,纷纷将目光转向物流,把物流当作利润的第三源泉,开始重视物流科学,物流人才的培养也开始起步。这个阶段为物流后期的高速发展奠定了基础。

(5) 高速发展阶段(2010年至今)。伴随着中国制造、国际贸易和电子商务的快速发展,物流业发展日益加快。2010年至今,国家陆续出台了多项促进物流业降本增效、高质量发展的政策措施。

在《中华人民共和国国民经济和社会发展第十四个五年规划和2035年远景目标纲要》中,共19次提到物流在远景规划中的支撑性作用和定位,现代物流不仅能改善消费者体验、促进生产效率提升及区域经济发展,而且能推动我国经济转型升级。从我国物流发展历程和趋势来看,我国物流虽起步较晚,但也取得了巨大的发展成就,展现出物流人迎难而上的无畏精神、坚韧不拔的拼搏精神。随着我国物流产业地位不断提升,需要更多的物流专业人才学习相关理论知识和职业技能,从而更好地服务国家物流产业,推动物流产业结构升级和提质增效,进而更好地服务国家经济社会发展。

1.2 物流系统概述

1.2.1 物流系统的概念与基本模式

1. 物流系统的概念

物流系统是指在一定的时间和空间里,由所需位移的物资与包装设备、搬运装卸机械、运输工具、仓储设施、人员和通信联系等若干相互制约的动态要素,所构成的具有特定功能的有机整体。物流系统的目的是实现物资的空间效益和时间效益,在保证社会再生产顺利进行的前提条件下,实现各种物流环节的合理衔接,并取得最佳的经济效益。

物流系统在经济系统中扮演着重要的角色,不同物流系统的规划设计工作,是提高物流系统硬件结构和组织管理科学性、合理性的基础,也是实现物流系统既定目标的关键步骤,没有科学合理的规划设计,物流系统可能会面临一系列问题,并付出高昂的代价。而物流工程正是帮助人们利用工程技术手段进行物理系统规划设计、实现物流系统构成与运作及其目的的关键途径,因此掌握物流工程方法对于解决不同层次的物流系统规划设计问题至关重要。例如,三峡工程、南水北调工程及西气东输等国家重大工程项目的实施都离不开物流工程的重大支撑,需要从物流系统角度,科学合理配置资源,以取得最佳的经济效益、社会效益和生态效益。

2. 物流系统的基本模式

物流系统根据功能性质可以分为各种各样的物流子系统。但是不管是什么样的物流系统,都和一般系统一样,具有输入、转换及输出三大功能,通过输入和输出使系统与社会环境进行交换,使系统和环境相互依存。其基本模式通常都是由物流系统的输入与输出、转换与处理、信息反馈、限制与干扰等几个方面构成,如图 1-3 所示。

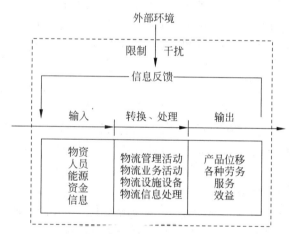

图 1-3 物流系统的基本模式

1) 输入、输出

输入是指外部环境对物流系统的直接输入,主要包括物资、人员、能源、资金、信息和技术等,是物流系统处理的对象。输出是物流系统以其本身所具有的各种手段和功能,在外部环境一定的制约作用下,对环境的输入进行必要的转换、处理,以增值后的产品、商品或位移性效能、时间性效能、方便性效能及其他服务形式表现出来,主要包括物资、服务、信息、效益、污染等。

2) 转换、处理

转换、处理是物流系统本身的转化处理过程。物流系统通过本身所拥有的各种手段和特定功能,在外部环境的某种干扰作用下,赋予输入以空间效用、时间效用等对其进行必要的转化活动,如物流管理活动、物流业务活动、物流设施设备、物流信息处理等,使之变为满足客户需求的输出,并对环境产生或好或坏的影响。

3) 信息反馈

反馈主要是信息的反馈,存在于输入和输出过程中,也存在于限制或干扰中。信息反馈的活动包括各种物流活动分析报告、各种统计报告数据、典型调查、国内外市场信息与有关动态等,具体反馈信息包括物品位移所处的物流作业状态、交付时间、库存管理、运输成本、客户满意度、效率指标等。

4) 限制、干扰

依据外部环境变化及有关限制,如资源限制、能源限制等各种变化因素的影响,对物流系统施加一定的调节与控制措施,这是物流系统适应控制的典型特点。这些调节因素主要包括需求变化、运输能力、仓库容量、生产能力、价格变化、政策规定等。

1.2.2 物流系统的特征与目标

1. 物流系统的特征

物流系统是一个复杂的、庞大的系统。在这个大系统中又有众多的子系统,系统间又具有广泛的横向和纵向的联系。物流系统具有一般系统所共有的特点,即整体性、相关性、目的性、环境适应性,同时具有规模庞大、结构复杂、目标众多等大系统所具有的特征。

1) 物流系统是一个"人—机系统"

物流系统由人和形成劳动手段的设备、工具所组成。它表现为物流劳动者运用运输设备、搬运装卸机械、货物、仓库、港口、车站等设施,作用于物资的一系列生产活动。在这一系列的物流活动中,人是系统中的主体。因此在研究物流系统的各方面问题时,要把人和物有机地结合起来,作为不可分割的整体,加以考察和分析,而且始终把如何发挥人的主观能动作用放在首位。

2) 物流系统是一个可分系统

作为物流系统,无论其规模多么庞大,都是由若干个相互联系的子系统组成的。这些子系统的多少、层次的阶数,是随着人们对物流的认识和研究的深入而不断扩充的。系统与子系统之间、子系统与子系统之间,存在时间和空间、资源利用方面的联系,也存在总的目标、总的费用及总的运行结果等方面的联系。

3) 物流系统是一个动态系统

物流活动受到社会生产和社会需求的广泛制约。这就是说,社会物资的生产状况、社会物资的需求变化、社会能源的波动,以及企业间的合作关系,都随时随地影响着物流;物流系统是一个具有满足社会需要、适应环境能力的动态系统。为适应经常变化的社会环境,使物流系统良好地运行,人们必须对物流系统的各组成部分不断地修改、完善。在较大的社会变化情况下,甚至需要进行物流系统的再设计。

4) 物流系统是一个复杂系统

物流系统拥有大量的资源,资源的大量化和多样化带来了物流的复杂化。从物资资源上看,品种成千上万、数量极大。从从事物流活动的人来看,需要数以百万计的庞大队伍。从资金占用来看,占用着大量的流动资金。从物资供应经营网点上看,遍及全国城乡各地。这些人力、物力、财力、资源的组织和合理利用,是一个非常复杂的问题。从物流信息活动上看,在物流活动的全过程中,始终贯穿着大量的物流信息。物流系统要通过这些信息把各个子系统有机地联合起来。如何把信息收集、处理好,并使之指导物流活动,这也是非常复杂的。从物流系统边界上看,物流系统的边界是广阔的。物流的范围横跨生产、流通、消费三大领域。这一庞大的范围,给物流组织系统带来了很大的困难。而且随着科学技术的进步、生产的发展和物流技术的提高,物流系统的边界范围还将不断地向内深化、向外扩张。

5) 物流系统是一个多目标函数系统

物流系统的总目标是实现物资空间位置的转移。但是,围绕这个总目标也常常会出现一些矛盾。对物流数量,人们希望最多;对物流时间,人们希望最短;对服务质量,人们希望最好;对物流成本,人们希望最低。显然,要满足上述所有要求是很难的。例如,在仓储子系统中,站在保证供应、方便生产的角度,人们希望储存物资的数量大、品种多;而站在加速资金周转、减少资金占用的角度,人们则希望减少库存。又如,在运输中,最快的运输方式为航空运输,但运输成本高,时间效用虽好,但经济效益不一定最佳。这些相互矛盾的问题,在物流系统中广泛存在,而物流系统又恰恰要求在这些矛盾中运行。因此,在处理物流系统中的问题时,必须运用系统工程的思想和方法,建立物流多目标函数,并在多目标中求得物流的最佳效果,否则往往会顾此失彼、得不偿失。

6) 物流系统是一个大跨度系统

物流系统涉及面广、范围大,既有企业内部物流、企业间物流,又有城市物流、社会物流,同时包括国际物流。物流系统的大跨度反映在两个方面:一是地域跨度大;二是时间跨度大。在现代经济社会中,企业间物流经常会跨越不同地域,国际物流的地域跨度更大,通常采取储存的方式解决产需之间的时间矛盾,这样时间跨度往往也很大,大跨度系统带来的主要问题是管理难度较大,对信息的依赖程度较高。

在对物流活动进行研究时,应充分考虑物流系统的各种特征,并根据这些特征进行物流系统的分析和设计,制订科学、合理的实施方案。只有这样,才能建立一个低成本、高效益的物流系统,实现系统的各种功能,并使系统的整体效益最优。

2. 物流系统的目标

1) 物流系统的共同目标

物流系统的上级系统可以是一个市场,可以是一条供应链,可以是一个企业,可以是各企业内部的一个部门,可以是更小的物流作业单元或者更大的物流系统。表面上看,它们要实现的目标很不相同,很难用同样的指标衡量。但是,无论它们的规模多大多小、功能多专多全,从物流系统的本质上讲,它们都是在共同的目标下集成起来的。物流系统的共同目标可归纳为五个方面:提供客户需要的服务,即在恰当的时间,将恰当数量、恰当质量的恰当商品送到恰当的地点（5R 原则：right time、right location、right condition、right goods、right customer）；提供系统所需要的服务水平的同时，使系统的总成本最小；服务公司的总体政策；最大限度地利用可用资源，使公司投资保持在合理水平；促进公司长期发展。其中，对物流系统来说最重要的目标是第一个和第二个。因此，"服务"和"总成本"是物流系统的两个主要指标。

2）物流系统的服务目标

物流系统的服务目标包括很多方面。各个层次的物流系统都有自己的服务目标，其中，下级系统的目标由它的直接上级系统服务目标决定。下面分别以最底层的下级物流系统和最顶层的上级物流系统为例来进行说明。以铁路运输发货作业环节为例，其服务目标是：降低或消除发货品种、规格、数量、时间、地点、单证等方面的差错；缩短集货、组配、装货、填制和签发有关发货凭证的时间；发货方和承运方关系融洽、配合默契、责任明确；及时与收货方联系，并尽可能通过 EDI（电子数据交换）方式或其他电子方式提供完整的发货凭证和文档，以便收货等。以制造商为例，其服务目标是：及时满足生产线对原材料的需要；半成品必须方便存取、产成品必须及时运出；为生产计划部门及时提供库存、运输资源状况信息，并在需要这些资源的时候立即满足这些要求；等等。

3）物流系统的成本目标

物流系统的成本由物流系统中提供物流服务的功能要素的成本组成，主要有运输成本和仓储成本。除此之外，企业通常还会有许多其他物流成本发生，如装卸搬运成本、包装成本、流通加工成本、物流信息处理成本以及其他增值服务成本等。物流系统运作应尽可能地将系统成本降至最低。

1.2.3 物流系统的要素与分类

1. 物流系统的要素

物流系统和一般的管理系统一样，都是由人、财、物、设备、信息和任务目标等要素组成，可划分成一般要素、功能要素、支撑要素和物质基础要素四个方面。其中物流系统的功能要素指的是物流系统所具有的基本能力，物流要素的功能要素一般认为有运输、储存、装卸、搬运、包装、流通加工、配送、物流信息等。

1）物流系统的一般要素

（1）人。人是物流的主要因素，是物流系统的主体。人是保证物流得以顺利进行和提高管理水平的最关键的因素。提高人的素质，是建立一个合理化的物流系统并使它有效运转的根本。

（2）财。财是物流活动中不可缺少的资金。交换是以货币为媒介，实现交换的物流过程实际也是资金运动过程，同时物流服务本身也是需要以货币为媒介。物流系统建设是资本投入的一大领域，离开资金这一要素，物流不可能实现。

（3）物。物是物流中的原材料、成品、半成品、能源、动力等物质条件，包括物流系统的劳动对象，即各种实物，以及劳动工具、劳动手段，如各种物流设施、工具，各种消耗材料

(燃料、保护材料)等。没有物,物流系统便成了无本之木。

2) 物流系统的支撑要素

物流系统的建立需要有许多支撑手段,尤其是它处于复杂的社会经济系统中,要确定物流系统的地位,要协调与其他系统的关系,这些要素必不可少。其主要包括以下几方面。

(1) 体制、制度。物流系统的体制、制度决定物流系统的结构、组织、领导、管理方式,国家对其控制、指挥、管理方式以及系统的地位、范畴,是物流系统的重要保障。有了这个支撑条件,物流系统才能确立在国民经济中的地位。

(2) 法律、规章。物流系统的运行,不可避免会涉及企业或人的权益问题。法律、规章一方面限制和规范物流系统的活动,使之与更大系统协调;另一方面给予保障,合同的执行、权益的划分、责任的确定都需要靠法律、规章维系。

(3) 行政、命令。物流系统和一般系统的不同之处在于物流系统关系到国家军事、经济命脉。所以,行政、命令等手段也常常是物流系统正常运转的重要支持要素。

(4) 标准化系统。物流系统涉及多个行业和领域,建立物流标准化系统以保证物流环节协调运行,是物流系统与其他系统在技术上实现联结的重要支撑条件。

3) 物流系统的物质基础要素

物流系统的建立和运行,需要有大量技术装备手段,这些手段的有机联系对物流系统的运行有决定意义。物质基础要素主要包括以下几个。

(1) 物流设施。它是组织物流系统运行的基础物质条件,包括物流站、货场、物流中心、仓库、物流线路、建筑、公路、铁路、港口等。

(2) 物流装备。它是保证物流系统开工的条件,包括仓库货架、进出库设备、加工设备、运输设备、装卸机械等。

(3) 物流工具。它是物流系统运行的物质条件,包括包装工具、维护保养工具、办公设备等。

(4) 信息技术(IT)及网络。它是掌握和传递物流信息的手段。根据所需信息水平不同,包括通信设备及线路、传真设备、计算机及网络设备等。

(5) 组织及管理。它是物流网络的"软件",起着连接、调运、运筹、协调、指挥各要素的作用,以保障物流系统目的的实现。

2. 物流系统的分类

物流系统可以按照物流发生的位置、物流运行的性质、物流活动的范围、物流功能的不同等标准进行分类。

1) 物流发生的位置

根据物流发生的位置,物流系统可分为企业内部物流系统和企业外部物流系统。

(1) 企业内部物流系统。企业内部物流系统指制造企业所需原材料、能源、配套协作件的购进、储存、加工直至形成半成品、成品最终进入成品库的物料、产品流动的全过程。

(2) 企业外部物流系统。企业外部物流系统指对于制造企业,物料、协作件从供应商所在地到该制造企业仓库为止的物流过程。从成品库到各级经销商,最后送达用户的物流过程,都属于企业的外部物流系统。

2) 物流运行的性质

根据物流运行的性质,物流系统可分为供应物流系统、生产物流系统、销售物流系统、回收物流系统和废弃物流系统。

(1) 供应物流系统。供应物流系统指从原材料、燃料、辅助材料、机械设备、外协件、工具等从供应商处的订货、购买开始,通过运输等中间环节,直到收货人收货入库为止的物流过程。供应物流系通过采购行为使物资从供货单位转移到用户单位,一般是生产企业进行生产所需要的物资供应活动。

(2) 生产物流系统。生产物流系统指从原材料投入生产起,经过下料、加工、装配、检验、包装等作业直至成品入库为止的物流过程。生产物流的运作过程基本上是在企业内部完成。流动的物品主要包括原材料、在制品(wait in process,WIP)、半成品、产成品等,物品在企业范围内的仓库、车间、车间内各工序之间流动,贯穿于企业的基本生产、辅助生产、附属生产等生产工艺流程的全过程,是保证生产正常进行的必要条件。生产物流的运作主体是生产经营者,部分生产物流业务可以延伸到流通领域。

(3) 销售物流系统。销售物流系统指成品由成品库(或企业)向外部用户直接出售,或经过各级经销商直到最终消费者为止的物流过程。从事销售物流运作的经营主体可以是销售者、生产者,也可以是第三方物流经营者。

(4) 回收物流系统。回收物流系统指物品运输、配送、安装等过程中所使用的包装容器、装载器具、工具及其他可以再利用的废旧物资的回收过程中发生的物流。回收物流主要包括边角余料、金属屑、报废的设备、工具形成的废金属和失去价值的辅助材料等。

(5) 废弃物流系统。废弃物流系统指对废弃杂物的收集、运输、分类、处理等过程中产生的物流。废弃杂物一般包括伴随产品生产过程产生的副产品、废弃物,以及生活消费过程中产生的废弃物等。废弃物流通常由专门的经营者经营,国外亦有第三方物流经营者参与废弃物流作业过程的实例。

3) 物流活动的范围

根据物流活动的范围,物流系统可分为企业物流系统、区域物流系统和国际物流系统。

(1) 企业物流系统。企业物流系统指围绕某一企业或企业集团产生的物流活动。它包括企业或企业集团内部物流活动,也涉及相关的外部物流活动,如原材料供应市场和产品销售市场。企业物流活动往往需要考虑供应物流、生产物流和销售物流之间的协调,以及相应的一体化规划、运作和经营。

(2) 区域物流系统。区域物流系统指以某一经济区或特定地域为主要活动范围的社会物流活动。区域物流一般表现为通过一定地域范围内的多个企业间的合作、协作,共同组织大范围专项或综合物流活动的过程,以实现区域物流的合理化。区域物流通常需要地方政府的规划、协调、服务和监督,在促进物流基础设施的科学规划、合理布局与建设发展等方面给予支持。

在规划某区域物流系统时,例如,省域、城市物流系统,公路运输站场规划与布局等,一般需要考虑区域物流设施与企业物流设施的兼容和运行方式。全国物流系统可以看作扩大的区域物流系统。在全国范围进行物流系统化运作时,需要考虑综合运输及运网体系、物流主干网、区域物流及运作等。

(3) 国际物流系统。国际物流系统指在国家(地区)与国家(地区)之间的国际贸易活动中发生的商品从一个国家(地区)流转到另一国家(地区)的物流活动。国际物流涉及国际贸易、多式联运和通关方式等多种问题。它需要国际的合作,以及国内各方的重视和积极配合参与,一般比国内物流复杂得多。

4) 物流功能的不同

根据物流功能的不同,物流系统可分为运输物流子系统、仓储物流子系统、装卸搬运子系统、包装及流通加工子系统、配送子系统、信息子系统等不同的子系统。

1.3 物流工程发展概况

1.3.1 物流工程的产生与发展

1. 物流工程的产生

物流工程发源于两种各自独立的工业生产活动:一是工业设计部门和起重运输行业对生产领域的物料流动与物料搬运,面向生产企业将原材料变成产品的制造过程的设计、研究与生产;二是物资流通部门及其所属研究机构对物资流通领域的物资流通和分配的规划、运作以及研究。物流工程的产生和发展过程如图1-4所示。

图1-4 物流工程的产生和发展过程

物流工程的源头可以追溯到产业革命时代制造业的工厂生产设计。早在1776年,苏格兰经济学家亚当·斯密(Adam Smith)在《国民财富的性质和原因的研究》(以下简称《国富论》)一书中就提出了"专业分工"能提高生产率的理论,指出可以设计一个能够有效利用劳动力的生产过程。

18世纪80年代产业革命后,工厂逐步取代了小手工作坊,但工厂设计与工厂管理仅凭经验,未能摆脱小作坊生产模式。18世纪末,美国发明家伊莱·惠特尼(Eli Whitney)将生产过程划分为几个能够进行简单批量生产的工序,提出"零件的互换性"的概念。惠特尼用了10年时间来发明、设计、制造他提议的机器,并布置了他的工厂。

19世纪末到20世纪30年代,以弗雷德里克·泰勒(Frederick Taylor)为首的工程师对工厂、车间、作坊进行了一系列调查和试验,细致地分析、研究了工厂内部生产组织方面的问题,倡导"科学管理"。当时工厂设计的活动主要有三项:操作法工程(method engineering)、工厂布置(plant layout)和物料搬运。其中,操作法工程研究的重点是工作测定、动作研究等工人的活动;工厂布置则研究机器设备、运输通道和场地的合理配置;物料搬运研究原材料到制成品的物流控制。在此期间,人们主要凭经验和定性方法进行工厂设计。

20世纪初,工业工程和科学管理创始人之一弗兰克·吉尔布雷斯(Frank Cilbreth)在建筑工作中提出的动作分析和后来的流程分析已经具有物流分析的含义。因此可以认为,工业生产孕育了工厂设计和企业物流。

第二次世界大战后,被战争破坏的国家需要重建工厂。工厂的规模和复杂程度明显增大,工厂设计也由传统的较小系统的设计发展到大而复杂的系统设计。运筹学、统计学、概率论等被广泛应用到生产建设中,同时系统工厂理论、电子计算机技术也得到普遍应用,人们开始运用系统工程的概念和系统分析方法进行工厂设计与物流分析,从而产生了物流系统工程。工厂设计的原则和方法逐渐扩大到非工业设施,如机场、医院、超级市场等各类服务设施。"工厂设计"也逐渐被"设施规划""设施设计"所涵盖。

从20世纪50年代起,管理科学、工程数学、系统分析的应用为工厂设计由定性分析转向定量分析创造了条件。相关学者、专家陆续发表了一些工厂设计的著作,如爱伯尔的《工厂布置与物料搬运》、穆尔的《工厂布置与设计》、理查德·缪瑟(Richard Muther)的《系统布置设计》和《物料搬运系统分析》等。

20世纪70年代以来,一些计算机辅助工厂布置程序陆续推出,较著名的有CRAFT(Computerized Relative Allocation of Facilities Technique)、CORELAP(Computerized Relationship Layout Planning)、ALDEP(Automated Layout Design Program)、PLANET(分析评价法)等。这些程序的主要目的在于产生好的工厂布置方案,来实现搬运费用最少、相关度最大。缪瑟提出的物料搬运分析,提供了一套完整的、易于实行的阶段划分、程序模式和习惯表示法。这种逻辑性、条理化的分析方法被各国广泛采用。成组技术的发展,为小批量、多品种加工工厂的设计提供了工艺过程选择、规划,乃至为整个生产系统管理提供了合理化的科学方法。计算机辅助工厂设计逐渐进入实用阶段,可进行布置设计、场地设计、建筑设计、物料搬运系统(Material Handling System,MHS)和工艺流程的布置及动态模拟(simulation),计算机辅助设计(computer aided design,CAD)广泛应用于规划设计的各个阶段。

20世纪80年代,在物流系统分析中,人们利用计算机仿真技术进行方案比较和优选,以及复杂系统的仿真研究,包括:从原料接收到仓库、制造后勤支持系统的仿真,仓储系统运行分析、评价的仿真等;设施设计的动态柔性问题的研究;利用图论、专家系统、模糊集理论进行多目标优化问题的探讨等。

20世纪90年代,人们又结合现代制造技术、柔性制造系统(flexible manufacturing system,FMS)、计算机集成制造系统(computer integrated manufacturing system,CIMS)和现代管理技术准时生产制(just in time,JIT)等,进行物料搬运和平面布置的研究。物流系统的研究也扩大到从产品订货到销售的整个过程。

21世纪10年代,随着移动互联网、大数据、云计算、优化运筹等底层技术发展,人们开始利用智慧化技术手段,实现物流各环节精细化、动态化、可视化管理,提高物流系统智能化分析决策和自动化操作执行能力,提升物流运作效率。

2. 我国物流工程的发展

我国物流工程的最初形态同样也是设施设计与工厂设计,即根据系统的功能需求,对其设施、人员、投资等进行系统的规划和设计。新中国成立初期的工厂设计沿用苏联的设计方法,即注重设备选择的定量运算,对设备、车间、厂区的布置以定性布置为主。这种方法在新中国成立初期发挥了一定的积极作用,然而随着资源的紧缺、科技的发展,这种粗放型设计理念越来越不适应新时期我国经济低碳、可持续发展的要求。

1982 年,美国物流专家缪瑟来华讲授《系统布置设计》(*Systematic Layout Planning*)、《物料搬运系统分析》(*Systematic Handling Analysis*)、《系统化工业设计规划》(*Systematic Planning of Industrial Facilities*)。国内将三本著作翻译出版,产生了极大影响。1987 年,日本物流专家平原直等在北京、西安等地举办国际物流技术培训班,系统介绍了物流的合理化技术和企业物流诊断技术。之后,我国的物流工程与设施规划开始迅速发展。一些大型企业进行了物流系统的建设和重组,如长春一汽、青岛海尔等。物流工程逐渐被认为是国民经济的重要组成部分。

2000 年以后,随着电子商务的兴起,物流需求迅速增加,也加速了数智化物流的产生与发展。21 世纪 10 年代,国家出台一系列政策文件,加大对数智化物流技术的投入研发,自动化、智能化设备逐渐替代传统物流的人力劳动。2019 年,中共中央、国务院在《交通强国建设纲要》中对我国运输物流提出中长期发展目标:实现"全球 123 快货物流圈"。在数智化转型背景下,需要将大数据、互联网、人工智能、区块链等新技术与物流行业深度融合,逐渐实现生产制造与快递物流一体融合、快递物流无人化等。

1.3.2 物流工程的内涵与学科特征

1. 物流工程的内涵

物流工程是运用自然科学原理和实践总结的经验技术手段及方法实现物流系统目标与价值。对物流工程的认识应基于物流系统形成和完善的工程技术活动内涵,可以从广义和狭义的角度去理解。

广义的物流工程是从物流系统整体出发,把物流作业、流程、设施设备和信息流看作一个系统,把采购、生产、流通和消费等供应链过程看作一个整体,运用集成理论、系统工程技术方法进行物流系统的规划、设计管理和控制,从而能以最有效的物流总费用实现所需的物流服务水平,实现物流系统的综合性设计与组织管理活动过程。因此,广义的物流工程不仅涉及物流系统规划设计等内容,也涉及物流系统组织和控制管理等内容,诸如物流管理工程方面的内容。

狭义的物流工程主要是指基于集成理论和工程技术方法研究各类物流系统的规划和设计,以支持物流系统高效益、高效率、低能耗、低成本的运行方案的实现过程。狭义的物流工程重点探讨实现物流系统的工程技术手段,更侧重于从工程技术方面提升各类物流系统的效率和效益。

物流工程体现了自然科学和社会科学相互交叉的特性，它的应用主要在不同层次物流系统规划设计方面，而不同层次的物流系统规划设计主要涉及子系统设计及设备的选用，但是，就物流系统规划设计需要与管理中有关设备知识的具体应用而言，其内容还是不同的。就物流范畴而言，可以涉及物流业的若干方面，如运输、仓储、包装、流通加工、实物配送、信息服务等子系统战略设计，物流战略实现模式设计，物流系统设计等；就具体的物流系统而言，层次较多，处于高层次的系统主要侧重于宏观物流系统战略设计、模式设计，处于低层次的系统主要侧重于设施设备规划、运作系统设计。宏观物流方面更多地涉及物流管理理论、物流战略设计，微观物流方面更多地涉及物流技术方法、物流子系统、整个系统设计。因此，物流工程正是运用工程技术方法，以及管理学、工业工程和系统工程等方法，从国际、区域或企业等不同物流系统功能、结构和技术方面，从整体系统到具体子系统进行规划设计，以及进行这些物流系统的分析、设计、优化及控制设计理论与技术方法。

2．物流工程的学科特征

1）物流工程是以多学科综合为其理论基础

物流工程人员和研究人员需要有多方面的知识，除了要掌握生产、运输、仓储、装卸搬运等技术知识外，还要掌握经济学、管理学、统计学、工程技术等方面知识。

2）物流工程的研究方法涉及多学科综合研究

其研究方法涉及科学计算和逻辑推理，也常采用对系统模型化、仿真与分析的方法，市场上也有相应物流系统仿真（logistics system simulation）软件销售。具体到本课程，除了需要相应的软件工具以外，还需要掌握定量计算与定性分析相结合的综合性研究方法。

3）物流工程是一门交叉学科

物流工程是一门理论与技术方法相结合的学科，它与交通运输工程、管理科学与工程、工业工程、计算机等领域密切相关。具体到本课程，需要将哲学、管理学、经济学、数学、统计学和金融学等理论知识及自动化技术、信息技术等结合，应用于物流系统分析、物流系统建模、物流系统预测、物流系统设施选址与规划、物流系统控制与决策、物流系统仿真、物流系统评价及物流系统标准化管理。

通过以上阐述可以看到，物流工程以其强大的生命力在发展，并在不断的应用中丰富和完善自身。因此，应从发展的角度学习和研究物流工程，并不断丰富完善这一学科内容。

1.3.3 物流工程的研究内容

1．物流工程的研究对象

物流工程的研究对象是各种物流系统及其相关的非物流系统，具体包括以下几方面。

（1）制造企业的物流系统。

（2）运输及仓储业物流系统。

(3) 社会物资流通调配系统,如水泥、钢材、煤炭、石油等物资。

(4) 社区、城市、区域规划系统。

(5) 管理系统,如办公室、教育、行政管理等。

(6) 设施(公用设施)布置、选址等。

(7) 运输、存储、搬运、包装与集装等设备的操纵与管理。

2. 物流工程的研究任务

(1) 物流系统分析。明确问题,对物流系统目标、系统构成等进行分析,提出可行方案或改进方案。

(2) 物流系统规划及优化设计。通过对地区或企业物流领域的规划、总体设计、设施布局等进行科学研究与决策,坚持规划先行、科学决策原则,得到最佳方案及效益目标,为物流工程提供有力的支撑。

(3) 物流装备应用。通过对物流工程中的各种物流设备的选型、应用和改进,优化和提高物流装备的性能与效率。

(4) 物流信息管理。通过建立和发展物流信息系统,实现物流信息的流畅、快捷和准确,为实现物流高效提供保障,提高物流体系数智化程度。

(5) 物流系统控制与管理。通过对物流系统成本、物流系统质量、物流系统风险等进行剖析、评估、预测和控制,使物流系统实现最佳效益。

3. 物流工程的主要研究内容

任何一个系统(生产、服务、管理等)都可以视为一个物流系统,关键是物流系统如何定义、系统如何划分。而物流工程就是要解决物流系统中的两类问题:一是工业设施设计,这需要使用设施设计的理论与方法;二是物流系统的管理与控制,以达到低成本、高效率运行的目的。

1) 工业设施设计

工业设施设计应用于工厂等工业部门,主要包括布置设计、物料搬运系统设计、建筑设计、公用工程设计、信息系统设计。

(1) 布置设计。布置设计是对建筑物、机器、设备、运输通道、场地,按照物流、人流、信息流的合理需要,进行有机组合和合理配置。

(2) 物料搬运系统设计。物料搬运系统设计是对物料搬运的路线、运量、搬运方法和设备、储存场地等做出合理安排。

(3) 建筑设计。建筑设计是根据对建筑物和构筑物的功能和空间的需要,满足安全、经济、适用、美观的要求,进行建筑和结构设计。

(4) 公用工程设计。公用工程设计是对热力、煤气、电力、照明、给水、排水、采暖、通风、空调等公用设施进行系统、协调的设计。

(5) 信息系统设计。信息系统设计是对信息通信的传输系统进行全面设计。

从物流工程的角度来看,上述内容是物流工程研究的重点内容。可以说,在物流系统分析中,物流设计的内容与设施设计中的布局等问题是基本相同的,但两者又有不同之处。

设施设计中的土建、公用工程和信息通信等问题在物流系统分析中涉及相对较少,而物流系统中的控制、管理等问题在设施设计中也不是重点内容,所以两者相互交融又各有特色。

2)物流系统的管理和控制

(1)物流系统的规划与设计。对于社会物流系统,其规划设计是指在一定区域范围内(国际或国内)物流设施的布点网络问题。如石油系统的油库、炼油厂、管线布点等的最优方案;远距离大规模生产协作网的各工厂厂址选择等。而对于企业物流系统,其规划设计的核心内容是工厂、车间内部的设计与平面布置,设备的布局,以求物流路线系统的合理化,通过改变和调整平面布置调整物流,达到提高整个生产系统经济效益的目的。

(2)运输(或搬运)与储存的控制和管理。此即在给定的物流布点和设备布置条件下,根据物流运输、搬运和储存的要求(往往是工艺流程的要求),使用管理手段来控制物流,使生产系统尽可能以最低的成本、最快的速度、最合理的流动过程达到规划设计中提出的效益目标。

(3)运输与搬运设备、容器与包装的设计和管理。此即通过改进搬运设备、改进流动器具来提高物流效益、产品质量等。如社会物流中的集装箱、罐、散料包装,工厂企业中的工位器具、料箱、货架以及搬运设备的选择与管理等。

在以上三方面内容中,人们常称前两个内容为"软件系统",称后一个内容为"硬件系统",而"软件系统"是物流工程研究的重点内容之一。

4. 物流工程与物流管理

物流工程和物流管理都是围绕物流流程展开的,是两个密切相关但又有不同主旨的领域。物流工程主要关注物流系统的设计和优化,而物流管理则侧重于物流活动的组织和管理。物流工程与物流管理的对比如表 1-3 所示。

表 1-3 物流工程与物流管理的对比

项 目	物 流 工 程	物 流 管 理
概念	以物流系统为研究对象,对物流系统资源配置、物流活动的运行、控制和管理等进行研究和分析	为达到既定的目标,从物流全过程出发,对相关物流活动进行的计划、组织、协调与控制
研究对象	物流系统	物流系统
研究内容	如何最有效地规划和设计物流系统,包括运输、仓储、搬运、包装和信息处理等方面	关于组织、协调和控制物流活动的学科领域,涵盖了供应链管理、仓储管理、运输管理、物流信息管理等方面
视角和重点	更注重于物流系统的技术和工程方面,强调物流设备、设施和流程的规划和优化,关注物流网络的设计、仓储和运输设备的选型、物流流程的改进等	更注重于物流系统的管理和组织方面,强调对物流活动的计划、协调和控制,关注物流需求的管理、供应商和合作伙伴的协调、物流流程的监控和优化等
目的	以先进的技术和方法,提高物流系统效率和可靠性,降低成本,优化资源利用	确保物流活动的顺利进行,以满足客户需求并最大化利润
所需理论与工具	运筹学、系统工程等理论;自动化设备、仓库管理系统、运输规划等工具	财务分析、风险管理、供应链管理、人力资源管理等理论;ERP 系统、WMS 系统、TMS 系统等管理工具

虽然物流工程和物流管理有不同的侧重点,但它们之间也有着密切的联系。物流工程的设计优化可以为物流管理提供更好的基础和条件,而物流管理的有效组织可以最大化物流工程的效益和价值。在实际应用中,物流工程和物流管理常常协同配合,应用于物流系统的规划、设计、实施和改进,推动物流系统的优化和发展。

1.3.4 物流工程的相关技术

物流工程是一门管理与技术的交叉学科,相应地,物流工程的研究也涉及多个领域的技术支持。物流工程的常用技术主要由物流系统分析技术、物流系统预测技术、物流设施选址技术、物流设施规划技术、物流系统控制技术、物流系统决策技术、物流系统评价技术、物流自动化技术、物流信息技术、物流标准化技术等构成,如图1-5所示。

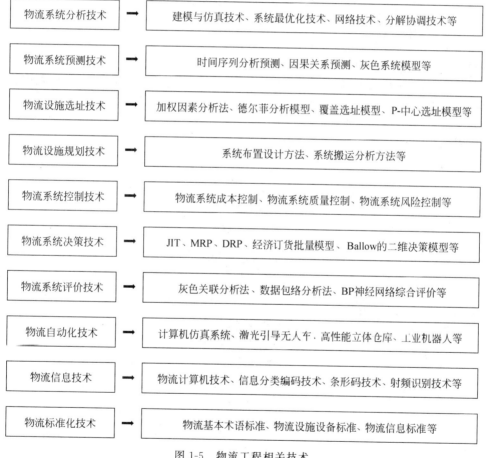

图1-5 物流工程相关技术

其中,物流系统分析技术主要包括建模与仿真技术、系统最优化技术、网络技术、分解协调法等;物流系统预测技术主要包括时间序列分析预测、因果关系预测、灰色系统模型等;物流设施选址技术包括加权因素分析法、德尔菲分析模型、覆盖选址模型、P-中心选址模型等；物流设施规划技术主要包括系统布置设计（systematic layout planning，SLP）方法和系统搬运分析（systematic handling analysis，SHA）方法等；物流系统控制技术主要包括系统动力学（SD）、全面质量管理（total quality maragement，TQM）理论、物流系统风险控制等；物流系统决策技术包括物流服务运作模式、Dijkstra 算法、经济订货批量（economic order quantity，EOQ）模型、物料需求计划（material requirement planning，MRP）等；物流系统评价技术主要包括灰色综合评价方法、数据包络分析法（data envelopment analysis，DEA）、BP（反向传播）神经网络综合评价等；物流自动化技术主要包括计算机仿真系统、激光引导无人车、高性能立体仓库、工业机器人等；物流信息技术主要包括物流计算机技术、信息分类编码技术、条形码技术、射频识别（radio frequency identification，RFID）技术、地理信息系统（geographic information system，GIS）、全球定位系统（global positioning system，GPS）、电子数据交换（electronic data interchange，EDI）技术等；物流标准化技术主要包括物流基本术语标准、物流设施设备标准、物流信息标准、物流标识标准等。

扩展阅读 1-1　几类典型的物流工程分析技术

扩展阅读 1-2　物流工程发展趋势

扩展阅读 1-3　建国 70 年我国物流业发展的历史成就

案例

[1-1]　面向智能制造的钢铁工业物流管控系统

[1-2]　基于无线网络的农产品冷链物流温度监测系统

即测即练

第 2 章

常见物流技术装备

"工欲善其事,必先利其器。"物流技术装备系统成为物流系统运作的重要物质技术基础。它不仅能降低物流运营成本、提高物流系统的效率,还能反映物流系统的水平和发展,同时构成物流系统的主要成本和资产。因此,物流技术装备成为物流工程中重要的研究内容之一。本章主要介绍了常见的物流技术装备的结构、原理以及应用,并扩展讨论了新一代智慧物流技术装备。通过采用先进的物流技术装备,可以有效提升物流系统的运营效率,减少资源浪费,提高供应链的协同性和响应速度。

2.1 集装单元技术装备

集装单元器具是指用于承载由物品组成的标准规格、便于储运的单元器具。集装单元器具不能单纯地看作一个容器,它是物料的载体,是物流机械化、自动化作业的基础,标准化后的单元化器具也是物流设备、物流设施的基础,是高效多式联运的必要条件。集装单元器具的种类和样式很多,包括箱盒、周转箱、平托盘、托盘箱(笼)、集装袋和集装箱等,一般如果不做特殊解释,主要是指托盘(pallet)和集装箱。

2.1.1 托盘

1. 托盘的概念及分类

国家标准《物流术语》(GB/T 18354—2021)将托盘定义为:在运输、搬运和存储过程中,将物品规整为货物单元时,作为承载面并包括承载面上辅助结构件的装置。

按照形状不同,托盘可分为平托盘、柱式托盘、箱式托盘等。本节主要介绍常见的平托盘。

平托盘是在承载面和支撑面间夹以纵梁,可使用叉车或搬运车等进行作业的货盘(ISO/R455 定义)。其中,木制平托盘的基本构造如图 2-1 所示。

2. 托盘的装运

货物可在托盘上码放成各种形式,从行列配置来看,主要有四种,如图 2-2 所示。

1) 多层不交错堆码

如图 2-2(a)所示,该方式将货物沿一个方向并列排放,从最下层到最上层完全一致。

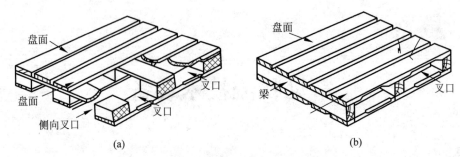

图 2-1 木制平托盘的基本构造

(a) 四向进叉型；(b) 两向进叉型

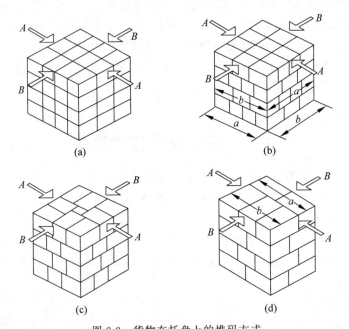

图 2-2 货物在托盘上的堆码方式

(a) 多层不交错堆码；(b) 层间纵横交错堆码；(c) 层间旋转交错堆码；(d) 层间正反交错堆码

其特点是货物的四个角上下对应，承载能力大，但由于各层货物之间未能啮合，货物间缺乏联系，容易引起垛间分离，货垛牢固性差。

2) 层间纵横交错堆码

如图 2-2(b) 所示，该方式的相邻两层货物的摆放呈 90°角，一层横向放置，另一层纵向放置。与重叠式码放相似，该方式适合码放成方形垛，其特点是货物之间的相互交错增加了摩擦力，使得层间有一定的咬合性，货垛稳固。

3) 层间旋转交错堆码

如图 2-2(c) 所示，该方式每层货物间的堆码总体上呈风车型，而层间货物互相咬合交叉。其优点是，由于每两层货物间的交叉，货物便于码放成正方形垛，货垛更加稳固，托盘货体稳定性高；缺点是码放难度加大，且中间形成空穴，托盘表面积的利用率降低，托盘装载能力下降。

4) 层间正反交错堆码

如图 2-2(d)所示，它是同一层中不同列的货物以 90°角垂直码放，而层间呈 180°角进行堆放的方式。该方式的货物上下左右均有联系，相邻层之间不重缝，咬合强度较高，稳定性较强。但由于四个角不能相互对应，削弱了托盘的承载能力。

3. 托盘的标准化

托盘标准化是托盘联运的前提，也是实现物流机械和设施标准化的基础及产品包装标准化的依据。我国联运托盘的规格尺寸和国际标准化组织(ISO)规定的通用尺寸是一致的。其主要有三个规格：800 毫米×1 000 毫米；800 毫米×1 200 毫米；1 000 毫米×1 200 毫米。托盘的基本尺寸如表 2-1 所示。

表 2-1 托盘的基本尺寸　　　　　　　　　　　　　毫米

宽度	长度	高度	宽度	长度	高度	宽度	长度	高度
800	1 000	144、160	900	1 000	144、160	1 000	1 000*	144、160
	1 100	144、160		1 100	144、160		1 200*	144、160
	1 200*	144、160		1 200	144、160		1 300	144、160
1 100	800	144、160	1 150	1 150	144、160	1 300	1 000	144、160
	900	144、160		800	144、160		1 100	144、160
	1 100*	144、160		1 000*	144、160		1 300	144、160
	1 200	144、160	1 200	1 100	144、160		1 500	144、160
	1 300	144、160		1 200	144、160	1 400	1 100	144、160
	1 400	144、160		1 400	144、160		1 200	144、160
1 500	1 300	144、160						

注：标 * 者为常用托盘。

2.1.2 集装箱

国家标准《物流术语》(GB/T 18354—2021)对集装箱的定义为：具有足够的强度、可长期反复使用的适于多种运输工具而且容积在 1 m³ 以上(含 1 m³)的集装单元器具。

1. 集装箱的分类

集装箱按用途分类，如表 2-2 所示。

表 2-2 按用途分类

种　类	应 用 环 境	特　　点
通用干货集装箱	适用于运输一般杂货的最有代表性的一种箱型	具有标准尺寸，通常为 20 英尺(1 英尺=0.304 8 米)或 40 英尺长度，具有固定的侧门和顶部开口
保温集装箱	用于运输需要控制温度的货物	具有绝缘材料，通常有制冷设备，可保持货物在所需的温度范围内

续表

种　类	应用环境	特　　点
干散货集装箱	主要用于装运粉状或粒状货物,如麦芽、谷物和粒状化学品等	外形与杂货集装箱相近,在一端有箱门,同时顶部有2~3个装货口,在箱门下部设有卸货口
开顶集装箱	适用于装卸大型货物和重货,如钢材、木材,特别是玻璃板等易碎的重货	具有可打开的顶部,可轻松装卸货物,如吊装设备
罐式集装箱	为运输酒类、油类和化学品类等液体货物而设置的集装箱	具有密封的罐体,可防止泄漏,通常有不同尺寸的罐式集装箱
平台和台架式集装箱	适合于装运长大件和重货件如钢材、木材和重型机械等	没有围栏或壁板,提供平坦的平台,货物可以从任何角度装卸
汽车集装箱	运输小型轿车的专用集装箱	在箱的框架内安有简易箱底,无侧壁,其高度与轿车一致,可载运一层或两层
动物集装箱	载运家畜等活动物用的集装箱	箱壁用金属丝网制造,使之通风良好,并设有喂食结构
生皮集装箱	用于运输未经处理的动物皮毛,如兽皮	通常具有防水内衬,以防止皮毛受潮或损坏
组合式集装箱	用于特殊需求,可以结合上述不同类型的集装箱特点	具有多功能设计,可根据需要进行组合和定制

集装箱按运输方式分类,如表2-3所示。

表 2-3　按运输方式分类

种　类	应用环境	特　　点
联运集装箱	能满足物流系统多种运输形式,并在转运节点能快速转运,而无须对箱内转运货物重组的集装箱	外形尺寸及吊装构造的标准化,以保持海运、大型集装箱车运及铁路运输的一贯性
海运集装箱	以海运为联运的核心	一般采用可折叠式的海运集装箱,经济划算,节约空间,方便快捷
铁道集装箱	铁路系统为适应货车运输要求和小范围铁-水、铁-陆联运而有一定专用性的集装箱,一般铁道集装箱尺寸和吨位远小于国际集装箱	运量大,成本低,耐腐蚀性能好,对货物的保护性好
空运集装箱	适合航空货运及航空行李托运用的集装箱	集装箱自重量小,材质主要是铝合金;空运集装箱大小受飞机货舱形状和大小的制约,难以形成通用规格尺寸

2. 集装箱的优缺点

1) 优点

(1) 强度高,保护能力强。集装箱对被包装物品进行了相当可靠的保护,可有效防止货损、货差、偷盗,保证安全运输,最大限度地防止货物在流通中的价值丧失,特别是对贵重、易碎、怕潮的高档商品显得尤为重要。据调查,采用集装箱运输后,平板玻璃破损率自

8%降到1%,暖水瓶由2.5%降到零。①

(2) 集装箱使用方便,功能较强。集装箱本身就是一个小型的储存仓库,因此,使用集装箱,可以不再配备仓库和库房;另外,集装箱可以重叠堆放,有利于增加单位地面的储存数量,占地面积较小。

(3) 提高劳动生产率。集装化运输,加快了货品的周转速度,提高了运输工具的周转率,减少了车站码头的需求量,极大提高了劳动生产率,为装卸运输和管理的自动化提供了条件。

(4) 减少了材料和费用。采用集装箱,不仅节约包装材料和包装费用,而且由于减少了理货手续,降低了运输和管理费用。

2) 缺点

(1) 自重大,无效运输和装卸的比重较大,使物流过程中许多劳动消耗在箱体本身上。

(2) 箱体本身造价较高,在每次物流活动中分担成本较高。

(3) 箱体返空困难,如果空箱返空,会造成很大浪费。

3. 常见货物的集装箱选择

按照货物类型选择集装箱,可以充分利用集装箱容积,减少货损,也比较方便、适用。可以从集装箱对货物的适应性角度入手,进行集装箱的合理选择。表2-4给出了常用货物适用集装箱的情况。

表2-4 常用货物适用集装箱的情况

集装箱类型	货物类型	货物举例
干货集装箱	清洁货、污货、箱装货、杂货	服装、玻璃、家用电器、工艺美术品、书籍
冷藏集装箱	冷藏货、危险货、污货	冷冻鱼肉、冰激凌、药品、乳制品等需低温的物品
隔热集装箱	冷藏货、鲜货	水果、蔬菜等保鲜度的货物
通风集装箱	动植物检疫货、易腐货	干鱼、水果、蔬菜等无须冷冻而具有呼吸作用的货物
罐式集装箱	液体货、气体货	酒、食用油、汽油、柴油、润滑油、化学品等
散货集装箱	散货、污货、易腐货	谷物、煤、盐、化学原材料等
开顶集装箱	大件货、超高货、超重货	木材、钢材、大型货物和重物
汽车集装箱	车辆、工程机械	小型轿车、小型工程机械
动物集装箱	动植物检疫货	猪、鸡、鸭、鹅、马、牛、羊等活家畜
平台集装箱	超重、超高、长件货	木材、钢材等

2.2 运输技术装备

2.2.1 公路运输技术装备

公路运输的工具主要是汽车,其投资少、回收快,是最机动、灵活的一种运输方式,适宜于门到门、多频次、小批量、中短距离的运输。

---

① 李玉民.物流技术与装备[M].上海:上海财经大学出版社,2008.

1. 常见的车辆类别

根据国家标准《汽车、挂车及汽车列车的术语和定义 第1部分：类型》(GB/T 3730.1—2022)中的规定，汽车主要用于：载运人员/或货物(物品)；牵引载运人员和/或货物(物品)的车辆和特殊用途的车辆；专项作业或专门用途。

载货汽车在设计、制造和技术特性上主要用于载运货物和/或牵引挂车的汽车，也包括装备一定的专用设备或器具，但以载运货物为主要目的，且不属于专项作业车、专门用途汽车的汽车。

1) 厢式货车

厢式货车是有载货车厢的一种专用汽车。厢式货车具有防水、防雨、防盗、防散失、清洁卫生、易配装货物等特点，在零担快运、城市物流配送中心等方面应用广泛。

2) 冷藏保温车

冷藏保温车是指装有冷藏、冷冻或保温设备的厢式货车。其主要用来运输易腐烂、易变质或对温度有特定要求的货物，在食品、乳业、肉类、鱼类、蔬菜加工等领域常用。

3) 罐式货车

罐式货车是指装有罐状容器的货运汽车。这类货车往往还装有某种专用辅助设备，用来完成特定的作业任务，如装货、卸货、搅拌等作业。罐式货车常用于运输配送各种粉状货物如面粉、水泥等，各种颗粒状货物如粮食、砂糖、颗粒盐等，各种气态货物如石油气、氮气等，各种液态货物如水、饮料、燃油等，其他如酸类、碱类、商品混凝土等货物。

4) 自卸货车

自卸汽车是指能运送货物且能自动举升并倾卸货物的汽车。自卸汽车利用发动机的动力，通过液压举升机构使车厢倾斜一定的角度，实现货物的自动卸出。其主要用于运输散装并可以散堆的固体货物，如煤炭、砂土、矿石、农作物等。

5) 汽车列车、牵引车和半挂车

汽车列车是一辆汽车(货车或牵引车)与一辆或一辆以上挂车的组合。货车或牵引车是前车(或主车)，是汽车列车的动力来源，挂车本身不带动力源。汽车列车按结构不同分为全挂汽车列车、半挂汽车列车、双挂汽车列车和全挂式半挂汽车列车。

2. 公路运输的组织形式

1) 定点运输

定点运输是指按发货点固定、专门完成固定货运任务的运输组织形式。实行定点运输，可以加速车辆周转、提高运输和装卸工作效率、提高服务质量，并有利于行车安全和节能。定点运输组织形式，既适用于装卸地点比较固定集中的货运任务，也适用于装货地点集中而卸货地点分散的固定性货运任务。

2) 定时运输

定时运输是指运输车辆按运行作业计划中所拟定的行车时刻表来进行工作。在汽车行车时刻表中规定：汽车从车场开出的时间、每个运次到达和开出装卸地点的时间、装卸工作时间等。车辆按预先拟定好的时刻表进行工作，加强了各环节工作的计划性，提高了工作效率。要组织好定时运输,必须做到各项作业时间定额、驾驶员合理休息时间等的核查和制定工作。

3) 双班或多班运输

一昼夜时间内车辆工作两个班次,为双班运输,超过两个班次则为多班运输。组织双班运输的基本方法是每辆汽车配备两名左右的驾驶员,分日、夜两班轮流行驶。这种运输方式的基本出发点是"人歇车不歇",充分提高车辆的利用率,是提高运输生产率的有效措施之一,但要注意安排好驾驶员的劳动休息和车辆保修时间。

4) 零担货物运输

当一批货物托运的重量不足 3 吨或不满一整车时,称为零担货物。零担货物具有运量小、流向分散、批数较多、品类繁杂的特点。零担货运主要有直达零担、中转零担和沿途零担三种组织形式。由于零担货物以件包装货物居多,包装质量差别较大,有时几批甚至十几批才能配装成一辆零担车(零担货物以每张托运单为一批)。因此,零担货物运输组织工作要比整车货运复杂得多。

5) 拖挂运输

拖挂运输是利用牵引车(或货车)和挂车组成汽车列车进行运营的运输方式,可分为定挂运输和甩挂运输两种形式。定挂运输是指牵引车(或货车)与挂车经常不分离,作为一个整体进行运输活动的运营方式;甩挂运输是指牵引车(或货车)与挂车的搭配不固定,按照一定的运输计划更换挂车进行运营的运输形式。

2.2.2 铁路运输技术装备

铁路运输是指在铁路上由机车牵引、将车辆编组成列车载运货物的一种运输方式。铁路运输主要承担长距离、大批量的货运,具有昼夜不间断、全天候作业等特点,在干线运输中起主力作用。

1. 铁路机车

机车是铁路运输的基本动力。铁路车辆大都不具备动力装置,需要把客车或货车连挂成列,由机车牵引沿着钢轨运行。铁路采用的机车类型很多。从机车运用角度可分为客运机车、货运机车和调车机车。客运机车要求速度高,货运机车要求牵引力大,调车机车要求机动灵活。从机车动力角度可分为蒸汽机车、内燃机车、电力机车和动车组,不同类型铁路机车的比较分析如表 2-5 所示。

表 2-5　不同类型铁路机车的比较分析

类　型	动　力　源	工作原理	应　用
蒸汽机车	蒸汽机车的动力源是蒸汽,通常由锅炉产生。燃料(如煤、柴油)燃烧产生蒸汽,推动活塞产生动力	蒸汽机车的工作原理基于蒸汽压力的应用,将蒸汽驱动活塞推动车轮,以推动列车前进	蒸汽机车在过去是主要的铁路机车类型,但在现代铁路系统中已经几乎不再使用

续表

类　　型	动　力　源	工作原理	应　　用
内燃机车	内燃机车使用内燃机作为动力源，通常使用柴油或天然气作为燃料	内燃机车的内燃机将燃料燃烧转化为机械动力，以推动列车前进	内燃机车广泛用于铁路系统，特别是在短途和货运铁路中，它们可以提供强大的牵引力和灵活性
电力机车	电力机车利用机车上的受电弓将高压电流自轨道上空的接触电线网，直接输入机车内的电动机，再将电流导入牵引马达，使之带动机车车轮	电力机车将接收到的电能转化为机械动力，以推动列车前进	电力机车通常用于电气化铁路系统中，如高速铁路和城市轨道交通。它们通常能够提供高速和高效的列车服务
动车组	动车组是一种多车辆编组的列车，通常由电动机或内燃机提供动力，而不是单独的机车	动车组的车辆之间共享动力源，它们协同工作以提供推进力和控制列车	动车组通常用于高速铁路和城际列车服务。它们能够提供快速、高容量的运输，并通常拥有先进的控制系统和乘客设施

2. 铁路车辆

铁路车辆是由机车牵引运行的运载工具，一般不具备动力装置。按照不同的用途，铁路车辆可分为铁路客车、铁路货车和铁路特种用途车三类。其中，铁路货车主要用来运送货物，按照适合装运货物品种的多少，又可分为通用车和专用车。通用车能满足多种货物运输要求，回空损失较小。专用车则只适应装运一种或少数几种性质相同的货物，空车率较高；不过专用车在结构上可同选定的装卸设备配套，有利于缩短装卸作业时间、加速车辆周转。

按照货物运输要求的不同，铁路货车按其外观和用途可分为敞车、平车、砂石车、罐车及保温车等；按照制作材料的不同，铁路货车可以分为钢骨车和全钢车；按照载重量的大小，铁路货车可以分为50吨、60吨、75吨和90吨等多种车型，其中60吨最多。

3. 铁路运输的组织形式

按照我国铁路技术装备条件，现行的货物运输分为整车运输、零担运输和集装箱运输。其中，整车适于运输大宗货物；零担适于运输小批量的零星货物；集装箱则适于运输精密、贵重、易损的货物。

1) 整车运输

一批货物的重量、体积或形状需要以一辆以上货车运输的，应按整车办理托运。需要冷藏、保温或加温的货物，规定限按整车办理的危险货物，一件货物重量超过2吨、体积超过3立方米或长度超过9米的货物（经发站确认的除外），都应按整车托运。对于整车货物运输，承运人原则上应按件数和重量承运货物；对于规格和件数过多的散装、堆装货物，在装卸作业中难以点清件数的货物，则只按重量承运，不计算件数。根据需要，允许托运人派人押运。

2) 零担运输

按照货物重量、体积和形状，不需要以一辆单独货车运送，而且允许与其他货物配装的货物,可以按零担办理。零担货物在运输组织、管理、装卸等环节上,比整车作业复杂,因此还受到其他运输条件的限制,主要有:①一件零担货物的体积不得小于0.02立方米,但如果一件重量在10千克以上,可以不受此限;②为便于装卸作业中堆码、交接和配装,一批零担货物的件数不得超过300件;③不易计算件数的货物、运输途中有特殊要求的货物,易于污染其他物品的货物,不得按零担办理;④托运人应在每件零担货物上标明清晰的标记(即货签),以便作业中识别;⑤货物的重量由铁路确定,但对于标准重量、标记重量或附有过磅清单的零担货物,允许由托运人确定重量,铁路可进行复查和抽查;⑥一般情况下不允许派押运人。

3) 集装箱运输

托运人托运的货物,符合集装箱运输条件的,可使用铁路集装箱或自备集装箱,按集装箱托运。危险货物、鲜活货物、可能损坏或污染箱体的货物,不能使用铁路通用集装箱装运。集装箱货物运输的基本条件主要有:①每批必须是同一箱型,使用不同箱型的货物不得按一批托运;②每批至少一箱,最多不得超过铁路一辆货车所能装运的箱数;③货物重量由托运人确定;④铁路按箱承运,不查点箱内货物。

2.2.3 水路运输技术装备

水路运输主要适宜担负中、远距离大宗货物运输和集装箱运输。远洋运输主要承担进出口贸易货物运输,包括大宗散货运输、杂货运输、石油和国际集装箱运输,是国际贸易运输的主要工具。沿海及内河水路运输主要承担煤炭、矿石、建材、粮食等大宗货物运输和国内集装箱运输,其中沿海水运的煤炭运输量较大,是我国"北煤南运"的主要运输力量。

1. 船舶的性能及基本参数

1) 航行性能

航行性能包括浮性、稳性、抗沉性、快速性、耐波性、操纵性和经济性等。

2) 重量性能

重量性能主要指船舶的重量吨位(weight tonnage),表示船舶能装载多少货物的能力。它又分排水量吨位和载重量吨位:①排水量吨位,是船舶在水中所排开水的吨数,也是船舶自身重量的吨数;②载重吨位,表示船舶在营运中能够使用的载重能力。

3) 容积性能

容积性能主要指容积吨位(registered tonnage),又称注册吨,表示船舶容积的单位,是为船舶注册而规定的一种以吨为计算和丈量的单位,以100立方英尺或2.83立方米为一注册吨。

4) 船舶航速

船舶航速常用的单位为节(knot),1节=1海里/小时=1.852千米/小时。船舶的航速依船型不同而不同,干散货船和油轮的航速较慢,一般为13~17节;客船和集装箱船的航速较快,一般为20~30节。

5）船舶装载能力

船舶装载能力是指船舶在具体航次中所能承运的货物数量的最大限额以及承运特殊货物或忌装货物的可能条件和数量限额，包括载重能力、容量能力和其他装载能力。其中，载重能力是指船舶在具体航次中所能承运货物重量的最大限额。容积能力是指船舶所能容纳货物体积的最大限额。

2. 典型货运船舶

典型货运船舶包括杂货船、散货船、滚装船、集装箱船、驳船、载驳船、冷藏船、液货船等，每种类型的货运船舶都有其独特的优点和限制，选择从货物类型、运输需求、港口设施和经济效益考虑。表2-6 从各种类型货运船舶的用途、优点和缺点进行比较分析。

表2-6 各种类型货运船舶的比较分析

类型	用途	优点	缺点
杂货船	多功能船舶，可用于各种货物，包括箱式货物、散装货物和冷藏货物	灵活性高，适用于多种货物类型	需要适应各种货物类型，装卸工作可能较为复杂
散货船	专门用于运输散装货物，如煤炭、铁矿石和谷物	具有大容量的货仓，适用于大量散装货物	适用性有限，不适合其他类型的货物
滚装船	专门用于运输车辆，如汽车和卡车	便于车辆的装卸，适用于车辆运输	适用性有限，主要用于特定类型的货物
集装箱船	专门用于运输集装箱化货物	高度标准化，适用于多种货物类型，提供高效的装卸和运输	有限的装卸设备可能需要在港口投资
驳船	用于内河和浅水区域的货物运输	适用于多种货物类型，平底设计适合浅水区域	通常需要拖轮牵引，速度较慢
载驳船	用于货物从大型货船到岸边的转运	适用于无法进入深水港口的情况	通常是小型船只，装卸效率较低
冷藏船	专门用于运输需要保持低温或冷藏条件的货物	确保货物保持新鲜，适用于食品和化学品	较高的运营成本
液货船	用于运输液体货物，如石油、化学品和液化天然气	适用于液体货物，提供专业储存和处理设备	装卸和处理复杂，安全要求高

3. 水路运输的组织形式

船舶运行组织，即根据一定时期内企业运输需求、国家运输政策，以及船舶、港口、航道等技术营运条件，综合考虑水运生产各环节及其他有关运输方式间的协调配合，对船舶运行活动所作出的合理安排。其主要内容包括：制定航线系统，为各航线选配适当的船舶或船队，协调各环节工作，确定推（拖）船与驳船的配合方式，制定船舶运行时刻表等。水路货物运输的组织形式包括航线形式、航次形式、班轮运输、租船运输、驳船队运输等。

1) 航线形式

航线形式是指在固定港口之间,为完成一定的运输任务,选配适合具体条件、性能接近的一定数量的船舶,并按一定的程序组织船舶运行活动。航线形式作为一种独特的组织形式,是由航次形式在具有稳定的运输需要的航区形成和发展起来的。可见,组织航线形式的条件,首先是要有稳定而且量大的货流。

2) 航次形式

航次形式是指船舶的运行没有固定的出发港和目的港,船舶仅为完成某一次运输任务、按照预先安排的航次计划运行。航次形式是一种非正规的运行组织形式,它具有很大的机动灵活性,对航线形式能够起到调整和补充作用。

3) 班轮运输

班轮运输又称作定期船运输,系指按照规定的时间表在一定的航线上,以既定的挂港顺序、有规则地从事航线上各港间货物运送的船舶运输。

4) 租船运输

租船运输又称作不定期船运输,这是相对于定期船,即班轮运输而言的另一种国际上普遍采用的船舶营运方式。由于这种经营方式需在市场上寻求机会,没有固定的航线和挂靠港口,也没有预先制定的船期表和费率本,船舶经营人与需要船舶运力的租船人是通过洽谈运输条件、签订租船合同来安排运输的,故称为"租船运输"。

5) 驳船队运输

驳船队运输是内河货运的主要形式,又分为拖带运输、顶推运输等。内河运输中最早采用的是拖带运输,而且在很长时间里,拖带运输一直是内河主要的运输方式。顶推运输在19世纪中期出现于美国密西西比河,第二次世界大战后在各国得到了发展。实践证明,顶推运输是一种先进的运输方式,并很快成为内河航区的主要运输方式。

顶推与拖带是两种不同的行驶方法。拖带运输是拖船在前、依靠拖缆拖带驳船队前进;顶推运输是机动船在驳船队的后面,船队结成整体前进。顶推运输方式与拖带运输相比,具有推进效率高、阻力小与航速高、操纵性能好等优点。另外,顶推船队的驳船可利用推船的设备,改善工作条件与生活条件,在推行无人驳船、分节驳船,提高劳动生产率,降低运输成本等方面,顶推远远优于拖带。

2.2.4 航空运输技术装备

航空运输,是利用飞机或其他航空器在空中进行旅客和货物运输的运输方式。它的主要特点是速度高、响应快、机动灵活等。航空运输体系包括飞机、机场、飞行航线等部分,它们在空中交通管理系统的协调控制和管理下,有机结合,分工协作,共同完成航空运输的各项业务活动。

1. 航空运输设备

目前所有已知的飞行器可以分为航天器和航空器。航天器是空间飞行器,如火箭、航天飞机、行星探测器等。而航空器是大气飞行器,它又可以分为轻于空气的航空器(如气球、飞艇等)与重于空气的航空器,如飞机与各种直升机、滑翔机、旋翼机等。飞机是最主要的航空器常见的民航飞机类型,详见表2-7。

表2-7 民用飞机的分类

分类依据	类 别	简要特点	常见类型
按照飞行速度	低速飞机	飞行速度与音速之比 M 小于0.3	西锐 SR20、钻石 DA40、赛斯纳172系列等
	亚声速飞机	马赫数 M 在 0.4~0.9 之间	康维尔 990Coronado、COMAC919(中国)、波音系列等
	超声速飞机	马赫数 M 在 1.0~5.0 之间	欧洲的协和式客机(2.02马赫)、苏联的图-144(2.0马赫)等
按照不同用途分类	客机	专用于运送旅客的飞机	空客 A380、波音 737 等
	货机	用于载运货物的运输飞机	波音 747-200F、A330-200F 等
	民用教练机	训练飞行员从最初级的飞行技术到能够单独飞行与完成指定工作的特殊机种	AG100(中国)、德国 MAKO 教练机等
	农业飞机	专门为农业飞行制造或改装的飞机	AT402B、农-5系列(中国)等
	体育运动飞机	开展航空体育运动专用的飞机(特技飞行表演)	苏-26M、山河 SA60L(中国)等
	多用途轻型飞机	可用作客货运输、农林作业,还可改装成电子情报、海洋监测等	Y-12(中国哈尔滨)、卡-60 等
按照载运货物的类型分类	散货型飞机	指不能装载集装货物的飞机	空客 A320neo 等
	集装型飞机	可装载集装设备包括全货机和宽体客机	DC-10、MD-11、B747 等
按照飞机的航程分类	远程飞机	航程为 11 000 千米左右	波音 777-300ER、空客 A350-900 等
	中程飞机	航程为 3 000 千米左右	ARJ-21(中国)、C919(中国)等
	近程飞机	航程一般小于 1 000 千米	领航者 JA600 等
	短程飞机	航程为 800~1 000 千米	ES-30 电动飞机等
按照起落地点分类	陆上飞机	在陆地上完成起降的飞机	波音系列、空客系列等
	雪(冰)上飞机	起落架为雪橇,可以在雪地及冰面上完成起降的飞机	雪鹰-12 等
	水上飞机	在水面上完成起降和停泊的飞机	别-12、DHC-3、PBY 等
	两栖飞机	既能在水面上又能在陆地机场上起飞降落的飞机	AG600"鲲龙"(中国)、Seawind 等

2. 航空货运的组织形式

航空货运是一种快捷的现代运输方式,具有速度快、运价高、超越地理限制、货物广泛性(普通货物、邮件、鲜花、贵重物品、应急货物)和运输方向性(来回程运量有差异,通常是经济发达地区货运量大)等特点。航空货运可分为以下几类。

(1) 急快件货物运输,是顾客紧急需要把货物以最快的速度运达目的地。这类货运的特点首先是时间快,而运输费用在其次,如商业信函票证、生产部件、急救用品、救援物资、紧急调运物品等运输。

(2) 易腐货物运输,是指物品本身容易腐烂变质,对运输时间要求比较严格,如鲜花、海鲜、应时水果等运输。

(3) 时间价值明显的货物运输,是指物品价值与时间密切相关,对进入市场的时间要求比较快的运输。如某些商品,进入市场时间越早,越能抢占市场;或希望在市场需求处于最佳时机投放市场,可以取得最佳经济效益。

(4) 常规货物运输,主要是有时间性要求、不宜颠簸或容易受损的精密仪器设备、价值与体积之比较大的贵重物品等运输。

2.2.5 管道运输技术装备

管道运输是指利用由钢管、泵站和加压设备等组成的管道系统,通过一定压力差驱动货物(多为液体、气体、粉粒、颗粒形状等)沿着管道流向目的地的一种现代运输方式。管道运输中,运输工具和运输通道合二为一,管道既是运输的工具,又是运输的通道,承担着很大比例的原油、成品油、天然气、油田伴生气、煤浆等能源物资的运输,具有费用低、运量大、占地少、效益好、比较安全等优点。

常见的输油管道系统,不论是输轻油还是重油,均由首站输油站、中间输油站、中间加热站、末站输油站以及管道线路等设施设备组成。主要有:

1. 输油管

输油管是管道运输中油料输送的载体,分为原油管和成品油管两种。

2. 油罐

油罐设置在首站输油站、末站输油站,用于对发、收的油品进行存储。在首站输油站,油罐接受油田、海运、炼油厂等地的油品后对其进行临时存储,以等待用泵抽取,输往中下游输油站。在末站输油站,油罐接受管道来油,以等待用其他运输方式转运。

3. 泵机组

输油泵和带动它的原动机以及相应的连接装置或变速装置组成泵机组,供给输油所需的压力能,这是泵站的核心装备。选择机泵应满足工艺要求,排量、压力、功率及所能输送的液体与预定输送任务必须相适应。

4. 阀门组

阀门组主要指对路径、压力、流量、平稳性等进行调节控制的各种阀门。

5. 清管器及其收发装置

清管是指在输油前清除遗留在管内的机械杂质等堆积物,管内壁上的石蜡、油脂等凝聚物，以及盐类的沉积物等，其目的是保证输油管能长期在高运输量下安全运转。清管器收发装置是通过收发清管器，实现对输油管的清理。

6. 计量装备

计量装备主要由流量计、过滤器、温度及压力测量仪表、标定装置、通向污油系统的排污管等五部分组成。其中，流量计是监视输油管运行的中枢，如根据流量计调整全线的最佳运行状态，校正输油压力和流速，发现原油是否泄漏。

7. 加热装置

在输送含蜡多、黏度大、倾点高的原油时，需要通过加热装置加热才能输送。加热装置有加热炉、换热器等。

8. 辅助装备

保证泵机组正常运行的辅助装备，如柴油供应装备、润滑油供应装备、冷却水装备、压缩空气装备、废热利用装备等；调度监控中心、微波通信设备等；供电系统、供热系统、供水系统、排污净化系统、车间与材料库、机修间、休息室等。

2.2.6 多式联运

以上介绍了五种基本运输方式，五种基本运输方式各具优势，为了提升运输效果，在五种基本运输方式的基础上，将两种及以上交通工具相互衔接，转运而共同完成运输过程，我国将这种复合运输称为多式联运。五种基本运输方式及其特征对比如表2-8所示。

表2-8 五种基本运输方式及其特征对比

运输方式	运输成本	服务方便性	运货速度	优点	缺点
公路运输	中	门到门	中	灵活连续的运输，适合短距离运输	运输量少；长距离运输费用高
铁路运输	低	站到站	中高	全天候；安全准时；运行持续性高；运输能力强	投资大；建设周期长；灵活性较差
水路运输	低	站到站	慢	运输能力强；适合大宗货物运输	运输速度慢；受天气影响较大；运输安全性差
航空运输	高	站到站	最快	机动性强；建设周期短；投资小	运费高；受天气影响较大；不适合低价值货物及大量货物的运输
管道运输	低	站到站	较快	运输效率高；占用土地少；受天气影响小；适合流体和气体货物的运输；维修方便，费用低	运输对象受限程度较大

目前国际上采用的多式联运主要有下列两种。

1. 公铁联运

最出名和使用最广泛的多式联运系统是将货车拖车或集装箱装在铁路平板车上的公铁联运或驮背式运输。由铁路完成城市间的长途运输，余下的城市间的运输由货车来完成。这种运输方式非常适合城市间物品的配送，对于配送中心或供应商在另一个比较远的城市，可以采用这种运输方式，实现无中间环节的一次运输作业完成运输任务。

2. 陆海联运

陆海联运是指陆路运输（铁路、公路）与海上运输组成一种新的联合运输方式。按距离可以划分为陆水、水陆两段联运，水陆水、陆水水三段联运。

1) 陆空（海空）联运

陆空（海空）联运是指陆（海）路与航空两种运输方式相结合的一种联合运输方式。通常的做法是先由内地起运地把货物用汽车装运至空港，然后从空港空运至国外的中转地，再装汽车陆运至目的地。采用陆空（海空）联运方式具有手续简便、速度快、费用少、收汇迅速等优点。

2) 大陆桥运输

大陆桥运输是指使用铁路或公路系统作为桥梁，把大陆两端的海洋运输连接起来的多式联运方式。目前世界上主要的大陆桥有北美大陆桥、南美大陆桥、南亚大陆桥、新亚欧大陆桥等。

3) "一条龙运输"

"一条龙运输"是产供销大协作的运输形式，参与部门有路、港、船、货等各方，把产、供、销多种运输方式及运输企业各环节之间全面贯穿起来，可以说它是供应链管理的表现形式之一。"一条龙运输"从本质上体现了产、供、销之间的新型合作关系，具有很多优点，具体体现在以下方面：一是节约国家运力，减轻交通压力；二是由于采取了"四定"（定船、定运量、定周转期、定泊位），有利于增大运输能力；三是由于充分利用水运，可以节约运输费用，有利于及时供应市场。

4) 水路与管道衔接

水路与管道衔接主要出现在石油贸易领域。石油贸易主要通过海上运输来完成。海上运输是完成跨洋运输。例如，从中东经过印度洋、太平洋将石油运输到远东地区。石油出口国一般会把石油管道铺设到港口，而石油进口国也在港口附近建设石油储罐、铺设石油管道，以方便从轮船上把石油卸下来。

按照系统论与运输经济学的观点，建立合理的运输结构，不仅要科学地确定各种运输方式在综合运输系统中的地位和作用，而且必须在全国范围内根据运输方式的合理分工和社会经济发展对运输的需求，做到宜铁则铁、宜公则公、宜水则水、宜空则空，逐步建立一个经济协同、合理发展的综合运输体系。

2.3 仓储技术装备

仓储是利用仓库及相关设施设备进行物品的入库、储存、出库的活动(GB/T 18354)。仓储是物流运作的重要环节。通过仓储活动,有效解决了生产与消费、供给与需求的时间差的矛盾。本节主要介绍仓库、货架、自动化立体仓库(automatic stereoscopic warehouse)等技术装备。

2.3.1 仓库

仓库是保管、储存物品的建筑物和场所的总称,是仓储环节最主要的设施。自从人类社会生产有剩余产品以来,就产生了储存活动,也就有了仓库。

在现代物流系统中,仓库的功能已不是单纯的保管存储,它已成为生产和消费领域中物资集散的中心环节,是物流系统的调运中心。采用先进的仓库管理手段与技术,可以有效处理物流的静与动,解决生产与消费之间的不一致性,使物流系统更顺畅、更合理地运行。

一般来说,仓库应具有以下功能:①储存和保管,这是仓库的最基本的传统功能;②调节供需;③调节货物运输能力;④配送和流通加工,现代仓库的发展趋势是从保管储存为主要任务向流通性仓库的方向发展,仓库成为流通、销售、零部件供应的中心。

1. 仓库的主要参数

库容量是指仓库能容纳物品的最大数量,其单位可用吨、立方米或"货物单元"等表示。

平均库存量是指一定时期内仓库日常经营过程中实际库存量的平均值,单位可为吨、立方米或"托盘"表示。它可以反映仓库日常经营工作量的大小。

库容量利用系数是平均库存量与最大库容量之比。

单位面积的库容量是总库容量与仓库占地面积之比。

仓库面积利用率是在一定时点上,存货占用的场地面积与仓库可利用面积的比率。

仓库空间利用率是在一定时点上,存货占用的空间与仓库可利用存货空间的比率。

出入库频率是指仓库货物出入库的频繁程度,通常用吨/小时、立方米/小时或托盘/小时表示。

装卸搬运作业机械化程度是指仓库内使用装卸搬运设备进行货物装卸搬运的作业量与总的装卸搬运作业量之比。

机械设备利用系数是指仓库内机械设备的全年平均小时搬运量与额定小时搬运量之比。

2. 仓库的结构与布局

1) 仓库的结构

仓库的结构对于实现仓库的功能起着很重要的作用。仓库的结构设计应考虑以下几个方面。

(1) 平房建筑和多层建筑。仓库的结构,从出入库作业的合理化方面看,尽可能采用平房建筑。这样,储存产品就不必上下移动。但为了充分利用土地,许多仓库采用多层建筑。在采用多层仓库时,要特别重视对货物上下楼的通道建设。如果是流通仓库,则采用二层立交斜路方式,车辆可直接行驶到二层仓库,二层作为收货、验货、保管的场所,而一层则可以作为理货、配货、保管的场地来使用。

(2) 库房出入口和通道。可通行载货汽车的库房出入口,要求宽度和高度的最低限度必须达到 4 米。可通行铲车的出入口,宽度和高度必须达到 2.5~3.5 米。通常库房出入口采用卷帘或铁门。库房内的通道是保证库内作业顺畅的基本条件,通道应延伸至每一个货位,使每一个货位可以直接进行作业,通道需要道路平整和平直,减少转弯和交叉。作为大型卡车入库的通道宽度应大于 3 米,叉车作业通道宽度应达到 2 米。

(3) 立柱间隔。库房内的立柱是出入库作业的障碍,会导致保管效率低下,因而立柱应尽可能减少。一般仓库的立柱间隔,因考虑出入库作业的效率,以汽车或托盘的尺寸为基准,通常以 7 米的间隔比较适宜,它适合 2 台大型货车(宽度 2.5 米×2)或 3 台小型载货车(宽度 1.7 米×3)的作业。采用托盘存货或作业的,因托盘种类规格不同,以适合放标准托盘 6 个为间隔,如采用标准托盘,间隔略大于 7.2 米(1.2 米×6)平房建筑的仓库,拓宽立柱间隔较为容易,可以实现较大的立柱间隔。而钢骨架建筑的仓库可不要立柱。

(4) 天花板的高度。对于使用机械化、自动化的仓库,对仓库天花板的高度也提出了很高的要求。即使用叉车的时候,标准提升高度是 3 米,而使用多段式高门架的时候要达到 6 米。另外,从托盘装载货物的高度看,包括托盘的厚度在内,密度大且不稳定的货物,通常以 1.2 米为标准;密度小而稳定的货物,通常以 1.6 米为准。以其层数来看,1.2 米×4=4.8 米,1.6 米×3=4.8 米,因此,仓库天花板高度最低应该是 5~6 米。

(5) 地面。地面的承载力应根据承载货物的种类或堆码高度来确定。通常,普通仓库的地面承载力为 3 吨/平方米,流通仓库的地面承载力则必须保证重型叉车作业的足够受力。地面的形式有低地面和高地面两种。为了防止雨水流入仓库,低地面式的地面比基础地面高出 20~30 厘米,而且由于叉车的结构特点,出入口是较平稳的坡度;高地面式的高度要与出入库车厢的高度相符合。通常,大型载货车(5 吨以上)为 1.2~1.3 米,小型载货汽车(3.5 吨以下)为 0.7~1.0 米,铁路货车站台为 1.6 米。

2) 仓库总体布局

仓库总体布局是指在一定区域或库区内,对仓库的数量、规模、地理位置和仓库设施、道路等各要素进行科学规划与整体设计。仓库总体布局的原则与功能要求如表 2-9 所示。

表 2-9 仓库总体布局的原则与功能要求

原 则	要 求
尽可能采用单层设备,这样做造价低,资产平均利用率高	仓库位置应便于货物的入库、装卸和提取,库内区域划分明确、布局合理
使货物在出入库时单向和直线运动,避免逆向操作和大幅度变向的低效率运作	集装箱货物仓库与零担货物仓库尽可能分开设置,库内货物应按发送、中转、到达货物分区存放,并分线设置货位,以防商务事故发生,要尽量减少货物在库内的搬运距离,避免任何迂回运输,并要最大限度利用空间

续表

原则	要求
采用高效率的物料搬运设备及操作流程	有利于提高装卸机械的装卸效率,满足先进的装卸工艺和设备的作业要求
在仓库里采用有效的存储计划	仓库应配置必要的安全、消防设施,以保证安全生产
尽量利用仓库高度,有效利用仓库的容积	仓库货门的设置,既要考虑集装箱和货车的集中到达的同时装卸作业要求,又要考虑由于增设货门而造成堆存面积的损失

2.3.2 货架

在仓库设备中,货架是指专门用于存放成件物品的保管设备。货架是最常见的仓储设施,必不可少且无处不在。货架的种类繁多,可以满足各种不同的物品、储存单元、承载容积及存取方式的仓储要求。

常见的货架有以下几种。

1. 托盘式货架

托盘式货架是使用最广泛的托盘类货物存储系统,通用性较强,可做单排型连接,也可做双排型连接。

托盘货架的特点是:每一块托盘均能单独存入或移动,而不需移动其他托盘;可按货物尺寸要求调整横高度,充分地运用垂直的空间,从而适应各类货物的存放;配套设备简单、成本低,能快速安装及拆除;货物装卸迅速,主要适用于整托盘出入库或手工拣选的场合。

2. 驶入、驶出式货架

驶入、驶出式货架又称"贯通式货架"或"通廊型货架"。这是一种不以通道分割的、连续性的整栋式货架,在支撑导轨上,托盘按深度方向存放,一个紧接着一个,这使得高密度存储成为可能。

(1) 驶入式货架。前移式叉车可方便地驶入货架中间存取货物。若叉车只能从货架一端直接进入货架通道内存取货物,"先存后取,后存先取",货物只能先进后出,而不能先进先出,称为驶入式货架。

(2) 驶出式货架。驶出式货架即在货架两端叉车都可以进行存取作业,也可以从货架一端存放货物,从另一端取货,这样可以做到先进先出。

3. 重力式货架

货架通过利用货物自身重力来达到货物在存储深度方向上的移动,较多用于拣选系统中。存货时,托盘从货架斜坡高端送入滑道,通过滚轮下滑,逐个存放;取货时,从斜坡低端取出货物,其后的托盘逐一向下滑动待取,托盘货物在每一条滑道中依次流入、流出。

重力式货架采用"先进先出"型存取模式,特别适用于易损货物和大批量同品种、短时期储存的货物。这种储存方式在货架排与排之间没有作业通道,大大提高了仓库面积利用率。

4. 旋转式货架

旋转式货架又称回转式货架(图 2-3)。旋转式货架由电驱动,通过 PLC(可编程逻辑控制器)控制,货架沿着由两条直线段和两个曲线段组成的环行轨道运行。存取货物时,取货者不动,通过操纵控制器,使货架做水平、垂直或立体方向回转,将货物移动到取货人员面前。旋转式货架操作简单,存取作业迅速,工作人员不易疲劳,适用于电子零件、精密机件等少量多品种小物品的储存及管理。

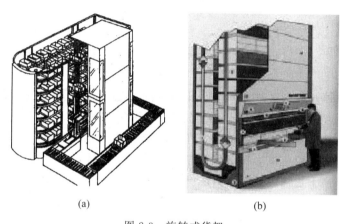

图 2-3 旋转式货架
(a)水平旋转式货架;(b)垂直旋转式货架

2.3.3 自动化立体仓库

自动化立体仓库又称自动存取系统、自动仓库、自动化高架仓库、高架立体仓库、无纸仓库等。它是指通过计算机和相应的自动控制设备对仓库的作业与仓储管理进行自动控制和管理,并通过自动化系统进行仓库作业的现代化仓库。自动化立体仓库是物料搬运、仓储科学中一门综合性科技工程。它与平库相比,可节约 70% 的占地面积和 70% 的劳动力,提高管理水平。图 2-4 是自动化立体仓库实物图。

1. 自动化立体仓库的构成

自动立体仓库一般由高层货架、堆垛机、输送系统及周边设备、控制系统、信息管理系统组成。

1)高层货架

高层货架一般用钢材或钢筋混凝土制作。钢货架的优点是构件尺寸小,空间利用率高,制作方便,安装周期短;钢筋混凝土货架的优点是防火性能好,抗腐蚀能力强,维护保养简单。通常,高层货架每两排合成一组,每两组货架中间设有一条巷道,供巷道堆垛起

图 2-4　自动立体化仓库实物图

重机和叉车行驶作业。每排货架分为若干纵列和横排,构成货格或者仓位,用于存放托盘或货箱。高层货架的建筑高度一般在 5 米以上,国外有的高达 50 米。

2) 堆垛机

堆垛机是立体仓库中最重要的搬运设备,是随着立体仓库的出现而发展起来的专用起重机。它的主要用途是在高层货架的巷道内来回穿梭,将位于巷道口的货物存入货格,或者从货格中取出货物运到巷道口,配合周围出入库搬运系统完成自动存取作业。

堆垛机可分为有轨巷道堆垛机和无轨巷道堆垛机两种,如图 2-5 所示。有轨巷道堆垛机在固定的轨道上运动,控制简单,造价较低。通过手动、半自动、自动控制和远距离集中控制等控制方式,可以完成左、右两排货架的货物存储工作。由于有轨巷道堆垛机只能在高层货架巷道内作业,因此必须配备出入库输送系统或设备,才能完成货物出入库作业。无轨巷道堆垛机又称高架叉车,是在前移式叉车基础上发展起来的变型叉车,既保留了叉车的一些特性,又发展了适用于在高货架巷道中工作的性能。其最大堆放高度可达 12 米,主要用于高度小于 12 米、作业不太频繁的窄巷道高架立体仓库的堆垛。

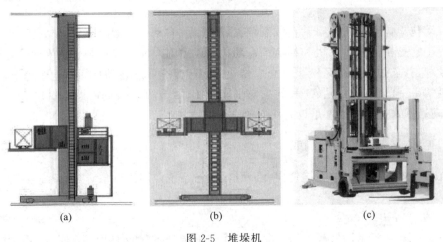

图 2-5　堆垛机

(a) 单货叉单立柱堆垛机;(b) 双货叉单立柱堆垛机;(c) 无轨巷道堆垛机(堆垛叉车)

3) 输送系统及周边设备

输送系统及周边设备的作用是配合巷道堆垛机完成货物输送、搬运、分拣等作业,还可以临时取代其他搬运系统,使自动存取系统维持工作,完成货物的出入库作业。

输送系统包括各种带式、板式、滚柱式、链式等固定布置的输送机,还有如 AGV(自动导引车)等可以移动的搬运输送装置。周边设备往往包括升降台、提升机、叉车、置物架、堆垛架、挂板架、仓储笼、托盘、料箱、台车等。

4) 控制系统

自动立体仓库的控制形式有手动控制、随机自动控制、远距离自动控制和计算机自动控制四种。存取系统的计算机中心或中央控制室接收到入库或出库信息后,首先进行信息处理,然后由计算机发出入库或出库指令,堆垛机、自动分拣机及其他周边搬运设备按指令启动,协调完成自动存取作业,管理人员在控制室进行监控和管理。

5) 信息管理系统

信息管理系统是自动仓库不可或缺的一部分,为及时了解货物信息、库存信息、制定经济决策提供了信息保障和信息支持。此外为实现高效率、高准确度的作业,以及使管理员更方便、更直观地了解作业过程,信息管理系统在货物出入库时应能显示作业轨迹,在进行库存管理时,最好能用示意图正确地显示仓位和货物情况。

2. 自动化立体仓库的优缺点

自动化立体仓库的主要优点有以下几点。

(1) 仓库作业全部实现机械化和自动化,一方面,能够大大节省人力,减少劳动力费用的支出;另一方面,能够大大提高作业效率。

(2) 采用高层货架、立体储存,能有效地利用空间、减少占地面积、降低土地购置费用。事实上,国外自动化立体仓库能够得到快速发展,地价昂贵是一个很重要的原因。

(3) 采用托盘或货箱储存货物,货物的破损率显著降低。

(4) 仓位集中,便于控制与管理,特别是使用电子计算机,不但能够实现作业过程的自动控制,而且能够进行信息处理。

自动化立体仓库的缺点主要是投资和维护成本较高,而且一旦安装完毕,很难再做改动。正因为它的购置和维护成本高,要采用自动化仓储系统,才必须在经济上进行合理、可行的预算,而且在其设计安装时要经过周密、详细的规划才可以。

2.4 搬运装卸技术装备

搬运装卸是指在同一地域内,以改变物品的存放状态和空间位置为主要内容和目的的物流活动。在通常情况下,几乎每个物流环节转换都离不开搬运装卸,但由于搬运装卸只增加成本,并不增加产品价值,因此合理利用搬运装卸设备进行有效作业,是降低成本的重要途径。本节主要介绍常见的起重设备、连续输送设备、分拣设备和搬运车辆(设备)等。

2.4.1 起重设备

1. 起重设备概述

起重设备作业通常带有重复循环的性质,一个完整的工作循环包括取物、提升、平移、下降、卸载,然后返回到装载位置几个环节。在工作中,经常起动、制动、正反向运动是起重机械的基本特点,而稳定运动的时间相对于其他机械而言则较为短暂。以吊钩起重机为例,其工作程序通常是:空钩下降至装货点,货物挂钩,把货物提升和运送到卸货点,卸货,空钩返回原来位置准备第二次吊货。也就是说,在它每吊一次货物的工作循环中都包括载货和空返的行程。起吊件货的起重机的一个工作循环示例如图2-6所示。

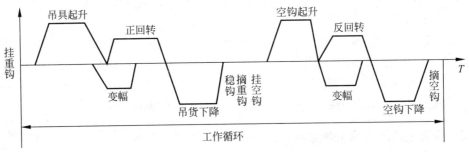

图2-6 起重机一个工作循环示例

2. 常见的起重设备分类

起重机械类型很多,根据其动作多少,可分为简单动作起重和复杂动作起重两类。简单动作起重主要有千斤顶、升降机、滑车、葫芦、电梯等,它们一般只做升降运动或一个直线方向的移动,只具有一个运动机构,起重货物重量不大,作业速度及工作效率较低。复杂动作起重机如图2-7所示,常见于港口、码头、堆场、货场等。

1) 桥式起重机

桥式起重机是横架于车间、仓库及露天堆场的上方,用来吊运各种货物的机械设备,通常称"天车"或"行车",是拥有量最大和使用量最广泛的一种轨道运行式起重机,其数量占各种起重机总数的60%~80%,额定起重量从几吨到几百吨。它一般用吊钩、抓斗或电磁盘来搬运装卸货物。桥式起重机起重量大、速度快、效率高、作业面辐射大、通用化程度高、应用广泛。但桥式起重机需要在装卸作业场地修建桥墩,建造费用较高,且只能在跨度范围内布置货位,货位面积较小,作业有不便之处。

2) 门式起重机

门式起重机又称龙门吊或龙门起重机,它由支承在两条刚性或一刚一柔支腿上的主梁构成的门形框架得名。它的起重小车在主梁轨道上行走,而整机则沿着地面轨道行走;为了增加作业面积,主梁两端可以具有外伸悬臂。门式起重机具有场地利用率高、作业范围大、适应面广、通过性强等特点,在库场、车站、港口、码头等场所应用十分普遍,使用数

图 2-7 复杂动作起重机
(a) 桥式起重机；(b) 集装箱门式起重机；(c) 汽车起重机；(d) 门座起重机；(e) 塔式起重机

量仅次于桥式起重机，担负着生产、装卸、安装等作业中的装卸搬运任务。

3）汽车起重机

汽车起重机是指安装在标准的或专用的载货汽车底盘上的全旋转臂架起重机。其车轮采用弹性悬挂，行驶性能接近于汽车，一般在车头设有司机室。此外，绝大多数还在转台（或转盘）上设有起重司机室。汽车起重机以其行驶速度高、越野性能好、作业灵活、可迅速改变作业场地等特点得到广泛应用，特别适合于流动性大、不固定的作业场所。

4）塔式起重机

塔式起重机简称塔机，亦称塔吊，是指动臂安装在高耸塔身上部的旋转起重机。其结构特点是悬架长（服务范围大）、塔身高（增加升降高度）、设计精巧，可以快速安装、拆卸。轨道临时铺设在工地上，以满足经常搬迁的需要。主要用于房屋建筑施工和大型工业项目中物料的垂直和水平输送及建筑构件的安装。

5）门座起重机

门座起重机是有轨运行的臂架型移动式起重机。从门座起重机外形结构来看，它的构造大致可分为上部旋转部分和下部运行部分。上部旋转部分安装在一个高大的门型底架上，并相对于下部运行部分可以实现360°任意旋转，这也是它与其他转动起重机的主要区别。门架可以沿轨道运行，同时它又是起重机的承重部分。起重机的自重和吊重均由门架承受，并由它传到地面轨道上，门座起重机正是由此而得名。由于具有较好的工作性能和独特的优越结构,门座起重机在港口、车站、库场装卸设备中占据重要地位。

2.4.2 连续输送设备

输送设备是在一定的线路上不断地沿同一方向输送物料的物料搬运设备。输送机械的工作对象多为小型件及散状物品居多,可进行水平、倾斜和垂直输送,也可组成空间输送线路,输送能力大且可实现长距离连续运输,可在输送过程中同时完成若干工艺操作,装卸过程也无须停车,因此生产率很高,应用广泛。以下是常见的连续输送设备的种类。

1. 辊子输送机

辊子输送机又称滚柱输送机,属于非挠性牵引输送机的一种,如图 2-8 所示。它由一系列以一定间隔排列的辊子(滚柱)组成,用于输送成件货物或托盘货物,辊子在动力驱动下带动上面的货物移动,也可以在无动力的情况下,由人力或依靠重力运送货物。

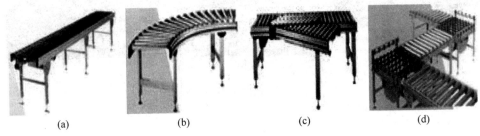

图 2-8 辊子输送机
(a) 直滚道;(b) 弧形滚道;(c) 合流滚道;(d) 直角转弯滚道

根据作业要求,辊子输送机可由直线段、圆弧段、水平段、倾斜段、分流段、合流段、升降段和回转段等形式组成开式或闭式作业流水线。物料在辊子输送系统上可同时完成装配、测试、称量、包装、储运和分拣等作业,也可在某些区段短暂停留积放,而不影响输送线中其他部分的正常工作。辊子输送机结构简单、运行可靠、维修量少、布置灵活、营运经济、适应性强、成本低、承载能力大,常用于搬运托盘集装货物和包装货物。

2. 带式输送机

带式输送机是一种利用连续而具有挠性的输送带不停运转来输送物料的挠性牵引输送机,它由金属结构机架、装在头部的驱动滚筒和装在尾部的张紧装置、卸载装置和清扫装置等组成,如图 2-9 所示。输送带绕过若干滚筒后首尾相接形成环形,并由张紧滚筒将其拉紧。输送带及其上面的物料由沿输送机全长布置的托辊(或托板)支撑。驱动装置使传动滚筒旋转,借助传动滚筒与输送带之间的摩擦力,使输送带运动。

3. 链板式输送机

链板式输送机(图 2-10)同样属于挠性牵引输送机,但其工作原理属啮合传动。链板

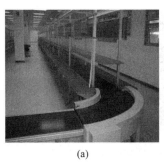  

(a) (b) (c)

图 2-9 带式输送机

(a) 转弯带式输送机；(b) 挡板带式输送机；(c) 裙边带式输送机

式输送机的种类很多，以平板式输送机最常见。平板式输送机的主要结构是在两条牵引链条上安装的刚性链板和在两端安装的驱动电机，主要用来输送成件物品，广泛应用于轻工、家电、仪器、食品、家具等行业的装配、检测及其物流配送中心。

(a) (b) (c)

图 2-10 链板式输送机

(a) 摩托车装配线；(b) 啤酒输送线；(c) 条烟输送线

与带式输送机相比，链板式输送机具有以下优点：①链板的强度大，输送能力大，可做长距离输送；②输送线路布置灵活，它可在较大的倾角和较小的弯曲半径下输送物品。但链板式输送机也有不足之处：①结构复杂，制造工作量大；②底板和牵引链自重大，金属材料消耗多；③工作噪声较大；④底板和牵引链的磨损较快，润滑和维修不便。

4. 悬挂式输送机

悬挂式输送机如图 2-11 所示，是一种具有空间走向、在空间轨道上运行的连续输送设备，一般由牵引链条、滑架、吊具、轨道、张紧装置、驱动装置和安全装置等构成。

悬挂输送机结构简单、运行平稳、安全可靠、安装维修方便。其空间轨道可布置在空间任何方向，增加了厂房利用面积；通过直行、转向、升降、分叉、合流组成复杂的空间线路，可在输送中完成工艺流程各工序要求；更换不同减速比，采用交流变频，变压调速等，可方便地适应工艺流程的节拍变化，因此广泛应用于轻工、机械、家电等行业。

图 2-11 悬挂式输送机

2.4.3 分拣设备

1. 分拣概述

分拣是指根据顾客的订货要求,或生产、运输的需要,把诸多货物按品种、地点和单位分配到所设置场地的作业。随着服务的顾客化,配送作业越来越趋向于多品种、少批量、多频次,对分拣工作的要求也越来越严格。物品分拣已成为耗时、耗力、占地大、差错率高、管理复杂的工作。一般而言,分拣作业所需人力占物流配送中心人力资源的 50% 以上;分拣作业所需时间占物流配送中心作业时间的 30%～40%;分拣作业成本占物流配送中心总成本的 15%～20%。因此,合理规划分拣系统,对提高物流配送效率具有决定性影响。

2. 拣货设备

1) 条形码识读设备

条形码识读是由光源发出的光线,经过光学系统照射到条形码符号上,被反射回来的光经过光学系统成像在光电转换器上,使之产生电信号,信号经过电路放大后产生一个模拟电压,它与照射到条形码符号上被反射回来的光成正比,经过滤波、整形,形成与模拟信号对应的脉冲信号,再经译码器转换为计算机可以接受和识别的数字信号。常用的条形码识读设备一般采用光笔、CCD(电荷耦合器件)、激光三种成熟技术,它们有各自不同的性能和使用特点。

目前的条形码识读设备种类繁多,但大体上可以分为在线阅读式和便携阅读式两大类,条形码扫描器作为识读输入设备发展很快,有接触式、非接触式、手持式、固定式等不同形式的扫描器。

2) 智能穿戴拣货设备

智能穿戴设备是应用穿戴式技术对日常穿戴进行智能化设计,开发出可以穿戴的设备的总称,如手表、手环、眼镜、服饰等。智能穿戴设备在物流领域可能应用的产品包括免持扫描设备、现实增强技术——智能眼镜、外骨骼、喷气式背包等。目前国内无商用实例,免持设备与智能眼镜小范围由 UPS、DHL 应用外,其他多处于研发阶段,整体来说离大规模应用仍然有较远距离。智能眼镜凭借其实时的物品识别、条码阅读和库内导航等功能,提升仓库工作效率,未来有可能广泛应用,京东及亚马逊等国内外电商企业已开始研发相关智能设备。

(1) 智能眼镜。亚马逊智能眼镜配可穿戴计算机,可以在拣选过程中快速识别商品所处的位置,而且内置图形传感器,能够识别与某项任务相关的物品。这种传感器还有可能识别邮寄地址、条码或二维码等包裹标记。

DHL 与理光(Ricoh)、可穿戴设备解决方案供应商 Ubimax 进行合作,将"视觉分拣"技术应用于仓库的分拣流程中。DHL 员工可通过智能眼镜扫描仓库中的条码图形以加快采集速度和减少错误。DHL 还与 Vuzix 合作打造了一套"免提式"仓库解决方案,其 M100 智能眼镜与 Ubimax 开发的仓库 Vision Picking 软件协作,提供了实时的物品识别、条码阅读、室内导航和无缝信息集成,直接连接到 DHL 仓库管理系统。应用之后,分拣效率提高了 25%,如图 2-12(a)所示。

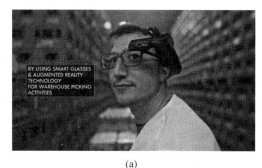 

(a) (b)

图 2-12 智能眼镜

(a) 智能分拣眼镜;(b) 菜鸟 AR 眼镜

菜鸟积极推动 AR(增强现实)智慧物流系统,利用微软的 HoloLens 头戴式设备,看到所有快件的信息,仓库商品的重量、体积等相关信息会映入操作者眼帘,方便操作者快速找到对应商品在仓库中所处位置,并且会自动规划最优路线提示操作者拿到相应订单的商品,如图 2-12(b)所示。

(2) 智能腕带。UPS 使用基于摩托罗拉 RS507 蓝牙戒指成像仪的系统,这一可穿戴设备包括一个戴在手指上的支持蓝牙的免提式条码扫描仪,以及一个戴在员工手腕或髋部的小型终端。利用这一设备,UPS 员工能够更快速地获取及处理条码图像,加快拣货和包裹装车速度。

xBand 是一款多传感器可穿戴腕带,可与 xPick(一种视觉选择系统)结合使用,提供基于 RFID 的免提手动订单拣选解决方案。通过组合 xPick 和 RFID 腕带 xBand,可以实现最佳的订单挑选过程。当到达存储或检索箱时,多传感器腕带能够完全直观地确认订单,从而完全不使用外部和耗时的调试步骤。xBand 的核心技术是 RFID。通过集成的 RFID 技术,xBand 可通过蓝牙与主机设备(或平板计算机)进行通信。它可用于识别位置,确定任务是否已完成或通知用户他正在进入某个区域。例如,当员工移动他的手臂来拣选货物时,xBand 会自动扫描物体盒子或架子的 RFID 标签,并向平板计算机自动发送确认。在拣选器视野右侧的可视化旁边，xBand 能确认拣选动作的声音和放置动作是否正确，并针对不正确的拣选动作进行触觉振动反馈或提醒，如图 2-13 所示。

图 2-13　xBand 可穿戴腕带

3．电子辅助分拣系统

电子辅助分拣系统，是指借助安装在储位上的电子装置的帮助，拣货人员完成分拣作业，如图 2-14 所示。电子辅助分拣系统的电子装置通过网络与计算机连接，并由计算机控制，借助信号灯与液晶数字显示作为辅助工具，引导拣货人员正确、快速、轻松地完成拣货工作。电脑辅助分拣系统具有弹性控制作业流程、即时现场监控、紧急订单处理等功能，能够有效地降低拣货错误率、加快拣货速度的功能，有利于物畅其流。

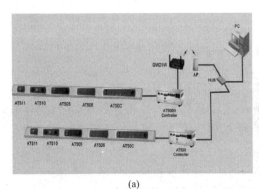

(a)　(b)

图 2-14　电子辅助分拣系统的原理图和实物图
(a) 原理图；(b) 实物图

根据拣选方式不同，电子辅助分拣系统又可分为摘取式电子辅助分拣系统和播种式电子辅助分拣系统，如图 2-15 所示。

1) 摘取式电子辅助分拣系统

在摘取系统中，把电子标签安装在货物储位上，原则上一个储位内放置一种货物，即一个电子标签对应一个货物；以一张订单为处理单位，订单中所需商品对应的电子标签会亮起，拣货人员依电子标签上所显示的数量将货物从货架上取出。此种拣货方式大多应用于配送对象多但商品储位固定不经常移动的情况。

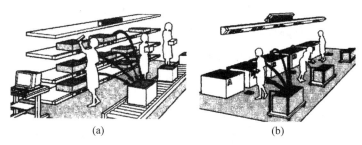

图 2-15 摘取式电子辅助分拣系统和播种式电子辅助分拣系统
(a) 摘取式电子辅助分拣系统;(b) 播种式电子辅助分拣系统

2) 播种式电子辅助分拣系统

每一个电子标签所代表的是一个订货厂商或是一个配送对象,即一个电子标签代表一张订货单。拣货人员首先汇集多家订货单位的多张订货单,对不同的货物进行分类,并作为拣选处理单位;接着拣货人员把某一类货物的需求总数全部拣出;然后根据各订货单位所对应的电子标签上显示的数量进行配货,直至该货物全部配完。依次完成其他类别货物的拣取和配货。播种式系统通常在对象固定、商品种类多或是商品的相似性大、商品储位经常移动的情况下使用。

4. 自动分拣系统

1) 自动分拣系统的基本构成

为满足形状各异、大小各异、重量各异、包装各异的商品分拣需要,人们开发了许多形式的自动分拣系统。常见的有堆块(滑块)式分拣系统、交叉带式分拣系统、浮出式分拣系统、挡板式分拣系统(也称摇臂式分拣系统)、倾翻式分拣系统、推出式分拣系统等。虽然自动分拣系统的形式各异,但其基本构成是一致的,一般都包括前处理设备(分拣前物品的进给和输入)、分拣输送系统、后处理系统(分拣后物品的输出)、控制装置及计算机管理系统等部分,如图 2-16 所示。

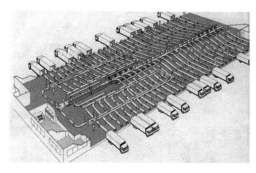

图 2-16 自动分拣系统

(1) 前处理设备。前处理设备是指在分拣之前向分拣机输送分拣物的进给台及其他辅助性运输机和作业台等。进给台的主要功能有两个:一个是操作人员利用输入装置或条码识别装置将各个分拣物品的尺寸、目的地址输入分拣处理系统,然后经控制器转换为确定分拣动作机构的方向、位置、数量和驱动分岔机构等的一系列指令,作为该物品的分拣作业命令。另一个是控制分拣物品进入分拣机的时间和速度,保证分拣机准确地进行分拣。其他辅助性输送机则是向进给台输送分拣物,可根据分拣系统现场的要求和条件来设置。

(2) 分拣输送系统。分拣输送系统是分拣系统的核心设备,主要由输送机、道岔、分拣动作机构等关键部件组成,根据控制装置的指令,通过分拣动作机构将分拣物品分拣到相应的下线道岔。由于不同行业、不同部门的分拣对象在尺寸、质量和外形等方面都有很大差别,对分拣方式、分拣速度、分拣道口的多少等要求也不相同,因此分拣输送系统的种类也很繁杂。采用不同的分拣输送系统,配置不同的前处理设备和后处理设备,可组成适合各种不同需要的自动分拣系统。

(3) 后处理设备。后处理设备指设置在分拣机后面的分拣溜槽及其他辅助设备。通常在分拣机的每一个出口设置一个分拣溜槽,其功能是暂存分拣后的物品,每一个溜槽存储同一个分拣目的地的分拣物品。分拣溜槽越多,可以同时进行分拣的目的地也越多,分拣系统服务的范围越大。通常采用钢板或塑料制成的光滑溜槽,也有的采用带辊子的溜槽。溜槽口一般设有预满格及满格声光提示功能。满格后由人工收集和装车发运,也有的利用伸缩带式输送机或其他输送机组成后处理系统,以提高分拣效率。

(4) 控制装置。控制装置的主要功能是:接受分拣目的地地址,通常由操作人员利用数字键盘或按钮输入;控制进给台,使分拣物按分拣机的要求迅速、准确地进入分拣机;控制分拣机的分拣动作,使分拣物在预定的分拣口迅速、准确地拣出;完成分拣系统各种信号的检测监控及安全保护。

(5) 计算机管理系统。计算机管理系统主要是对分拣系统中各设备运行的数据进行记录、监测和统计,相关生产资料、技术资料、各类报表等的整理和列印,并能与其他计算机联网,实现网络管理,以便对分拣作业和设备进行综合评价、分析与管理。

2) 自动分拣系统的基本技术要求

(1) 能迅速、准确地分拣物品,且差错率低。当前许多分拣机的准确率已达到99.9%。

(2) 分拣能力要强,大型分拣系统分拣道口数目达数百个,有的甚至达500个以上。

(3) 分拣系统对分拣物品的大小、形状、质量、包装形式及材质等因素的适应范围要宽。

(4) 工作时对分拣物品的冲击和振动要小,安全保护措施齐全,不能对物品造成损坏。

(5) 分拣作业中操作人员输入分拣命令简单、方便,人工辅助动作简单、省力。

(6) 自动控制和计算机管理系统功能完善,性能安全、可靠。

2.4.4 搬运车辆(设备)

搬运设备主要指各种(叉车)升降平台、手推车、机械手(机器人)、自动导引车等。以下主要介绍常见的叉车和自动导引车。

1. 叉车

叉车又称铲车、叉式起重机,它由自行的轮胎底盘和能垂直升降、前后倾斜的货叉、门架等组成,主要用于件货的装卸搬运,是一种既可做短距离水平运输,又可堆拆垛和装卸载货汽车、铁路平板车的机械,在配备其他取物装置以后,还能用于散货和多种规格品种货物的装卸作业。由于叉车能够把水平方向的搬运和垂直方向的起升紧密结合起来,有效地完成各种装卸搬运作业,因此是装卸搬运机械中应用最广泛的一种。

以下按照叉车结构特点的分类,介绍几种常见的叉车。

1) 平衡重式叉车

平衡重式叉车是叉车中应用最广泛的一种,约占叉车总数的80%。其特点是货叉伸出在车身的正前方,货物重心落在车轮轮廓之外。由于没有支撑臂,为了平衡货物重力产生的倾覆力矩,在车体尾部配有平衡重块。平衡重式叉车一般采用充气轮胎,运行速度快,且具有较好的爬坡能力。平衡重式叉车有内燃式和蓄电池式两种,如图2-17所示。内燃式叉车噪声大,且产生有害气体,通常适用于露天场所作业。蓄电池式叉车无废气污染,操作方便,适用于在室内或环境条件要求较高的场所。

图2-17 平衡重式叉车

(a)平衡重式叉车结构图;(b)平衡重式电动叉车;(c)平衡重式内燃叉车

2) 插腿式叉车

插腿式叉车的特点是叉车前面带有小轮子的支腿,能与货叉一起伸入货板叉货,然后再用货叉提升货物,如图2-18所示。由于货物重心位于前后车轮所包围的底面积内,因此其稳定性好。该类叉车的两前轮直径很小,承载能力不大,因此起升重量较小,一般在2吨以下。插腿式叉车相对于平衡重式叉车结构紧凑,自重轻,外形尺寸小,转弯半径小,宜于在狭窄通道和室内堆垛、搬运作业。但其运行速度低,对地面要求较高,且多用于电力驱动和人力推动。

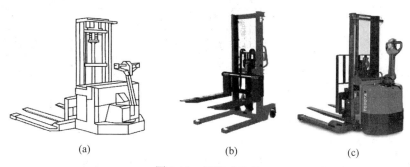

图2-18 插腿式叉车

(a)插腿式叉车结构图;(b)手动机械插腿式叉车;(c)电动插腿式叉车

3）前移式叉车

前移式叉车的货叉（或门架）可沿叉车纵向前后移动，如图2-19所示。取货卸货时，货叉伸出，叉卸货物以后或带货移动时，货叉退回接近车体的位置，使货物重心落在叉车的支撑面内，因此叉车不需要平衡重力，运行时稳定性好。前移式叉车又分门架前移式和货叉前移式两种。前者的货叉和门架一起移动，由于门架伸缩距离受外界空间对门架高度的限制，所以只能对货垛的前排货物作业；后者的门架则不动，货叉借助伸缩机构单独前伸。如果地面上有一定的空间允许叉腿插入，叉车能够超越前排货架，对后一排货物进行作业。

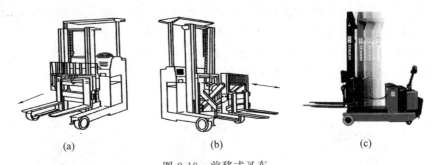

图2-19 前移式叉车

(a) 门架前移式；(b) 货叉前移式；(c) 前移式叉车实物

4）侧叉式叉车

侧叉式叉车如图2-20所示，叉车门架和货叉位于车体中部的一侧，不仅可以上下运动，还可以前后伸缩。叉货时，液压支腿先放下着地，门架向外推出；叉取货物后，货叉起升，门架退回；再下降货叉，货物即自动放置在叉车一侧的前后车台上；然后收起液压支腿，叉车即可行走。由于货物沿叉车的纵向放置，可减少长大货物对道路宽度的要求，同时货物重心位于车轮支承底面之内。叉车行驶稳定性好、速度高，司机视野比前叉式叉车好。侧叉式叉车主要用于装卸、搬运长大件货物，如型钢、木材等，多以柴油机驱动。

图2-20 侧叉式叉车

5）跨车

跨车即跨运车，是由门形车架和带抱叉的提升架组成的搬运机械。一般用内燃机驱动，起重量10～50吨。作业时，门形车架跨在货物上，由抱叉托起货物后，进行搬运和堆垛。跨车主要用来搬运和堆码长大笨重件和集装箱，如图2-21所示。

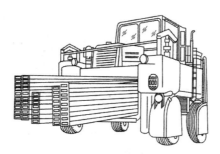

图 2-21　跨车

跨车起重量大、运行速度较高、装卸快,甚至可做到不停车装载,但跨车本身重量集中在上部,重心高,空车行走时稳定性较差,要求有良好的地面条件。

6) 集装箱叉车

集装箱叉车是集装箱码头和堆场上常用的一种集装箱专用装卸机械,主要用于堆垛空集装箱等辅助性作业,也可在集装箱吞吐量不大(年低于 3 万标准箱)的综合性码头和堆场进行装卸与短距离搬运。装卸 10 吨以下的小型集装箱时,这类叉车的货叉直接插入集装箱底板的叉孔内,装卸大型集装箱时,叉车的滑架上装有专用的集装箱顶吊架,滑架起升时,靠顶吊架装卸集装箱,如图 2-22 所示。

图 2-22　集装箱叉车

2. 自动导引车

根据《物流术语》(GB/T 18354—2021)中的定义,自动导引车是在车体上装备有电磁学或光学等导引装置、计算机装置、安全保护装置,能够沿设定的路径自动行驶,具有物品移载功能的搬运车辆。自动导引车是一种以电池为动力、装有非接触式导向装置的无人驾驶自动导引车(图 2-23)。其主要

图 2-23　EMS 自动导引车

功能是在计算机控制下,通过复杂的路径将物料按一定的停位精度输送到指定的位置上。

自动导引车的搬运路线机动灵活,可以根据生产条件的变更很方便地改变运输路线。当在生产流水线上使用自动导引车时,可以使生产节奏比较灵活,具有一定的弹性。

2.5 物流标准化

2.5.1 物流标准化的概念

物流标准化是指以物流为一个大系统,由政府和相关部门及行业机构共同组织制定系统的内部设施、机械设备,包括专用工具等的技术标准,包装、仓储、装卸、运输等各类作业标准,以及作为现代物流突出特征的物流信息标准,所有这些标准共同组成全国以及国际性标准化体系,并在行业内推广实施。

物流标准化是现代物流业发展的基础,是提高物流效率的重要途径,是构筑全球物流大通关的必要前提条件,因而目前在国际上物流标准化已经成为行业发展的关注焦点。物流标准化对物流与供应链发展具有基础性、引领性作用。按照标准分级属性,物流标准可分为国家标准、行业标准、地方标准、团体标准、企业标准(包括技术标准、管理标准、工作标准)。

目前,ISO/IEC(国际电工委员会)下设了多个物流标准化的技术委员会负责全球的物流相关标准的制修订工作,已经制定了200多项与物流设施、运作模式与管理、基础模数、物流标识、数据信息交换相关的标准。在国际标准化组织现有的标准体系中,与物流相关的标准约有2 000条,其中运输181条、包装42条、流通2条、仓储93条、配送53条、信息1 605条。我国的有关部门在此基础上也相继出台了与国际标准相衔接的系列物流标准。所有这些标准都是现代物流企业在发展进程中必须遵循的准则,否则将会导致物流系统的离散性、信息的孤立性、服务的低效率,最终将无法实现物畅其流、快捷准时、经济合理和客户满意的要求。

2.5.2 物流标准化体系

1. 物流标准体系

物流标准体系涉及的物流标准种类繁多、内容庞杂。其具体包括物流基础标准、物流技术标准、物流信息标准、物流管理标准、物流服务标准及物流相关标准,如图2-24所示。

按照物流标准的批准、颁布或应用范围,可以分为:国际标准——国际标准化组织制定的各类有关标准;国家标准——国家组织制定并批准颁布实施的各类有关标准,部门或行业标准——在某一部门或行业制定并颁布实施的各类有关标准;企业标准——由企业自己制定并组织实施的各类有关标准。

2. 物流国家标准

我国物流方面的国家标准包括:物流术语国家标准、电子数据交换国家标准、条码国家标准、托盘国家标准、集装箱国家标准、包装单元货物国家标准、集装单元运输应用国家标准、集装单元运输主要相关国家标准、工业搬运车辆国家标准、仓储机械国家标准、输送机械国家标准、起重运输机械国家标准等。

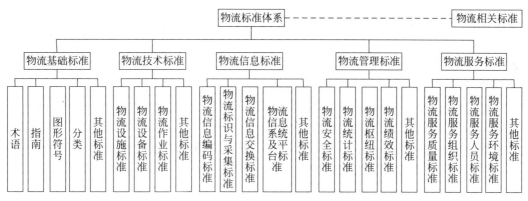

图 2-24 物流标准体系

资料来源：国家标准化管理委员会,国家发展改革委,商务部,等.全国物流标准2005年—2010年发展规划[Z].2005.

国家标准《物流术语》是对我国物流业学术研究与具体实践都具有重要影响的基础性标准。国家标准《物流术语》(GB/T 18354—2001)是我国物流产业的第一个综合性国家标准。为适应我国物流发展的新形势,该项国家标准于2005年开始修订,2006年12月获国家标准化管理委员会批准发布,即《物流术语》(GB/T 18354—2006)。2021年8月,《物流术语》第二次修订后发布,即国家标准《物流术语》(GB/T 18354—2021)。

3. 物流标准体系表及其特点

按照该体系表的规划,我国的物流标准体系由物流信息、物流管理、物流服务、物流技术四个分体系构成。体系表的第一层次为物流通用基础标准,主要包括物流术语、物流企业分类标准、物流标志标识等;第二层次是根据物流标准化对象的不同特征分四个专业类别,其中物流技术又分成两个部分,即技术方法和设施设备;除了物流技术部分外,其他分标准体系均划分到第三层至第四层,物流技术部分的专业划分比较细,划分到第五层,第六层为个性标准。

目前,纳入体系表中的和物流相关的标准已超过1 000项,全国物流标准化技术委员会和全国物流信息管理标准化技术委员会向研讨会提交的急需修订的标准有36项,需要制定的标准达383项。物流标准体系表应具有以下特点。

1) 全面性

根据对现代物流系统的综合分析,物流标准体系表应当门类齐全、系统、成套。在一段时间内,根据物流工作需要,物流标准体系表应包括现有的、应有的和预计发展的标准。

2) 层次性

层次性反映出标准适用的范围。适用范围大的标准处于标准体系表的顶端,反之处于较低层次上,具体的个性标准处于最低层次。

3) 协调性

物流标准体系表中的子体系既相互独立又相互依存。子体系间有边界,也有交叉。一个标准不能列入两个子体系中。

4) 可扩展性

现代物流标准体系需充分考虑物流的发展,在标准体系表中只是列出了标准体系的框架,随着科学技术的发展,可以增加相应的标准。

2.5.3 物流标准化的方法

世界上大多数国家都有标准化组织,如英国标准化协会(BSI)、我国的市场监督管理局等。在国际上,日内瓦的国际标准化组织负责协调世界范围的标准化问题。从世界范围来看,物流体系的标准化,各个国家都还处于初始阶段。在这初始阶段,标准化的重点在于通过制定标准规格尺寸来实现整个物流系统的贯通,达到提高物流效率的目的。

1. 物流标准化的形式

1) 简化

简化是指在一定范围内缩减物流标准化对象的类型数目,使之在一定时间内满足一般需要。如果对产品生产的多样化趋势不加限制地任其发展,就会出现多余、无用和低功能产品品种,造成社会资源和生产力的极大浪费。

2) 统一化

统一化是指把同类事物的若干表现形式归并为一种或限定在一个范围内。统一化的目的是消除混乱。物流标准化要求对各种编码、符号、代号、标志、名称、单位、包装运输中机具的品种规格系列和使用特性等实现统一。

3) 系列化

系列化是指按照用途和结构把同类型产品归并在一起,使产品品种典型化;同时也把同类型的产品的主要参数、尺寸,按优先数理论合理分级,以协调同类产品和配套产品及包装之间的关系。系列化是使某一类产品的系统结构、功能标准化形成最佳形式。系列化是改善物流、促进物流技术发展最为明智而有效的方法。

4) 通用化

通用化是指在互相独立的系统中,选择与确定具有功能互换性或尺寸互换性的子系统或功能单元的标准化形式,互换性是通用化的前提。通用程度越高,对市场的适应性越强。

5) 组合化

组合化是按照标准化原则,设计制造若干组通用性较强的单元,再根据需要进行合并的标准化形式。对于物品编码系统和相应的计算机程序同样可通过组合化使之更加合理。

2. 确定物流的基础模数尺寸

物流基础模数是指在确定物流系统时各种标准尺寸的最小公约尺寸,物流基础模数尺寸的作用和建筑模数尺寸的作用大体相同。基础模数一旦确定,设备的制造、设施的建设、物流系统中各环节的配合协调、物流系统与其他系统的配合就有所依据。

目前,ISO及欧洲各国已将600毫米×400毫米作为物流基础模数尺寸。我国与国际标准接轨,确定600毫米×400毫米为物流基础模数尺寸。

为什么确定600毫米×400毫米为基础模数尺寸呢?由于物流标准化系统较之其他标准系统建立较晚,所以确定基础模数尺寸主要考虑了目前对物流系统影响最大而又最难改变的事物,即输送设备。采取"逆推法",由输送设备的尺寸来推算最佳的基础模数。当然,在确定基础模数尺寸时也考虑到了现在已通行的包装模数和已使用的集装设备,并从行为科学的角度研究了人及社会的影响。从其与人的关系看,基础模数尺寸是适合人体操作的最高限尺寸的。

3. 确定物流模数

物流模数(logistics modulus)即集装基础模数尺寸。物流标准化的基点应建立在集装的基础之上,还要确定集装的基础模数尺寸(即最小的集装尺寸)。

确定集装基础模数尺寸有两种方法,可以从 600 毫米×400 毫米按倍数系列推导出来,也可以在满足 600 毫米×400 毫米的基础模数的前提下,从卡车或大型集装箱的分割系列推导出来。

图 2-25 给出了集装模数尺寸与卡车车厢宽度的关系(分割法)。图 2-26 给出了物流模数系列化关系(倍数法和分割法)。它们从不同角度反映了物流模数系列化的方法。

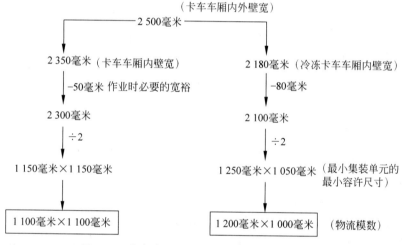

图 2-25 卡车车厢宽度与集装基础模数尺寸关系

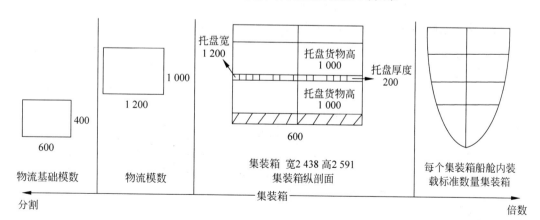

图 2-26 物流模数系列化(单位:毫米)

4. 以分割及组合的方法确定系列尺寸

物流模数作为物流系统各环节的标准化的核心,是形成系列化的基础。依据物流模数进一步确定有关系列的大小及尺寸,再从中选择全部或部分,确定为定型的生产制造尺寸,这就完成了某一环节的标准系列。

由物流模数体系,构成如图 2-27 所示的关系,通过分割和组合的方法可以推导出大量的系列尺寸,从中选出合适的作为某项技术及其设施设备的系列标准。

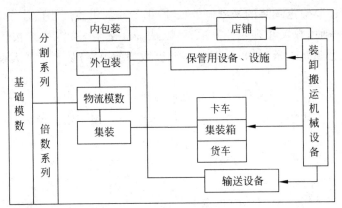

图 2-27 系列尺寸推导关系

5. 几个物流基础尺寸

目前,国际物流模数尺寸的标准化还在研究及制定中,但物流标准化的重要模数尺寸已经取得了一致意见或拟定出了初步方案。作为物流标准化的基础和物流标准化首先要拟定的数据,几个基础模数尺寸如下。

(1) 物流基础模数尺寸:600 毫米×400 毫米。

(2) 物流模数尺寸(集装基础模数尺寸):1 200 毫米 ×1 000 毫米为主,也允许 1 200 毫米×800 毫米及 1 100 毫米×1 100 毫米。

(3) 物流基础模数尺寸与集装基础模数尺寸的配合关系,如图 2-28 所示。

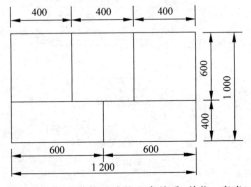

图 2-28 物流模数尺寸的配合关系(单位:毫米)

由 ISO 中央秘书处及欧洲各国认定的 1 200 毫米×1 000 毫米的矩形，是最小的集装尺寸。物品的外包装尺寸是物流模数尺寸的分割系列。该尺寸是在满足物流基础模数尺寸的倍数前提下，从卡车和集装箱的尺寸"分割"导出。物流模数尺寸可以看成物流系统中适于机械作业的最小单元。物流输送设备的输送空间尺寸以及成组化器具的载货面积应该是物流模数尺寸的倍数系列，仓库中的货架、装卸设备的操作部件的尺寸也应该与物流模数尺寸相配合。

许多国家都以此为基准修改本国物流的有关标准，以和国际的发展趋势吻合。例如，英、美、加拿大、日本等国都已打算放弃国内原来使用的模数尺寸，改用国际的模数尺寸。日本等一些国家在用 1 200 毫米×1 000 毫米的模数尺寸系列同时，还发展了 1 100 毫米×1 100 毫米正方形的集装模数，已形成本国的物流模数系列。

2.5.4 物流标准化的发展方向

1. "物"的标准化

"物"的标准化是物流流程标准化的基础。集装箱是国际远洋物流的大型包装单元，货运车厢是车辆运载包装单元，托盘及托盘箱（笼）是物流系统最基础的包装单元等。物品由发货地整合为规格化、标准化的货物单元，并且保持单元状态一直送达最终收货点。其中，以托盘标准化为基础的货物单元是供应链物流各个环节的最主要作业单元。从托盘标准化入手，带动物流系统上下游技术装备、物流设施、货运装备等的尺寸模式协同和规范，这就是"物"的标准化。

2. "流"的标准化

通过把物流单元作为计量单元、信息单元、订货单元，推动"带托运输""带托配送"，以自动化、机械化和智能化为技术手段，推动整个物流作业流程的标准化，推进商业货物交接流程的标准化，提升效率，同时，推动物流服务流程的标准化，提升服务体验，减少货损消耗，为客户创造效益。

3. "链"的标准化

通过物理世界和信息世界融合，实现供应链物流、信息流、商流、资金流"四流合一"，形成上下游连通的网链型供应链体系结构，高效协同。物流标准化进入供应链体系建设阶段，就必须与物流信息标准化相关联，在统一的标准体系下，把物流单元作为信息单元、计量单元、数据单元，系统推进供应链标准体系建设。

4. "网"的标准化

物流是链接制造业与客户终端的基础网络，物流标准与物的生产标准、流通标准对接，实现物流业与制造业、商贸流通业信息融合，聚焦基础设施、运载装备、系统平台、电子单证、数据交互与共享、运行服务与管理等领域，系统推动智慧物流网的标准化。

2.6 智慧物流技术应用

根据《物流术语》(GB/T 18354—2021)中的定义,智慧物流是以物联网技术为基础,综合运用大数据、云计算、区块链及相关信息技术,通过全面感知、识别、跟踪物流作业状态,实现实时应对、智能优化决策的物流服务系统。智慧物流系统自上而下体现在三个层面:智慧化平台、数字化运营、智能化作业(图2-29)。

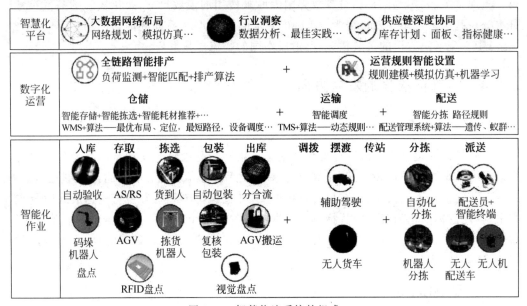

图 2-29 智慧物流系统的组成

从技术角度看,大数据、人工智能和区块链等新兴信息技术融合优化,不仅可以提高企业内部的物流效率与智能化水平,更重要的是可围绕物流和供应链建立区块链产品矩阵和解决方案,以共建生态的理念实现对整个行业的赋能作用,图2-30展示了顺丰基于大数据、人工智能和区块链技术构建的数字化供应链解决方案。

2.6.1 大数据技术在物流中的应用

物流大数据是指通过海量的物流数据,包括运输、仓储、搬运装卸、包装及流通加工等物流环节涉及的数据和信息,挖掘出新的价值。通过大数据分析可以提高运输与配送效率,减少物流成本,更有效地满足客户服务要求。

针对物流行业的特性,大数据应用主要体现在车货匹配、运输路线优化、库存预测、设备修理预测和供应链协同管理等方面。

1. 车货匹配

通过对运力池进行大数据分析,公共运力的标准化和专业运力的个性化需求之间可以

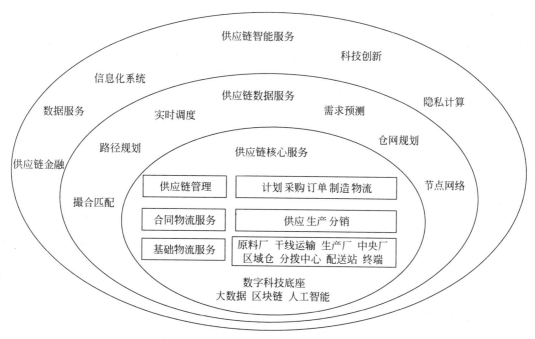

图 2-30　顺丰数字智能化供应链蓝图

产生良好的匹配,同时,结合企业的信息系统也会全面整合与优化。通过对货主、司机和任务的精准画像,可实现智能化定价、为司机智能推荐任务以及根据任务要求指派配送司机等。

在客户方面,大数据应用会根据任务要求(如车型、配送千米数、配送预计时长、附加服务等)自动计算运力价格,并匹配最符合要求的司机。司机接到任务后会按照客户的要求进行高质量的服务。在司机方面,大数据应用可以根据司机的个人情况、服务质量、空闲时间为其自动匹配合适的任务,并进行智能化定价。基于大数据实现车货高效匹配,不仅能减少空驶带来的损耗,还能减少环境污染。

2. 运输路线优化

通过运用大数据,物流运输效率将得到大幅提高,大数据为物流企业间搭建起沟通的桥梁,物流车辆行车路径也将被最短化、最优化定制。

UPS 使用大数据优化送货路线,配送人员不需要自己思考配送路径是否最优。UPS 采用大数据系统可实时分析 20 万种可能路线,仅需 3 秒便找出最佳路径。此外,UPS 通过大数据分析规定了卡车不能左转的政策。以往数据显示,由于执行尽量避免左转的策略,UPS 货车在行驶路程减少 2.04 亿千米的前提下,多送出了 350 000 件包裹。[①]

3. 库存预测

互联网技术和商业模式的改变带来了从生产者直接到顾客的供应渠道的改变。这样

---

① 大数据在为物流做哪些变革?[EB/OL].(2015-09-14).http://www.chinawuliu.com.cn/zixun/201509/14/305145.shtml.

的改变,从时间和空间两个维度都为物流业创造新价值奠定了很好的基础。

大数据技术在优化库存结构和降低库存成本方面发挥着重要作用。运用大数据分析商品品类,系统会自动分解用来促销和用来引流的商品。同时,系统根据以往的销售数据进行建模和分析,判断当前商品的安全库存,并及时给出预警,不再依赖于往年的销售情况来预测当前的库存状况。总之,使用大数据技术可以降低库存存货,从而提高资金利用率。

4. 设备修理预测

UPS 从 2000 年就开始使用预测性分析来监测自己全美 60 000 辆车规模的车队,这样就能及时地进行防御性的修理。一旦车辆在途中抛锚,就需要再派一辆车,会造成延误和再装载的负担,消耗大量的人力、物力。之前 UPS 每两三年就会对车辆的零件进行定时更换,但这种方法不太有效,因为有的零件并没有什么毛病就被换掉了。通过监测车辆的各个部位,如今 UPS 只更换需要更换的零件,从而节省了成本。

5. 供应链协同管理

随着供应链变得越来越复杂,大数据技术的运用可以迅速、高效地发挥数据的最大价值,集成企业所有的计划和决策业务,包括需求预测、库存计划、资源配置、设备管理、渠道优化、生产作业计划、物料需求与采购计划等。这将彻底变革企业市场边界、业务组合、商业模式和运作模式等。

良好的供应商关系是消灭供应商与制造商间不信任成本的关键。双方库存与需求信息的交互能够降低由于缺货造成的生产损失。通过将资源数据、交易数据、供应商数据、质量数据等存储起来用于跟踪和分析供应链在执行过程中的效率与成本,能够控制产品质量。通过数学模型、优化和模拟技术综合平衡订单、产能、调度、库存与成本间的关系,找到优化解决方案,保证生产过程的有序与匀速,达到最佳的物料供应分解和生产订单的拆分。

2.6.2 人工智能技术在物流中的应用

物流业是传统的劳动密集型行业,随着人工智能技术的不断发展,各大物流企业纷纷布局人工智能领域。一系列无人化技术的应用逐渐从货物分拣、物流配送、仓储揽货、分发配送等环节脱颖而出,标志着物流业从传统人工操作时代逐步向智能化、数字化方向发展。

"人工智能+"物流全链架构包括"人工智能+"包装、"人工智能+"运输、"人工智能+"仓储、"人工智能+"装卸及搬运、"人工智能+"配送及"人工智能+"客服等,而"人工智能+"全链场景应用则深入包装、运输、仓储、装卸及搬运、配送、客服六大架构挖掘,实现了全方位的智能化应用,如表 2-10 所示。

表 2-10 "人工智能＋"物流全链应用场景及细化

全链架构	包装		运输		仓储			装卸及搬运		配送		客服
应用场景	智能包装	自动包装管理系统	无人卡车	车队管理系统	仓储现场管理	自主移动机器人	设备调度系统	全自动搬运及装卸		无人配送	订单分配管理系统	客服机器人
应用场景细化	全自动化包装机	全自动包装管理系统	整车运输、甩挂运输	整车运输、零担运输	快递运输、电商仓储	快递运输、电商仓储、生产物流	自动化大兴仓库	顶升搬运、牵引搬运、料箱搬运、复合机器人		无人配送车、无人配送机	即时物流	快运快运即时物流

1. "人工智能＋"包装

"人工智能＋"包装的应用场景主要包括智能包装和全自动包装管理系统两个方面。智能包装是应用智能材料、信息传递与追踪技术、防伪手段以及环保与可持续性策略，为产品提供高效率和高附加值的包装解决方案。例如，通过集成传感器监测产品状态或使用智能标签实现产品信息的传递和追踪。全自动包装管理系统通过检测被包装对象的品种、品质、大小、数量、体积、运输环境及运输路线等信息，选择相应的包装材料、规则、大小，设置相应的个性化包装流程，将包装作业信息传递至智能包装作业机器上，由智能包装机器进行全自动化作业，满足不同货物及特殊场景的包装需求。

2. "人工智能＋"运输

"人工智能＋"物流运输应用场景主要有两大方向：一是基于自动驾驶技术的无人卡车，包括整车运输和甩挂运输。无人卡车基于汽车自身的环境感知、驾驶路线规划及车辆控制等自动驾驶技术，满足港口、园区、高速公路、城市道路等多场景运输需求。自动驾驶技术通过摄像头、激光雷达、毫米雷达进行系统定位并获取行驶道路数据，借助计算平台及算法分析、处理感知层数据并下达指令，利用电子驱动、电子制动及电子转向执行刹车、加速和转向等行动。二是基于计算机视觉和人工智能物联网（AIOT）产品技术的车队管理系统。车队管理系统基于计算机视觉和 AIOT 产品技术，实时感知车辆行驶路线、司机驾驶行为、货物装载情况，在行程延误、路线偏离和司机危险行为（如瞌睡、超速、看手机等）时进行风险预警、实时管控及干预，从而减少运输安全事故，提升车队管理效率。

3. "人工智能＋"仓储

"人工智能＋"仓储是一个高度集成化的综合体系，应用场景主要包括仓储现场管理、自主移动机器人（AMR）及设备调度系统，场景细化至快递快运、电商仓储、生产物流及自动化大型仓库。仓储现场管理基于物联网、云计算、大数据、人工智能和 RFID 等技术，有效调动货物体积测算、电子面单信息识别、出入库传送、物流设备调度和 AMR 等功能,对商品货物的入库、存取、拣选、分拣、包装和出库进行一系列智能化管理。

4. "人工智能+"装卸及搬运

"人工智能+"装卸及搬运应用场景包括全自动搬运及装卸,核心技术为 AI 算法,如顶升搬运、牵引搬运、料箱搬运和复合机器人。"人工智能+"装卸及搬运智能识别并辨认车辆装载区域图像,自动识别货物材质、品类、大小、重量和体积等特征,准备计算分配装载位置坐标,选择并分配合适的装卸搬运方式,由传感器进行搬卸装运各点平衡调整,从而减小劳动强度、降低人工成本、避免二次搬运等,提高作业效率。

5. "人工智能+"配送

"人工智能+"配送通过系统中订单数量、订单配送地址以及订单配送时间进行路线规划和订单规划。如对相同或类似配送地址的订单、相同或类似配送时间段的订单进行统一打包分配,然后将其下达至无人配送车、无人配送机等配送设备。无人配送车通过激光雷达、超声波雷达、摄像头及惯性传感器进行道路、标识、行人及车流量的环境感知及车辆定位,在实时更新的地图中进行拥堵路线规划,基于自动驾驶技术进行加速、转弯、避让和制动灯路线作业。

6. "人工智能+"客服

"人工智能+"客服应用场景主要是客服机器人,核心技术是智能语音及自然语言处理(NLP)。"人工智能+"客服是以语音文字交互为依托的人机协作模式,通过电话呼入、电话呼出、App 客户端、微信小程序等终端入口,提供语音导航、业务识别、智能派单、座席辅助、文字查询、客户跟进等智能语音文字服务,减少人工成本,降低运营成本,实现终端消费服务辐射范围的扩大。

2.6.3 区块链技术在物流中的应用

1. 区块链技术在物流平台的应用

2016 年 5 月,中国物流与采购联合会大宗商品交易市场流通分会正式启动了电子注册仓单登记公示平台以及交易商互联网开户登记平台项目,并在这些物流平台中采用了区块链技术。通过利用区块链技术的多副本共同记账特性,成功解决了大宗商品交易领域的两个主要问题,即交易环节不透明、仓储物流环节信息不准确。

随着中国科技的迅猛发展,电子商务和智能物流在物流领域得到广泛应用。许多商品交易都在在线交易平台上进行,要确保这些交易不受地理和时间的限制,以确保物流畅通无阻。这就要求在物流平台上采用区块链技术,并结合相应的数据库,以更有效地解决物流配送、包裹结算和包裹传输等问题。

2. 区块链技术在物流金融中的应用

将区块链技术应用于物流供应链中,可以建立一个透明、不可篡改的信用信息数据库。这一数据库包括中小型物流企业的交易历史、信用评级、合同履行情况等信息。金融机构如银行可以访问这些信息,更全面地评估企业的信用状况,从而提供更多融资机会。这有助于解决信用评级低下企业的融资问题,促进其发展。

3. 区块链技术在供应链管理中的应用

在传统供应链中,信息流通可能缺乏透明度,这可能导致问题难以确定和解决。此外,在纠纷和责任追究方面也存在挑战。使用区块链技术来管理供应链,可以实现信息的透明性和可追溯性,如顺丰"丰溯"溯源平台(图2-31)。每个交易和信息都以块的形式存储在链中,这些信息是不可篡改的,因此可以信任其准确性。这有助于确保信息在供应链中的流通顺畅,同时也能够及时发现问题。

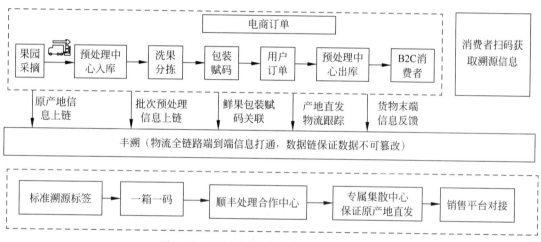

图 2-31　顺丰"丰溯"农产品溯源系统方案图

在供应链中,如果出现纠纷或问题,区块链可以提供可靠的数据来解决这些问题。信息的不可篡改性意味着可以准确追溯事发经过,从而更容易确定责任。此外,区块链还有助于防止伪劣产品进入供应链。

4. 区块链技术在国际物流运输中的应用

国际物流通常涉及许多相关部门和组织,需要大量沟通和协调工作,这可能导致效率低下和管理成本过高。通过应用区块链技术,国际物流可以变得更加高效和透明。区块链可以创建一个共享的数字账本,记录所有涉及方的交易和信息。这种分布式账本可以实现记录无法篡改,确保信息的真实性和可靠性。此外,区块链技术可以实现无纸化工作流程,进一步简化和加速处理过程。

通过将多个链条关联在一起,区块链技术可以帮助解决国际物流中的信息不透明性问题。相关方可以共享信息,包括银行、客户和海关部门,从而实现更高的透明度和实时监控。这有助于提高国际物流的运输效率,减少管理成本,并提高服务质量。

5. 区块链技术在智能制造中的应用

扩展阅读 2-1 顺丰科技区块链疫苗存证业务流程

扩展阅读 2-2 元宇宙技术在物流中的探索应用

智能制造要实现数字化、网络化,需要对制造相关企业的信息系统进行纵向集成和不同企业之间的横向集成。这确保了信息在整个价值链上流通,提高了制造的效率和质量。

在实际工作过程中,由于信息系统和制造设备涉及多个行业厂家,中心化系统的传统控制方式可能会面临挑战。区块链技术可以帮助企业在不同系统之间建立更加安全和高效的运营机制。区块链的去中心化和不可篡改性特点确保了信息的可信度和安全性。此外,区块链技术的透明性有助于提高研发、审计、生产和流通的效率,并降低运营成本,这对实施《中国制造 2025》和推进智能制造具有重要意义。

案例

[2-1] 亚马逊在智慧物流中的布局

[2-2] 宾通智能×丰田打造"智能＋高效"一体化仓储物流系统

即测即练

第二部分

物流系统分析与建模

第 3 章

物流系统分析

物流作为供应链的重要组成部分,是为了满足消费者需求,有效地计划、管理和控制原材料、中间仓储、最终产品及相关信息从起点到消费地的流动过程。可见,能够完成各项物流活动及信息处理的物流系统是一种非常复杂的系统,因此,科学有效的物流系统分析是物流工程理论与方法的重要组成部分。物流系统分析贯穿于产品研发设计、采购试制、批量生产、运输配送、整机安装、产品回收等全生命周期过程。本章从物流系统分析概述、物流系统分析主要内容及物流系统常用分析方法三部分展开介绍。

3.1 物流系统分析概述

3.1.1 物流系统分析的概念

1. 系统分析的产生

"系统分析"一词最早是作为第二次世界大战后由美国兰德公司开发的研究大型工程师项目等大规模复杂系统问题的一种方法论而出现的。1945 年,美国的道格拉斯飞机公司,组织了各个学科领域的科技专家为美国空军研究"洲际战争"问题,目的是为空军提供关于技术和设备方面的建议,当时称为"研究与开发"(research and development,R&D)计划。1948 年 5 月,执行该计划的部门从道格拉斯公司独立出来,成立了兰德公司,"兰德"(RAND)是"研究与开发"英文的缩写。

从 20 世纪 40 年代末到 70 年代的 30 年中,系统分析沿着两条明显不同的路线得到迅速发展。一条路线是运用数学工具和经济学原理分析和研究新型防御武器系统。20 世纪 60 年代初期,美国国防部长麦克纳马拉把这套方法应用于整个军事领域,并很快在各政府部门推广,形成了著名的"计划—规划—预算系统"(PPBS)方法。在军事和政府部门的带动下,美国民间企业也开始应用系统分析方法来改善交通、通信、计算机、公共卫生设施的效率和效能;在消防、医疗、电网、导航等领域,系统分析方法也得到了广泛的应用。

另一条路线体现在与大学相联系的研究与教学的活动之中。沿着这一路线,存在着一种把众多的学科加以系统理论化的倾向:首先是在生物学和自动控制研究领域;其后扩展到工程学、通信理论、一般系统论、政治结构、国际关系、管理系统、生态系统、心理和精神分析以及教育系统等研究领域。到了 20 世纪 70 年代中期,系统分析从作为分析经济合理性的应用和作为研究对象的理论体系这种相互分离状态,逐步走向相互结合、相互补充的状态,并发展成为一种有效的方法体系。

目前,系统分析作为一种一般的科学方法论,已被各国认可和采用并运用于广泛的研究领域之中,特别是在有风险和不确定性的经济社会政策的制定以及公共决策系统的改进上。随着应用数学以及运筹学的进一步发展以及高容量、多功能的电子计算机的出现,系统方法自身及其应用范围不断深化和扩展,成为政策研究以及政策分析的主导性或基础性的方法。

2. 系统分析的概念

系统分析亦称"系统方法",即以系统的整体最优为目标,对所研究的问题提出各种可行方案或策略,并对其进行定性和定量相结合的分析、全面评价和协调。它是一个有目的、有步骤的探索和分析过程,能够为决策者提供直接判断和决定最优系统方案所需的信息与资料,从而成为系统工程的一个重要程序和核心组成部分。

系统分析的目的在于通过对系统的分析,比较各种备选方案的费用、效益、功能可靠性及与环境的关系等各项技术经济指标,得出决策者进行决策所需要的资料和信息,为最优决策提供可靠依据。这要求在分析的过程中,需应用科学的推理步骤,使系统中一切问题的剖析均能符合逻辑原则,顺乎事物发展规律,尽力避免其中的主观臆断性和纯经验性,并借助数学方法和计算手段,使各种方案的分析比较定量化,以具体的数量概念来显示各方案的差异,从而根据系统分析的结论,设计出在一定条件下达到人尽其才、物尽其用的最优系统方案。

因此,系统分析的概念可以描述为:系统分析是一种采用系统方法对所研究的问题提出各种可行方案或策略,进行定性和定量分析、评价和协调,帮助决策者提高对所研究的问题认识的清晰程度,以便决策者选择行动方案的科学决策辅助技术。

 扩展阅读 3-1 系统分析的步骤

3. 物流系统分析的概念

"物流系统分析"是指从系统最优出发,在选定系统目标和准则的基础上,分析构成物流系统的功能和相互关系,以及系统与环境的相互作用。

物流系统是多种不同功能的集合。各要素相互联系、相互作用,形成众多的功能模块和各级子系统,使整个系统呈现多层次结构,体现出固有的系统特征。

由于物流系统构成的复杂性以及具有效益背反等特性,物流系统的决策通常涉及多个目标、多个层次,因此,使用系统分析法帮助决策者对物流系统作出决策是非常有必要的。对物流系统进行分析,就是要了解物流系统各部分之间的内在联系,把握物流系统行为的内在规律,从整体观点出发,使每个局部都服从一个整体目标,进而发挥物流系统整体的优势。

因此,物流系统分析的概念可以描述为:在一定时间、空间内,将所从事的物流活动和过程作为一个整体来处理,用系统的观点、系统工程的理论和方法进行分析研究,以实现其空间和时间的经济效益。

3.1.2 物流系统分析的要素与原则

1. 物流系统分析的要素

物流系统分析的要素很多,根据 RAND 型系统分析代表人物之一希奇的思想,进行物流系统分析时,必须把握以下几点。

明确期望达到的目的和目标;确定达到预期目的和目标所需要的设备、技术条件和相应的资源条件;计算和估计达到各种可行方案所需要的资源、费用和生产的效益;建立各种替代方案所需要的模型,模型中表明目的、技术条件、环境条件、资源条件、时间、费用、元素间的关系;为选择最优化方案,建立一定的判别准则。

在上述论点的基础上,后人总结出物流系统分析的六个基本要素:目标、可行方案、费用和效益、模型、评价标准、结论。

1) 物流系统分析目标

物流系统分析主要是为了帮助决策者选择策略及行动方案。因此,首要的任务应了解决策者的目标是什么,并确定实现该目标的指标体系。明确的目标是系统分析的出发点和依据。

目标是系统希望达到的结果或完成的任务。如果没有目标,方案将无法确定;如果对目标不明确,匆忙地作出决策,就有可能导致决策的失误。目标应该根据所要研究的问题来确定,问题分析的关键是界定问题。所谓界定问题,就是把问题的实质和范围准确地加以说明,全面考虑各方面的需要和可能。界定了问题以后,还不能立即确定目标,因为这时的总体目标太抽象。为使目的具体化,成为具体的目标,就要对其加以明确,通过完成具体的目标来达到最终的目标。

2) 物流系统的可行方案

可行方案是为达到物流系统预期目的的可供选择的替代方案,是实现系统目的的手段。一般情况下,可以通过不同的途径及方式来实现同一系统的目的,因此可供选择的替代方案是多种多样的。不同的方案,其利弊也各不相同,为了选用最优方案,需要对可行方案进行对比与分析,这也是系统分析的重要步骤。

3) 物流系统的费用和效益

费用和效益是分析与比较抉择方案的重要标志。建立一个物流系统需要有投资,系统建成后应该有效益。将方案实施的实际支出,即各备选方案实现系统目的所需投入或消耗的全部资源折算成货币形式,就是费用;系统所取得的效益或有效性,统一折算成货币尺度,称为效益。效益大于费用的设计方案是可取的,反之不可取。为进行有实际意义的比较,不同的方案必须采用同样的方法估算费用和效益。

一般情况下,费用是用货币表示的,但在决定对社会有广泛影响的大规模项目时,还要考虑到非货币支出的费用,因为有些因素是不能用货币尺度来衡量的。例如对生态影响的因素、对环境污染的因素、对旅游行业影响的因素等。效益也一样,效益分直接效益和间接效益两种。直接效益包括使用者所付的报酬,或由于提供某种服务而得到的收入。间接效益指直接效益以外的那些能增加社会生产潜力的效益,当然,这类效益是比较难衡量的,要尽可能全面考虑。

4）物流系统分析模型

物流系统分析模型是对实体物流系统抽象的描述。它可以将复杂的问题化为易于处理的形式。即使在尚未建立实体物流系统的情况下,也可以借助一定的模型来有效地求得物流系统设计所需要的参数并据此确定各种制约条件。同时我们还可以利用模型来预测各替代方案的性能、费用和效益,有利各种替代方案的分析和比较。

5）物流系统的评价标准

评价标准,也称准则,它是衡量备选方案优劣的指标,是系统目的的具体化,是确定各备选方案优劣排序的根据。评价标准通常由一组指标构成,其必须恰当、便于度量。评价标准一般根据物流系统的具体情况而定。费用与效益的比较常常被用来作为评价各方案的基本手段。

6）物流系统分析结论

结论就是系统分析得到的结果,具体形式有报告、建议或意见等。对其要求主要是:一定不要用难懂的术语和复杂的推导,而要让领导者容易理解和使用。结论的作用只是阐明问题与提出处理问题的意见和建议,而不是提出主张与进行决策。因此,结论只有经过领导者的决策以后,才能付诸行动,发挥它的社会效益和经济效益。

通过上述诸要素,可以组成图3-1所示的物流系统分析要素结构。

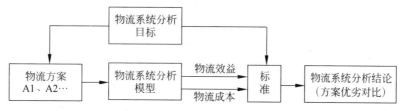

图3-1 物流系统分析的要素结构

由图3-1可以看出,物流系统分析是在明确物流系统目标的前提下进行的,经过开发研究得到能够实现系统目的的各种可行物流方案以后,首先要建立物流系统分析模型,并借助模型进行物流效益——物流成本费用分析,然后依据准则对可行各方案进行综合评价,以确定物流方案的优劣及其优先顺序,最后向领导者提出系统分析的结论(报告、意见或建议),以辅助领导者进行科学决策。

2. 物流系统分析的原则

一个物流系统由许多要素所组成,要素之间相互作用,物流系统与环境互相影响,这些问题涉及面广而又错综复杂,因此进行物流系统分析时,应认真考虑以下一些原则。

1）内部因素与外部条件相结合

物流系统的内部因素主要是物流系统组成要素之间的关系,如物流系统结构、功能等;而物流系统的外部条件是指系统生存和发展所依赖的外部环境,一般是不可控的。

分析物流系统的外部条件，主要是要弄清所研究物流系统目前和将来所处环境的状况，把握物流系统发展的有利条件和不利因素。因此，进行物流系统分析时，必须将内、外部各种相关因素结合起来综合考虑，才能实现物流系统的最优化。通常可将内部因素作为决策变量，将外部条件作为约束条件，用一组联立方程式来反映它们之间的相互关系。

2) 当前利益与长远利益相结合

物流系统分析的目的就是要最终实现物流系统的全局最优。而物流系统的最优化既包含空间上的整体最优，还包括时间上的全过程最优。因此，选择最优物流方案，不仅要从当前利益出发，而且要同时考虑长远利益，要两者兼顾。如果两者发生矛盾，应该坚持当前利益服从长远利益的原则。一般来说，只有兼顾当前利益和长远利益的物流系统才是好物流系统。

3) 局部效益与总体效益相结合

在寻求物流系统效益总体最优时常会发现，各物流子系统局部效益的最优并不意味着总体物流系统效益的最优。物流系统总体的最优有时要求某些物流子系统放弃最优而实现次优或次次优。所以进行物流系统分析，必须全面考虑总体与局部、局部与局部之间的关系，坚持"系统总体效益最优、局部效益服从总体效益"的原则。

4) 定性分析与定量分析相结合

定量分析是指采用数学模型进行的数量指标的分析。但是物流系统中还存在着众多无法量化的相互交叉、相互影响的社会因素，对这些因素的分析，只能依靠人的经验和判断力进行定性分析。物流系统分析总是遵循"定性—定量—定性"这一循环往复的过程，不了解物流系统各个方面的性质，就不可能建立探讨物流系统定量关系的数学模型。因此在物流系统分析中，定性分析不可忽视，必须把定性分析与定量分析结合起来进行综合分析，或者交叉地进行，才能达到系统选优的目的。

3.1.3　物流系统分析的基本步骤

物流系统分析是运用逻辑、思维推理的方法对问题进行不断分析的过程，直到问题得到圆满的解答。实际的物流系统因性质和应用环境的不同，在分析时采取的手段和具体方法有差异，但不同的物流系统在分析时都遵循一些共同的特征，每一次系统都或多或少地由一些典型的相互关联的行为构成。根据实践经验，物流系统分析的步骤可概括为图 3-2 所示的系统分析过程的逻辑结构。

1. 明确物流系统分析的问题

要解决某一问题，首先要对问题的性质、产生问题的根源和解决问题所需的条件进行客观的分析，然后确定解决问题的目标。也就是说，系统工程的活动可分成分析问题和解决问题两个部分。前者是从决策者的角度弄清现实世界中相互交织的问题网，后者是从专业角度提出和分析各种问题的途径。本阶段的任务包括提出问题的目标、问题的边界和约束条件、划分系统和环境、阐明解决问题的对策和资源、确定评价指标。其中最关键的是系统目标、评价指标和约束条件的确定。物流系统分析的目标必须尽量符合实际，避

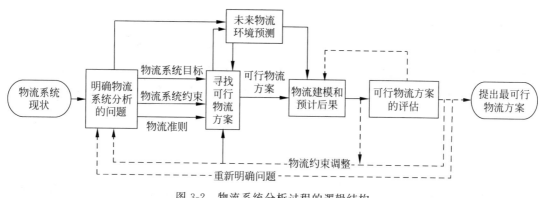

图 3-2　物流系统分析过程的逻辑结构

免过高或过低。此外,物流系统目标必须具有数量和质量要求,作为衡量标准。

2. 寻找可行物流方案

可以说,没有两种以上的方案就不成为物流系统工程问题。问题明确以后,就要拟定解决问题的大纲和决定分析的方法,收集相关的资料并分析其相互关系,寻找解决问题的各种可行物流方案,并进行初步筛选。良好的备选方案是进行良好物流系统分析的基础。当然,在物流系统分析过程中,还可能发现新的、更好的备选方案。

3. 物流建模和预计后果

每种备选物流方案都有相应的一系列后果。这些后果通过社会、经济、技术等方面的指标来衡量,有的后果对目的是有利的,有的是消极的,还有的可能是影响甚微的,又有的可能只能满足短期目的但对长期目的的实现不利。所以,不能局限于某个决策者的具体目的。本阶段首先要确定应该预计哪些后果、哪一项最重要、作用时期有多长,其次是建立预计后果的模型。实际上,系统分析的每一阶段都需要建立模型,然而用于预计后果的模型更复杂和重要。由于政策分析涉及政治、社会、心理因素,在这种情况下,逻辑推理的作用是有限的。因此,在系统工程的后果预计阶段,隐形思维模式和清晰的数学模型都是需要的,不可偏废。值得注意的是,物流系统模型常常是推测式的,模型的精度不能与具有严密理论基础的数学模型相提并论。此外,模型也难以试验。

4. 未来物流环境预测

每一个物流系统可行方案,其实施后果都和将来物流系统付诸实践时所处的环境有关。这里的环境是指决策人无法控制的自然、经济、社会和技术的未来状态。例如,新建一个配送中心、海外仓等,都需要对市场需求和国家经济状况作出预测。离开未来实施的物流环境去谈论方案的后果是没有实际意义的,而未来物流环境一般是不确定的。预测这种具有不确定性的环境一般采用情境分析法,或借助系统仿真模型、博弈模型等模型进行预测。

5. 可行物流方案的评估

根据各种物流方案在不同情境下的预计后果和通过其他资料所获得的结果,将各种方案进行定性与定量相结合的综合分析,显示出每一方案的利弊得失和效益成本,同时考虑各种有关的无形因素,如政治、经济、科技、环境等,以获得对所有可行物流方案的综合评价和结论。

6. 提出最可行物流方案

提交的最可行物流方案并不一定是所谓的最佳方案,它是在约束条件之内,根据评价标准筛选出的最现实可行的方案。若客户满意,则系统分析达到目标;若客户不满意,则要与客户协商调整约束条件或评价标准,甚至重新界定问题,开始新一轮的物流系统分析,直到客户满意为止。

而且在一项物流系统分析过程中,每个行动环节一次顺利完成的可能性很小,一般需要在信息反馈的基础上反复进行。分析者通过对中间环节的结果分析,可能会收集更多信息修正原有的结果,图 3-2 中虚线显示的正是几种必要的信息反馈回路。

3.2 物流系统分析的主要内容

本节在阐释物流系统结构分析的基础上,强调物流系统分析的目标体系,并指出物流系统分析的使用范围及易犯错误,为物流系统分析提供一般理论框架。

3.2.1 物流系统结构分析

1. 物流系统结构的概念

"结构"是用来描述系统边界内部组成要素及其联系的一个概念。通过系统的组成要素及要素间的关联来描述系统的内部结构,因此,要素和关联是描述系统结构的基础。同样的组成要素,如果采用不同的方式联系起来就会得到不同的系统、具有不同的功能,例如一个团队,成员组成不变,如果改变工作流程,可能就会有不同的效率。系统结构的本质就是在要素及其关联的整合中形成的。

"系统的结构"就是指系统构成要素及其关联方式的总和。这里需要强调的是,系统中的要素并不仅仅指物质存在,更是指在关联中的意义,即各种要素只有在一定的联系方式下才具有系统的意义。系统的结构反映了系统内部的组成规律。

仿照系统结构的定义,我们可给出物流系统结构的定义:物流系统结构是指物流系统内部各组成要素在时间上或空间上排列的具体形式。物流系统结构反映的是物流系统各要素内在的有机联系形式。

根据研究角度的不同,物流要素之间有不同的联系方式,从而可组成不同的系统结构形式。下面着重介绍物流系统的功能结构和网络结构两种形式。

1) 物流系统的功能结构

不同的物流系统需要进行的物流作业大同小异，系统目标是靠特定的功能实现的，我们构造物流系统的目的正是出于对特定功能的追求。整个物流系统的基本功能要素包括运输（含配送）、储存（含仓储管理和储存控制）、包装、装卸、流通加工和物流信息处理等。系统功能同样是由各子系统的功能有机组合而成的，系统功能同样具有层次性。按照系统功能层次关系构成的结构就是系统的功能结构，它是从行为的角度反映系统各要素之间的联系和作用。

如果以整个供应链物流系统为对象进行分析，则总体功能是由原料供应、生产、销售几个阶段的物流功能组成的，而不同阶段的物流系统在功能构成上会有差异。图 3-3 是供应链上不同阶段物流系统功能结构的一个例子。

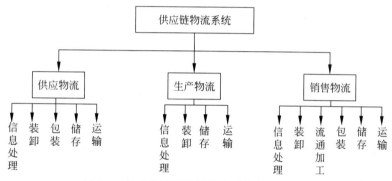

图 3-3　供应链不同阶段物流系统的功能结构

由图 3-3 可知，运输、储存、装卸、信息处理四个功能要素是供应链各阶段物流系统都需要具备的基本功能，流通加工、包装则不是每个物流系统都需要的功能。

实际上，某个物流系统的功能结构如何，取决于生产与流通的模式。例如，很多计算机公司推行"直销"模式，将订单处理、采购、生产、物流紧密结合，按照顾客订单要求组织生产和采购活动，消除了过多的原料库存和产品库存。由于是直接面向顾客销售，因而取消了大量的中间储存环节和以仓库为基础的各项物流作业。但另外，由于没有中间库存作为缓冲，对运输功能的要求就更高了，既要保证快速、准时地送达，又要降低运输成本，这就增加了运输路线规划、货物组配等新的功能。

另外，物流系统的功能结构还受到物流载体的影响，具体来说，要受运输基础设施和线路资源的约束。系统结构分析的目的就是设计多种结构模型来模拟同一功能，并从中选择出最佳的系统结构。

2) 物流系统的网络结构

任何一个物流系统要实现的最根本功能是使产品从供应地向需求地流动，将这一过程看成一个完整的物流，则包含流体（即产品）、载体、流向、流量、流速、流程六个相互关联的流动要素。流体的自然属性决定了载体的类型和规模，流体的社会属性决定了流向、流量和流程，而载体对流向、流量、流速、流程具有制约作用。因此，应根据流体的自然属性和社会属性、流向、流程的远近及具体运行路线、流量的大小与结构来确定载体的类型与数量。

在一定的流体从供货地向需求地的流动过程中，经常会发生载体的变换、流向变更、流程调整等情况。将流体从起始地到目的地流动所涉及的流动要素的空间位置描述出来,并按照时间顺序进行连接,由此构成的图形就是物流系统的网络结构。如图 3-4 所示,是一个产品从生产厂家到客户手中的物流过程,图中实线表示实物产品的流动,虚线代表信息的流动。可见,产品从供应地到需求地,有不同的流动路线,相应地也会有不同的功能表现。

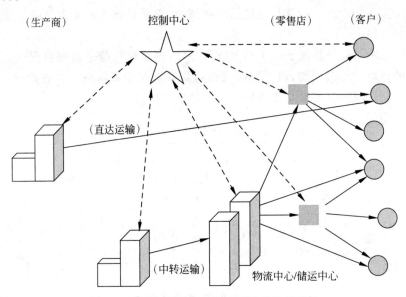

图 3-4　供应链不同阶段物流系统的功能结构

物流系统网络结构实际上就是图论中的一个"图",其组成要素是"点"和"线"。其中,"点"是指流体在流动过程中的暂时停顿点(暂时储存点),包括企业仓库、车站、码头、货场、物流中心、零售店等;"线"是指点与点之间的联系,在物流系统中,两个设施点之间的联系是靠运输功能实现的,而在复杂的物流系统中,"线"也可体现为运输线路、运输方式、运输量及运输成本的综合。

2. 物流系统结构的特性

1) 稳定性

稳定性是系统存在的一个基本特点。系统中各要素只有在稳定联系的情况下,才构成系统的结构。当物流系统受到外界环境的干扰时,有可能使物流系统偏离某一状态而产生不稳定,但一旦干扰消除,物流系统又可恢复原来的状态,继续出现稳定。物流系统结构的稳定性,就是指物流系统总是趋向于某一状态。

物流系统属于一类非严密结构的系统,系统组成要素及其相互关系总是处于不断变化的状态之中,且各要素对外界环境总是保持一定的活动性,不断地与外界环境进行着物质、能量和信息的交换。

2) 层次性

物流系统由一系列子系统构成,子系统又由更低一层次的子系统构成。处于最高层次的是社会物流系统,处于最低层次的是静态的结构系统。层次性是物流系统空间结构和时间跨度的特定形式,对于分析系统结构要素之间的横向联系和纵向关系、对各要素进行协调和管理具有重要作用。

3) 开放性

在系统世界中,任何类型的系统结构都不会是绝对封闭和绝对静态的,任何系统总存在于环境之中,总要与外界进行能量、物质、信息的交换,系统的结构在这种交换过程中总是由量变到质变,这就是系统结构的开放性。物流系统结构也是开放的,系统要素与不断变化的外部环境相互作用,导致物流系统的不断变化和发展。

4) 相对性

系统结构的层次性决定了系统结构和要素之间的相对性。在物流系统结构的层次中,高一级系统内部结构的要素,又包含低一级系统的结构;复杂系统内部结构中的要素,又是一个简单的结构系统。结构与要素是相对系统的等级和层次而言的。物流系统结构的层次性,决定了物流系统结构与要素的相对性。在分析物流系统时,既要将一个子系统当作高层次系统结构中的一个要素来对待,以求得统一和协调,又要考虑到子系统不仅是大系统的一个要素,它本身还包含复杂的、特殊的结构,应予以区别处理。高一级的结构层次对低一级的结构层次有制约作用,而低一级结构又是高一级结构的基础,同时又反作用于高一级的结构层次。因此,它们之间具有辩证的关系。

3. 物流系统结构分析方法

物流系统结构分析的主要任务是分析物流系统的组成要素及要素之间的关系。构成物流系统的要素数量、各要素的转换能力,以及各要素之间发生联系的方式不同,系统的性质也随之不同。物流系统结构分析就是从物流系统内部来考察系统要素及其联结关系的一种分析方法,要素之间的关系发生了变化,就会引起物流系统结构的变化。

1) 要素描述

系统要素是构成系统的具有一定独立性的组成单元。系统结构的层次性正是通过系统要素之间的时空联系方式体现的。处于系统某一层次的要素,接受来自系统内的其他要素的输入和外部环境的干扰,并通过要素的特定功能将输入转换成输出,然后再将输出输送给系统其他的要素或外部环境。这说明,系统中的要素具有一定的功能,能将来自其他要素的输入转换成输出。因此,可以借用"黑箱"来描述要素,进行系统分析时,要素可看成一只"黑箱"。对每个要素的描述最终要落实到要素的功能上,即要对输入的类型、输出的种类、品质要求及输出的方向作出完整的描述。

2) 要素之间的关联描述

当我们开发或改造系统的时候,需要了解系统各要素之间存在怎样的联系或作用,即要素之间的关联,也就是要了解和掌握系统的结构。通常可以建立系统的结构模型来描述系统各要素之间的关联。

结构模型是一种应用有向连接图来描述系统各要素间的关系,以表示一个作为要素集合体的系统的模型。图3-5是两种不同形式的结构模型。

图3-5中,节点表示系统的要素,有向边则表示要素之间的作用关系。这种"作用"关

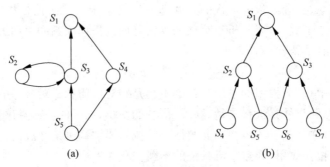

图 3-5 系统结构模型

(a) 有向图；(b) 树图

系随着实际系统的不同和分析问题的不同,可理解为"影响""取决于""先于""导致""需要"或其他的含义。因此,结构模型可描述要素之间的因果关系、过程顺序关系等。

3) 系统结构矩阵

系统结构模型除了用有向图描述外,还可以用矩阵形式描述。图形式的结构模型可以直观分析系统要素选择是否合理、观察要素及其相互关系的变化对系统总体的影响,但是难以进行定量分析。而结构的矩阵形式可以通过逻辑演算用数学方法进行处理,做到定性分析与定量分析的结合,因此结构的矩阵形式具有更广的用途。

图 3-5 中,箭头表示要素之间的直接作用关系。处于直接作用状态下的两要素称为联结状态。我们用联结系数 C_{ij} 来表示这种联结状态,其定义如下:

如果要素 S_i 直接作用于 S_j,$C_{ij}=1$;

如果 S_i 与 S_j 未直接联结,$C_{ij}=0$。

按上述定义,$C_{ij}(i=j)$ 表示要素内部自己与自己的联结,或称为自我联结,但是,由于没有作用的意义,所以规定自我联结系数都为 0。

如果系统由 n 个要素构成,n 个要素之间的联结系数就组成一个 $n\times n$ 矩阵,该矩阵就称为系统的结构矩阵。例如,对一个由五个要素构成的系统,其结构矩阵表示如下:

$$\boldsymbol{M}=\begin{bmatrix} C_{11} & C_{12} & C_{13} & C_{14} & C_{15} \\ C_{21} & C_{22} & C_{23} & C_{24} & C_{25} \\ C_{31} & C_{32} & C_{33} & C_{34} & C_{35} \\ C_{41} & C_{42} & C_{43} & C_{44} & C_{45} \\ C_{51} & C_{52} & C_{53} & C_{54} & C_{55} \end{bmatrix} \quad (3-1)$$

根据图 3-5(a)中各元素的联结情况,可写出任意两元素间的联结系数,进而可写出该系统的结构矩阵:

$$\boldsymbol{M}=\begin{bmatrix} 0 & 0 & 0 & 0 & 0 \\ 0 & 0 & 1 & 0 & 0 \\ 1 & 1 & 0 & 0 & 0 \\ 1 & 0 & 0 & 0 & 0 \\ 0 & 0 & 1 & 1 & 0 \end{bmatrix} \quad (3-2)$$

这样的联结矩阵形式使整个系统各要素间的相互联结关系非常清楚,并且各结构矩阵可直接应用数学中的矩阵运算规则,因此可用联结矩阵形式进行系统结构的数学分析。在对物流系统结构分析时,可在对物流系统结构因素分析基础上,按上述方法分析物流系统层次化结构。

3.2.2 物流系统目标体系分析

1. 物流系统目标分析

物流系统的目标是建立物流系统的根据,也是物流系统分析的出发点。从行动的角度看,目标是衡量方案的基础。因此,对于物流系统分析来说,最重要也是最初的工作就是了解并建立物流系统的目标体系,这就需要进行物流系统的目标分析。无论是改造原有系统,还是重建一个新系统,都要有明确的目的。系统目标的确定,关系到整个系统的方向、范围、投资、周期、人员分配等决策。因此,对系统目标进行分析,正确地确定系统目标,具有十分重要的意义。只有目标正确、有科学依据、符合客观实际,才能产生具有预期价值的系统,当目标不明确、不合理或根本就是错误的时候,就会使开发出的系统变得毫无意义,其结果只能是浪费大量的人力、物力、财力和时间。因此,进行物流系统目标分析时,必须保证系统目标符合下面几项原则:技术上的先进性;经济上的合理性和有效性;和其他系统的兼容性和协调性;对外部环境变化的适应性。

1) 物流系统目标的必要性分析

新建一个系统或进行物流系统的重组时,首先要对提出的系统的目标进行必要性分析。为制定必要的目标体系,可以先列出所有希望系统实现的目的和所有希望避免发生的后果;再通过与相关决策者的共同讨论,初步确定系统的目的,并确保系统目的的逻辑合理性。对于初步提出的系统目的,对其含义进行具体界定,进一步将这些目的转化为有意义的目标,形成衡量目的的目标体系,并且要从价值和逻辑的角度判断目标体系的合理性与必要性。一般来说,可从以下几方面分析物流系统目标的必要性。

(1) 现有的物流系统是否出现了与客观环境不适应或与国民经济发展不适应的情况。政策环境和经济环境的变化,会使原有的物流系统在某些方面不再满足要求。例如,随着环保意识的增强,对固体废物、汽车尾气的排放等制定了更加严厉的标准,这就要求物流系统的流通加工、包装、运输等环节能适应新的环保要求,控制废物、废气的排放量,或者重新考虑环境友好的物流系统。再如,水上运输系统的发展趋势是船舶大型化、码头建设专业化、深水化,这相应就要大大提升港口的装卸能力,因而必须对港口物流系统的装卸子系统进行重新设计或改造,否则就不能适应客观环境的要求。另外,某一地区经济的快速增长,物流量的快速增加,也会出现现有物流系统不适应经济发展的情况。

(2) 系统内部的软、硬件环境是否能满足新技术发展的要求。条码技术、网络技术、信息技术等技术在物流领域的广泛应用可能会使企业原有的物流信息系统落后或与供应链上的其他企业不兼容;仓储设备、装卸设备的落后,可能影响物流作业效率,无法满足客户服务要求,这时就需要提出新的系统目标。

（3）是否出现新的市场需求，或消费者是否提出了全新的服务要求。区域经济的发展、产业结构的调整，消费者需要更高标准的物流增值服务等都将产生新的物流市场需求，因而有必要建立新的物流系统。例如，农业结构调整后，大量的农副产品的集散就需要建立现代化的农产品物流中心，因而需要重新建立区域性的农产品物流系统。

2）物流系统目标的可行性分析

系统目标的可行性包括理论上是否有充足的证据、现实条件是否能保证目的的实现。

（1）理论依据的充分性。其主要是审查所提出的物流系统的目标是否有科学的依据，是否经过充分的论证，是否与有关基础理论相违背，是否与宏观经济发展政策相适应。总之，系统目标不能建立在空想的基础上。

（2）客观条件的保证。分析、评价现有的技术水平、资金能力、资源条件、人才条件、外部环境等是否能够保证系统目的的实现。

3）物流系统目标的完备性分析

系统目标的完备性是指提出的目标是否充分反映了系统的多样性和系统本身所具有的层次性特点。

（1）物流系统目标的多样性。建立一个物流系统一般会提出多个目标。例如前面提到的城市物流系统，既要求能改善公共交通环境、缩短车辆行驶时间，还要求方便商品流动和居民购物，同时要有利于城市环保。这就说明了城市物流系统目标的多样性。

大多数物流系统的构建或决策会涉及多个目标。不同范围、不同对象的物流系统的具体目的可能有较大差异，但是，从物流管理的宗旨来看，我们可以抽象出所有物流系统共同的目的——"以最低的成本提供最满意的服务"。这里就包括物流系统的两个目标，即物流服务目标和物流成本目标，而且物流服务目标和物流成本目标同样也具有多种体现。

对于多个目标，在资源既定的情况下，如果决策者力争达到某个目标，那么，其他目标则无法在最大程度上实现，甚至彼此冲突。也就是说，对于两个以上的目标，除非一个目标隶属于另一个，否则这些目标之间总是彼此矛盾。物流系统中，这种多目标之间彼此矛盾的现象普遍存在。因此在进行系统目标分析时，必须采取适当的处理方法，对各目标的重要性进行排序，即在不损害第一项目标的前提下完成第二项目标，或将其他目标作为约束条件处理。

（2）物流系统目标的层次性。物流系统的层次特性说明物流系统目标也是分层次的。下一层次的系统可以看作上一层系统的要素，不同层次的系统具有不同的目标。一般来说，下一层次的系统目标是由上一层次的系统目标决定的，而上一层次的系统目标是由下一层次的系统目标来实现的，由此构成物流系统的目标体系。高层次的目标适应范围广、适应时期长，低层次的系统目标比较明确、具体，但低层次的目标应服从高层次的目标。

物流系统目标的层次性有多种体现。可以按照目的的适用范围和时期划分，也可按照系统的功能构成或结构进行目标的层次划分。

2．物流系统的目标分类

详细内容见 1.2.2 节。

3. 物流系统优化目标分析

1) 物流系统的经济效益分析

物流系统成本效益分析是通过核算物流系统为实现系统目标所消耗的费用和所获得的效益,对不同备选方案进行分析,最终决策出最可行方案。在此过程中,常以总成本作为经济效益评估的效用指标。以总成本最低作为优化目标,即最低总成本法(least total cost,LTC),是在保持一定服务水平的前提下,同时考虑所有的有关成本项目。对备选方案进行评价时,各种不同方案可能会导致某些业务活动的成本增加,有些减少,有些则可能保持不变。物流系统决策的目标是选择总成本最小的物流方案。

同时,在企业中常常会出现这样的情况,一个企业的各部门都已尽力完成各自的工作,但企业未能达到整体最佳,这就是次优化(suboptimization)问题。所谓次优化,即从物流子系统来看是最优的,但对整体物流系统来说却并非最优。

此外,在物流经营决策中,各种备选物流方案都有利有弊、有得有失。在评价各物流方案时,要比较分析各方案的所得和所失,在保持一定服务水平的前提下,选择得大于失的方案作为最佳物流方案。

2) 物流系统的环境效益分析

任何物流系统总存在一定的边界,环境是存在于系统边界外的物质的、经济的、信息的和人际的相关因素的总称。按照物流系统与环境的关系可将系统分为孤立物流系统、封闭物流系统和开放物流系统,物流系统工程一般为开放系统,即不仅要研究物流系统本身的结构与状态,而且要研究物流系统所处的外部环境。环境因素的属性和状态的变化,通过输入使物流系统发生变化,这就是物流系统对环境的适应性。反过来,物流系统本身的活动,也使环境相关因素的属性或状态发生变化,这实质上就是环境因素的开放性。例如,物流企业服务计划的制订必然要考虑市场环境与经济环境大背景的实际情况,物流规划不能脱离环境的制约,否则将难以保证服务计划的顺利完成;反过来,物流服务的供给也会给市场需求带来倾向性的影响,物流系统结构和服务创新将导致市场需求的变化,从而为企业带来更好的效益。这实质上说明了物流系统与环境的相互依赖和相互制约的关系,物流系统与环境是共同发展的。

扩展阅读 3-2　物流系统环境分析

3.2.3　物流系统分析的适用范围

物流系统分析的适用范围很广。它研究的主要问题是如何使物流系统的整体效应达到最优化。一般而论,越是重大而复杂的问题,运用物流系统分析就越合算。在经济管理中,主要有以下几方面的应用。

1. 制订经济发展规划、计划

对于各种资源条件、统计资料、生产经营目标等方面,运用规划论的分析方法寻求优化方案,然后综合其他相关因素,在保证物流系统协调一致的前提下,对物流系统的输入和输出进行权衡,从这些优化方案中选择一个比较满意的规划和计划方案。

2. 重大物流工程项目的组织管理

对于工程项目的各个部分,运用网络分析的方法进行全面的计划协调和安排,以保证工程项目的各个环节密切配合,保质保量地如期完成。

3. 厂址选择和建厂规划

新建一个工厂应对各种原材料的来源、技术条件、交通运输、市场状况、能源供应、生活设施等客观条件与环境因素,运用物流系统分析的方法论证技术上的先进性、经济上的合理性、建设上的可行性,以选择最佳的建设方案。

4. 新产品开发

设计新产品时,应对新产品的使用目的、技术结构、用料、价格等因素进行价值分析,以确定该产品最适宜的设计性能、技术结构、用料选择和市场接受的价格水平。

5. 资金成果管理

对生产费用进行预算控制,对生产活动采取的技术履行和革新措施,进行成本盈亏分析,然后再决定采取一种经济、合理的措施或方案。

6. 组织企业的生产布局和生产线

在生产组织方面为求得人员、物资、设备等各种生产设施所需要的空间,进行最佳的分配和安排,并使相互间能有效地组合和安全地运行,从而使工厂获得较高的生产率和经济效益。

7. 编制生产作业计划

可以运用投入产出分析法,做好各种零部件的投入产出平衡与生产能力平衡、确定最合理的生产周期、地址标准和在制品的储备周期,并运用调度管理安排好加工顺序和装配线平衡,实现准时生产和均衡生产。

物流系统分析在解决上述经济发展方面是很有成效的,同时在解决区域性甚至全球性的经济社会发展问题上,也取得了一定的成效。

3.2.4 物流系统分析易犯的错误

凡需用作物流系统分析的问题,常常是十分迫切而复杂的问题,决策者往往急于获得答案,这种环境因素往往影响物流系统分析者的判断,导致种种错误。其主要有以下几方面。

1. 忽视明确问题

分析往往是从问题的构成开始,最大的疏忽常常是对这一阶段的工作没有给予应有的重视,以至于还没有弄清究竟是什么问题,就急于分析,当然也难以得出正确的结论。

2. 过早得出结论

物流系统分析是一个反复优化的过程,仅仅进行一次循环就得出结论和建议,往往有失周密、妥当。

3. 过分重视模型而忽视问题本身

物流系统分析者往往热衷于模型与计算及诸多数量关系,不恰当地扩大了模型的作用,反而忽视了问题本身,造成所提的提议对解决问题没有多大帮助。

4. 抓不住重点

分析者往往希望建立一个模型能面面俱到,从而使模型变得越来越复杂,以至于过分注意细节,反而忽略了问题的重点所在。

5. 误用模型

任何一种模型,都有其一定的假定、前提、适用范围。只有在这种条件下,得出的结论才有效,超越了假定条件和范围,将失去其相应的意义和价值。

6. 忽略了主观因素

分析人员往往集中注意数量化的分析结论,而忽视非计量的因素和主观的判断,从而可能导致未曾想的损失。

7. 物流系统的范围选取不当

如果物流系统选得过窄,以致它不能适当地和外部因素隔开。人为隔开以致忽视重要的控制变量与干扰因素。如果物流系统选得过宽,则不能在规定的期限和邮费限额内进行适当的研究。

8. 数据有误

样本不足,造成以点代面;考察对象选择错误,使得收集的数据失误;分析有错,在错误的思想指导下所得数据必不真实。

3.3　常见的物流系统分析方法

在物流系统的研究和分析中,离不开运筹学、经济控制论、大系统理论及协同论、耗散结构理论和系统动力学理论等的支撑。物流系统分析是物流系统设计的前提。当今市场处在不断变化之中,经济环境、政策不断发生变化,供应链中的合作伙伴关系也在不断发生变化,因而常常需要对物流系统进行分析。物流系统分析是针对物流系统内部的问题,采用系统的观点、理论和方法，进行定性与定量相结合的分析，提出可行性方案或策略，通过分析对比、评价与协调，帮助决策者选出最优方案，实现最优效益目标的一种技术经济方法。物流系统分析贯穿于从系统构思、技术开发到制造安装、运输的过程，其重点应放在物流系统发展规划和系统设计阶段。

物流系统分析的适用范围很广，从单个的物流作业子系统到一个企业总的物流系统、一个区域、整个国家甚至全球的物流系统。在经济管理中，主要有七方面的应用：一是制订经济发展规划、计划；二是重大物流工程项目的组织管理；三是厂址选择和建厂规划；四是新产品开发；五是资金成果管理；六是组织企业的生产布局和生产线；七是编制生产作业计划。但是在实际情况下，并不是任何物流系统都可以用系统分析的方法来研究，因为要考虑到经济与时效等因素。不同层次的物流系统分析采用的具体方法及分析的内容虽然各种各样，但从本质上看，系统分析的目的都是使物流系统的整体效应达到最佳。但是物流系统分析方法仍存在以下不足：一是需要有高度能力的分析人员辛勤而漫长的工作。只要物流系统存在运行，物流系统分析工作就在时时刻刻地进行。二是它不能完成代替想象力、经验和判断力的任务。因为在进行数字模型构建的过程中，舍去了一些无法运用数学方法进行分析的可能会对系统实际运行产生影响的因素。三是物流系统分析方法是以经济学的方法来解决经济、效益等目标问题。但是最佳的方案并不一定是费用最少的方案，最佳方案的着眼点是"有效"。

物流系统分析方法多种多样，本节我们主要介绍专家决策法、数学规划法、统筹法、系统优化法和系统仿真法，其方法优缺点对比如表 3-1 所示。上述不同的方法各有特点，在实际中都得到广泛的应用，其中，系统仿真技术近年来的应用最为普遍。随着计算机科学与技术的巨大发展，系统仿真技术的研究也不断完善，应用不断扩大。另外，层次分析法（analytic hierarchy process，AHP）、聚类分析法、遗传算法、退火算法等量化方法也被广泛用于物流系统分析。

表 3-1　物流系统分析常用理论方法对比

内　容	专家决策法	数学规划法	统　筹　法	系统优化法	系统仿真法
概念	一种典型专家信息驱动的系统分析方法	在一定约束条件下求解目标最优化问题的数学方法	以数理统计为基础的网络分析方法	在给定条件下，根据系统的优化目标，使系统的目标值达到最大化或最小化的方法	根据系统分析目的，在分析系统各要素及其相互关系的基础上，通过仿真模型进行定量分析
优点	对数学知识要求不高、模型直观且有启发性、可吸收各种有关人员参加	建立在科学的基础之上，有利于提高决策效率，帮助管理者解决复杂的问题	便于管理者抓住主要矛盾，对计划进行控制和监督	可以在一定资源条件下，取得最佳的效果，实现系统的整体效益或功能最大	有效将复杂系统降阶成若干子系统以便分析；启发新的思想或产生新的策略；暴露出原系统中隐藏着的问题

续表

内容	专家决策法	数学规划法	统筹法	系统优化法	系统仿真法
缺点	决策信息依赖专家的主观判断,受决策人员主观性影响较大	求解过程耗时且不稳定,容易陷入局部最优,对初始值敏感	灵活性不足,难以捕捉所有变量和关系、模型解释性不强	复杂性高,忽略了动态性和不确定性以及缺乏通用性	模型精度受限,数据参数不确定性高、建模成本高且复杂,易产生模型偏见,且不具备优化功能

3.3.1 专家决策法

专家知识和经验在物流系统分析中起到十分重要的作用,尤其对于复杂物流系统而言,基于专家决策的系统分析方法能够有效帮助决策者厘清系统要素间复杂耦合关系。层次分析法是一种将与决策总是有关的元素分解成目标、准则、方案等层次,在此基础之上进行定性分析和定量分析的决策方法,是典型的专家信息驱动的系统分析方法,该方法是美国运筹学家匹茨堡大学教授托马斯·L. 萨蒂(Thomas L. Saaty)于20世纪70年代初在为美国国防部研究"根据各个工业部门对国家福利的贡献大小而进行电力分配"课题时,应用网络系统理论和多目标综合评价方法,提出的一种层次权重决策分析方法。层次分析法基于专家信息,将决策问题按总目标、各层子目标、评价准则直至具体的备投方案的顺序分解为不同的层次结构,然后用求解判断矩阵特征向量的办法,求得每一层次的各元素对上一层次某元素的优先权重,最后再用加权和的方法递阶归并各备择方案对总目标的最终权重,此最终权重最大者即为最优方案。层次分析法比较适合于具有分层交错评价指标的目标系统,而且目标值又难以定量描述的决策问题。

层次分析法的计算步骤具体有四步。首先,建立层次结构模型,将决策的目标、考虑的因素(决策准则)和决策对象按它们之间的相互关系分为最高层、中间层和最低层,绘出相应的层次结构图。最高层是指决策的目的、要解决的问题。最低层是指决策时的备选方案。中间层是指考虑的因素、决策的准则。对于相邻的两层,称高层为目标层,低层为因素层。层次的正确划分和各因素间关系的正确描述是层次分析法的关键,需慎重对待。其次,专家对准则层和子准则层因素的重要程度进行评判,使用两两对比法和萨蒂提出的1~9点标度法标明因素的重要程度,构造判断矩阵。在确定各层次各因素之间的权重时,如果只是定性的结果,则常常不容易被别人接受,因而萨蒂等人提出一致矩阵法,即不把所有因素放在一起比较,而是两两相互比较,对比时采用相对尺度,以尽可能减少性质不同的诸因素相互比较的困难,以提高准确度。再次,计算判断矩阵的最大特征值和与之对应特征向量,对特征向量进行归一化处理,得到同一层次因素对于上一层次某因素相对重要性的排序权值,这一过程称为层次单排序。同样地,可以得到准则层和子准则层的权重向量。计算某一层次所有因素对于最高层(总目标)相对重要性的权值,则称为层次总排序。这一过程是从最高层次到最低层次依次进行的。最后,对判断矩阵进行一致性检验。专家决策与标准评判结合可减少其他因素的干扰,减少虚假数据对结果的影响。

层次分析法适用于结构较为复杂、决策准则较多且不易量化的决策问题。由于其思路简单明了,尤其是紧密地和决策者的主观判断和推理联系起来,对决策者的推理过程进行量化的描述,可以避免决策者在结构复杂和方案较多时逻辑推理上的失误,这种方法近年来在国内外得到广泛的应用。但是这种方法也有一定的局限性,它不能为决策提供新方案;定量数据较少,定性成分多,不易令人信服;指标过多时,数据统计量大,且权重难以确定。

 案例:北京奥运物流筹划

在北京成功申办 2008 年奥运会后,摆在北京市政府和奥运组委会面前的是十分艰巨的奥运会筹划和组织工作,而奥运物流的筹划和组织是其中非常重要的工作内容之一。在奥运物流中,专家决策法用于各种现代物流技术对满足北京奥运物流目标的重要程度分析。下面应用层次分析法结合专家决策法对各种现代物流技术满足北京奥运物流目标的重要程度进行分析。

1. 变量设定

1) M 为总目标层

依托北京市物流产业发展战略,使奥运物流与数字奥运、绿色奥运、人文奥运相结合,保障奥运会的正常、顺利进行。

2) O 为分目标层

其中,O_1 为保证奥运物流整体运作的安全性;O_2 为使奥运物流的运作具有可控性;O_3 为实现奥运物流管理的高效率;O_4 为实现奥运物流运作的低成本;O_5 为奥运物流管理能提供柔性化与个性化服务。

3) D 为要求层

其中,D_1 为对北京奥运物流仓储基地进行优化设计;D_2 为各种服务于奥运的出入境货物的物流过程提供便捷、高效、优质的服务;D_3 为满足"赛前物流"和"赛中物流"管理要具有高度的安全和时间可控性的要求;D_4 为满足"赛中物流"管理的实时性要求;D_5 为对特殊比赛器材(如赛马等)要满足其特殊的存放和运输要求。

4) T 为技术层

其中,T_1 为集成化物流规划仿真技术;T_2 为物流实时跟踪技术;T_3 为仓储管理与库存控制技术;T_4 为物流配送调度优化技术;T_5 为物流集成软件平台技术;T_6 为网络化奥运物流协同工作信息平台;T_7 为自动识别技术;T_8 为物料搬运技术;T_9 为自动化立体仓库技术;T_{10} 为自动分拣技术;T_{11} 为特种运输工具。

2. 计算过程

首先,构造判断矩阵并进行一致性检验,即通过对相关专家的咨询以及大量的研究工作,得到总目标层与分目标层判断矩阵(M-O 判断矩阵)、分目标层与要求层判断矩阵(O-D 判断矩阵)及要求层与技术层判断矩阵(D-T 判断矩阵),通过计算,验证其满足一致性检验的要求。其次,进行层次总排序及一致性检验。

3. 计算结果

各项现代物流技术对北京奥运物流工作总体目标的重要性排序如表 3-2 所示。

表 3-2 各项现代物流技术对北京奥运物流工作总体目标的重要性排序

序号	技 术 名 称	重要性权重
1	T_6：网络化奥运物流协同工作信息平台	0.173 0
2	T_2：物流实时跟踪技术	0.152 7
3	T_3：仓储管理与库存控制技术	0.140 6
4	T_4：物流配送调度优化技术	0.120 5
5	T_{11}：特种运输工具	0.084 5
6	T_1：集成化物流规划仿真技术	0.067 0
7	T_5：物流集成软件平台技术	0.062 1
8	T_7：自动识别技术	0.060 8
9	T_8：物料搬运技术	0.053 1
10	T_{10}：自动分拣技术	0.050 2
11	T_9：自动化立体仓库技术	0.035 5

4. 主要结论

1）北京奥运物流对"网络化奥运物流协同工作信息平台"的需求程度高

因无完全成熟技术和模式可照搬或借鉴，"网络化奥运物流协同工作信息平台"的规划、设计和研发工作需要很大的创新性，因此"网络化奥运物流协同工作信息平台"的规划、设计和研发应提前进行。

2）北京奥运物流对现代物流信息技术的需求程度不同

如果按需求的迫切程度，筹备阶段对物流信息技术需求的级别可分为亟须技术和储备技术。亟须技术包括集成化物流规划仿真技术、仓储管理与库存控制技术、物流集成软件平台技术。储备技术包括物流实时跟踪技术、物流配送调度优化技术。

3）北京奥运物流对物流装备自动化技术的需求程度比较稳定

如果按需求的重要程度划分为以下三种。极重要：特种运输设备技术；重要：物料搬运技术、自动分拣技术、自动识别技术；一般：自动化立体仓库。

3.3.2 数学规划法

数学规划是运筹学的一个重要分支，也是现代数学的一门重要学科。其基本思想出现在 19 世纪初，并由美国哈佛大学的罗伯特·多夫曼（Robert Dorfman）于 20 世纪 40 年代末提出。在此之后，由于大量实际问题的需要和电子计算机的高速发展，数学规划迅速发展起来，并成为一门十分活跃的新兴学科。

数学规划法是在一定约束条件下求解目标最优化问题的数学方法，它可应用于最优化设计，资源配置与管理等方面。它包括静态优化和动态优化规划法。其主要运用线性规划解决物资调运、分配和人员分派的优化问题；运用整数规划法选择适当的厂（库）址和流通中心位置；采用扫描法对配送路线进行扫描求优。构成一个数学规划问题的基本要素有三个：决策变量，反映系统内部要作出决策的具体对象；约束条件，是决策变量所受到的限制，表示为决策变量的函数方程和不等式；目标，决策人所选择的变量系统效益的指标，表示为决策变量的函数，称为目标函数。根据求解问题的性质和处理方法的差异,数学规划可分成许多不同的分支,如线性规划、非线性规划、多目标规划、动态规划、参数规划、组合优化和整数规划、排队规划和库存论等,这些理论和方法都可用来解决物流系统中物流设施选址、物流作业的资源配置、货物配载、物料储存的时间与数量等问题。

在特定的条件下,数学规划法可以使决策工作建立在科学的基础之上,有利于提高决策效率,帮助管理者解决复杂的问题,不过它也有适用上的局限性,主要表现为数学模型本身不一定能很好地反映现实中的有关问题,因为许多数学模型都是建立在不一定正确的假设基础之上的,而且在现实生活中,并不是所有的问题都能用数字来表达。

案例:某食品专卖店物流网络规划

某城市计划筹建包括生产基地在内的绿色食品专卖连锁超市的物流网络,案例背景如下。

受现有条件的限制,生产基地的数量限制在1~2个;出于人口分布的考虑,计划建立3个大型专卖超市,专卖超市的地址选择受种种条件的约束基本选定,没有再选择的余地;受专卖超市数量和位置的约束及可供选址的土地因素约束,考虑在市内建设1~2个大型中转仓库;产品分为A、B两大类。

现在,需要对以下几个问题进行决策:建设几个中转仓库?如果建立1个中转仓库,应建哪一个?如果建立2个中转仓库,如何分配超市卖场?建立几个生产基地?如果建立2个生产基地,怎样分配生产数量?怎样为中转仓库供货(在建立2个中转仓库的情况下)?

1. 变量及参数说明

1) 下标索引

i——产品类别,$i=1,2$;

j——生产基地编号,$j=1,2$;

k——中转仓库编号,$k=1,2$;

l——超市卖场编号,$l=1,2,3$。

2) 决策变量

S_{ij}——产品i在生产基地j的生产量;

D_{il}——超市卖场l对产品i的需求量;

X_{ijkl}——由生产基地j生产、经周转库k周转、提供给超市卖场l的产品i的数量;

y_{kl}——0-1变量,当周转仓库k向超市卖场l供货时取值1,否则取值0;

z_k——0-1变量,当确定使用周转仓库k时取值1,否则取值0。

3) 参数

$\underline{V_k},\overline{V_k}$——周转仓库的周转总量上下限;

f_k——周转仓库k年固定成本;

u_k——产品经周转仓库k周转的平均操作费(元/件);

C_{ijkl}——产品的平均生产与运输费用(元/件)。

2. 数学规划法建模

1) 目标函数

以总成本最小作为优化目标函数,

$$\min \text{TC} = \sum_i \sum_j \sum_k \sum_l C_{ijkl} X_{ijkl} + \sum_k f_k z_k + \sum_k \sum_l \left[u_k \left(\sum_i D_{il} \right) y_{kl} \right] \quad \text{(3-3)}$$

总成本由产品生产及运输成本、仓库建设固定成本、仓库搬运成本三部分组成,分别对应上式中的第一项、第二项、第三项。

2) 约束条件

主要包括基地生产能力的限制、仓库周转能力的限制、客户供货要求的约束。具体的约束式如下。

生产能力限制:
$$\sum_k \sum_l X_{ijkl} \leqslant S_{ij} \quad \text{(3-4)}$$

必须满足所有的需求:
$$\sum_j X_{ijkl} = D_{ij} y_{kl} \quad \text{(3-5)}$$

顾客由单一仓库供货:
$$\sum_k y_{kl} = 1 \quad \text{(3-6)}$$

仓库周转总量限制:
$$\underline{V_k} z_k \leqslant \sum_l \left(\sum_i D_{il} \right) y_{kl} \leqslant \overline{V_k} z_k \quad \text{(3-7)}$$

3.3.3 统筹法

统筹法是运用统筹兼顾的基本思想,对错综复杂、种类繁多的工作进行统一筹划、合理安排的一种科学方法。它是运筹学的一个分支,属于管理科学的一部分。统筹法是近60年来发展起来的一门新兴的应用科学。1956年,美国首先开始研究统筹法,将其称为"计划评估",其意思是用这种方法来评价和估计"计划的好坏"。苏联是20世纪60年代开始研究和运用统筹法的。苏联称之为"网络",这个叫法主要反映了网络图的基本特征。我国的统筹法是1964年由数学家华罗庚教授研究并加以推广的。

统筹法又称网络计划技术,它包括以时间控制为主的计划评审法(PERT)和以成本控制为主的关键路线法(CPM),是以数理统计为基础、以网络分析为主要内容、以计算机为手段的现代计划化的管理方法。它以工序所需时间为参数,用工序之间相互联系的网络图和较为简单的计算方法,反映出所研究系统的全貌,求出对全局有影响的关键路线及关键路线上的工序,从而对工程的所有工序作出符合实际的安排。在关键路线法的运算中,经过对网络图中各条路线的路长进行比较后,找出一条或若干条所需工时最长的路,称为关键路线。一般利用计算法来求一个网络图的关键路线,即利用事项最早时间、事项最迟时间和工序总时差来确定其关键路线,在保证关键线路的前提下合理地安排其他活动,调整相互关系,以保证按期完成整个计划。该项技术可用于物流作业的合理安排。

运用统筹法能全面而明确地反映各项工作之间开展的先后顺序和它们之间的相互制约、相互依赖的关系,在工作繁多、错综复杂的计划中找出影响工程进度的关键工作和关键线路,便于管理者抓住主要矛盾,集中精力确保工期,避免盲目施工,保证自始至终对计划进行有效的控制与监督;并且可以利用网络计划中反映出的各项工作的时间储备,更好地调配人力、物力,以达到降低成本的目的。因此,网络计划技术比较适用于大规模工程项目,工程越大,非但人们的经验难以胜任,就是用以往的某些管理方法(例如反映进度与产量的线条图等方法)来进行计划控制也越加困难。不过该方法也有一定的局限性,在计算劳动力、资源消耗量时,与甘特图相比较为困难。

 案例:某公司物流方案设计

假设某公司计划开展一项物流规划的项目,该项目包括物流量需求调研、配送中心选择、仓库设计、运输车辆路径计划、测试验证等多个环节。为了确保项目按时完成,项目经理希望使用关键路径法来进行项目计划和进度管理。

在本案例中,某公司的物流规划项目的关键路径如下:

物流量需求调研→配送中心选择→仓库设计→运输车辆路径计划→测试验证

物流量需求调研需要2周时间,配送中心选择需要3周时间,仓库设计需要4周时间,运输车辆路径计划需要5周时间,测试验证活动需要2周时间。

通过计算每个活动的最早开始时间和最晚开始时间,可以确定关键路径。在本案例中,关键路径的总持续时间为16周,也就是说,整个项目最短需要16周才能完成。

针对关键路径上的活动和任务,项目团队需要密切关注,确保其按时完成。例如,如果仓库设计延迟1周,将导致整个项目延迟1周。因此,在项目进行过程中,项目经理需要协调相关部门和团队成员,确保关键路径的活动不会延迟。

项目团队还需要识别和分析其他非关键路径的活动和任务,以及它们对项目进度的影响。通过合理分配资源和优化非关键路径,可以提高项目的整体效率和质量。

3.3.4 系统优化法

系统优化是指在给定的条件下,根据系统的优化目标,采取一定的手段和方法,使系统的目标值达到最大化或最小化,其中的约束条件是指系统给定的、不能人为调节的条件;优化目标是能使系统的目标值达到最大化或最小化的目标。求解最优化问题的方法称为最优化方法。一般来说,系统优化法研究的问题是对众多方案进行研究,并从中选择一个最优方案。实现系统的最优化,就可以在一定资源条件下,取得最佳的效果,使投入的人力、物力、财力达到最小。系统优化的意义是获得系统的最佳效益或最佳功能。在系统优化的过程中,不仅要实现系统中每个元素和子系统的优化,还要达到系统整体的优化,强调提高系统的整体效益或功能。并且在此过程中,由于受一定的条件影响和约束,会造成系统与环境、系统内部之间的矛盾冲突,只有合理解决这些矛盾冲突,才能实现系统的优化。另外必须注意系统各部分之间、部分与整体之间的连接状况,加强协调,才能提高系统的有序性和整体的运行效果。系统的优化是一个不断验证、完善的过程。

物流系统包括许多参数,绝大部分属于不可控参数,这些参数相互制约、互为条件,同时受外界环境的影响,其中有一些参数是可以人为调节的,被称为可控参数,可以对系统的目标函数产生显著影响。系统优化研究就是在不可控参数变化时,根据系统的目标来确定可控参数的值,使系统达到最优状况。在一般物流系统中,涉及的系统优化环节包括运输路径优化、仓库布局优化、配送路线优化、货车装载优化及智能调度优化等。

1. 运输路径优化

路径规划是物流行业中非常重要的一个问题,它涉及如何在最短的时间内将货物从起点运输到目的地。针对这个问题,可以采用各种优化算法,如动态规划、遗传算法、模拟退火等。

2. 仓库布局优化

仓库布局对于物流企业的运营效率有很大的影响,因此需要进行布局优化。算法优化可以通过对仓库内部物品的存储位置进行优化,来达到最优的仓库布局。

3. 配送路线优化

针对配送路线优化,可以采用遗传、模拟退火等算法,来优化配送车辆的行驶路线,从而提高配送效率、降低物流成本。

4. 货车装载优化

货车的装载问题也是物流行业中的一个重要问题,它关系到货车的容量利用率和运输效率。通过算法优化可以确定最优的货物装载方案,使得货车容量得到充分利用,从而减少运输次数和成本。

5. 智能调度优化

物流企业需要进行运输调度,根据不同的订单和货物情况来确定车辆和人员的调度方案。算法优化可以用于智能调度系统中,通过对运输需求进行预测和规划,来实现最优的运输调度方案。

案例:货物装载优化问题

储运仓库(或货运车站)要把各个客户所需的零担货物组成整车,通过铁路运往各地。整装零担车内装有多个客户的货物,要分别在一站或多站卸货;一些外观相近的货物,如金属管材、线材,很容易混淆,到站卸货容易出现错卸现象;有时因为捆扎包装不牢而散捆破包,更容易造成差错,这些差错将对客户和仓库造成经济损失,也给铁路运输带来混乱。为了减少或避免这种差错,可以把外观相近、容易混淆的货物分开装载,尽量不配装在一个货车内。为了解决这个问题,可以把货物按品种、形状、颜色和规格分为若干类,分别称为 1 类、2 类……、m 类。设共有 N 件(捆)待运货物,其中 1 类货物有 N_1 件(捆),它们的重量分别 $G_{11}, G_{12}, \cdots, G_{1N_1}$;2 类货物有 N_2 件(捆),它们的重量分别为 G_{21}, $G_{22}, \cdots, G_{2N_2}$;以此类推,不难看出:

$$N = \sum_{r=1}^{m} N_r \tag{3-8}$$

$$s = 1, 2, \cdots, m$$

设

$$X_{rs} = \begin{cases} 1, & r\ 类第\ s\ 件货物装入 \\ 0, & r\ 类第\ s\ 件货物不装入 \end{cases} \tag{3-9}$$

品种混装要求在同一货车内每类货物至多装入一件(捆),同一客户的多件(捆)同类货物可以记作 1 件(捆)。货物装载优化问题可以表示为

$$\max G = \sum_{r=1}^{m} \sum_{s=1}^{N_r} G_{rs} X_{rs} \tag{3-10}$$

$$\text{s.t.} \begin{cases} \sum_{s=1}^{N_r} X_{rs} \leqslant 1, & r=1,2,\cdots,m \\ \sum_{r=1}^{m} \sum_{s=1}^{N_r} G_{rs} X_{rs} \leqslant G_0 \end{cases} \tag{3-11}$$

其中,G_0 表示货车的载重上限。

3.3.5 系统仿真法

系统仿真就是根据系统分析的目的,在分析系统各要素性质及其相互关系的基础上,建立能描述系统结构或行为过程,且具有一定逻辑关系或数量关系的仿真模型,据此进行实验或定量分析,以获得正确决策所需的各种信息。系统仿真又称系统模拟分析,是系统分析的重要方法。仿真或译作模拟,泛指以实验或训练为目的,将原本的真实或抽象的系统、事务或流程,建立一个模型以表征其关键特性(key characteristics)或者行为、功能,予以系统化与公式化,以便对关键特征作出模拟。模型表示系统自身,而仿真表示系统的时序行为。仿真是一种人为的试验手段。它和现实系统实验的差别在于,仿真实验不是依据实际环境,而是作为实际系统映象的系统模型及相应的"人造"环境下进行的。仿真可以比较真实地描述系统的运行、演变及其发展过程。中国学者认为系统仿真就是在计算机或实体上建立系统有效模型(数字的、物理效应的或数字物理效应混合的模型),并在模型上进行系统试验。

仿真的过程也是实验的过程,而且是系统地收集和积累信息的过程。尤其是对一些复杂的随机问题,应用仿真技术是提供所需信息的唯一令人满意的方法。对一些难以建立物理模型和数学模型的对象系统,可通过仿真模型来顺利地解决预测、分析和评价等系统问题。通过系统仿真,可以把一个复杂系统降阶成若干子系统以便分析,能启发新的思想或产生新的策略,还能暴露出原系统中隐藏着的一些问题,以便及时解决。

系统仿真的基本方法是建立系统的结构模型和量化分析模型,并将其转换为适合在计算机上编程的仿真模型,然后对模型进行仿真实验。由于连续系统和离散系统的数学模型有很大差别,所以系统仿真方法基本上分为两大类,即连续系统仿真方法和离散系统仿真方法。在以上两类基本方法的基础上,还有一些用于系统(特别是社会经济和管理系统)仿真的特殊而有效的方法,如系统动力学方法、蒙特卡洛法等。

系统动力学方法通过建立系统动力学结构模型(流图等)、利用 DYNAMO 仿真语言

在计算机上实现对真实系统的仿真实验,从而研究系统结构、功能和行为之间的动态关系。该方法不仅仅是一种系统仿真方法,其方法论更是充分体现了系统工程方法的本质特征。蒙特卡洛法是一种特殊的数值计算仿真方法,该方法是以概率论和数理统计理论为指导的模拟方法,它是充分利用计算机计算能力的随机实验方法。

 案例:某企业内部物流仿真优化

某工程机械制造厂,是国家建设部定点开发、研制、生产压实机械、铲运机械和路面机械的大型骨干企业,开发并生产具有20世纪八九十年代先进水平的三大类20余种产品,畅销我国29个省、自治区、直辖市,远销美国、韩国等40多个国家和地区。该产品已形成批量生产,市场占有率达55%以上。

但是,与国际著名品牌的工程机械厂家相比,该厂在规模和技术上的差距不但没有缩小,反而有扩大的趋势。因此,该厂充分发挥现有优势,引入现代生产管理理念,借助先进管理手段,整合优化内、外部资源,实施业务流程重组,加快构建现代生产管理系统,降低成本,提高企业效益和核心竞争力。其中的一个项目就是借助实施精益生产(LP)方式,通过优化企业内部的流程,消除浪费,节约成本。

在进行 LP 方式导入之前,该厂选定一类主要产品的核心流程,进行精益生产方式的试点运作。通过对该类产品的加工流程进行分析和诊断,保留原有基于 ERP 的推式生产方式的优点,实施"推""拉"结合的精益生产方式,设计了几套不同的方案。这几套方案的不同点主要在于设备的调整和重新购置、工序间生产看板和取货看板数量、工序间搬运工具的选择等方面。为了衡量各种设计方案的经济效益,并对运作模式进行更详细的了解,使用 Witness 对设计的各方案进行建模和优化仿真研究。在对系统进行建模时,建立需求处理子模块、物料需求子模块、加工子模块、运输子模块、数据处理子模块。处理流程为需求到达、激活加工子模块和运输子模块、再激活物料需求子模块、最后需求得到满足,在整个流程处理过程中,由数据处理子模块来传输数据和指令。

通过仿真优化发现,如果采用较好的精益生产方式,该生产线上的库存和物流成本具有40%的下降空间,结果给予企业推行精益生产方式的巨大动力和信心。通过半年多的方案实施,企业内部物流得到好的改善,工作现场消除了半成品成堆的现象,搬运设备运行效率提高,搬运工作有条不紊地运行,获得较高的经济效益。

案例

[3-1] 废弃物回收物流系统分析
[3-2] 某电厂环境工程物流系统分析

即测即练

第 4 章

物流系统建模

物流系统模型是对物流系统实体的抽象描述,它是物流决策和管理人员对物流系统进行有效分析、规划或决策的重要手段。对于结构简单、规模较小、构成要素数量少、关系明确的物流系统,往往可以不通过中间媒介,只借助主观经验直接对系统进行研究和分析,就可以得出比较满意的结果,然而对于结构复杂、规模较大的物流系统,在其规划、设计及优化过程中,仅依赖主观经验和直观推断难以形成有效的物流解决方案。因此,对于复杂物流系统而言,需借助模型化实验方法,以数学分析方法作为媒介,通过对物流系统的模型映射与科学分析,便于提出科学、合理的物流解决方案。本章重点介绍物流系统建模,从物流系统模型概述、物流系统模型建立和常见的物流系统模型三部分展开介绍。

4.1 物流系统模型概述

4.1.1 物流系统模型的概念

系统模型是对一个系统某一方面本质属性的描述,它以某种确定的形式(如文字、符号、图表、实物、数学公式等)提供关于该系统的某一方面的知识。物流系统模型一般不是物流系统对象本身,而是对现实物流系统的描述、模仿或抽象。物流系统是复杂的,系统的属性也是多方面的。对于某一特定的研究目的而言,没有必要考虑物流系统的全部属性,因此,物流系统模型只是对物流系统某一方面或某几方面的本质属性的描述,本质属性的选取完全取决于物流系统研究的目的。所以,对同一个物流系统,根据不同的研究目的,可以建立不同的物流系统模型。

物流系统模型来源于实际物流系统,反映的是实际物流系统的主要特征,但它又高于实际物流系统,能反映同类问题的共性,是对所要研究问题的抽象。一个恰当、适用的物流系统模型应该具有如下三个特征。

(1) 它是对现实物流系统的抽象或模仿。
(2) 它是由反映物流系统本质或特征的主要因素构成的。
(3) 它集中体现了这些主要因素之间的关系。

在物流研究中,定量的系统分析、系统综合已受到人们更多的重视,物流系统模型就是开展这些研究工作的有效工具。在物流系统工程中,能对所研究的系统进行抽象模型化,反映了人们对物流系统认识的飞跃。物流系统模型是对物流系统的特征要素及其相互关系和变化趋势的一种抽象描述,它反映了物流系统的一些本质特征属性,用于描述物流系统要素之间的相互关系、系统与外部环境的相互作用等,反映了所研究的物流系统的主要特征。由于物流系统在时域和地域上的广泛性,系统要素和特性也多种多样。因此,有必要借助物流系统的抽象模型进行系统特性的研究。

物流系统模型是对物流系统的特征要素、相关信息和变化规律的一种抽象表述,反映物流系统的某些本质属性。通过建立易于操作的系统模型,可以帮助人们认识复杂的物流系统,了解系统问题的本质和规律。通过对模型的分析,明确系统的内部构成、系统特性和形式,针对系统的规律和目标,使用数学表达式说明系统的结构关系和动态情况,把复杂系统的内部和外部关系变成可以进行准确分析与处理的形式,从而得出需要的结论。

4.1.2 物流系统模型的分类

物流系统种类繁多,物流系统模型作为物流系统的描述,其种类也是多种多样的。本章就模型的表达形式对物流系统模型进行分类和介绍,主要分为物理模型、文字模型和数学模型三大类,其中物理模型和数学模型又可分为若干种,如图 4-1 所示。

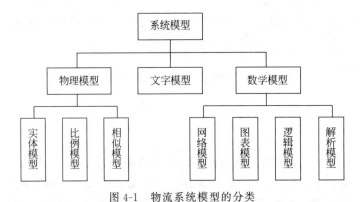

图 4-1　物流系统模型的分类

1. 实体模型

实体模型即现实系统本身,当物流系统的大小刚好适合研究而且又不存在危险时,可以将物流系统本身作为研究模型。如物流设施装备就属于实体模型。

2. 比例模型

比例模型是对现实系统的放大或缩小(真实物流系统按一定比例的再现),使之适合于研究。如物流园区沙盘、配送中心沙盘布局等就属于比例模型。

3. 相似模型

根据相似原理,用一种系统去代替另一种系统。例如用电路系统代替机械系统、热力学系统进行研究,则电路系统就是后两者的相似模型。

4．文字模型

在物理模型和数学模型都很难建立时，有时不得不用文字符号来描述物流系统特征。如技术报告、说明书等就属于文字模型。

5．网络模型

网络模型指用网络图来描述物流系统的组成要素以及要素之间的相互关系（包括逻辑关系与数学关系）。

6．图表模型

图表模型是指用图像和表格形式描述的物流模型，图像与表格形式两者可以互相转化，这里说的图像是指坐标系中的曲线、曲面或点等几何图形。

7．逻辑模型

逻辑模型是指用方框图、程序单、模拟机、排题图等形式表示系统要素逻辑关系的模型。逻辑模型也包括概念模型。

8．解析模型

解析模型是指用数学方程式表示物流系统某些特性的模型。物流系统建模中经常使用数学模型来分析问题。在运输、仓储、配送等物流子功能领域，没有定量分析，就没有科学的预测与决策，就会造成决策失误；另外，数学模型具有良好的可变性和适应性，便于使用计算机快速分析。因此，数学模型是定量分析的基础。我们通常所说的物流系统建模，大多数情况下都是指建立物流系统的数学模型。

4.2 物流系统模型建立

4.2.1 物流系统建模的必要性

人类认识和改造客观世界的研究方法主要分为三种，即实验法、抽象法、模型法。实验法是通过对客观事物本身直接进行科学实验来进行研究的。物流系统范围广、环节多、构成要素复杂，因此不可能采用实验法研究物流系统。抽象法是把现实系统抽象为一般的理论概念，然后进行推理和判断。这种方法缺乏实体感，过于概念化，同样不适合研究物流系统。模型法是在对现实系统进行抽象的基础上，把它们再现为某种实物的、图的或数学的模型，再通过模型来对系统进行分析、比较和研究，最终得出结论。由此可见，模型法既避免了实验法的局限性，又避免了抽象法的过于概念化，更加适合对物流系统的研究和分析。

新建一个物流系统时，由于物流系统尚未建立，无法直接进行测试或实验，只能通过建造相应的系统模型对系统的效果进行预测,以实现对系统的分析、优化、评价和决策。使用物流系统模型的必要性体现在以下四个方面。

1. 节约资金

对复杂的物流系统或其子系统直接进行实验,其成本将十分昂贵。但是,如果使用相应的系统模型进行模拟实验或分析,就可节约大量资金。

2. 缩短分析时间

物流系统与社会系统、生态系统相似,具有惯性大、反应周期长的特点,对这样的系统直接进行实验,可能要等若干年以后才能看到结果。使用系统模型进行分析和评价,将很快就得到分析结果。

3. 系统分析更灵活

现实系统中包含的因素太多而且复杂,实验结果往往难以直接与其中的某一因素挂钩,因此,直接实验的结果不易理解。另外,实验过程中要改变系统某些参数也较难。但是,系统模型突出的是研究所需的主要特征,模型(尤其是数学模型)的修改和参数变动非常容易,便于在各种不同的条件下对系统进行分析和评价。

4. 安全考虑

某些物流系统的实验和运行隐藏着危险性,这使系统的实际试验和研究难度加大。用系统模型进行仿真分析,既可以避免各种危险,又可以提供各种可靠的数据,为决策提供依据。

4.2.2　物流系统建模的要求与原则

1. 物流系统建模的要求

从系统模型的特征和定义来看,对物流系统模型的要求可概括为以下几点。

1) 可行性

可行性即用现有的工具和方法就可以建立起来模型,且可以对它进行分析、处理和研究,并得到理想结果。

2) 现实性

物流系统模型在一定程度上能够符合系统客观实际的情况,且应把物流系统本质关系反映进去。

3) 简明性

在满足模型可行性和精度的前提下,系统模型应该明确、简单、抓住本质,模型的规模和难度要适当。

4) 标准化

标准化即尽量采用标准化模型,或对已有的标准化模型加以修改,以适应研究对象。

以上四条要求中,可能会存在一些相互矛盾。为此,在建立物流系统模型时,必须根据具体问题做具体处理,在力求达到可行性、现实性、简洁性的基础上,满足标准化的要求。

2. 物流系统建模的原则

1) 物流系统建模切题

物流系统模型应该只包括与研究目的有关的方面,而不是物流系统的所有方面。

2) 模型结构清晰

物流系统是由许多密切联系的子系统组成的,对应的系统模型也应该是由许多子模型(或模块)组成的。在子模型与子模型之间,除了保留研究目的所必需的信息联系外,子模型之间的其他耦合关系要尽可能减少,以保证模型结构尽可能清晰。

3) 精度要求适当

应根据研究目的和使用环境的不同,选择适当的精度等级,既要保证所建模型能准确反映系统本质,又要简单明了。物流系统模型太精确,虽然能更准确反映系统的真实情况,但是考虑的因素必然会很多,这将使模型难以控制和操纵,失去了建模的意义。因此,物流系统模型的精度要适中。

4) 尽量使用标准模型

物流系统中的有些问题已有标准模型。因此,在建立实际的物流系统模型时,应该首先查阅标准模型库,如果其中某些模型可以借鉴,就应该先试用。如果能满足要求,就应该使用标准模型。这样既可以节省时间和精力,又可以节约建模费用。

5) 便于维护和反馈

人对系统的认识有一个由浅入深的过程,因此建模不是一蹴而就的事。开始建模时可以设计得粗糙一些,参数和变量不宜太多,但要注意灵敏问题,即留心哪些参数或变量的改变对模型影响特别敏感。以后逐步加进有关细节,参数和变量也逐渐增多,最后达到一定的精确度。

4.2.3 物流系统建模的一般方法

物流系统建模是一种创造性工作,它既有大量的技术内容,又有反映现实、反映作者思想的艺术内容。物流系统建模就是将现实世界中的物流系统原型概括抽象成某种形式表现的模型。建立物流系统模型一般可遵循如下几种方法。

1. 推理分析法

对于问题明确、内部结构和特性十分清楚的系统,可以利用已知的定律和定理,经过一定的分析和推理,建立系统模型。例如,流通加工中的下料问题,就可以根据裁剪后余料的多少建立数学模型。

2. 统计分析法

对于那些内部结构和特性不很清楚,且又不能直接进行实验观察的系统(大多数的物流系统及其他非工程系统就属于此类),可以采用数据收集和统计分析的方法,建立系统模型。比如,要提高产品质量,而影响质量指标的因素有很多,有可控的,有不可控的,这些因素与理想指标之间的关系不清楚。在此情况下,常采用回归分析的数学方法,对筛选出的因素建立初步模型。以模型为基础,进一步通过数据分析,确定筛选出的因素之间的联系及质量指标的相互作用。经过多次试验,一步步建立起高质量的系统模型。

3. 实验分析法

通过试验方法测量其输入输出,然后按照一定的辨识方法得到系统模型。这个方法适用于"黑箱"或"灰箱"的系统(系统内部结构和特性不清楚或模糊)。通过实验,找出系统的输入和输出数据,然后运用自动控制理论中的传递函数方法或其他的数学方法(如回归分析、时序分析等方法),确定关键的本质变量,建立物流系统输出与输入之间的关系——系统的数学模型。

4. 人工模拟法

当物流系统结构复杂、性质不太明确、缺乏足够的数据,且无法进行实验观察时,可借助一些人工方法,如模拟仿真法或启发式方法,逐步建立物流系统模型。

5. 主观想象法

若对物流系统的内部结构和特性不清楚,既无足够数据,又不能在系统上进行实验,且无法通过人工具体措施。在似乎无法开展建模活动的情况下,可以利用"主观想象",凭直觉经验人为地先构想一个模型。

6. 混合研究法

复杂物流系统模型的构造大都要综合运用上述几种方法,才能得到满意的结果,这种将各种方法混合使用建立系统模型的方法称为混合研究法。

4.2.4 物流系统建模的基本步骤

不同条件下的建模方法虽然不同,但不同的物流系统在建模时都遵循一些共同的基本操作步骤。建立模型的过程可以归纳为以下六个基本步骤。

1. 问题明确

要清晰准确地了解系统的规模、目的、范围及判定准则,确定输入、输出变量及其表达形式。

2. 资料收集

收集真实可靠的资料,全面掌握资料,对资料进行分类,概括出本质内涵,分清主次变量，把已研究过或成熟的经验知识或实例加以挑选作为基本资料，供新模型选择和借鉴，需要注意的是本质因素的数量关系尽可能用数学语言来表达。

3. 因素确定

确定各因素，尤其是关键因素之间的相互关系，列出必要的表格，绘制图形和曲线等。

4. 模型构造

在充分掌握资料的基础上，根据系统的特征和服务对象，构造一个能代表所研究系统的数量变换数学模型，这个模型可能是初步的、简单的，如初等函数模型。

5. 模型求解

用解析法或数值法求得模型最优解。对于较复杂的模型，有时需编出框图和计算机程序来求解。

6. 模型检验

检验模型是否在一定精度的范围内正确地反映了所研究的问题。必要时对模型进行修正和改进，如去除一些变量、合并一些变量、改变变量性质或变量间的关系以及约束条件等，使模型进一步符合实际，满足在可信度范围内可解、易解的要求后投入使用。

4.3 常见的物流系统模型

从不同的角度观察模型，可以得出多种不同的分类方法，根据不同的实际系统和研究目的，物流系统模型的类别各不相同。例如，若按照建模材料不同可划分为两种：抽象模型、实物模型；按照与实体系统的关系可划分为三种：形象模型、相似模型、数学模型；按照物流系统建模方法不同可划分为三种：最优模型、仿真模型、启发式模型；按照应用问题不同可划分为：资源分配型、存储型、输送型、等待服务型、指派型、决策型、其他模型等。本节将按最后一种分类法进行介绍。

4.3.1 资源分配型

对任何一个生产经营系统而言，资金、能源、原材料、运输工具、作业机械、工时等都是有限的。同时，环境对生产经营系统也有一定约束，所以企业是在这些限制条件下进行生产经营的。资源分配型模型解决的问题就是如何合理安排和分配有限的人力、物力、财力，充分发挥其作用，使目标函数达到最优。代表模型包括线性规划、动态规划和目标规划模型等。

资源分配型物流系统模型是一种用于规划、优化和管理物流资源的模型，它涵盖了不同领域的资源，如运输、库存、设施和人力资源。这些模型的主要目标是实现资源的高效分配，以降低成本、提高效率和满足客户需求，包括运输资源分配模型、库存资源分配模型、设施资源分配模型及人力资源分配模型。此外,混合资源分配模型整合多种资源类型,以实现供应链或物流网络的整体性优化,而多目标资源分配模型考虑多个决策因素,如成本、服务水平和可持续性,以帮助综合性资源分配决策。这些模型是物流和供应链管理中的重要工具,借助数学和计算方法,帮助组织更好地规划和管理资源,以提高效率、降低成本,满足多样化的需求。

例如:某企业有 m 种生产资源(各种原材料、动力资源、资金、劳动力等)可用来生产 n 种产品。制订生产计划时,应如何组织生产,才能使企业的总利润最大?

a_{ij} 表示生产每一种单位产品 B_j 所消耗的资源 A_i 的数量;b_j 表示资源 A_i 的总数量($i=1,2,\cdots,m$);c_j 表示单位产品 B_j 的利润($j=1,2,\cdots,n$);d_j 表示资源 B_j 的最低产量($j=1,2,\cdots,n$)。

设产品 B_j 的生产数量为 x_j,则上述问题归纳为如下的数学问题:

求一组变量 $x_1,x_2,\cdots,x_n$,使其满足

$$\max f(X) = \sum_{j=1}^{n} c_j \cdot x_j \tag{4-1}$$

$$\text{s.t.} \begin{cases} \sum_{j=1}^{n} a_{ij} \cdot x_j \leqslant b_j (i=1,2,\cdots,m) \\ x_j \geqslant d_j (j=1,2,\cdots,n) \end{cases} \tag{4-2}$$

4.3.2 存储型

为了使生产经营系统正常运转,一定量的资源储备是必要的。在保证生产过程顺利进行的前提下,如何合理确定各种所需物资的存储数量,使资源采购费用、存储费用和因缺乏资源而影响生产所造成的损失的总和最小,这类问题就是存储型。代表模型为库存模型。

库存决策依赖于各种数学模型,尤其是需求不确定情况下的库存决策,还要以复杂的概率统计分析为基础。库存控制模型的研究一直是运筹学、运作管理、供应链管理等学科研究的重要问题,目前提出的各种条件下的库存控制模型上百种,且仍在不断地发展。这里只介绍基本的经济订购批量库存模型,即选择某一批量订货,使库存总费用最经济,这个订货批量就叫作经济订购批量,用 Q^* 表示。经济订购批量模型虽然比较简单,却是很多复杂库存模型的基础。

基本经济订购批量模型即不允许缺货、及时补货模型。如果需求是连续的,且需求速率 R 基本稳定,控制库存水平时就要确定定期补货的数量和补货频率。

假设需求速度 R 一定、订货周期 T 一定、每次订货量 Q 一定、每次订货费用 C_2 固定、单位产品年保管费 C_1 不变、不允许缺货、瞬间到货、物资采购单价为 a(采购价格无数量折扣),则周期 T 内库存总费用为

$$C_1 \cdot Q/2 \cdot T + C_2 + a \cdot RTC_1 \cdot Q/2 + C_2 + a \cdot RT \tag{4-3}$$

周期 T 内单位时间库存总费用为

$$C(Q) = \{C_1 \cdot Q/2 \cdot T + C_2 + a \cdot RT\}/T = C_1 \cdot Q/2 + C_2 \cdot R/Q + a \cdot R \quad (4\text{-}4)$$

通过求上式的极小值,可得经济订货批量模型(即·EOQ 模型)为

$$Q^* = \sqrt{\frac{2C_2 R}{C_1}} \quad (4\text{-}5)$$

最佳订货周期为

$$T^* = \sqrt{\frac{2C_2}{C_1 R}} \quad (4\text{-}6)$$

单位时间最小总费用

$$E_0 = aR + \sqrt{2RC_1 C_2} \quad (4\text{-}7)$$

4.3.3 输送型

在一定的输送条件下(如道路、车辆等限制条件),如何使输送量最大、输送费用最省、输送距离最短,是我们要解决的问题。这类问题通常涉及物流、运输、配送等领域,目的是找到最优的方案来满足输送需求。这些问题的求解可以通过线性规划、整数规划、网络流等优化方法来实现。这类问题就是输送型模型。代表模型包括图论、网络理论、规划理论。

物资调运规划(又称运输问题)模型。该模型一般可以表述为:设某种要调运的物资,有供应点 m 个、需求点 n 个,如果每个供应点的供应量及每个需求点的需求量都已经确定,即第 i 个供应点有 a_i 单位的物资供应,第 j 个需求点有 b_j 单位的物资需求;并且从每一个供应点到每一个需求点的单位运价是已知的,即第 i 个供应点调运到第 j 个需求点的单位运价为 c_{ij}。

物资调运规划的目的是制订一个合理的调运方案,确定 m 个供应点与 n 个需求点之间供需联系和数量的最优搭配,并确定具体的运输路线,使总的运输费用最低。

$$\min S = \sum_{i=1}^{m} \sum_{j=1}^{n} c_{ij} \cdot x_{ij} \quad (4\text{-}8)$$

$$\text{s.t.} \begin{cases} \sum_{j=1}^{n} x_{ij} = u_i (i=1,2,\cdots,m) \\ \sum_{i=1}^{m} x_{ij} = b_j (j=1,2,\cdots,n) \end{cases} \quad (4\text{-}9)$$

例如,有 m 个产地生产某种物资,有 n 个地区需要该类物资。$A_1, A_2, \cdots, A_m$ 表示某种物资的 m 个产地,$B_1, B_2, \cdots, B_n$ 表示某种物资的 n 个销地,$a_1, a_2, \cdots, a_m$ 表示各产地产量,$b_1, b_2, \cdots, b_n$ 表示各销地销量,$\Sigma a_i = \Sigma b_j$ 称为产销平衡。c_{ij} 表示把物资从产地 A_i 运到销地 B_j 的单位运价。同样设 x_{ij} 表示从产地 A_i 运到销地 B_j 的运输量,则产销平衡的运输问题建模如下:

$$\min z = \sum_{i=1}^{m} \sum_{j=1}^{n} c_{ij} x_{ij}$$

$$\begin{cases} \sum_{j=1}^{n} x_{ij} = a_i & (i=1,2,\cdots,m) \\ \sum_{i=1}^{m} x_{ij} = b_j & (j=1,2,\cdots,n) \\ x_{ij} \geqslant 0 & \end{cases} \quad (4\text{-}10)$$

4.3.4 等待服务型

等待服务模型是研究系统随机聚散现象和随机服务系统工作过程的定量分析方法，又称排队论模型。在排队论中，我们把要求服务的对象称为"顾客"，而将从事服务的机构或人称为"服务台"，在顾客到达服务台时，可能立即得到服务，也可能要等待到可以利用服务台的时候为止。在上述顾客—服务台组成的排队系统中，顾客到达时刻与服务台进行服务的时间一般来说是随不同时机与条件而变化的，往往预先无法确定。因此系统的状态是随机的，故而排队论也称随机服务系统理论。排队论作为运筹学研究的一种有力手段，研究的内容主要包括系统的性态、系统的优化问题和统计推断三个方面，目的是正确设计和有效运行各个服务系统，使之发挥最佳效益。

等待服务模型就是通过对服务对象到来及服务时间的统计，研究得出这些数量指标（等待时间、排队长度、忙期长短等）的统计规律，然后根据这些规律来改进服务系统的结构或重新组织被服务对象，使得服务系统既能满足服务对象的需要，又能使服务费用最经济或某些指标最优，代表模型主要有排队模型。

例如，在生产车间中运用 AGV 进行物料的配送，我们可以将物料需求看作"顾客"，将 AGV 看作"服务台"，那么整个 AGV 系统的服务模式就可以视为一个"排队系统"，当物料需求产生时，若有空闲小车，便立即响应服务；若无，则排队等待。可以利用数学模型分析 AGV 系统性能指标与系统中所含 AGV 数量的关系，AGV 数量配置问题由此可以等效看作为求解总成本最低的 AGV 的数量。

假设生产车间为一个 $M/M/c/\infty$ 系统，每箱物料在系统中停留单位时间的损失费用为 c_1 元，每个 AGV 单位时间的单位服务成本为 c_2 元，建立如下数学模型：

$$F = c_1 L + c \cdot c_2 \mu \quad (4\text{-}11)$$

$$\text{s. t.} \begin{cases} F(c^*) \leqslant F(c^*+1) \\ F(c^*) \leqslant F(c^*-1) \end{cases} \quad (4\text{-}12)$$

4.3.5 指派型

任务的分配、生产的安排及加工顺序问题是企业中常见的问题，如何以最少费用或最少时间完成全部任务，这类问题就是指派型，数学上称为指派问题和排序问题，代表模型主要包括整数规划和动态规划模型。

指派型物流系统模型是一种基于指派问题的数学模型，用于解决物流配送问题，找到一个最优的任务分配方案。在指派型物流系统模型中,需要确定如何将配送任务分配给不同的供应商或运输资源,以达到最小化总成本或最大化效益。通过合理地分配任务给不同的供应商或运输资源,可以实现物流配送的优化和效率提升。比如,将不同的任务分配给若干人去完成,由于任务有难易、人品素质有高低,因此各人去完成不同的任务的效率就有差异。应分配何人去完成哪种任务使得总效率最高或所花费的时间最少,或所需的费用最低。这类问题称为指派问题。指派问题的一般提法是:用最佳方法按照一对一的原则把"任务"指派给"人"。

具体就是:设有个人被派去完成某项物流任务,要求每项任务需且仅需一个人去完成,每个人需完成且仅需完成一项任务。已知完成物流任务的效率(如工时、成本或价值等)。问如何指派,才能使总的工作效率最好?指派问题本质上是 0 和 1 的规划问题。例如,设有 n 个人被指派去完成 n 项任务,每项任务只能由一个人来完成且每个人只能完成一项任务,c_{ij} 表示第 i 个人完成第 j 项任务的时间,求完成任务的最短时间。这就是典型的指派问题,该问题的标准数学模型如下:

$$\min Z = \sum_{i=1}^{m}\sum_{j=1}^{n} c_{ij} \cdot x_{ij} \tag{4-13}$$

$$\text{s.t.} \begin{cases} \sum_{j=1}^{n} x_{ij} = 1 (i=1,2,\cdots,n) \\ \sum_{i=1}^{n} x_{ij} = 1 (j=1,2,\cdots,n) \\ x_{ij} = 0 \text{ 或 } 1 (i=1,2,\cdots,n)(j=1,2,\cdots,n) \end{cases} \tag{4-14}$$

 案例:物流任务指派问题

某物流企业有 n 个物流任务,需要由 n 个人来承担,每个任务只能由一个物流企业来承担,且每个物流企业只能承担一个任务。c_{ij} 表示第 i 个物流企业承担第 j 项物流任务的费用,求总费用最低的指派方案。该指派问题模型如下:

$$\min z = \sum_{j}\sum_{i} c_{ij} x_{ij}$$

$$\text{s.t.} \begin{cases} x_{i1} + x_{i2} + \cdots + x_{ij} + \cdots + x_{in} = 1 & (i=1,2,\cdots,n) \\ x_{1j} + x_{2j} + \cdots + x_{ij} + \cdots + x_{nj} = 1 & (j=1,2,\cdots,n) \end{cases} \tag{4-15}$$

$$x_{ij} = \begin{cases} 1 & \text{第 } i \text{ 个人做第 } j \text{ 项任务} \\ 0 & \text{第 } i \text{ 个人不做第 } j \text{ 项任务} \end{cases} \quad (i=1,2,\cdots,n) \tag{4-16}$$

4.3.6 决策型

在物流系统设计和运行管理中,需要行之有效的决策技术来支持,如何从各种有利有弊且或多或少带有风险的备选方案中,针对一些重大的经营管理问题作出及时而正确的抉择,找出所需的方案,这类问题就是决策型,代表模型主要有决策论。物流系统决策模型和方法针对不同类型的决策及决策的不同时期,可以选用不同的决策模型和方法。

1. 确定性决策模型

确定性决策模型主要用于解决其决策的状态空间是唯一确定的,不包含有随机因素影响和作用的决策问题。如企业制订的物流计划,在环境情况完全掌握的条件下作出的物流方案就是确定型决策。

2. 风险性决策模型

风险性决策模型是指在不确定因素的概率已知的情况下,无论选择哪种决策都要承担一定决策的风险。其主要用于解决决策的状态有两种或两种以上的可能情况出现,每种状态出现的可能性带有一定的不确定性或随机性,但决策者能够通过统计计算或统计推断估算出各种状态出现的概率大小的决策问题。对于风险决策型问题,主要采用两种准则进行决策判断:最大可能收益准则、期望值准则,其中期望值准则更为常用。

期望值准则是把每个备选方案的期望值求出来,加以比较。如果决策目标是效益最大,则采取期望值最大的备选方案;如果损益矩阵的元素是损失值,而且决策目标是使损失最小,则应选定期望值最小的备选方案。

 案例:物流园区仓库建设方案确定的期望值准则

某物流园区货场计划修建一个仓库,设计了 m 种仓库建设方案,将货物量分为 n 个等级, p_j 表示每个等级发生的可能性,由于对货物量的多少不能确定,对不同规模的仓库,其获利情况、支付贷款利息及运营费的情况都不同, c_{ij} 表示第 i 个方案在第 j 种状态下的损益值,依据上述条件进行方案决策。

期望值准则是根据各备选方案在各自然状态下损益值概率的平均大小,决定各方案的取舍。这里所说的期望值就是概率论中离散随机变量的数学期望,即

$$E(A_i) = \sum_{j=1}^{n} c_{ij} p_j \tag{4-17}$$

其中, $E(A_i)$ 表示第 i 个方案的期望值。

4.3.7 其他模型

由于物流系统的复杂性,物流系统的模型类别还有很多。如投入产出模型、布局选址模型、库存决策模型、运输网络规划、物资调拨模型、解释预测模型等。

物流系统的功能和目的不同,其特点也不尽相同,因此建立的模型也有所区别。一般来说,决策者所处的层次越高,决策过程中的不确定性因素、定性因素就越多,如战略层的设施选址决策,不仅要考虑设施建设的成本,还要考虑市场、投资环境、政策、法规等因素,这些因素很难量化,但影响很大,不可忽视。因此战略层次的决策问题一般很难用精确的

数学模型表达,应该采取与启发式模型、专家系统模型相结合的方法。

案例

[4-1] 基于网格化管理视角下灾后应急物流决策模型

[4-2] 基于多配送中心车辆调度的物流运输模型

即测即练

第三部分

物流系统规划与设计

第 5 章 物流系统预测

无论是物流产业的宏观政策,还是物流企业的规划和经营决策,都需要以正确的预测为前提,物流系统预测是物流设施选址规划、布置设计的前提,也是企业物流战略决策的依据。物流系统预测的内容很多,影响物流系统活动的诸因素都是预测的对象。例如,有关物流系统的人力、物力、财力及区域资源、销售、交通等状况,国家的方针政策,经济发展的形势和自然条件等。本章主要内容包括物流系统预测概述、定性预测方法、因果关系预测和时间序列分析预测等定量预测方法。

5.1 物流系统预测概述

5.1.1 物流系统预测的定义

1. 预测的概念

预测是指对事物的演化预先作出的科学推测。广义的预测,既包括在同一时期根据已知事物推测未知事物的静态预测,也包括根据某一事物的历史和现状推测其未来的动态预测。狭义的预测,仅指动态预测,也就是指对事物的未来演化预先作出的科学推测。预测理论作为通用的方法论,既可以应用于研究自然现象,又可以应用于研究社会现象。将预测的方法、技术与实际问题相结合,就产生了预测的各个分支,如社会预测、人口预测、经济预测、政治预测、科技预测、军事预测及气象预测等。

古人说:"凡事预则立,不预则废。"人们做任何事情之前,只有经过调查研究、摸清情况、深思熟虑,有科学的预见、周密的计划,才能达到预期的成功。否则,不了解实际情况,凭主观意志想当然办事,违反客观规律,必将受到惩罚。也就是说,一切正确的预测都必须建立在对客观事物的过去和现状进行深入研究与科学分析的基础之上。历史是连续的,事物由过去到现在,再到未来,其演化是有规律可循的。预测者就是既立足于过去和现在,同时又使用一种逻辑结构把它和未来联系起来,以达到对未来进行预测的目的。

2. 预测的特点

1)预测与时间有关

预测涉及过去、现在和未来,过去、现在和未来都是时间概念,因此预测与时间直接关联。预测值只能是对预测对象在某一确定时间范围内的测定。预测间隔时间越长,预测结果越不准确。

2) 预测依赖于信息

预测值寓于信息之中，要求细致调查过去的历史资料并善于捕捉当前出现的苗头、征兆，进而对这些信息进行由此及彼、由表及里和去伪存真的加工。

3) 预测的对象多为随机事件

随机事件的发展永远存在不确定性，其可能发生，也可能不发生；可能这样发生，也可能那样发生。

4) 预测的结果仅供参考

预测对象的随机性决定了预测结果的参考性。预测值与事件发生的未来结果一定会有误差。

3. 物流系统预测的概念

在设计一个新系统或改造一个旧系统时，人们都需要对系统的未来进行分析估计，以便作出相应的决策，即使是对正在正常运转的系统，也要经常分析系统的发展变化趋势。根据系统发展变化的实际数据和历史资料，运用现代科学理论和方法，以及各种经验和知识，对系统在未来一段时期内的可能变化情况进行推测、估计和分析，这样一系列的过程就是系统预测。由此可以看出，系统预测是以系统的变化为前提的。没有系统的变化，就不需要预测。因此，系统预测的实质就是充分分析使系统发生变化的原因，探究系统发展变化的规律，根据系统的过去和现在估计未来，根据已知预测未知，从而减少对未来事物认识的不确定性，减少决策的盲目性。

对一个物流系统来说，其构成要素和要素之间的联系更是交错复杂，为了对物流系统作出更科学的决策，使得物流系统更好地发展，必须对物流系统进行预测。物流系统预测就是根据客观事物的过去和现在的发展规律，借助科学的方法和手段，对物流管理发展趋势和状况进行描述、分析，形成科学的假设和判断的一种科学理论。物流预测的方法和手段，总称为物流预测技术。物流预测可以推动物流信息系统的计划并加以协调，通常可以预测未来出现的事件，如物资计划需求量、成本材料费控制水平、仓库储备量等。它可以是定期对配送中心装运的某一产品进行的一种预测，也可能要对几个时期的资料进行汇总，作出分析和报告。精确的物流预测及由此生成的计划可以使决策者科学地分配资源，而不需要付出昂贵的代价对生产能力或库存需求作出反应。

5.1.2 物流系统预测的基本原理

预测是根据事件过去和现在的规律判断其未来的发展，预测学也是研究事件规律的一种手段。科学预测的认识基础可表达为以下基本原理。

1. 可知性原理

人类不但可以认识预测对象的过去和现在，还可通过它的过去和现在推知其未来，关键是要掌握事物发展的客观规律，注重事物发展的全过程的统一。

2. 可能性原理

预测对象的发展有各种各样的可能,而不是只存在单一的可能性。因此对预测对象所做的预测,是分析事物发展的各种可能性并作出推断。

3. 相似性原理

把预测对象与类似已知事物的发展状况相比较,来推知预测对象的未来。其中包括:依据历史上曾经发生过的事物类推当前或未来;依据其他地区(或其他国家)曾经发生过的事件进行类推;依据局部类推总体。

4. 连贯性原理

事物发展趋势的特征在一段时间里呈现延续性。一定时期内,预测目标和某些环境的结构和相互关系会按照一定的格局延续下去。

5. 反馈性原理

预测某事物的未来,是为了现在能作出正确的决策。也就是说,预测未来的目的在于指导当前的工作,以便预先创造条件,为未来的工作打下良好的基础。可能需要根据预测的结论对目前的行动方案作出调整。

6. 系统性原理

要注重预测对象内在因素与外部因素的联系及外部因素对事物发展的影响,把它们作为一个系统整体加以考虑,这样才能得到较可靠的预测结果。

除了上述几个基本的原理之外,可控性原理、相关性原理和经济性原理等也是在预测中常用的原理。

5.1.3 物流系统预测的基本步骤

系统预测是对系统对象发展、演变的客观规律的认识和分析过程。系统预测技术应当包括它所遵循的理论、预测对象的历史和现状资料与数据、所能采用的计算方法或分析判断方法、预测方法、预测结果的评价与检验等要素。不同应用领域的预测问题可能会采用完全不同的预测模型,因此,预测技术既要遵循系统对象本身所属学科的理论,又要遵循预测方法本身的理论,理论基础不相同,模型的应用条件也不同。虽然预测的过程会随着预测目的、预测对象及使用方法的不同而不同,但总体上可将预测程序大致分为以下几个步骤,如图5-1所示。

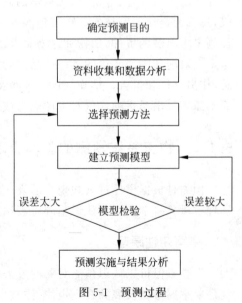

图 5-1 预测过程

1. 确定预测目的

系统预测是为系统决策服务的。因此，必须首先根据决策任务要求确定预测目的，包括预测指标、预测对象和预测期限。只有目的明确，才能根据预测目的去收集数据、选择预测方法和预测精度。这是系统预测一项极为重要的准备工作，它将使我们的预测工作有的放矢，避免盲目。总之，确定预测目的是预测成功的开始。

2. 资料收集和数据分析

根据选用的预测方法和预测指标，通过直接或间接的方法，尽可能多地收集有关影响预测对象的各种资料和统计数据，并对数据进行分析、整理，去伪存真，填平补齐，形成合格的数据样本；另外，进行调查、访问，取得第一手数据资料，这一点对定性预测非常重要。

3. 选择预测方法

预测方法很多，但对一个具体的预测对象和目标而言，并不是所有的方法都能适用。根据数据收集和分析结果，结合不同预测方法的优缺点及适用范围，选择恰当的预测方法是预测过程中的重要一步，预测方法合适与否将对预测精度产生很大的影响。一般在确定预测方法时主要考虑的因素是：预测对象的种类和性质，对预测结果的精度要求，已收集到的资料与情报的数量和质量，以及预测的人力、物力、财力和时间限制等。

4. 建立预测模型

根据选定的预测方法，用有关变量来真实表达预测对象的特征，建立起能反映研究对象变化规律的模型。如果采用数学模型法，就需确定模型的形式，并运用收集到的资料进行必要的参数估计，求出模型的有关参数。预测模型是预测对象发展规律的近似模拟。

5. 模型检验与修正

实际的系统受多种确定因素和随机因素的影响，而预测模型不可能考虑所有因素，故预测结果与实际值有一定差距，即会产生预测误差。如果误差太大，就失去了预测的意义。因此，必须对建立的预测模型的有效性和合理性进行检验。一方面要对有关假设进行检验，如对线性关系的假设、变量结构及独立性等假设进行显著性检验；另一方面要对模型精度即预测误差进行检验，如果预测结果与实际值之间有显著的误差，则说明预测模型不合理。这时就必须对原有的预测模型进行修正或重新设计。若实际情况发生较大变化，则原有的预测方法也必须重新选择。

6. 预测实施与结果分析

运用通过检验的预测模型，使用有关数据，预测结果；并运用有关理论和经验对结果进行分析；必要时还可运用不同的模型同时预测结果并加以分析对比，以便作出更加可靠的判断，为系统决策提供科学依据。

上面列举的预测程序只是一般的步骤,实际工作时,应根据具体情况灵活运用。实际上,要完全达到目的,往往需要若干次的迭代和多次修正。因此,预测是对客观事物不断认识和深化的动态过程。

5.1.4 物流系统预测方法的分类及研究应用

1. 物流系统预测方法的分类

根据研究任务的不同,按照不同标准,物流系统预测可以有不同的分类,基本的几种分类方法如表5-1所示。

表 5-1 预测分类方法

分类角度	预测方法种类
按预测的层次或范围	宏观预测、微观预测
按预测的时间长短	长期预测、中期预测、短期预测
按预测时是否考虑时间因素	静态预测、动态预测
按预测内容的项目	单项预测、综合预测
按预测方法的性质	定性预测、定量预测

最常用的预测分类方法是按预测方法的性质分类,即将其分为定性预测和定量预测,它们又分别包含很多预测方法,这些方法可归纳为三类:定性预测法、因果关系预测法和时间序列分析预测法,其具体归纳可如表5-2所示。

表 5-2 按照性质分类的预测方法

定性预测法	定量预测法	
	因果关系预测法	时间序列分析预测法
专家调查预测法 市场调查法 主观概率法 领先指标法 交叉概率法 类推法	回归分析预测 计量经济学模型预测 投入产出分析预测 系统动力学	移动平均法 指数平滑法 Box-Jenkins法 马尔可夫模型 灰色系统模型

2. 当前研究应用热点

在实际研究应用中,从方法模型的角度来看,国内主要对经典统计学模型、灰色模型(GM)、回归分析等方法加以组合创新,融合现有的智能网络模型,通过组合预测模型对物流需求预测进行更好的建模,从而最大限度地提高了预测精度。而国外对数据挖掘、机器学习、深度学习、复杂网络关注较多,尝试将较为新颖的深度学习组合模型引入物流需求预测。新兴的深度学习方法由于具有优于传统神经网络方法的结构特征,在时间序列数据的预测上有着较大优势。

在研究对象上,国内从研究初期的物流管理与宏观对策、供应链到冷链物流、区域物流、应急物流、农产品冷链物流、港口物流,由宏观的体系研究细化到更加切合人们生活工作的具体物流,更加侧重于解决我国具体企业的实际问题,其中农产品冷链是目前国内学者探讨的热门主题。国外从物流系统、区域物流规划到供应链管理和电子商务,结合物流需求与宏观经济、社会发展的相互关系,更加关注宏观战略角度下的物流发展。

5.2 定性预测方法

所谓定性,就是确定预测目标未来发展的性质。定性分析大多根据专业知识和实际经验进行,对把握事物的本质特征和大体程度有重要作用。这种预测主要利用判断、直觉、调查或比较分析,对未来作出定性的估计。当历史数据缺乏或历史数据与当前的预测相关度很低时,采用定性预测方法更合适。又如,党和国家方针政策的变化、消费者心理的变化对市场供需变化的影响等均无法量化,只能通过判断分析,进行定性预测。所以选择预测方法时,不能忽略定性预测方法,它可用于一些重大的经济预测、技术预测、企业经营预测等。

定性预测方法较多,本书主要介绍专家调查预测法、主观概率法、领先指标法三种方法。三种定性预测方法的对比如表 5-3 所示。

表 5-3 三种定性预测方法的对比

方　　法	优　　点	缺　　点
专家调查预测法	预测过程迅速,成本较低;预测过程中,各种不同的观点都可以表达并加以调和;可以弥补基本数据的缺乏	专家意见未必能反映客观现实;责任较为分散,估计的权数不易确定;一般仅适用于总额的预测,而用于区域、顾客群、产品大类时可靠性较差
主观概率法	方法简便易行;市场趋势分析期内市场供需情况比较正常的情况下,经验和直觉往往比较可靠	测定因人而异,受人的心理影响较大,主要取决于市场趋势分析者的经验、知识水平和对市场趋势分析对象的把握程度
领先指标法	不仅可以预测经济发展趋势,而且可以预测转折点;具备前瞻性、操作性强、可量化的特点	只适合短期预测,对长期预测的表现相对较差;一般不适用于末次订货预测

5.2.1 专家调查预测法

专家调查预测法简单易行,是应用比较广泛的一种定性预测方法。它以专家为索取信息的对象,组织各种领域专家运用专业方面的经验和知识,通过对过去和现在发生的问题进行直观综合分析,从中找出规律,对发展远景作出判断。该方法一般用于没有历史资料或历史资料不全、难以进行定量的分析等情况下的预测。

比较典型的专家调查预测法有头脑风暴法和德尔菲法。

1. 头脑风暴法

头脑风暴法，是一种发挥人的创造性思维能力的直观预测方法。其基本思想是：邀请熟悉有关预测问题的专家或技术人员参加专题讨论会，参加会议的人可以不受任何约束地发表自己的意见，并鼓动发表不同意见，通过专家之间的这种面对面交谈和信息交流，引起思维共振，产生组合效应，形成宏观的智能结构，进行创造性思维。在此基础上，对事物的发展趋势作出预测。

采用头脑风暴法预测时，从明确问题到会后评价，其基本工作程序和要求主要包括以下几个方面。

1）预测准备阶段

预测准备工作包括确定所要预测的主题、指定会议主持人、选择并邀请专家。预测项目主题应简明、集中，并提前通报给与会人员，让与会人员有一定准备；会议主持人对于会议的成功与否起着关键作用，应选用对预测问题比较了解并熟悉头脑风暴法的处理程序和处理方法的人担任；所选专家应懂得该会议提倡的原则和方法，人数不宜过多，一般5～15人为宜，其中最好包括一些学识渊博、对所论及问题有较深理解的其他领域的专家。

2）预测实施阶段

第一步，明确问题。会议主持人简明扼要地提出所要预测的主题。

第二步，讨论问题。各位与会专家针对所要预测的主题充分发表意见并讨论，鼓励大家畅所欲言，记录人要将每个与会专家的发言都完整地记录下来。会议主持人不能带有倾向性，以免影响与会专家的思路。同时，会议主持人还要善于把握会议的主题，避免会议的讨论离题太远，使会议始终有一个焦点。

第三步，重新表述问题。经过一段时间的讨论后，与会专家对问题已经有了较深的理解。为了使大家对问题的表述能够具有新角度、新思维，会议主持人对发言记录进行整理和归纳，提出富有创意的见解和具有启发性的表述，供下一步畅谈时参考。

第四步，再次进行畅谈。畅谈是头脑风暴法的创意阶段。各位与会专家针对所要预测的问题畅所欲言，使彼此相互启发、相互补充，记录人将会议发言记录进行整理。

3）预测结果处理阶段

会后应向与会专家了解是否有新想法和新思路，以补充会议记录。然后将大家的想法整理成若干方案，再根据一般标准，诸如系统性、创新性等，对各种方案进行比较、评价、归类，最终确定预测方案。

4）提出预测报告

预测报告应介绍预测的组织情况、资料的整理情况、预测结论及政策建议等。

头脑风暴法的优点是：在充分利用专家个人丰富知识和经验的基础上，通过交换意见、互相启发，对过去发生的事情进行分析和评价，对未来趋势进行探索和判断，能较全面考虑到事件发生可能性，达到预测目标；而且该方法简单易行、节省时间。其缺点是：参加会议的人数有限，不能更广泛地搜集意见；由于面对面讨论，可能出现少数人的正确意见屈服于多数人错误意见的情况；受表达能力的影响；会议有时会出现僵局等。这种预测方法在各类预测中得到了广泛的应用，另外该方法还可以和定量预测方法结合起来使用。

2．德尔菲法

20世纪40年代，美国兰德公司为避免头脑风暴法中可能存在的屈从权威和盲目服从多数的缺陷，首次采用德尔菲法进行定性经济预测。"德尔菲"是古希腊预言神殿所处的历史名城，该法因此而得名。德尔菲法是采用匿名发表意见的方式，针对所要预测的问题，调查人员通过多轮函询征求专家们的意见，并将每一轮意见都进行汇总整理，将相对集中的意见和结论记录下来，而将有争议和分歧的问题再次反馈给各专家进一步探讨，如此反复若干次，直到取得相对可靠、一致的意见，作为预测的结果。

德尔菲法预测的主要步骤如下。

1）预测准备阶段

其包括明确预测课题及其范围、确定调查专家和设计调查意见征询表。

(1) 明确预测课题及其范围。拟出预测课题和各个具体项目，明确预测目标，并提供有关背景资料。

(2) 确定调查专家。所选择的专家应具有与预测课题有关的专业知识、工作经验、预测分析能力和一定的声望，是在预测问题所属专业领域内有丰富实践经验的实际工作者或有较深造诣的理论研究者。而且他们对预测的问题有热心、有兴趣，愿意参加并能胜任。要求专家总体的权威性较好，代表面较广，一般十几人至几十人，具体人数应视预测课题的复杂性而定，专家之间互不交流。

(3) 设计调查意见征询表。要用前言说明预测的目的和任务，回答问题者应注意的事项，寄回征询表的时间规定等，并示范说明如何回答问题。调查意见征询表是专家们回答问题的主要依据，设计是否科学合理，直接关系到预测结果的优劣。调查意见征询表的设计因预测课题的不同而不同，但都应注意以下几点：①问题要集中，要有针对性，每一项目都紧扣预测目标，不能过于分散。各个问题要按等级由浅入深地排列，这样易引起专家应答的兴趣。②避免组合问题。如果一个问题包括两个方面，一方面是专家同意的，而另一方面则是不同意的，专家就难以作出回答。③用词要确切。所列问题应该明确，含义不能模糊，提出的问题应尽量避免使用"普遍""广泛""正常"等缺乏定量概念的用语。④征询表要简化。征询表应有助于专家作出评价，应使专家把主要精力用于思考问题而不是用在理解复杂和混乱的征询表上。

2）预测实施阶段

这是一个多轮函询的过程，通常包括3～5轮。

第一轮：组织者向专家发征询表并将有关资料交给专家，要求专家根据征询表中的各项内容进行预测，也可提出增加或删减某些预测项目的内容，提出改进预测的意见。组织者将反馈的征询表的结果进行整理分类，列出专家意见的具体内容及依据。

第二轮：组织者将分歧较大的问题重新列表以匿名的方式再发给专家，进行第二轮征询，要求专家补充、修改各自的预测，并加以说明或评论。同样，将第二轮征得的专家的意见进行汇总整理。

依次将第二轮的专家意见再反馈给每位专家,进行第三轮征询。这项工作一般要反复多次,直到结果收敛为止。

3) 预测结果处理阶段

将最后收敛的专家意见进行综合和归纳,处理专家们分散的意见,适当运用数理统计方法,据此提出最终的预测结论。

4) 提出预测报告

预测报告应介绍预测的组织情况、资料的整理情况、预测结论及政策建议等。

德尔菲法的优点是:可以避免专家个人判断法引起预测的片面性及会议中专家不能畅所欲言造成的预测偏差;具有匿名性,使专家完全消除心理因素的影响;具有反馈性,参加预测的专家可掌握每一轮预测的汇总结果和其他专家的论证意见,相互启发;具有统计性,采用统计的方法对专家意见进行处理,使分散的评估意见逐渐收敛,最后集中在协调一致的结果上。其缺点是:该方法整个过程需要的时间较长,工作量大,正确选定专家也有一定的难度。总之,德尔菲法是一种应用范围广、可操作性强的定性预测方法,适用于没有足够信息资料的中、长期预测,对于难以用精确的数学模型处理,需要征求意见的人数较多、成员较分散、经费有限、难以多次开会或因某种原因不宜当面交换意见的问题,用该方法预测效果较好。

例 5-1 某物流公司要预测某项新的运输服务的需求,邀请了包括业务人员、推销人员在内的 10 名非常熟悉市场和业务情况的人员组成专家组,并将该项物流运输服务的相关背景资料发给他们,采用德尔菲法进行预测。经过 3 轮征询,结果如表 5-4 所示。

表 5-4 某物流公司运输服务需求的德尔菲法预测　　　　　千吨/年

专家组成员编号	第一轮预测			第二轮预测			第三轮预测		
	最低需求量	最可能需求量	最高需求量	最低需求量	最可能需求量	最高需求量	最低需求量	最可能需求量	最高需求量
1	50	80	100	47	75	98	46	75	97
2	45	70	90	45	72	93	45	73	93
3	55	85	110	51	80	100	48	78	100
4	50	75	95	50	74	95	48	74	95
5	40	65	85	41	69	88	43	71	90
6	40	70	90	42	71	91	43	72	92
7	50	75	90	48	75	95	47	75	95
8	40	70	100	40	75	100	41	75	100
9	45	85	110	45	80	100	45	79	100
10	40	60	80	40	70	90	41	71	91
平均	45.5	73.5	95	44.9	74.1	95	44.7	74.3	95.3

解:根据第三轮预测,如果按简单平均数计算,该项物流运输服务需求量的预测值为

$$Y = (44.7 + 74.3 + 95.3) \div 3 \approx 71.43 (千吨/年)$$

如果最低需求量、最可能需求量、最高需求量分别按 30%、40%、30% 的概率进行加权平均,则该项物流运输服务需求量的预测值为

$$Y = 44.7 \times 30\% + 74.3 \times 40\% + 95.3 \times 30\% = 71.72(千吨/年)$$

5.2.2 主观概率法

主观概率法是指利用主观概率,对市场调查预测法或专家预测法得到的定量估计结果进行集中整理,得出综合性预测结果的方法。主观概率是预测者对某一事件在未来发生或不发生可能性的估计,反映个人对未来事件的主观判断和信任程度。主观概率也必须符合概率论的基本公理,即每一事件发生的概率大于等于零,小于等于1;必然事件发生的概率等于1,不可能事件发生的概率等于零;两个互斥事件之和的概率等于它们的概率之和。

客观概率是指某一随机事件经过反复试验后出现的频数,也就是对某一随机事件发生的可能性大小的客观估量。客观概率与主观概率的根本区别在于:客观概率具有可检验性,主观概率则不具有这种可检验性。在有些现象无法通过试验确定其客观概率,或由于资料不完备无法计算客观概率时,常常采用主观概率法进行预测。常用的主观概率法有主观概率加权平均法和累计概率中位数法。

1. 主观概率加权平均法

主观概率加权平均法是以主观概率为权数,通过对各种预测意见进行加权平均,计算出综合性预测结果的方法。该方法的基本步骤如下。

第一步,根据过去预测的准确程度确定各种可能情况的主观概率并计算个人预测期望值。

第二步,根据每人判断预测的准确程度确定每人的主观概率,以此为权数,计算各期望值的平均数。

第三步,计算平均偏差程度,校正预测结果。

例 5-2 某公司的统计人员和计划人员对下一年首季销售额进行预测,两名计划员的个人期望值分别为950万元和750万元,3名统计员首先确定各种可能情况出现的主观概率,然后以主观概率为权数,计算每人预测的最高销售、最低销售和最可能销售的加权算术平均数,作为个人预测期望值,如表5-5所示。

表5-5 统计人员预测期望值计算表

统计员	估计	销售额/万元	主观概率	销售×概率
甲	最高销售	1 000	0.3	300
	最可能销售	800	0.5	400
	最低销售	600	0.2	120
	期望值			820
乙	最高销售	1 200	0.2	240
	最可能销售	1 000	0.6	600
	最低销售	800	0.2	160
	期望值			1 000

续表

统计员	估 计	销售额/万元	主观概率	销售×概率
丙	最高销售	900	0.2	180
	最可能销售	700	0.5	350
	最低销售	500	0.3	150
	期望值			680

解：假如3名统计员的判断能力不相上下，其主观概率各为1/3，则3人预测的平均销售额为

$$(820+1\,000+680)\div 3\approx 833.33(万元)$$

两名计划员的判断能力同样不相上下，两人的主观概率各为1/2，则两人预测的平均销售额为

$$(950+750)\div 2=850(万元)$$

按照以往经验，统计部门的主观概率为60%，计划部门的主观概率为40%，则该公司明年首季的预测销售额为

$$833.33\times 60\%+850\times 40\%\approx 840(万元)$$

最后将过去若干季度的实际数和预测数对比，计算比率、平均比率和平均偏差程度。设过去8个季度的实际数与预测数之比如表5-6所示。

表5-6　某公司过去8个季度的实际数与预测数之比　　　　　　　　　　%

季　度	1	2	3	4	5	6	7	8	平均比率
实际数/预测数	98	103	102	86	97	101	93	104	98

从表5-6可以看出，各季实际数比预测数有高有低，平均比率是各季实际数与预测数之比的简单算术平均数，为98%。因此平均偏差程度为98%-1=-2%，即预测数比实际数平均偏高2%。因此需对预测结果进行校正，将所得的预测值乘以98%作为最后预测结果，经校正后的下一年首季预测销售额为840×98%=823.2(万元)。

2. 累计概率中位数法

累计概率中位数法是根据累计概率，确定不同预测值的中位数，对预测值进行点估计和区间估计的方法。该方法的基本步骤如下。

第一步，利用意见征询表确定主观概率及其累计概率。

第二步，汇总整理意见征询表，进行点估计和区间估计。

第三步，计算预测误差，校正预测值。

例5-3　某物流公司根据2020年1月至2022年6月共30个月的流通费用率，预测2022年12月的流通费用率。其统计资料如表5-7所示。

表 5-7　某物流公司 2020 年 1 月至 2022 年 6 月各月流通费用率　　　　　　　　％

年份	月份											
	1	2	3	4	5	6	7	8	9	10	11	12
2020	3.3	2.8	2.9	3.0	2.9	3.0	3.4	3.1	3.0	2.9	3.0	3.1
2021	3.5	3.4	3.3	3.4	3.5	3.5	4.6	4.0	4.0	4.4	4.9	6.3
2022	8.3	8.3	9.6	8.8	8.3	9.4						

从表 5-7 可以看出,2021 年 12 月以来,流通费率有明显的迅速上升趋势。要预测 2022 年 12 月的流通费率,可用意见征询表进行调查,获取预测 2022 年 12 月流通费率的信息,并据此确定主观概率及其累计概率。每个参与预测者要根据自己对流通费率未来发展趋势的估计给出主观概率,并向预测主持人提供相关信息。预测主持人可通过征询表向参与预测者提出一系列问题,预测者回答时要符合概率基本公理的要求,并要参照图 5-2 所示标尺回答问题。

参照标尺代表 0~1 的累计概率区间,图中各分点将[0,1]区间分成 8 个等份,样本点落在每一个小区间中的概率均为 12.5%。利用标尺可以了解每一答案在累计概率区间的位置。意见征询表中通常提出下列问题。

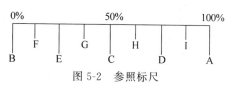

图 5-2　参照标尺

(1) 你认为 2022 年 12 月流通费用率的最高值可能是多少?所谓最高值,就是实际流通费用率小于或等于这个值的概率几乎接近于 1。

(2) 你认为 2022 年 12 月流通费用率的最低值可能是多少?所谓最低值,就是实际流通费用率小于或等于这个值的概率几乎为 0。

(3) 请在(1)、(2)答案之间确定一个流通费用率,使实际值大于或小于该数值的概率各为 50%。这是概率分布的中位数。

(4) 请在中位数和最高值之间确定一个流通费用率,使实际值小于或等于该数值的概率为 75%。这是概率分布的上四分位数。

(5) 在最低值和中位数之间确定一个流通费用率,使实际值小于或等于该数值的概率为 25%。这是概率分布的下四分位数。

(6) 在最低值与下四分位数之间确定一个流通费用率,使实际值小于或等于该数值的概率为 12.5%。

类似地,可得其余各点的概率。将上述意见征询表发给每个预测组成员,根据收回的预测意见即可得到各种预测值及其主观概率和累计概率。

解:设有 12 人参加预测,将每个人关于各个问题的答案汇总,可以求出从 A 到 B 每一个分点对应的 12 个估计值的平均数,进而得到整个预测组的统一的累计概率分布函数。将所得累计概率分布函数的中位数,确定为 2022 年 12 月流通费用率的点估计值,如表 5-8 所示。

表 5-8　意见征询表汇总

预测值编号	累计分布函数沿横轴的点								
	B	F	E	G	C	H	D	I	A
1	6.0	6.25	6.50	6.75	7.0	7.25	7.50	7.75	8.0
2	6.0	6.40	6.50	7.00	8.3	8.40	8.50	9.40	9.5
3	8.0	8.13	8.25	8.38	8.5	8.63	8.75	8.88	9.0
4	6.0	6.70	7.50	8.00	8.0	8.60	8.70	8.80	9.0
5	5.0	5.50	6.00	6.50	7.5	8.00	8.25	8.50	9.0
6	8.0	8.23	8.45	8.68	8.9	9.13	9.35	9.58	9.8
7	7.8	8.00	8.20	8.50	8.8	9.00	9.30	9.40	9.6
8	8.0	8.20	8.40	8.60	8.8	9.00	9.20	9.40	9.6
9	7.2	7.80	8.26	8.40	8.6	8.80	9.20	9.60	10.0
10	6.0	6.68	8.25	8.38	8.5	8.63	8.75	9.33	10.0
11	9.2	9.25	9.30	9.35	9.4	9.45	9.50	9.70	9.8
12	6.5	6.80	7.20	8.10	8.8	9.00	9.10	9.30	9.5
平均数	6.98	7.33	7.73	8.05	8.43	8.66	8.84	9.14	9.40
累计概率/%	1.0	12.5	25.0	37.5	50.0	62.5	75.0	87.5	99.0

由表 5-8 可知,2022 年 12 月流通费用率的中位数为 8.43%。在本例中,如果要求预测误差不超过 1%,即以点预测为中心,置信区间为±1%。由 8.43%±1%不难得到置信区间为[7.43%,9.43%]。根据累计分布函数可以算出流通费用率落入此置信区间的概率为 87.5%,即可以有 87.5%的把握保证流通费用率预测值的置信区间为[7.43%,9.43%],可靠程度能够满足要求。

利用主观概率法进行判断预测,预测的准确程度和预测误差的大小成反比。为了提高预测的准确程度,对点估计值加以校正,还应计算预测误差。设某公司用上述预测方法进行预测已有一年的记录,如表 5-9 所示,可比较预测值与实际值的误差,计算以下几个平均误差指标,对预测值进行校正。

表 5-9　误差计算表

时间	实际值 x	预测值 $\hat{x}$	$x-\hat{x}$	$\lvert x-\hat{x}\rvert$	矫正预测 $\hat{x}'$	$\lvert x-\hat{x}'\rvert$
2021 年 7 月	4.6	5.4	−0.8	0.8	5.867	1.267
2021 年 8 月	4.0	4.2	−0.2	0.2	4.667	0.667
2021 年 9 月	4.0	3.9	0.1	0.1	4.367	0.367
2021 年 10 月	4.4	4.0	0.4	0.4	4.467	0.067
2021 年 11 月	4.9	4.8	0.1	0.1	5.267	0.367
2021 年 12 月	6.3	6.5	−0.2	0.2	6.967	0.667
2022 年 1 月	8.3	8.9	−0.6	0.6	9.367	1.067
2022 年 2 月	8.3	6.1	2.2	2.2	6.567	1.733
2022 年 3 月	9.6	7.3	2.3	2.3	7.767	1.833
2022 年 4 月	8.8	7.7	1.1	1.1	8.167	0.633
2022 年 5 月	8.3	7.5	0.8	0.8	7.967	0.333

续表

时间	实际值 x	预测值 $\hat{x}$	$x-\hat{x}$	$|x-\hat{x}|$	矫正预测 $\hat{x}'$	$|x-\hat{x}'|$
2022年6月	9.4	9.0	0.4	0.4	9.467	0.067
合计	80.9	75.3	5.6	9.2	80.904	9.068

预测平均误差 $\bar{e}$ 是测定预测的偏向性的统计指标，可用其来矫正原预测值得到矫正预测值。

$$\bar{e}=\frac{\sum(x-\hat{x})}{n}=\frac{5.6\%}{12}=0.467\%$$

$$\hat{x}'=\bar{e}+\hat{x}=0.467\%+\hat{x}$$

平均绝对误差 $|\bar{e}|$ 是测定预测准确性的统计指标。

$$|\bar{e}|=\frac{\sum|x-\hat{x}|}{n}=\frac{9.2\%}{12}=0.77\%$$

校正预测的平均绝对误差 $|\bar{e}'|$ 是测定校正后预测一致性的统计指标。

$$|\bar{e}'|=\frac{\sum|x-\hat{x}'|}{n}=\frac{9.068\%}{12}=0.756\%$$

本例中12个月流通费用率的平均数为

$$\bar{x}=\frac{\sum x}{n}=\frac{80.9\%}{12}=6.74\%$$

$|\bar{e}'|$ 为平均流通费用率的11%，表明对过去12个月所做的校正预测是相当一致和比较稳定的。$|\bar{e}'|$ 越低，一致性越高。经过校正的预测比原预测的误差下降，预测的准确程度有所提高。根据上述预测平均误差 $\bar{e}$，可对2022年12月流通费用率的预测值进行校正，即 $\bar{e}+8.43\%=8.897\%$。

5.2.3 领先指标法

1. 领先指标法的概念

社会各种经济现象之间的内在联系是十分紧密的，表现在经济指标上，则反映为时间序列上的先后关系。例如，原材料的价格变动要先于制成品的价格变动。领先指标法就是指根据各种相互关联的经济现象或经济指标在时间序列上变化的先后顺序，以先行变化的经济现象或经济指标的发展趋势来估计推断另一后继变化的经济现象或经济指标的大致走向并作出预测结果的一种方法。领先指标法不仅可以预测经济的发展趋势，而且可以预测其转折点。

这些相互关联的经济指标，按其在时间序列上变化的先后顺序可以分为领先指标、同步指标和滞后指标。领先指标是一系列相互关联的经济指标中首先发生转折性变化的那些指标，这类指标是进行市场预测的主要依据。同步指标是一系列相互联系的指标中同时发生转折性变化的那些指标。滞后指标是一系列相互联系的指标中最后发生转折性变化的指标。

2. 领先指标法的预测步骤

该方法的基本步骤如下。

第一步,确定经济现象或经济指标的关系并计算领先时间。

第二步,确定领先指标与预测对象之间的比率关系系数。

第三步,进行预测。

例 5-4 某市人均年收入为 X_t,人均年生活资料消费额为 Y_t,两者具有一定的函数关系,按时间序列排列的信息资料如表 5-10 所示,当 2023 年该市人均年收入达到 30 000 元的情况下,要求用领先指标预测法预测该市 2024 年人均年生活资料消费额。

表 5-10　某市人均年收入与人均年生活资料消费额汇总表　　　　　　　　　　元

年份 t	2018	2019	2020	2021	2022	2023
人均年收入为 X_t	22 000	25 500	24 000	28 000	26 500	30 000
人均年生活资料消费额为 Y_t	3 600	3 450	4 100	3 900	4 500	4 200

解: 首先通过画图(图 5-3)分析 X_t 和 Y_t 之间 6 年来的时间序列是否存在一定的关系。可以看出,该市人均年收入与人均年生活资料消费额在整体变化的趋势上比较一致。在 2018 年的时候,人均年收入处于最低点的位置,而人均年生活资料消费额在 2019 年时才达到最低点的位置。以后的几年中,人均年生活资料消费额所表现出来的变化总是慢于人均年收入水平的变化,在时间上表现为延迟 1 年。

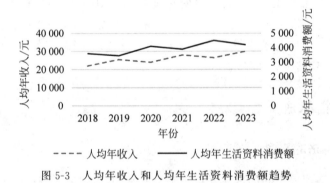

图 5-3　人均年收入和人均年生活资料消费额趋势

其次采用简单的定性方法来确定两者之间的函数关系,因为领先指标领先的时间为 1 年,所以我们可以通过计算人均年收入与人均年生活资料消费额之间的环比指数 k_t 来确定两者之间的比率关系系数。一般公式为

$$K_t = \frac{Y_{t+T}}{X_t} \tag{5-1}$$

式中,T 为 X_t 的领先时间间隔。本例中 $T=1$,可求得:

$$k_{2018} = Y_{2018+1} \div X_{2018} = 3\ 450 \div 22\ 000 = 0.156\ 8$$

以此类推,可以得出:$k_{2019}=0.160\ 8$,$k_{2020}=0.162\ 5$,$k_{2021}=0.160\ 7$,$k_{2022}=0.158\ 5$,

则：$\bar{k}_t = (0.1568 + 0.1608 + 0.1625 + 0.1607 + 0.1585) \div 5 = 0.1599$，这说明该市居民平均每有 100 元的收入，其中就有 16 元用于生活资料的消费。

最后进行预测，在 2023 年人均年收入 30 000 元的情况下，2024 年的人均年生活资料消费额为：$\hat{Y}_{2024} = X_{2023} \bar{k}_t = 30\,000 \times 0.1599 = 4797$（元）。

3. 领先指标法的局限性及注意事项

领先指标预测法具有一定的局限性。该例利用领先指标预测法，是建立在领先指标和滞后指标之间变化趋势相似、在发展的过程中没有大幅度的、无规律的变动以及两者处在呈正比例的关系的基础上，然后用环比指数进行预测的。其实，在变幻莫测的市场中，并不是每一组领先指标和滞后指标的关系都表现为上述情况，而且社会事物间这种时间上的继起关系不是一成不变的，所以一般来说，用领先指标预测法进行预测有以下三个方面的局限性：①可预测行情的转折点，但至多只能指示未来变动方向，对变化幅度难以揭示；②只是时态上的领先，只能成为行情上升或下降的先兆，并不一定就是经济周期变动的信号，还有许多非周期性变化；③个别领先指标波动频繁，甚至会发生偏离，使观察分析产生困难，另外，用何种方法编制指数存在着主观分析具有任意性的问题。

所以，确认指标之间的伴随关系到预测时是否仍然存在、领先时间有什么变化，是应用领先指标预测法进行预测的必要条件，也是减小预测风险的要求。同时，在应用时要注意以下问题：必须对预测对象与有关事物之间的关系进行确定的分析和判断；在作出预测后，应该不断地对预测对象及其领先指标给予注意，因为很多事情的变化是意想不到的，发生各种变化的机会很多；应该密切注意和发现新的领先指标，以便进行预测结果的印证；为了保证预测结果的准确性，应该用其他预测方法对预测结果进行验证。

5.3　因果关系预测

系统变量之间存在着某种前因后果关系，找出影响某种结果的一个或几个因素，建立起它们之间的数学模型，然后可以根据自变量的变化预测结果变量的变化。因果预测模型的基本前提就是预测变量的水平值取决于其他相关变量的水平值。例如，如果已知客户服务对销售有积极影响，那么根据已知的客户服务水平就可以推算出销售水平。可以说服务水平和销售量之间是因果关系。只要能够准确地描述因果关系，因果模型在预测时间序列主要变化、进行中长期预测时就会非常准确。

因果关系预测模型有很多不同形式：统计形式，如回归和计量经济模型；描述形式，如投入产出模型、生命周期模型和计算机模拟模型。每种模型都是从历史数据中建立预测变量和被预测变量的关系，从而有效地进行预测。这类预测模型的主要问题在于真正有因果关系的变量常常很难找到。即使找到，它们与被预测变量的关系也常常很弱，因而在实际应用时，预测误差可能较大。

经常使用的因果关系预测方法是回归分析预测法。回归分析预测法就是根据事物内部因素变化的因果关系来预测事物未来的发展趋势。根据回归分析模型中考虑的自变量个数,可分为一元回归分析和多元回归分析;按变量之间的关系,又可分为线性回归和非线性回归。

回归分析预测法是基于这样的原理:事物之间的相互关系可以分为确定的函数关系和不确定的相关关系两类,对具有相关关系的变量,可以通过数理统计方法建立变量间的回归方程,对变量间的相关程度进行描述,并实现对变量回归的估计和预测。因此,要建立变量间的回归关系,首先必须分析变量间的相关关系。若没有相关关系,就不能进行回归分析和预测;若存在相关关系,还要明确是线性关系,还是非线性关系;然后建立一元或多元的回归方程,求解回归系数,得到回归预测模型。该方法需要的数据量少,且当回归方程的置信度较高时,预测精度高。

5.3.1 一元线性回归预测法

一元线性回归预测法是最简单的回归预测模型,只研究一个自变量与一个因变量之间的统计关系。

1. 一元线性回归模型

一元线性回归模型可表示为

$$y = \beta_0 + \beta_1 x + \varepsilon$$

其中,β_0 和 β_1 称为模型的参数;y 是 x 的线性部分加上误差项。线性部分 $\beta_0 + \beta_1 x$ 反映了由于 x 的变化而引起的 y 的变化。误差项 ε 是随机变量,是不能由 x 和 y 之间的线性关系所解释的变异性,反映了除 x 和 y 之间的线性关系之外的随机因素对 y 的影响。误差项 ε 假设是一个服从正态分布的随机变量,且相互独立,即 $\varepsilon \sim N(0, \sigma^2)$。

描述 y 的平均值或期望值如何依赖于 x 的方程称为回归方程。对于一个给定的 x 值,y 的期望值为:$E(y) = \beta_0 + \beta_1 x$。方程的图示是一条直线,$\beta_0$ 是回归直线在 y 轴上的截距,是当 $x=0$ 时 y 的期望值;β_1 是直线的斜率,称为回归系数,表示当 x 每变动一个单位时,y 的平均变动值。

参数 β_0 和 β_1 是未知的,可以利用样本数据去估计。基于各种原因,回归分析一般都是用样本数据,而不是总体数据,因此,β_0 和 β_1 的实际值无法得到,只能用样本统计量 b_0 和 b_1 来估测。用样本统计量 b_0 和 b_1 代替回归方程中的未知参数 β_0 和 β_1,可得到估计的回归方程:

$$\hat{y} = b_0 + b_1 x \tag{5-2}$$

2. 参数 β_0 和 β_1 的最小二乘估计

对未知参数 β_0 和 β_1 的估计,就是寻找一条恰当的直线来代表 x 和 y 之间的线性关系。首先需要确定选择这条直线的标准,这里介绍最小二乘回归法,"二乘"就是平方的意思,就是寻找一条直线,使得所有点到该直线的垂直距离的平方和最小。用数据寻找一条直线的过程也叫作拟合一条直线。

待估参数 b_0 和 b_1 应使观察值 y 与估计值 $\hat{y}$ 的离差平方和最小,即使 $Q = \sum_{i=1}^{n}(y_i - \hat{y})^2 = \sum_{i=1}^{n}\varepsilon_i^2 = \sum_{i=1}^{n}(y_i - b_0 - b_1 x_i)^2$ 极小。

分别求 Q 对 b_0 和 b_1 的偏导,使其为零,可得

$$b_1 = \frac{n\sum_{i=1}^{n}x_i y_i - \sum_{i=1}^{n}x_i \cdot \sum_{i=1}^{n}y_i}{n\sum_{i=1}^{n}x_i^2 - (\sum_{i=1}^{n}x_i)^2} \tag{5-3}$$

$$b_0 = \bar{y} - b_1 \bar{x} = \frac{\sum_{i=1}^{n}y_i}{n} - b_1 \frac{\sum_{i=1}^{n}x_i}{n} \tag{5-4}$$

3. 回归模型的整体性检验

得到回归方程 $\hat{y} = b_0 + b_1 x$ 后,不能直接用它来进行预测,因为 $\hat{y} = b_0 + b_1 x$ 是否真正描述了 y 和 x 之间的统计关系,还需要用统计方法进行检验。

我们把观测值 y_i 与其平均值 $\bar{y}$ 的偏差平方和 $\sum(y_i - \bar{y})^2$ 称为总离差平方和(total deviation sum of squares),记为 SST。

SST 来源于两个方面:一是自变量 x 取值的不同;二是除 x 以外的其他因素(如 x 对 y 的非线性影响、测量误差等)的影响。SST 可分解为两部分:

$$\text{SST} = \sum(y_i - \bar{y})^2 = \sum(\hat{y}_i - \bar{y})^2 + \sum(y_i - \hat{y}_i)^2 \tag{5-5}$$

其中, $\sum(\hat{y}_i - \bar{y})^2$ 称作回归平方和(regression sum of squares),记为 SSR; $\sum(y_i - \hat{y}_i)^2$ 称作残差平方和(residual sum of squares),记为 SSE。

总离差平方和 SST 反映因变量的 n 个观测值与其均值的总离差;回归平方和 SSR 反映自变量 x 的变化对因变量 y 取值的影响,也称为可解释的平方和;残差平方和 SSE 反映除 x 以外的其他因素对 y 取值的影响,也称为不可解释的平方和或剩余平方和。

$$\text{SST} = \text{SSR} + \text{SSE} \tag{5-6}$$

回归方程的显著性检验,就是检验自变量和因变量之间的线性关系是否显著,具体方法是将回归平方和 SSR 与残差平方和 SSE 比较,应用 F 检验来分析二者之间的差别是否显著。如果是显著的,则两个变量之间存在线性关系;如果不显著,则两个变量之间不存在线性关系。

回归方程显著性检验的步骤如下。

(1) 提出假设。

$H_0: \beta_1 = 0$(自变量与因变量的线性关系不显著);

$H_1: \beta_1 \neq 0$(两者线性关系显著)。

(2) 计算检验统计量 F。

$$F = \frac{\text{SSR}/1}{\text{SSE}/(n-2)} \sim F(1, n-2) \qquad (5\text{-}7)$$

(3) 确定显著性水平 α，并根据分子自由度 1 和分母自由度 $(n-2)$ 找出临界值 F_α。

(4) 作出决策：若 $F > F_\alpha$，则拒绝 H_0；若 $F \leqslant F_\alpha$，则接受 H_0。

4. 回归系数的显著性检验

在回归分析中通常计算 F 值来检验模型总体的显著性，多元回归中用 F 值来检验是否至少有一个回归系数不为 0。在一元回归中只有一个回归系数需要检验，而回归系数就是回归直线的斜率，所以检验总体显著性的 F 检验就等价于回归系数的 t 检验，且 $F = t^2$。

对回归系数的显著性检验，就是检验 x 与 y 之间是否具有线性关系，或者说，检验自变量 x 对因变量 y 的影响是否显著，检验步骤如下。

(1) 提出假设。

$H_0: \beta_1 = 0$（没有线性关系）；

$H_1: \beta_1 \neq 0$（有线性关系）。

(2) 计算检验的 t 统计量。

$$t = \frac{\hat{\beta}_1}{S_{\hat{\beta}_1}} \qquad (5\text{-}8)$$

自由度为 $(n-2)$，其中 $S_{\hat{\beta}_1} = \sqrt{\dfrac{\text{MSE}}{\sum\limits_{i=1}^{n}(x_i - \bar{x})^2}} = \sqrt{\dfrac{\text{SSE}/n-2}{\sum\limits_{i=1}^{n}(x_i - \bar{x})^2}}$。

(3) 确定显著性水平 α，找出临界值 $t_{\frac{\alpha}{2}}(n-2)$。

(4) 作出决策：若 $|t| > t_{\frac{\alpha}{2}}(n-2)$，则拒绝 H_0；若 $|t| \leqslant t_{\frac{\alpha}{2}}(n-2)$，则接受 H_0。

例 5-5 为了预测我国货运量总额，通过分析发现货运量与当年国内生产总值(GDP)之间有一定的相关性，表 5-11 为 2014—2021 年我国国内生产总值与货运量总额的统计数据。假设 2022 年国内生产总值为 1 210 207 亿元，试预测 2022 年货运量总额。

表 5-11 2014—2021 年我国国内生产总值与货运量总额的统计数据

序号	年份 t	国内生产总值 x/亿元	货运量总额 y/万吨
1	2014	643 563.1	4 167 296
2	2015	688 858.2	4 175 886
3	2016	746 395.1	4 386 763
4	2017	832 035.9	4 804 850
5	2018	919 281.1	5 152 732
6	2019	986 515.2	4 713 624
7	2020	1 013 567.0	4 725 862
8	2021	1 143 669.7	5 298 499

资料来源：中国统计年鉴[EB/OL]. https://www.stats.gov.cn/sj/ndsj/.

解：第一步，数据的直观分析及散点图描述。由表 5-11 知，货运量总额 y 是随着国内生产总值 x 的增加而增加的，因而变量 y 与变量 x 是相关的。以 x 为横坐标、y 为纵坐标,可画出货运量总额与国内生产总值的散点图,如图5-4所示。

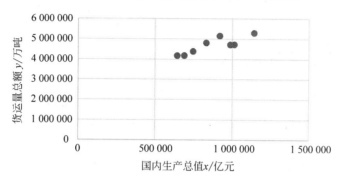

图 5-4　2014—2021 年我国国内生产总值与货运量总额之间关系的散点图

第二步,建立一元线性回归方程。假设货运量总额 y 与国内生产总值 x 是线性相关的,其回归方程为

$$\hat{y} = b_0 + b_1 x$$

第三步,求解回归系数 b_0 和 b_1,得到回归模型。利用观测数据,按照最小二乘法,可计算出回归系数的估计值 b_0 和 b_1。当数据量较大时,计算量非常大,回归分析可借助一些统计分析工具如 Excel、SPSS(社会科学统计软件包)等来完成。这里给出用 Excel 算出的回归系数: $b_0 = 2\,863\,183.912$,$b_1 = 2.082$,如表 5-12 所示。

表 5-12　我国国内生产总值与货运量总额之间关系的回归结果表

回归统计	
Multiple R	0.865 759 215
R Square	0.749 539 018
Adjusted R Square	0.707 795 522
标准误差	226 390.146 1
观测值	8

方差分析					
	df	SS	MS	F	Significance F
回归分析	1	9.2E+11	9.2E+11	17.955 83	0.005 455 202
残差	6	3.08E+11	5.13E+10		
总计	7	1.23E+12			
	Coefficients	标准误差	t Stat	P-value	Lower 95%
Intercept	2 863 183.912	435 741.1	6.570 837	0.000 596	1 796 963.822
国内生产总值 x/亿元	2.082 059 007	0.491 349	4.237 432	0.005 455	0.879 770 629

第四步,显著性检验。首先,提出两个假设: $H_0:\beta_1=0$(自变量与因变量的线性关系不显著); $H_1:\beta_1\neq 0$(两者线性关系显著)。其次,通过回归结果表可得 P 值 $= 0.005\,455$。最后,P 值与显著性水平 α 做比较:本例中,在 $\alpha=0.05$ 的显著性水平下,P 值 $=0.005\,455<\alpha=0.05$,则拒绝 H_0,即在 $\alpha=0.05$ 的显著性水平下,货运量总额 y 与国内生产总值 x 是线性相关的。

因此,本例中我国货运量总额 y 与国内生产总值 x 的回归方程为

$$\hat{y}_i = 2\,863\,183.912 + 2.082 x_i$$

假设 2022 年国内生产总值为 1 210 207 亿元，即 $x_9 = 1\,210\,207$，则 2022 年货运量总额的预测值为：$\hat{y}_9 = 2\,863\,183.912 + 2.082 \times 1\,210\,207 = 5\,382\,834.886$（万吨）。

5.3.2 多元线性回归预测法

物流系统决策中，经常有多个因素影响物流需求。例如，某地区货运量的增长就和该地区工业产值的增长和人均收入有关。因此，这些变量也应该被包括在预测模型中。多元回归分析就是这样一种统计技术。它是一元线性回归理论与技术在多变量线性关系系统中的延伸，也是预测中经常使用的方法。

1. 多元线性回归模型

设要预测的变量（即因变量）y 有 m 个影响因素，用自变量 $x_1, x_2, \cdots, x_m$ 表示。在明确因变量与各个自变量间存在线性相关关系的基础上，给出适宜的线性回归方程，并据此作出关于因变量的变化趋势的预测。因此，多元线性回归预测法的关键是找到合适的回归方程。类似于一元线性回归预测，可用下列方程描述 y 与 $x_1, x_2, \cdots, x_m$ 之间的线性关系：

$$y = \beta_0 + \beta_1 x_1 + \beta_2 x_2 + \cdots + \beta_m x_m + \varepsilon \tag{5-9}$$

ε 是被称为误差项的随机变量，说明了包含在 y 里面但不能被 m 个自变量的线性关系所解释的变异性。总体回归参数 $\beta_0, \beta_1, \cdots, \beta_m$ 是未知的，要利用样本数据去估计。用样本统计量 $b_0, b_1, b_2, \cdots, b_m$ 代替回归方程中的未知参数，可得到估计的回归方程：

$$\hat{y} = b_0 + b_1 x_1 + b_2 x_2 + \cdots + b_m x_m \tag{5-10}$$

其中，b_0 为待定的常数；$b_1, b_2, \cdots, b_m$ 为偏回归系数，表示当其他自变量固定不变时，该自变量变化一个单位而使 y 平均变化的量。

2. 参数 $b_0, b_1, b_2, \cdots, b_m$ 的最小二乘估计

参数 $b_0, b_1, b_2, \cdots, b_m$ 可以通过实际观测值 y_j 与回归值 $\hat{y}_j$ 的离差平方和最小来求得，即

$$\min \sum (y_j - \hat{y}_j)^2 \tag{5-11}$$

令 $Q = \sum (y_j - \hat{y}_j)^2 = \sum (y_j - b_0 - b_1 x_{1j} - b_2 x_{2j} - \cdots - b_m x_{mj})^2$，根据微分学中多元函数求极值的方法，要使 Q 达到最小，则应有

$$\begin{cases} \dfrac{\partial Q}{\partial b_0} = -2 \sum (y_j - b_0 - b_1 x_{1j} - b_2 x_{2j} - \cdots - b_j x_{mj}) = 0 \\ \cdots \\ \dfrac{\partial Q}{\partial b_i} = -2 \sum x_{ij}(y_j - b_0 - b_1 x_{1j} - b_2 x_{2j} - \cdots - b_j x_{mj}) = 0 \\ \cdots \\ \dfrac{\partial Q}{\partial b_m} = -2 \sum x_{mj}(y_j - b_0 - b_1 x_{1j} - b_2 x_{2j} - \cdots - b_m x_{mj}) = 0 \end{cases} \tag{5-12}$$

其中，$i=1,2,\cdots,m$。

解这些方程枯燥而费时，一般来说，自变量超过 3 个时，要用矩阵运算，可以借助 Excel、SPSS 等求解。

3. 回归模型的整体性检验

对多元回归方程的整体性检验，就是要看自变量 $x_1,x_2,\cdots,x_m$ 是否整体上对随机变量 y 有明显的影响。为此，要用到 F 统计量。检验方法是将回归平方和同残差平方和加以比较，应用 F 检验来分析二者之间的差别是否显著：如果是显著的，因变量与自变量之间存在线性关系；如果不显著，则因变量与自变量之间不存在线性关系。多元线性回归模型的整体性检验的步骤如下。

(1) 提出假设。

$H_0:\beta_1=\beta_2=\cdots=\beta_m=0$；

$H_1:$ 至少有一个回归系数不等于 0。

如果不能拒绝原假设，说明回归模型对因变量没有显著的预测能力；如果拒绝原假设，则说明至少有一个自变量能提高预测因变量 y 的显著性。

(2) 计算检验统计量 F。

$$F=\frac{\text{SSR}/m}{\text{SSE}/(n-m-1)} \tag{5-13}$$

回归平方和：$\text{SSR}=\sum(\hat{y}-\bar{y})^2$。

残差平方和：$\text{SSE}=\sum(y-\hat{y})^2$。

(3) 确定显著性水平 α，并根据分子自由度 m、分母自由度 $(n-m-1)$，找出临界值 F_α。

(4) 作出决策：若 $F>F_\alpha$，则拒绝 H_0；若 $F\leqslant F_\alpha$，则接受 H_0。

4. 回归系数的显著性检验

F 检验已表明了回归模型总体上是显著的，那么回归系数的检验就是用来确定每一个自变量 x_i 对因变量 y 的影响是否显著。

在多元线性回归中，对每一个自变量都要单独进行检验，应用 t 检验，步骤如下。

(1) 提出假设。

$H_0:\beta_i=0$（自变量 x_i 与因变量 y 没有线性关系）；

$H_1:\beta_i\neq 0$（自变量 x_i 与因变量 y 有线性关系）。

如果不能拒绝假设 H_0，说明自变量 x_i 不显著；如果拒绝假设 H_0，说明 x_i 能提高预测因变量 y 的显著性。

(2) 计算检验的 t 统计量。

$$t=\frac{b_i-0}{S_{b_i}}\sim t(n-m-1) \tag{5-14}$$

(3) 确定显著性水平 α，找出临界值 $t_{\frac{\alpha}{2}}(n-m-1)$。

(4) 作出决策：若 $|t|>t_{\frac{a}{2}}(n-m-1)$，则拒绝 H_0；若 $|t|\leqslant t_{\frac{a}{2}}(n-m-1)$，则接受 H_0。

例 5-6 通过分析发现，我国货运量的增长受到我国国内生产总值和人均可支配收入的影响。表 5-13 为 2015—2021 年我国国内生产总值、人均可支配收入与货运量总额的数据。请基于该数据构建多元线性回归预测方程。

表 5-13 2015—2021 年我国国内生产总值、人均可支配收入与货运量总额的数据

序号	年份 t	国内生产总值 x_1/亿元	人均可支配收入 x_2/元	货运量总额 y/万吨
1	2015	688 858.2	21 966.2	4 175 886
2	2016	746 395.1	23 821.0	4 386 763
3	2017	832 035.9	25 973.8	4 804 850
4	2018	919 281.1	28 228.0	5 152 732
5	2019	986 515.2	30 732.8	4 713 624
6	2020	1 013 567.0	32 188.8	4 725 862
7	2021	1 143 669.7	35 128.1	5 298 499

解：第一步，建立多元线性回归方程。假设货运量总额 y 与国内生产总值 x_1 和人均可支配收入 x_2 是线性相关的，其回归方程为

$$\hat{y}=b_0+b_1x_1+b_2x_2$$

其中，b_0、b_1、b_2 是待估的回归参数。

第二步，求解回归系数，得到回归模型。可借助一些统计分析工具如 Excel、SPSS 来完成。这里给出用 Excel 算出的回归系数：$b_0=3\,768\,741$、$b_1=16.941$、$b_2=-506.799$，如表 5-14 所示。

表 5-14 我国国内生产总值、人均可支配收入与货运量总额之间关系的回归结果表

回归统计	
Multiple R	0.949 139
R Square	0.900 865
Adjusted R Square	0.851 298
标准误差	151 777.5
观测值	7

方差分析					
	df	SS	MS	F	Significance F
回归分析	2	8.37E+11	4.19E+11	18.174 52	0.009 828
残差	4	9.21E+10	2.3E+10		
总计	6	9.29E+11			
	Coefficients	标准误差	t Stat	P-value	Lower 95%
Intercept	3 768 741	451 356.9	8.349 804	0.001 125	2 515 574
国内生产总值 x_1/亿元	16.941 13	4.918 271	3.444 529	0.026 185	3.285 818
人均可支配收入 x_2/元	−506.799	166.538 8	−3.043 13	0.038 285	−969.185

第三步,模型的整体性检验。首先,提出两个假设:H_0:回归系数都等于 0;H_1:至少有一个回归系数不等于 0。其次,通过回归结果表可得模型 P 值=0.009 828。最后,模型 P 值与显著性水平 α 做比较:本例中,在 $\alpha=0.05$ 的显著性水平下,P 值=0.009 828<$\alpha=0.05$,则拒绝 H_0,即在 $\alpha=0.05$ 的显著性水平下,至少有一个回归系数不等于 0。

第四步,每个回归系数的显著性检验。以国内生产总值 x_1 的回归系数为例。首先,提出两个假设:H_0:自变量 x_1 与因变量 y 没有线性关系;H_1:自变量 x_1 与因变量 y 有线性关系。其次,通过回归结果表可得国内生产总值 x_1 的 P 值=0.026 185。最后,国内生产总值 x_1 的 P 值与显著性水平 α 做比较:在 $\alpha=0.05$ 的显著性水平下,x_1 的 P 值=0.026 185<$\alpha=0.05$,则拒绝 H_0,即在 $\alpha=0.05$ 的显著性水平下,国内生产总值 x_1 与货运量总额 y 有线性关系。同理,在 $\alpha=0.05$ 的显著性水平下,人均可支配收入 x_2 的 P 值=0.038 285<$\alpha=0.05$,则拒绝 H_0,即在 $\alpha=0.05$ 的显著性水平下,人均可支配收入 x_2 与货运量总额 y 有线性关系。

因此,本例中我国货运量总额 y 与国内生产总值 x_1 和人均可支配收入 x_2 的多元线性回归预测方程为

$$\hat{y} = 3\,768\,741 + 16.941x_1 - 506.799x_2$$

5.3.3 非线性回归预测法

一元线性回归预测法和多元线性回归预测法都假定因变量和自变量之间存在线性关系。但实际经济生活中,有时因变量和自变量之间不一定是线性关系,而是存在某种非线性关系。这就需要选择恰当的非线性模型来拟合这种非线性关系。常见的非线性模型如指数函数、幂函数、双曲函数、对数函数及 S 形曲线等,可通过变量代换法将其线性化,再按线性模型的方法处理。拟合何种非线性模型,可以根据经济理论分析或散点图等来确定。

1. 指数函数

$$y = \alpha \beta^x \tag{5-15}$$

对式(5-15)两边取对数,则

$$\lg y = \lg \alpha + x \lg \beta \tag{5-16}$$

令 $y' = \lg y, a' = \lg \alpha, b' = \lg \beta$,则

$$y' = a' + b'x \tag{5-17}$$

2. 幂函数

$$y = \alpha x^\beta \tag{5-18}$$

对式(5-18)两边取对数,则

$$\lg y = \lg \alpha + \beta \lg x \tag{5-19}$$

令 $y' = \lg y, x' = \lg x$,则

$$y' = \lg \alpha + \beta x' \tag{5-20}$$

3. 双曲函数

$$y = \alpha + \beta \frac{1}{x} \quad (5\text{-}21)$$

令 $x' = \dfrac{1}{x}$，则

$$y = \alpha + \beta x' \quad (5\text{-}22)$$

4. 对数函数

$$y = \alpha + \beta \lg x \quad (5\text{-}23)$$

令 $x' = \lg x$，则

$$y = \alpha + \beta x' \quad (5\text{-}24)$$

5. S 形曲线

$$y = \frac{1}{\alpha + \beta e^{-x}} \quad (5\text{-}25)$$

令 $y' = \dfrac{1}{y}, x' = e^{-x}$，则

$$y' = \alpha + \beta x' \quad (5\text{-}26)$$

5.4 时间序列分析预测

时间序列又称时间数列，是指观测或记录到的一组按时间顺序排列的数据，如某段时间内某种物资市场可供资源量按时间顺序的统计数据，某企业的采购成本的历史统计资料等。由于事物的时间序列展示了事物在一定时期内的发展变化过程，因而可以从对事物的时间序列分析入手，寻找出事物的变化特征及变化趋势，并通过选择适当的模型形式和模型参数建立预测模型，运用惯性原理进行趋势外推预测。因此该方法用于短期预测的精确度最高，中期预测其次，长期预测最低，一般用于市场预测。

经常使用的时间序列预测方法有移动平均法、指数平滑法、Box-Jenkins 法（博克斯-詹金斯法）、马尔可夫模型预测法及灰色系统模型预测法等。

5.4.1 移动平均法

移动平均法是一种简单的预测方法。其基本思想是：根据时间序列信息，逐项推移，依次计算包含一定项数的序时平均值，以消除周期波动或随机波动的影响，揭示出数据序列的长期趋势。因此，当时间序列值受到周期波动和随机波动的影响，起伏较大，不易显示出事件的发展趋势时，使用移动平均法可以消除这些因素的影响，显示出事件的发展方向与趋势（即趋势线），然后依趋势线分析预测序列的长期趋势。该方法在短期预测中较

准确,而在长期预测中效果较差。移动平均法可以分为简单移动平均法、加权移动平均法和趋势移动平均法等。

1. **简单移动平均法**

简单移动平均法是将最近的 N 期数据加以平均,作为下一期的预测值。

设时间序列 $y_1, y_2, \cdots, y_t, \cdots$,选取 N 个时期的数据,则按数据点的顺序逐项推移求出 N 个数的平均数,即可得到第 t 期简单移动平均数的计算公式

$$M_t = \frac{y_t + y_{t-1} + \cdots + y_{t-N+1}}{N} = M_{t-1} + \frac{y_t - y_{t-N}}{N} = \hat{y}_{t+1}, \quad t \geqslant N \tag{5-27}$$

其中,$\hat{y}_{t+1}$ 为第 $t+1$ 期的预测值,即以第 t 期简单移动平均数作为第 $t+1$ 期的预测值;M_t 为第 t 期的一次移动平均数;y_t 为第 t 期的观测值;N 为移动平均的项数。该式表明,当 t 向前移动一个时期,就增加一个新近数据,去掉一个远期数据,得到一个新的平均数,逐期向前移动,所以称为移动平均法。

由于移动平均可以平滑数据,消除周期变动和不规则变动的影响,长期趋势便显示出来,因而可以用于预测。其预测公式为

$$\hat{y}_{t+1} = M_t = \hat{y}_t + \frac{y_t - y_{t-N}}{N} \tag{5-28}$$

2. **加权移动平均法**

加权移动平均法的原理是:时间序列过去各期的数据信息对预测未来趋势值的作用是不一样的。除了以 N 为周期的周期性变化外,远离预测期的观测值的影响力相对较低,应给予较低的权重。

加权移动平均法的计算公式为

$$M_t = \frac{w_1 y_t + w_2 y_{t-1} + \cdots + w_N y_{t-N+1}}{\sum w_i} \tag{5-29}$$

式中,M_t 为第 t 期加权移动平均数;w_i 为 y_{t-i+1} 的加权因子。

利用加权移动平均数来做预测,预测公式为

$$\hat{y}_{t+1} = M_t \tag{5-30}$$

即以第 t 期加权移动平均数作为第 $t+1$ 期的预测值。

虽然加权移动平均法更为科学,能较好地反映近期历史数据对预测值的影响,但它主要适用于呈水平型变动的历史数据,而不适用于趋势型变动的历史数据,否则,就会产生较大的预测误差。

3. **趋势移动平均法**

当时间序列没有明显的趋势变动时,使用简单移动平均法和加权移动平均法能够准确地反映实际情况,但当时间序列出现线性增加或减少变动趋势时,用简单移动平均法和加权移动平均法来预测就会出现滞后偏差。因此,需要进行修正,修正的方法是在一次移动平均的基础上再做二次移动平均,利用移动平均滞后偏差的规律找出曲线的发展方向

和发展趋势,然后才建立直线趋势的预测模型。这就是趋势移动平均法。

趋势移动平均法对于同时存在直线趋势与周期波动的序列,是一种既能反映趋势变化,又可以有效地分离出周期变化的方法。

趋势移动平均法的原理是:一次移动平均数总是落后于历史数据,二次移动平均数又总是落后于一次移动平均数,这两个滞后期相等。因此,根据三者间的滞后关系,可以先求出一次移动平均数和二次移动平均数的差值,然后将此差值加到一次移动平均数上,再考虑趋势变动值,就可以得到比较接近实际的预测值。趋势移动平均法的预测模型就是基于这一原理构建的。

设一次移动平均数为 $M_t^{(1)}$,计算公式为

$$M_t^{(1)} = \frac{y_t + y_{t-1} + \cdots + y_{t-N+1}}{N} = M_{t-1}^{(1)} + \frac{y_t - y_{t-N}}{N}, \quad t \geqslant N \tag{5-31}$$

设二次移动平均数为 $M_t^{(2)}$,在一次移动平均的基础上再进行一次移动平均就是二次移动平均,计算公式为

$$M_t^{(2)} = \frac{M_t^{(1)} + M_{t-1}^{(1)} + \cdots + M_{t-N+1}^{(1)}}{N} = M_{t-1}^{(2)} + \frac{M_t^{(1)} - M_{t-N}^{(1)}}{N} \tag{5-32}$$

二次移动平均不是直接将二次移动平均值作为下一期的预测值,而只是用其来求出平滑系数,利用滞后偏差建立线性预测模型。

$$\hat{y}_{t+T} = a_t + b_t T, \quad T = 1, 2, \cdots \tag{5-33}$$

式中,t 表示当前时期数;T 表示由当前时期数 t 到预测期的时期数,即 t 以后模型外推的时间;$\hat{y}_{t+T}$ 表示第 $t+T$ 期的预测值;a_t 表示截距,b_t 表示斜率,a_t、b_t 又称为平滑系数。

根据移动平均值可得截距 a_t 和斜率 b_t 的计算公式为

$$a_t = 2M_t^{(1)} - M_t^{(2)} \tag{5-34}$$

$$b_t = \frac{2}{N-1}[M_t^{(1)} - M_t^{(2)}] \tag{5-35}$$

在实际应用移动平均法时,移动平均项数 N 的选择十分关键,它取决于预测目标和实际数据的变化规律。

5.4.2 指数平滑法

指数平滑法是一种特殊的加权平均法,通过对历史时间数列进行逐层平滑计算,从而消除随机因素的影响,识别现象基本变化趋势,并以此预测未来。它是一种非常有效的短期预测法,简单、易用,只要得到很小的数据量就可以连续使用;在同类预测法中被认为是较精确的,当预测数据发生根本性变化时还可以进行自我调整。

简单移动平均法是对时间序列历史近期数据同等利用,但不考虑较远期的数据;加权移动平均法给予近期观测值更大的权重;而指数平滑法则不舍弃过去的观测值,但给予逐渐减弱的影响程度,即随着观测期的远离,赋予逐渐收敛为零的权数且呈现指数级下降。

根据平滑次数,指数平滑法可分为一次指数平滑法、二次指数平滑法和三次指数平滑法。

1. 一次指数平滑法

1) 预测模型

一次指数平滑预测是利用时间序列中本期的实际值与本期的预测值加权平均作为下一期的预测值。设时间序列 $y_1, y_2, \cdots, y_t, \cdots$,一次指数平滑公式为

$$S_t^{(1)} = \alpha y_t + (1-\alpha) S_{t-1}^{(1)} \tag{5-36}$$

式中,$S_t^{(1)}$ 为第 t 期一次指数平滑值;α 为平滑系数,规定 $0 < \alpha < 1$,$(1-\alpha)$ 称为阻尼系数;y_t 为第 t 期观测值。则第 $t+1$ 期的预测值:

$$\hat{y}_{t+1} = S_t^{(1)} \tag{5-37}$$

即指数平滑预测模型为

$$\hat{y}_{t+1} = \alpha y_t + (1-\alpha) \hat{y}_t \tag{5-38}$$

例如:假设本月预测的需求水平 $\hat{y}_t = 1\,000$ 件,本月的实际需求 $y_t = 950$ 件。取平滑系数 $\alpha = 0.3$。根据式(5-38),下个月的需求预计为

$$0.3 \times 950 + (1-0.3) \times 1\,000 = 985 (件)$$

2) 平滑系数 α 的选择

平滑系数 α 的选择直接影响预测效果,至关重要。平滑系数 α 决定了平滑水平以及对预测值与实际结果之间差异的响应速度。平滑系数 α 越接近于 1,远期实际值对本期平滑值的影响程度下降越迅速,y_t 在预测结果中所占的比重就越大,修正幅度越大,对时间序列的近期变化反应越灵敏,但同时也越容易受随机干扰的影响,风险越大;平滑系数 α 越接近于 0,远期实际值对本期平滑值的影响程度下降越缓慢,对时间序列的近期变化反应越迟钝。平滑系数 α 应根据时间序列的具体性质在 0~1 之间选择,一般可遵循下列原则。

(1) 如果时间序列波动不大,则平滑系数 α 应取小一点(一般为 0.1~0.4),使预测模型能包含较长时间序列的信息。

(2) 如果时间序列具有迅速且明显的变动倾向,则平滑系数 α 应取大一点(一般为 0.6~0.8),使预测模型灵敏度较高,以便迅速跟上数据的变化。

(3) 如果对初始值的正确性有疑问,平滑系数 α 应取较大一些,以便扩大近期数据的作用,迅速减少初始值的影响。

(4) 如果时间序列虽然有不规则变动,但长期趋势接近某一稳定常数,则平滑系数 α 应取较小一点(一般为 0.05~0.20),使各观测值在指数平滑中具有大小接近的权值。

3) 初始值的确定

指数平滑法在进行预测时要求知道前一期的指数平滑预测值,必然涉及第一个预测值即初始值如何确定的问题。当时间序列的数据较多,如在 20 个以上,初始值对预测影响较小,可选用第一期数据为初始值。如果时间序列的数据较少,在 20 个以下,初始值对预测影响较大。有以下方法可供参考:

(1) 若时间序列数据较多,可以将已有数据中的某一部分的算术平均值或加权平均

值作为初始值。

$$S_0 = \frac{y_1 + y_2 + \cdots + y_n}{n} \tag{5-39}$$

或

$$S_0 = \frac{w_1 y_1 + w_2 y_2 + \cdots + w_n y_n}{n} \tag{5-40}$$

式中，$w_1 + w_2 + \cdots + w_n = n$。

(2) 若时间序列数据长度适中，可取 $S_0 = y_1$。

(3) 若历史数据较少或数据的可靠性较差，则可采用定性预测法选取，如采用专家评估法确定。

2. 二次指数平滑法

二次指数平滑法，是指在一次指数平滑值基础上再做一次指数平滑，然后利用两次指数平滑值，建立预测模型确定预测值的方法。虽然二次指数平滑值是在一次平滑值基础上进行的计算，但是二次指数平滑法解决了一次指数平滑法存在的两个问题：一是一次指数平滑不能用于有明显趋势变动的市场现象的预测；二是一次指数平滑只能向未来预测一期的局限性。

二次指数平滑法预测过程如下。

第一步，计算时间序列的一次、二次指数平滑值，计算公式为

$$\begin{aligned} S_t^{(1)} &= \alpha y_t + (1-\alpha) S_{t-1}^{(1)} \\ S_t^{(2)} &= \alpha S_t^{(1)} + (1-\alpha) S_{t-1}^{(2)} \end{aligned} \tag{5-41}$$

式中，$S_t^{(1)}$ 表示第 t 期的一次指数平滑值；$S_t^{(2)}$ 表示第 t 期的二次指数平滑值；α 表示平滑系数。

第二步，建立二次指数平滑预测模型。当时间序列 $y_1, y_2, \cdots, y_t, \cdots$ 从某时期开始具有直线趋势时，类似趋势移动平均法，二次指数平滑法的数学预测模型为

$$\hat{y}_{t+T} = a_t + b_t T \quad T = 1, 2, \cdots \tag{5-42}$$

$$a_t = 2 S_t^{(1)} - S_t^{(2)} \tag{5-43}$$

$$b_t = \frac{\alpha}{1-\alpha} [S_t^{(1)} - S_t^{(2)}] \tag{5-44}$$

式中，$\hat{y}_{t+T}$ 表示第 $t+T$ 期预测值；T 表示由当前时期数 t 到预测期的时期数。

第三步，利用预测模型进行预测。

3. 三次指数平滑法

当数据模型有二次、三次或高次幂，即具有非线性趋势时，需要用高次平滑形式。当观测值经二次指数平滑处理后的时间序列仍有曲率，则原有时间序列进行三次指数平滑，用二次曲线来描述。

三次指数平滑是在二次指数平滑值基础上再做一次指数平滑，计算公式为

$$S_t^{(1)} = \alpha y_t + (1-\alpha) S_{t-1}^{(1)}$$

$$S_t^{(2)} = \alpha S_t^{(1)} + (1-\alpha) S_{t-1}^{(2)}$$
$$S_t^{(3)} = \alpha S_t^{(2)} + (1-\alpha) S_{t-1}^{(3)} \tag{5-45}$$

式中，$S_t^{(3)}$ 为三次指数平滑值。

三次指数平滑法的预测模型为

$$\hat{y}_{t+T} = a_t + b_t T + c_t T^2, \quad T = 1, 2, \cdots \tag{5-46}$$

式中，a_t, b_t, c_t 为三次指数平滑法的三个待定系数。

$$a_t = 3S_t^{(1)} - 3S_t^{(2)} + S_t^{(3)} \tag{5-47}$$

$$b_t = \frac{\alpha}{2(1-\alpha)^2} [(6-5\alpha)S_t^{(1)} - 2(5-4\alpha)S_t^{(2)} + (4-3\alpha)S_t^{(3)}] \tag{5-48}$$

$$c_t = \frac{\alpha^2}{2(1-\alpha)^2} [S_t^{(1)} - 2S_t^{(2)} + S_t^{(3)}] \tag{5-49}$$

三次指数平滑预测不仅考虑了时间序列线性增长的因素，也考虑了二次曲线的增长因素，因此对预测对象为二次曲线趋势的时间序列是较好的预测方法。与二次指数平滑类似，其只适用于短、近期预测，不适合用于中、长期预测。

5.4.3 Box-Jenkins 法

博克斯-詹金斯法是以美国学者乔治·博克斯(George Box)和英国统计学家格威利姆·詹金斯(Gwilym Jenkins)的名字命名的，也简称为 B-J 方法或 ARMA(自回归移动平均)方法，是一种时间序列预测方法。它将预测对象随时间变化形成的序列看作一个随机序列。也就是说，除去纯属偶然原因引起的个别序列值外，时间序列是依赖于时间 t 的一组随机变量。其中，单个序列值的出现具有不确定性，但整个序列的变化，却呈现一定的规律性。B-J 方法的基本思想是，这一串随时间变化而又相互关联的数字序列，可以用相应的数学模型加以近似描述。通过对相应数学模型的分析研究，能更本质地认识这些动态数据的内在结构和复杂特性，从而达到在最小方差意义下的最佳预测。博克斯-詹金斯法是一种精确度较高的短期预测方法，但其计算复杂，需借助计算机完成。

1. 模型的基本形式

平稳随机时间序列模型的基本形式有三种：自回归模型(AR 模型)、移动平均模型(MA 模型)以及自回归移动平均模型(ARMA 模型)。

1) 自回归模型

设 $\{Y_t\}(t=1,2,\cdots)$ 为一零均值平稳序列，若 Y_t 满足

$$Y_t = \phi_1 Y_{t-1} + \phi_2 Y_{t-2} + \cdots + \phi_p Y_{t-p} + \varepsilon_t \tag{5-50}$$

则称该式为 p 阶自回归模型，记为 AR(p)。式中，$Y_t, Y_{t-1}, \cdots, Y_{t-p}$ 分别是序列在 t，$t-1, \cdots, t-p$ 期的观测值；随机误差项 ε_t 是相互独立的白噪声序列，满足 $E(\varepsilon_t, Y_{t-1}) = 0 (t=1,2,\cdots,p)$，表示不能用模型说明的随机因素；$\phi_1, \phi_2, \cdots, \phi_p$ 是待估计的自回归系数。

2) 移动平均模型

设 $\{Y_t\}(t=1,2,\cdots)$ 为一零均值平稳序列,若在 q 阶移动平均过程中,每个观测值 Y_t 都是当期随机干扰项及其直到 q 期的滞后随机干扰项的加权平均,我们把这种过程记为 MA(q),它的方程为

$$Y_t = \varepsilon_t - \theta_1 \varepsilon_{t-1} - \theta_2 \varepsilon_{t-2} - \cdots - \theta_q \varepsilon_{t-q} \tag{5-51}$$

则称该式为 q 阶移动平均模型。其中,$\varepsilon_t, \varepsilon_{t-1}, \cdots, \varepsilon_{t-q}$ 是白噪声,表示序列 $\{Y_t\}$ 在 t,$t-1,\cdots,t-p$ 期的误差或偏差;$\theta_1, \theta_2, \cdots, \theta_q$ 为移动平均系数,是模型的待估参数。

3) 自回归移动平均模型

许多平稳的随机过程既不能按纯粹的移动平均过程也不能按纯粹的自回归过程建模,因为它们同时具有这两类过程的特性。设 $\{Y_t\}(t=1,2,\cdots)$ 为一零均值平稳序列,若时间序列 Y_t 是它的当期和前期的随机干扰项以及前期值的线性函数,可表示为

$$Y_t = \phi_1 Y_{t-1} + \phi_2 Y_{t-2} + \cdots + \phi_p Y_{t-p} + \varepsilon_t - \theta_1 \varepsilon_{t-1} - \theta_2 \varepsilon_{t-2} - \cdots - \theta_q \varepsilon_{t-q} \tag{5-52}$$

则称该式为 (p,q) 阶自回归移动平均模型,记为 ARMA(p,q)。$\varepsilon_t, \varepsilon_{t-1}, \cdots, \varepsilon_{t-q}$ 是白噪声,表示序列 $\{Y_t\}$ 在 $t, t-1, \cdots, t-q$ 期的误差或偏差,$\phi_1, \phi_2, \cdots, \phi_p$ 是待估计的自回归系数,$\theta_1, \theta_2, \cdots, \theta_q$ 为待估计的移动平均系数。

可见,自回归模型 AR(p) 和移动平均模型 MA(q) 是自回归移动平均模型 ARMA(p,q) 的特殊情况,即对于 ARMA(p,q),如果阶数 $q=0$,则是自回归模型 AR(p);如果阶数 $p=0$,则成为移动平均模型 MA(q)。

2. 建模预处理

运用 B-J 方法建模的前提条件是:作为预测对象的时间序列是一零均值的平稳随机序列。平稳随机序列的统计特性不随时间的推移而变化,直观来说,平稳随机序列的折线图无明显的上升或下降趋势。但是大量的社会经济现象随着时间的推移总表现出某种上升或下降的趋势,构成非零均值的非平稳时间序列。对此的解决方法是,在应用 B-J 方法建模之前,对时间序列进行零均值化和差分平稳处理,使其成为零均值的平稳随机时间序列。

1) 零均值化处理

零均值化处理,就是指对均值不为零的时间序列中的每一项数值都减去该时间序列的平均数,构成一个新的均值为零的时间序列,即

$$X_t = Y_t - \overline{Y} \tag{5-53}$$

式中,$\overline{Y} = \dfrac{1}{n} \sum\limits_{t=1}^{n} Y_t$ 为原始序列的平均数,n 为时间序列的个数。

2) 差分平稳处理

差分平稳处理,就是指对零均值的非平稳时间序列进行差分,使之成为平稳的时间序列,即对序列 Y_t 进行一阶差分,得到一阶差分序列 ∇Y_t:

$$\nabla Y_t = Y_t - Y_{t-1} \quad (t>1) \tag{5-54}$$

对一阶差分序列 ∇Y_t 再进行一阶差分,得到二阶差分序列 $\nabla^2 Y_t$:

$$\nabla^2 Y_t = \nabla Y_t - \nabla Y_{t-1} = Y_t - 2Y_{t-1} - Y_{t-2} \quad (t>2) \tag{5-55}$$

以此类推,可以得到 n 阶差分序列。一般情况下,非平稳序列在经过一阶差分或二阶差分后都可以实现平稳化。

3. 预测流程

博克斯和詹金斯在说明他们的预测方法时,绘制了图 5-5 所示的预测流程。该方法把预测问题划分为三个阶段:模型的识别;参数估计和模型检验;预测应用。

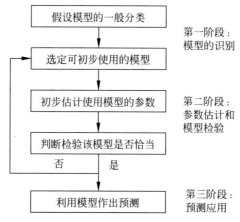

图 5-5 博克斯-詹金斯法预测流程

第一阶段:利用自相关分析和偏自相关分析等方法,选定一个特定的模型以拟合所分析的时间序列数据。模型的识别是博克斯-詹金斯法预测中至关重要的一步。识别模型是否恰当需要一个可以比较的标准,这里给出的方法是:分析一般 ARMA 模型体系的理论特征,将其作为鉴别实际模型的标准,观测实际资料与理论特征的接近程度。最后,根据这种分类比较分析的结果来判定实际模型的类型。

第二阶段:用时间序列的数据,估计模型的参数,并进行检验,以判定该模型是否恰当。如不恰当,则返回第一阶段,重新选定模型。

第三阶段:当一个恰当的模型选定后,对将来某个时期的数值作出预测。

4. 模型识别

1) 相关参数

(1) 样本自相关系数。设 $\{Y_t\}$ 是平稳随机序列 $\{y_t\}$ 的一个样本,即 $Y_1, Y_2, \cdots, Y_n$,则样本序列 $\{Y_t\}$ 的自相关系数为

$$\hat{\rho}_k = \frac{\sum_{t=1}^{n-k}(Y_t - \overline{Y})(Y_{t+k} - \overline{Y})}{\sum_{t=1}^{n}(Y_t - \overline{Y})^2} \tag{5-56}$$

该自相关系数 $\hat{\rho}_k$ 反映了时间序列相差 k 个时期两项数据序列之间的依赖程度或相关程度。

(2) 样本偏自相关系数。样本偏自相关系数用 $\hat{\phi}_{kk}$ 来度量,是在给定了 $(Y_{t-1}, Y_{t-2}, \cdots,$

Y_{t-k+1})的条件下,Y_t 与 Y_{t-k} 之间的条件相关程度。

$$\hat{\phi}_{11} = \hat{\rho}_1$$

$$\hat{\phi}_{kk} = \frac{\hat{\rho}_k - \sum_{i=1}^{k-1} \hat{\phi}_{k-1,i} \times \hat{\rho}_{k-i}}{1 - \sum_{i=1}^{k-1} \hat{\phi}_{k-1,i} \times \hat{\rho}_i}, \quad k = 2,3,\cdots \tag{5-57}$$

式中,$\hat{\phi}_{k,i} = \hat{\phi}_{k-1,i} - \hat{\phi}_{k,k} \times \hat{\phi}_{k-1,k-i}$($i = 1,2,\cdots,k-1$)。

2）识别法则

样本自相关系数和样本偏自相关系数是模型识别的两个重要标志。对 AR(p)模型,样本自相关系数呈几何衰减,而样本偏自相关系数则应在 $k>p$ 后为零;与 AR(p)过程相反,MA(q)过程的自相关系数在 $k>q$ 后为零,其偏自相关系数呈几何衰减;对 ARMA(p,q)模型,情况比较复杂,不能像 AR(p)模型和 MA(q)模型那样,模型和模型的阶数一同确定,ARMA(p,q)的自相关系数和偏自相关系数均呈几何衰减,p 和 q 只能从低到高逐阶尝试。

5．参数估计

模型识别初步确定了随机序列的模型结构,但还必须识别出模型中的参数。参数估计的方法很多,有矩估计法、极大似然法、非线性最小二乘法等。由于矩估计法计算简单、实用,极大似然法和非线性最小二乘法计算复杂,还常出现不收敛的情况,所以一般选用矩估计法来估计参数。矩估计就是利用模型参数与序列自相关函数、序列自协方差函数之间的关系进行参数估计。由于序列自相关函数与序列自协方差函数是未知的,通常用样本自相关函数和样本自协方差函数代替序列自相关函数和序列自协方差函数进行参数估计。

6．模型的检验

为了检验所得到的模型是否适当,还必须进行诊断检验。利用准则函数[AIC（赤池信息量准则）,BIC（贝叶斯信息准则）]能够实现这一目的。

$$AIC(p,q) = n\ln\hat{\sigma}^2 + 2(p+q) \tag{5-58}$$

其中 $\hat{\sigma}^2$ 是拟合 ARMA(p,q)模型时残差的方差,它是 p,q 的函数;如果模型中含有常数项,则 $p+q$ 被 $p+q+1$ 代替。该函数既考虑拟合模型对数据的接近程度,又考虑模型中所含待定参数的个数。建模时按准则函数取值来判断与评价模型的优劣,使准则函数达到最小的便是最佳的模型。

7．预测

在得到满意的时间序列预测模型之后,剩下的问题就是运用这个模型进行预测了。从理论上来说,自相关函数完全可以表征时间序列的特性。但是只有在样本容量足够大的情况下,样本自相关函数才非常接近母体的自相关函数,如果样本容量比较小,则样本自相关函数会偏离实际的自相关函数。因此在选取预测样本时,建议时间序列长度 n 不小于 50,滞后周期 k 取小于或等于 $\frac{n}{4}$。

我们所掌握有关样本的数据的个数总有一定的限度,这要求我们必须及时掌握最新的经济数据,对预测方程进行修改,以使其达到最佳,这样才能反映经济运行的最新信息。因此,这里所建立的预测方程是以动态数据为基础的动态模型。

5.4.4 马尔可夫模型预测法

1. 马尔可夫模型预测法的概念

马尔可夫模型预测法是以俄国数学家 A. A. 马尔可夫(A. A. Markov)名字命名,应用概率论中马尔可夫链的理论和方法来研究随机事件变化并借此分析预测未来变化趋势的一种方法。它是利用状态之间转移概率矩阵预测事件发生的状态及其发展变化趋势的方法,也是一种随机时间序列分析方法。

20 世纪初,马尔可夫在研究中发现自然界中有一类事物的变化过程仅与事物的近期状况有关,而与事物的过去状态无关。例如,设备维修和更新、人才结构变化、资金流向、市场需求变化等许多工程、经济、社会行为都可用这一类过程来描述或近似。具体来说,马尔可夫链是一种随机时间序列,它在将来取什么值只与它现在的取值有关,而与它过去取什么值无关,即无后效性。具备这个性质的离散型随机过程,称为马尔可夫链。该方法可以用来进行商品销售状态预测、市场占有率预测以及期望利润预测等。

2. 预测模型

把事件发生的各个结果的概率记为一向量的元素,则可写成

$$\boldsymbol{S}(t) = [S_1(t), S_2(t), \cdots, S_n(t)] \tag{5-59}$$

并存在

$$\sum_{i=1}^{n} S_i(t) = 1$$

在 t 时期到 $t+1$ 时期的过程中,每一结果 $i(i=1,2,\cdots,n)$ 向结果 $j(j=1,2,\cdots,n)$ 转变的概率 P_{ij} 为一步转移概率,即每个结果只转移了一次,可得到如下转移矩阵

$$\boldsymbol{P} = \begin{bmatrix} P_{11} & P_{12} & \cdots & P_{1n} \\ P_{21} & P_{22} & \cdots & P_{2n} \\ \vdots & \vdots & \vdots & \vdots \\ P_{n1} & P_{n2} & \cdots & P_{nn} \end{bmatrix} \tag{5-60}$$

且

$$\sum_{j=1}^{n} P_{ij} = 1 \quad (i=1,2,\cdots,n)$$

利用 $\boldsymbol{P}$ 矩阵后乘状态向量 $\boldsymbol{S}(t)$,就可得到 $t+1$ 时期概率分布状态向量 $\boldsymbol{S}(t+1)$,即

$$\boldsymbol{S}(t+1) = [S_1(t+1), S_2(t+1), \cdots, S_n(t+1)] = \boldsymbol{S}(t)\boldsymbol{P} \tag{5-61}$$

具体地说,在第 $t+1$ 时期,结果 j 出现的概率为

$$S_j(t+1)=S_1(t)P_{1j}+S_2(t)P_{2j}+\cdots+S_n(t)P_{nj}=\sum_{i=1}^{n}S_i(t)P_{ij} \quad (5\text{-}62)$$

当从 t 时期到 $t+2$ 时期,每一结果 $i(i=1,2,\cdots,n)$ 向结果 $j(j=1,2,\cdots,n)$ 转变时,每个结果转移两次,结果 i 先转移到结果 $k(k=1,2,\cdots,n)$,再从结果 k 转移到结果 j。两步转移概率矩阵可由一步转移概率矩阵求出,因为

$$P_{ij}^{(2)}=\sum_{k=1}^{n}P_{ik}P_{kj} \quad i,j=1,2,\cdots,n \quad (5\text{-}63)$$

故有

$$\boldsymbol{P}^{(2)}=\begin{bmatrix} P_{11}^{(2)} & P_{12}^{(2)} & \cdots & P_{1n}^{(2)} \\ P_{21}^{(2)} & P_{22}^{(2)} & \cdots & P_{2n}^{(2)} \\ \vdots & \vdots & \vdots & \vdots \\ P_{n1}^{(2)} & P_{n2}^{(2)} & \cdots & P_{nn}^{(2)} \end{bmatrix}$$

$$=\begin{bmatrix} \sum_{k=1}^{n}P_{1k}P_{k1} & \sum_{k=1}^{n}P_{1k}P_{k2} & \cdots & \sum_{k=1}^{n}P_{1k}P_{kn} \\ \sum_{k=1}^{n}P_{2k}P_{k1} & \sum_{k=1}^{n}P_{2k}P_{k2} & \cdots & \sum_{k=1}^{n}P_{2k}P_{kn} \\ \vdots & \vdots & \vdots & \vdots \\ \sum_{k=1}^{n}P_{nk}P_{k1} & \sum_{k=1}^{n}P_{nk}P_{k2} & \cdots & \sum_{k=1}^{n}P_{nk}P_{kn} \end{bmatrix}$$

$$=\begin{bmatrix} P_{11} & P_{12} & \cdots & P_{1n} \\ P_{21} & P_{22} & \cdots & P_{2n} \\ \vdots & \vdots & \vdots & \vdots \\ P_{n1} & P_{n2} & \cdots & P_{nn} \end{bmatrix} \begin{bmatrix} P_{11} & P_{12} & \cdots & P_{1n} \\ P_{21} & P_{22} & \cdots & P_{2n} \\ \vdots & \vdots & \vdots & \vdots \\ P_{n1} & P_{n2} & \cdots & P_{nn} \end{bmatrix} = \boldsymbol{P}^2$$

则可得

$$\boldsymbol{S}(t+2)=\boldsymbol{S}(t)\times \boldsymbol{P}^{(2)}=\boldsymbol{S}(t)\boldsymbol{P}^2$$

…

$$\boldsymbol{S}(t+k)=\boldsymbol{S}(t)\boldsymbol{P}^k$$

例 5-7 设某地区有甲、乙、丙三家企业,生产同一种产品,共同供应 1 000 家用户。假定在 10 月末经过市场调查得知,甲、乙、丙三家企业拥有的用户分别是 250、300、450 户,而 11 月份各企业用户可能的流动情况如表 5-15 所示。

表 5-15　11 月份各企业用户可能的流动情况

初始状态(10 月份)		转移矩阵(11 月份)		
		甲	乙	丙
甲	250	230	10(甲→乙)	10(甲→丙)
乙	300	20(乙→甲)	250	30(乙→丙)
丙	450	30(丙→甲)	10(丙→乙)	410

表 5-15 的第 3 行表示甲企业现有的 250 家用户在 11 月份可能有 10 家转向乙企业、10 家转向丙企业；第 4 行表示乙企业现有的 300 家用户在 11 月份可能有 20 家转向甲企业、30 家转向丙企业；第 5 行表示丙企业现有的 450 家用户在 11 月份可能有 30 家转向甲企业、10 家转向乙企业。

要求：根据这些市场调查资料，预测 11 月、12 月两个月三家企业各自市场用户的拥有量。

解：根据调查资料，确定初始状态概率向量为

$$S(0) = [S_1(0), S_2(0), S_3(0)] = \left(\frac{250}{1\,000}, \frac{300}{1\,000}, \frac{450}{1\,000}\right) = (0.25, 0.30, 0.45)$$

根据市场调查情况，确定一步转移概率矩阵为

$$P = \begin{bmatrix} \frac{230}{250} & \frac{10}{250} & \frac{10}{250} \\ \frac{20}{300} & \frac{250}{300} & \frac{30}{300} \\ \frac{30}{450} & \frac{10}{450} & \frac{410}{450} \end{bmatrix} = \begin{bmatrix} 0.92 & 0.04 & 0.04 \\ 0.067 & 0.833 & 0.10 \\ 0.067 & 0.022 & 0.911 \end{bmatrix}$$

利用马尔可夫预测模型进行预测，11 月份三家企业的市场占有率为

$$S(1) = S(0)P = (0.28, 0.27, 0.45)$$

所以在 11 月份这三家企业的市场占有率分别为：甲企业 280 户，乙企业 270 户，丙企业 450 户。可见丙企业的用户最多。

12 月份三家企业的市场占有率为

$$S(2) = S(0)P^2 = (0.306, 0.246, 0.448)$$

所以 12 月份这三家企业的市场占有率分别为：甲企业 306 户，乙企业 246 户，丙企业 448 户，很显然，丙企业的市场占有率维持第一。

5.4.5 灰色系统模型预测法

1. 灰色系统模型预测法的概念

灰色系统理论是由我国邓聚龙教授首创的一种系统科学理论。灰色系统是黑箱概念的一种推广。我们把既含有已知信息又含有未知信息的系统称为灰色系统。作为两个极端，我们把信息完全未确定的系统称为黑色系统，把信息完全确定的系统称为白色系统。区别白色系统与黑色系统的重要标志是系统各因素之间是否具有确定的关系。一般地说，社会系统、经济系统、生态系统都是灰色系统。例如物价系统，导致物价上涨的因素很多，但已知的因素却不多，因此对物价这一灰色系统的预测可以用灰色预测方法。灰色系统理论认为对既含有已知信息又含有未知或非确定信息的系统进行预测，就是对在一定方位内变化的、与时间有关的灰色过程的预测。尽管过程中所显示的现象是随机的、杂乱无章的，但毕竟是有序的、有界的。因此，这一数据集合具备潜在的规律，灰色系统模型预测就是利用这种规律建立灰色系统模型进行预测。

灰色系统预测通过鉴别系统因素之间发展趋势的相异程度,即进行关联分析,并对原始数据进行生成处理,来寻找系统变动的规律,生成有较强规律性的数据序列,然后建立相应的微分方程模型,从而预测事物未来发展趋势的状况。其用等时距观测到的反映预测对象特征的一系列数量值,构造灰色预测模型,预测未来某一时刻的特征量,或预测达到某一特征量的时间。

目前常用的一些预测方法(如回归分析等),需要较大的样本。若样本较小,常造成较大误差,使预测目标失效。灰色系统模型所需建模信息少,运算方便,建模精度高,在各种预测领域都有着广泛的应用,是处理小样本预测问题的有效工具。

2. 灰色预测的分类

常用的灰色预测有以下五种。

(1) 数列预测:用观察到的反映预测对象特征的时间序列来构造灰色预测模型,预测未来某一时刻的特征量,或达到某一特征量的时间。

(2) 灾变与异常值预测:通过灰色预测模型预测异常值出现的时刻,以及异常值什么时候出现在特定时区内。

(3) 季节灾变与异常值预测:通过灰色预测模型,预测灾变值发生在一年内某个特定的时区或季节的趋势。

(4) 拓扑预测:将原始数据作曲线,在曲线上按定值寻找该定值发生的所有时点,并以该定值为框架构成时点数列,然后建立模型预测该定值所发生的时点。

(5) 系统预测:通过对系统行为特征指标建立一组相互关联的灰色预测模型,预测系统中众多变量间的相互协调关系的变化。

3. 灰色预测模型

1) 数据预处理

为了弱化原始时间序列的随机性,在建立灰色预测模型之前,需要先对原始时间序列进行数据处理,经过数据处理的时间序列称为生成列。灰色系统常用的数据处理方式有累加和累减两种。

累加是将原始序列通过累加得到生成列。累加的规则:将原始序列的第一个数据作为生成列的第一个数据,将原始序列的第二个数据加到原始序列的第一个数据上,其和作为生成列的第二个数据,将原始序列的第三个数据加到生成列的第二个数据上,其和作为生成列的第三个数据……,按此规则进行下去,便得到生成列。分析过程如下。

记原始时间序列为
$$X^{(0)} = \{x^{(0)}(1), x^{(0)}(2), x^{(0)}(3), \cdots, x^{(0)}(n)\}$$

生成列为
$$X^{(1)} = \{x^{(1)}(1), x^{(1)}(2), x^{(1)}(3), \cdots, x^{(1)}(n)\}$$

上标 1 表示一次累加,同理,m 次累加可表示为

$$x^{(m)}(k) = \sum_{i=1}^{k} x^{(m-1)}(i) \tag{5-64}$$

将该公式变换还可得到：
$$x^{(m)}(k) = [x^{(m-1)}(1) + x^{(m-1)}(2) + \cdots + x^{(m-1)}(k-1)] + x^{(m-1)}(k)$$
$$= \sum_{i=1}^{k-1} x^{(m-1)}(i) + x^{(m-1)}(k)$$
$$= x^{(m)}(k-1) + x^{(m-1)}(k)$$

对于非负数据，累加次数越多，则随机性弱化越多，累加次数足够多后，可认为时间序列已变为非随机序列。一般随机序列的多次累加序列，大多可用指数曲线逼近。

累减是将原始系列前后两个数据相减后，得到累减生成列。累减是累加的逆运算，累减可将累加生成列还原为非生成列，并在建模中获得增量信息。

设已知生成列：
$$X^{(1)} = \{x^{(1)}(1), x^{(1)}(2), x^{(1)}(3), \cdots, x^{(1)}(n)\}$$

对其做一次累减：
$$\Delta^{(1)}(x^{(m)}(k)) = x^{(m)}(k) - x^{(m)}(k-1) = x^{(m-1)}(k)$$

对其做二次累减：
$$\Delta^{(2)}(x^{(m)}(k)) = \Delta^{(1)}(x^{(m)}(k)) - \Delta^{(1)}(x^{(m)}(k-1)) = x^{(m-2)}(k)$$

对其做 m 次累减：
$$\Delta^{(m)}(x^{(m)}(k)) = \Delta^{(m-1)}(x^{(m)}(k)) - \Delta^{(m-1)}(x^{(m)}(k-1)) = x^{(0)}(k) \quad (5\text{-}65)$$

所以累减运算可以使累加生成列还原为原始序列。

2) 建模原理

灰色系统理论用到的模型一般是微分方程描述的动态模型、时间函数形式的时间响应模型。一个 n 阶、h 个变量的 GM 记为 GM(n,h)。预测模型一般是 GM($n,1$)，即 n 阶、1 个变量模型，对于产品销售量、运输量、吞吐量、农业产量等特征量变化分析和预测较为适用。n 一般小于 3，n 越大，计算越复杂，而且精度并不高，所以预测时多采用的是 GM(1,1)。

第一步，设原始数列：
$$X^{(0)} = \{x^{(0)}(1), x^{(0)}(2), x^{(0)}(3), \cdots, x^{(0)}(n)\}$$

对其进行一次累加得生成列：
$$X^{(1)} = \{x^{(1)}(1), x^{(1)}(2), x^{(1)}(3), \cdots, x^{(1)}(n)\}$$
$$x^{(1)}(k) = \sum_{i=1}^{k} x^{(0)}(i), \quad k = 1, 2, \cdots n \quad (5\text{-}66)$$

$Z^{(1)}$ 为 $X^{(1)}$ 的紧邻均值生成列：
$$Z^{(1)} = \{Z^{(1)}(1), Z^{(1)}(2), Z^{(1)}(3), \cdots, Z^{(1)}(n)\}$$
$$Z^{(1)}(k) = ax^{(1)}(k) + (1-a)x^{(1)}(k-1), \quad k = 2, 3, \cdots, n \quad (5\text{-}67)$$

其中，$0 \leqslant a \leqslant 1$，为权重，通常均值序列 $a = 0.5$。由此建立灰微分方程：
$$x^{(0)}(k) + aZ^{(1)}(k) = u, \quad k = 2, 3, \cdots, n \quad (5\text{-}68)$$

相应的 GM(1,1)白化微分方程为
$$\frac{dx^{(1)}}{dt} + ax^{(1)} = u \quad (5\text{-}69)$$

其中，a 为常数，称为发展系数；u 为内生控制灰数，是对系统的常定输入。

第二步，采用最小二乘法求解特定参数 a、u，可采用矩阵形式表达灰微分方程：

$$\boldsymbol{B} = \begin{bmatrix} -Z^{(1)}(2) & 1 \\ -Z^{(1)}(3) & 1 \\ \cdots & \cdots \\ -Z^{(1)}(n) & 1 \end{bmatrix}, \quad \boldsymbol{Y}_n = \begin{bmatrix} x^{(0)}(2) & x^{(0)}(3) & \cdots & x^{(0)}(n) \end{bmatrix}^{\mathrm{T}}$$

求得：

$$\hat{\boldsymbol{\beta}} = \begin{bmatrix} a & u \end{bmatrix}^{\mathrm{T}} = (\boldsymbol{B}^{\mathrm{T}}\boldsymbol{B})^{-1}\boldsymbol{B}^{\mathrm{T}}\boldsymbol{Y}_n \tag{5-70}$$

第三步，将求解的 a，u 代入白化微分方程，于是灰微分方程的时间响应序列为

$$\hat{x}^{(1)}(k) = \left[x^{(0)}(1) - \frac{u}{a} \right] \mathrm{e}^{-a(k-1)} + \frac{u}{a}, \quad k = 2, 3, \cdots, n \tag{5-71}$$

还原有

$$\hat{x}^{(0)}(k) = \hat{x}^{(1)}(k) - \hat{x}^{(1)}(k-1) \tag{5-72}$$

4. 灰色模型的检验

用灰色理论方法建立的模型，都需要进行精度检验。常用的检验方法有残差检验和后验差检验。

1) 残差检验

残差检验是用原始数列 $X^{(0)}$ 与预测数列 $\hat{X}^{(0)}$ 的差值进行检验，它是一种直观检验法。其计算方法如下。

残差 $\varepsilon^{(0)}(k) = x^{(0)}(k) - \hat{x}^{(0)}(k)$。

相对误差 $\varepsilon(k) = \dfrac{\varepsilon^{(0)}(k)}{x^{(0)}(k)}$。

平均相对误差 $\bar{\varepsilon}(k) = \sum\limits_{i=1}^{n} \varepsilon(k)/n$。

要求相对误差尽可能小，一般 $\varepsilon \leqslant 10\%$。

2) 后验差检验

后验差检验是按照残差的概率分布进行检验，是一种统计检验法。其计算方法如下。

求 $x^{(0)}(k)$ 的平均值：

$$\bar{x} = \frac{1}{n} \sum_{i=1}^{n} x^{(0)}(i) \tag{5-73}$$

求 $x^{(0)}(k)$ 的均方差：

$$S_1 = \sqrt{\frac{1}{n-1} \sum_{i=1}^{n} (x^{(0)}(i) - \bar{x})^2} \tag{5-74}$$

求残差 $\varepsilon^{(0)}$ 的平均值：

$$\bar{\varepsilon} = \frac{1}{n} \sum_{i=1}^{n} \varepsilon^{(0)}(i) \tag{5-75}$$

求残差 $\varepsilon^{(0)}$ 的均方差：

$$S_2 = \sqrt{\frac{1}{n-1}\sum_{i=1}^{n}(\varepsilon^{(0)}(i)-\bar{\varepsilon})^2} \tag{5-76}$$

计算方差比 C：

$$C = S_2/S_1 \tag{5-77}$$

计算小残差概率：

$$P = \{|\varepsilon^{(0)}(k)-\bar{\varepsilon}| < 0.6745 S_1\} \tag{5-78}$$

要求 C 越小越好，其取值一般为 $C<0.35$，最大不超过 0.65。要求小残差概率要大，其取值一般为 $P>0.95$，最小不得小于 0.7。根据 C、P 值的大小，可将模型精度分为四个等级，各等级标准如表 5-16 所示。

表 5-16 后验差检验精度等级

预测精度	一级	二级	三级	不合格
P	>0.95	>0.80	>0.7	≤0.7
C	<0.35	<0.5	<0.65	≥0.65

如果检验不合格，应对模型进行修正。

案例

[5-1] 连云港港的物流需求预测

[5-2] 基于多模型组合的物流需求预测分析——以武汉市为例

即测即练

第 6 章 物流设施选址

物流设施选址是物流工程的一个重要组成部分,主要任务是通过确定物流设施(如配送中心、仓库等)以及生产设施的地理位置,提高物流系统的有效性和效率,优化人流、物流和信息流,从而有效、经济、安全地实现建设物流系统的预期目标。本章内容主要包括物流设施选址概述、物流设施选址的影响因素及物流设施选址分析方法三大部分。

6.1 物流设施选址概述

6.1.1 物流设施选址的概念

物流设施选址是确定在何处设置物流设施,是指运用科学的方法决定物流设施的地理位置,使之与企业的整体经营运作系统有机结合,以便有效、经济地达到企业的经营目的。

物流设施选址包括两个层次的问题:选位和定址。选位是选择什么地区(区域)设置物流设施,如国外还是国内,沿海还是内地,南方还是北方等。定址是在已选定的地区内选定一片土地作为物流设施的具体位置。

物流设施数量,如配送中心数量的增加,可以缩短运输距离、降低运输成本,但是,物流设施数量增大到一定量的时候,由于单个订单的数量过小、运输频次增加,反而会造成运输成本的增加。因此,确定物流设施的合理数量,也是物流设施选址规划的主要任务之一。就供应链系统而言,核心企业的物流设施选址规划会影响供应链上所有供应商物流系统的选址。

科学、合理的物流设施选址,可以有效地节约资源和降低物流成本,优化物流网络结构和空间布局,提高物流经济效益和社会效益,确保提供优质服务,是实现集约化经营和建立资源节约型物流至关重要的一步。

6.1.2 物流设施选址的分类

物流设施选址的分类很多,主要有以下几种。

1. 连续选址、网络选址和离散选址

根据设施允许安置的空间,物流设施选址可分为连续选址、网络选址和离散选址。连续选址又称平面选址,它允许在可行的连续空间的任何地方选址,多采用解析方法,这类选址方法的典型代表是重心法。连续选址不限于对特定的备选点的选择,灵活性较大,尤其适用于单个物流设施的选址问题。这类方法的缺点是,由于选择物流设施地址时没有考虑实际的约束条件,因此,从模型中选出来的最佳物流设施位置有可能受到一些实际条件的制约(如处在河湖中、其他建筑物所在位置等)而无法建立真正的物流设施。网络选址指的是需求点与物流设施之间的交通仅限于网络上或者是点和线组成的图上,允许在指定网络的顶点与边上选址。离散选址是物流设施的备选地点是有限的几个场所,最合适的地址只能按照预定的目标从有限个可行点选取,代表性方法有 P-中值模型等。

2. 单设施选址和多设施选址

根据设施选址的数量不同,物流设施选址可分为单设施选址和多设施选址。单设施选址是根据确定的产品(或服务)、规模等目标为一个独立的设施确定一个合理的位置。多设施选址是为某个企业(或服务业)的若干个下属工厂、仓库、销售点、配送中心等选择各自的位置,并使设施的数目、规模和位置达到最优化。特别是在物流网络设计中,考虑一些关键的选址决定因素,重点确定物流区域的划分和具体位置。

3. 有能力约束设施选址和无能力约束设施选址

根据选址问题的约束种类,物流设施选址可分为有能力约束设施选址和无能力约束设施选址。如果新设施的能力可充分满足客户的需求,那么,选址问题就是无能力约束的设施选址问题。相反,如果设施具有能够满足客户需求的上限,就是有能力约束的设施选址问题。

4. 单目标选址和多目标选址

根据模型的目标多少,物流设施选址可分为单目标选址和多目标选址。选址的目标通常是成本最小、利润最大、服务水平最优、公平性最大、环境污染最小等。有的时候选址的目标不是单一的,可能会有两个以上冲突的目标,即多目标选址。

5. 单级选址和多级选址

根据选择设施级别的多少,物流设施选址可分为单级选址和多级选址。在许多系统中,设施是分级的,如区域物流配送中心与较小规模的物流配送中心,医疗系统中的城市大医院与乡村级的小医院或门诊等。如果要选择的设施是多个级别的,则是多级选址问题;否则为单级选址问题。

6. 吸引设施选址和排斥设施选址

根据设施对公众是否有吸引力、公众是否希望离这些设施近一些,物流设施选址可分为吸引设施选址(如工厂、仓库、物流中心、商场、邮局、移动通信公司、学校等)与排斥设施选址(如垃圾处理点、煤气站点、加油站、传染病医院、火葬场等)。

6.1.3 物流设施选址的目标

1. 成本最小化

成本最小化是物流设施选址规划最常用的目标,主要有:

运输成本——运输费用取决于运输距离与运输单价,物流设施位置合理,则总的运输距离就小;而运输单价则取决于运输方式,与物流设施所在地点的交通运输条件及顾客所在地的交通运输条件直接相关。

土地成本——取得土地使用权的费用与物流设施选择的地点直接相关,即使采用租赁经营的方式,土地成本也会在租金中体现出来。

库存成本——物流设施的分布直接决定物流系统的库存分配,从而与物流设施选址直接相关。

2. 物流量最大化

物流量是反映物流设施作业能力的指标,传统上反映物流量的主要指标是吞吐量和周转量。但是,这两个指标无法适应物流多种物品、小批量、高频度等趋势。如物流设施与顾客距离越远,则周转量越大,费用也越高。换句话说,以吨公里最大为决策目标,物流设施选址是与顾客距离越远越好,这显然违背设置物流设施的根本目的。由于目前缺乏能科学地评价物流的指标,在物流设施选址规划时,物流量可作为参考目标考虑。

3. 服务最优化

与物流设施选址规划直接相关的服务指标主要有速度和准时率,一般来说,物流设施与顾客距离近,则送货速度快;订货周期短,则准时率高。

4. 发展潜力最大化

物流设施投资大,服务时间长,因此,在选址时,不仅要考虑在现有市场条件下的成本、服务等目标,还要考虑将来发展的潜力,包括物流设施生产扩展的可行性及顾客需求增长的潜力。

5. 综合评价目标

单纯考虑成本、物流量、服务或发展潜力可能都不能满足投资决策者的需要,这时,可以采用多目标决策方法。

6.1.4 物流设施选址的原则

物流设施存在的价值在于能够通过物流设施对各种物流活动进行集约化处理,在满足降低物流成本、减少物流活动对城市影响的条件下,支持企业各种物流活动。不同的物流系统对物流设施的选址要求不同,但总体来说物流设施的选址应遵循以下原则。

1. 适应性

物流设施选址应与国家或区域的经济发展方针、政策相适应,与我国物流资源分布和需求分布相适应。

2. 协调性

物流设施选址应将国家或区域的物流网络作为一个大系统来考虑,使设施的设备在地域分布、物流作业生产力、技术水平等方面与整个物流系统协调发展。

3. 经济性

在物流设施的发展过程中,有关选址的费用,主要包括建设费用及物流费用(经营费用)两部分。物流设施选址定在市区、近郊区或远郊区,其未来物流活动辅助设施的建设规模及建设费用,以及运费等物流费用是不同的,选址时应以总费用最低作为设施选址的原则。

4. 战略性

物流设施选址应有战略眼光,要考虑全局利益和长远利益。局部要服从全局,眼前利益要服从长远利益,既要考虑目前的实际需要,又要考虑日后发展的可能。

6.1.5 物流设施选址的步骤

在进行物流设施选址时,可以按照图6-1所示的步骤进行。

1. 选址约束条件分析

约束条件是指系统或系统环境中那些由于种种原因而不能改变的因素。从某种意义上讲,每一个约束条件都能使情形得以简化,因为它减少了需要进行分析的可供选择方案的数目。例如,资金的约束可能使我们把选址的注意力放在特定的区块,而不必考虑所有区块。物流设施选址规划常见约束条件有以下几个。

(1) 资金。资金约束将会影响到区位决策,因为不同位置的土地价格差异非常大。

(2) 交通运输条件。由于只能选择能够到达用户的运输方式,选址规划必须在此范围内进行。例如,对多数用户而言,公路是唯一能到达的运输方式,则物流设施必须在公路交通枢纽或干线附近选址。

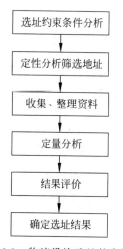

图6-1 物流设施选址的步骤

(3) 能源条件。供水、供电等能源系统是物流设施赖以运营的基础,选址时能源条件将限制物流设施的选址范围。

(4) 政府对土地用途的规划。地方政府对使用不同区块的土地有着各种不同的限制,物流设施只允许建在政府指定的区域范围内。

(5) 经济政策。税收与企业的选址规划直接相关,企业总是会寻求较宽松的经济环境,如:企业往往希望将物流设施建在政府规划的物流园区内,以享受特定的待遇。

(6) 竞争对手。竞争对手的分布将影响物流设施的选址,企业将根据自身的产品或服务特征,来决定是靠近竞争对手或是远离竞争对手。

此外,一些特殊商品的物流设施还受到温度、湿度、雨量等自然因素的约束。

2. 定性分析筛选地址

运用定性分析方法,确定物流设施的候选地点,包括以下两点。

(1) 物流设施候选地区的选择。在对上述约束条件进行充分的分析后,就可以初步确定候选地区的范围。

(2) 物流设施候选地点的选择。在候选地区范围内,从当地城市建设部门取得候选地点的地形图和城市规划图,考虑候选地点建设的可行性、经济性等条件,确定一定数量的物流设施候选地点。

3. 收集、整理资料

确定物流设施位置需要对影响其位置选择的相关因素进行定量、定性分析。为此,在确定物流设施位置前需要收集调查大量的相关数据、资料,以作为选址的依据。调查资料包括:①客户分布;②客户生产经营状况;③产品特征;④物流量;⑤交通状况;⑥运输费率;⑦运输批量、频率;⑧土地价格;⑨物流设施的建设成本;⑩客户对运输的时效性要求;⑪其他。

4. 定量分析

设施选址方法的研究已经成为一个受人关注的研究领域。随着应用数学和计算机的普及,数学方法广泛地用于解决设施选址问题。在具体的物流设施选址时,需要根据对现有已知条件的掌握情况、选址要求等,针对不同情况选用一种或多种具体模型进行定量分析。

5. 结果评价

结合市场适应性、购置土地条件、服务质量等,对计算所得结果进行评价,看其是否具有现实意义及可行性。

6. 确定选址结果

结合企业经营战略确定最终的物流设施选址地点,但是不一定为最优解,可能只是符合条件的满意解。

6.2 物流设施选址的影响因素

影响物流设施选址的因素繁多,一般地,下列因素是评价物流设施选址是否合理时必须重点考虑的。

6.2.1 战略定位

企业的竞争战略对物流设施选址规划有重要影响。

领先型企业,以保持、扩大领先优势为物流设施选址的重要因素:①以成本为导向的领先型企业,更倾向于在服务于目标客户群的物流成本最低的区位布局物流设施。②强调市场反应能力的领先型企业,更倾向于在靠近目标客户群的区位布局物流设施。

跟随型企业,以紧跟行业领先企业为物流设施选址的重要因素:①以成本为导向的跟随型企业,综合考虑邻近跟随领先型企业和服务于目标客户群的物流成本最低的区位布局物流设施。②强调市场反应能力的跟随型企业,综合考虑邻近跟随领先型企业和靠近目标客户群的区位布局物流设施。

6.2.2 自然环境

1. 气象条件

物流设施选址过程中,主要考虑的气象条件有温度、风力、降水量、无霜期、冻土深度、年平均蒸发量等指标。

2. 地质条件

物流设施是大量商品的集结地。某些容重很大的建筑材料堆码起来会对地面造成很大压力。如果物流设施地面以下存在淤泥层、流砂层、松土层等不良地质条件,会在受压地段造成沉陷、翻浆等严重后果。为此,土壤承载力要高。

3. 水文条件

物流设施选址需远离容易泛滥的河川流域与上溢的地下水区域。要认真考察近年的水文资料,地下水位不能过高,洪泛区、内涝区、故河道、干河滩等区域绝对禁止选择。

4. 地形条件

物流设施应地势高亢、地形平坦,且应具有适当的面积与外形。选在完全平坦的地形上是最理想的;其次选择稍有坡度或起伏的地方;对于山区陡坡地区则应该完全避开;在外形上可选长方形,不宜选狭长或不规则形状。

6.2.3 经营环境

1. 运营环境

物流设施所在地区的优惠物流产业政策对物流企业的经济效益将产生重要影响；配套的供应链上下游企业，数量充足和素质较高的劳动力条件也是物流设施选址考虑的重要因素。

2. 商品特性

经营不同类型商品的物流设施最好分别布局在不同地域。如生产型物流中心的选址应与产业结构、产品结构、工业布局紧密结合进行考虑。

3. 物流费用

物流费用是物流设施选址的重要考虑因素之一。大多数物流设施选择接近物流服务需求地，如接近大型工业、商业区，以便缩短运距、降低运费等物流费用。

4. 服务水平

服务水平也是物流设施选址的考虑因素。由于现代物流过程中能否实现准时运送是服务水平高低的重要指标，因此，在物流设施选址时，应保证客户在任何时候向物流设施提出物流需求，都能获得快速、满意的服务。

6.2.4 基础设施

1. 交通条件

物流设施选址时，应考虑该地区能够提供的运输途径以及运力和运费等条件，尽量利用现有的运输线路，并靠近交通枢纽进行布局，如紧邻港口、铁路编组站、机场或交通主干道枢纽，应有两种以上运输方式相连接。

2. 公共设施状况

物流设施的所在地，要求城市的道路、通信等公共设施齐备，有充足的供电、水、热、燃气的能力，且设施区域内要考虑废水和场地雨水的排除方案。

6.3 物流设施选址分析方法

影响物流设施选址的因素很多。有些因素可以定量，转为经济指标；有些因素只能是定性的非经济因素。在进行物流设施选址的综合评价时，可根据企业实际采用定性的、定量的或定性定量相结合的方法。常用的物流设施选址分析方法有优缺点比较法、加权因素分析法、德尔菲法等定性分析方法，重心法、P-中值模型、覆盖选址模型等定量分析方法。

6.3.1 物流设施选址的定性分析方法

1. 优缺点比较法

优缺点比较法是一种简单的物流设施选址的定性分析法，尤其适用于非经济因素的比较。当几个物流设施方案在费用和效益方面近似时，非经济因素即可能成为考虑的关键因素。此时，可采用优缺点比较法对若干方案进行分析比较。

该方法的具体做法是：罗列出各个方案的优缺点进行分析比较，并按最优、次优、一般、较差、极差五个等级对各个方案的各个特点进行评分，对每个方案的各项得分加总，得分最高的方案为最优方案。

这种方法在实际应用中，有的规划人员可能认为某个实施方案的优缺点是"显而易见"的，从而忽略了有说服力的分析。其实，对一个有经验的规划人员，列出一个优缺点评价表并不困难，而对说服有关人员却是十分必要和有效的。问题是要选择好优缺点所涉及的因素，特别是有关人员所考虑和关心的主导因素，这一点对决策者特别重要。为了防止遗漏，可以编一个内容齐全而最常用的实施方案评价因素点检表，供规划人员结合实施的具体情况逐项点检并节选需要比较的因素。

优缺点比较法的比较因素可从以下方面考虑：区域位置，面积及地形，地势与坡度，风向和日照，地质条件，土石方工程量，场址现在所有者、拆迁、赔偿情况，铁路、公路交通情况，与城市的距离，供电与给排水，地震、防洪措施，经营条件，协作条件，建设速度等。

2. 加权因素分析法

这种方法的特点是可以对提供比较的各项因素进行加权综合比较，充分考虑了各种因素对方案的影响程度，因此是一种比较通用的方法，关键是要选择好比较的因素，合理地确定各个因素的权重和客观地对每个方案的各个因素打分。

加权因素分析的具体步骤如下。

（1）明确多个备选方案。

（2）决定一组相关的物流设施选址决策因素。

（3）对每一因素赋予一个权重以反映这个因素在所有因素中的相对重要性。

（4）对每个方案的各个因素评分，分值设定一个共同的取值范围，一般是 1~10 或 1~100。

（5）分别将每个方案的各个因素的得分与其相应的权重相乘，得到所有备选方案的加权分。

（6）选择最高总得分的方案作为物流设施选址的方案。

评分可以由设施规划人员单独进行，也可以与其他人员共同进行。评分的方式有两种：一是每人各自评分，然后进行对比；二是通过集体讨论评分。各自评分的结果一般有半数以上的因素得分相同,可以把讨论集中到有差异的因素方面。共同评分有助于避免主观因素和个人偏好,协调不同意见。参加评分的人员最好包括管理人员和运行人员,但人数不宜过多。

评价的结果有可能出现以下几种情况。

(1) 某个方案明显突出,总分明显高于其他方案,该方案就可以被承认为最佳方案。

(2) 两个方案的结果很接近,应当对这两个方案再进行评价。评价时增加一些因素,并对权重和等级做更细致的研究,或增加参与评价人员的数量。

(3) 若有的方案有可改进之处,如注意到有两三个最佳方案中的某些得分最低,就要集中精力对方案进行改进。

(4) 如可能,可将两个或更多的方案组合,形成新的方案,再进行评分。

例 6-1 某物流设施有 5 个候选地址(A、B、C、D、E),通过专家组确定了 8 个影响因素以及各影响因素的权重,并对各方案的各因素进行打分,如表 6-1 所示,求该物流设施选址的最优方案。

表 6-1 某物流设施选址的加权因素分析

决策因素	权重	候选方案 A		候选方案 B		候选方案 C		候选方案 D		候选方案 E	
		评分	得分	评分	得分	评分	得分	评分	得分	评分	得分
靠近顾客	21	8	168	7	147	6	126	9	189	6	126
物流费用	20	5	100	6	120	8	160	6	120	9	180
服务水平	18	7	126	6	108	7	126	8	144	5	90
运营环境	13	4	52	7	91	5	65	5	65	7	91
交通条件	12	7	84	7	84	3	36	7	84	6	72
公共设施	8	6	48	5	40	4	32	5	40	3	24
气象条件	5	2	10	4	20	5	25	3	15	2	10
地理条件	3	4	12	2	6	5	15	2	6	4	12
总计	100		600		616		585		663		605

解:方案 D 的得分最高,选为该物流设施选址的最优方案。

3. 德尔菲法

德尔菲法常用于预测工作,也可用于对物流设施选址进行定性分析。其与其他专家法的区别在于:用"背对背"的判断代替人"面对面"的会议,即采用函询的方式,依靠调查机构反复征求每个专家的意见,经过客观分析和多次咨询,使各种不同意见逐步趋向一致。

德尔菲法用于物流设施选址的具体实施步骤如下。

(1) 组成专家小组。按照物流设施选址所需要的知识范围确定专家,人数一般不超过 20 人。

(2) 向所有专家提出物流设施选址的相关问题及要求,并附上各选址方案的所有背景材料,同时让专家提出所需材料清单。

(3) 各个专家根据他们所收到的材料,提出自己的意见。

(4) 将专家的意见汇总,进行对比。并将材料反馈给各专家,专家根据反馈材料修改自己的意见和判断。这一过程可能要进行三次到四次,直到每一个专家不再改变自己的意见为止。

(5) 对专家的意见进行综合处理以确定物流设施选址方案。

4．小结

物流设施选址的常用定性分析方法对比如表 6-2 所示。

表 6-2　物流设施选址的常用定性分析方法对比

方　法	适用范围	优　　点	缺　　点
优缺点比较法	是一种简单的设施选址分析方法,尤其适用于非经济因素的比较	直接比较各个方案的优点和缺点,简单明晰,对各种选址因素的罗列分析,特别是调查研究的经验对初学者在选址中制订各种候选方案有借鉴之处	这一方法基本上是就事论事,缺乏量化的比较,科学性不足,对非成本因素考虑较少,难以满足市场经济条件下的运作
加权因素分析法	在选址中对影响选址的非经济因素进行量化分析评价	可以对各项因素进行综合比较,是一种比较通用的方法	在确定各个因素的权重和评分时往往带有主观性
德尔菲法	不仅可以用于预测,而且可以用于选址方案评价指标体系的建立和具体指标的确定过程	可以避免群体决策的一些可能缺点,声音最大或地位最高的人没有机会控制群体意志,因为每个人的观点都会被收集,另外,管理者可以保证在征集意见以便作出决策时,没有忽视重要观点	权威人士的意见影响他人的意见;有些专家碍于情面,不愿意发表与其他人不同的意见,或出于自尊心而不愿意修改自己原来不全面的意见

6.3.2　物流设施选址的定量分析方法

1．重心法

重心法是一种布置单个物流设施的方法。该方法将市场位置、运送至各市场的货物量、运输成本都加以考虑,将各点的需求量和供应量分别看成物体的重量,将物体系统的重心作为物流网点的最佳设置点,利用求物体系统重心的方法来确定物流设施的位置。由于重心法只考虑距离、运输费用等少量因素,因而求出的最优解与实际的最佳物流设施选址之间可能存在较大差异。例如求出的位置可能是建筑或其他不适合选址的位置。

重心法的模型基于笛卡儿坐标,水平轴标为 x 轴,垂直轴标为 y 轴,坐标的原点可任意确定,坐标比例也可随意确定。

假设条件如下。

(1) 需求量集中于某一点上。实际上需求来自分散于广阔区域内的多个需求点。市场的重心通常被当作需求的集聚地,而这会导致某些计算误差,因为计算出的运输成本是到需求集聚地而不是到单个的需求点。

(2) 不同地点物流设施的建设费用、运营费用相同。模型没有区分在不同地点建设物流设施所需要的投资成本(如土地成本、建筑成本等)、经营成本(如劳动力成本、库存持有成本等)之间的差别。

(3) 各个需求点的运输量与运输费率是已知的,并且在长时间内保持不变或变化不大。

(4) 运输线路是直线距离。实际上这样的情况很少,因为运输总是在一定的公路系统、铁路系统、城市道路中进行的。可以在模型中引入一个比例因子把直线距离转化为近似的公路、铁路或其他运输网络里程。例如,计算出的直线距离加上25%得到公路实际运输距离。

问题的描述及模型的建立如下。

设在某一计划区域内,有 n 个需求点,$P_i(x_i,y_i)$ 表示现有物流需求点的位置($i=1,2,\cdots,n$),重心法坐标如图6-2所示。W_i 表示第 i 个需求点的需求量;C_i 表示第 i 个需求点的运输费率;C_0 表示待定物流设施的运输费率。

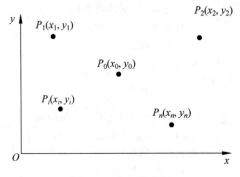

图 6-2 重心法坐标

模型的求解分为重心法和精确重心法。

1) 重心法求解

重心法求解的思想是在确定的坐标中,各个物流需求点坐标位置与其相应需求量、运输费率之积的总和,等于待定物流设施坐标与各需求点需求量、运输费率之积的总和。

$$\sum_{i=1}^{n} x_i W_i C_i = x_0 \sum_{i=1}^{n} W_i C_0 \tag{6-1}$$

$$\sum_{i=1}^{n} y_i W_i C_i = y_0 \sum_{i=1}^{n} W_i C_0 \tag{6-2}$$

重心坐标为

$$x_0 = \frac{\sum_{i=1}^{n} x_i W_i C_i}{\sum_{i=1}^{n} W_i C_0} \tag{6-3}$$

$$y_0 = \frac{\sum_{i=1}^{n} y_i W_i C_i}{\sum_{i=1}^{n} W_i C_0} \tag{6-4}$$

若各需求点和待定物流设施的运输费率相等,即 $C_i = C_0$,则有

$$x_0 = \frac{\sum_{i=1}^{n} x_i W_i}{\sum_{i=1}^{n} W_i} \quad (6-5)$$

$$y_0 = \frac{\sum_{i=1}^{n} y_i W_i}{\sum_{i=1}^{n} W_i} \quad (6-6)$$

例 6-2 某公司向某区域的 4 个物流需求点配送商品,各需求点与某城市中心的距离和每年的运输量如表 6-3 所示,用重心法求出待定物流设施的坐标值。

表 6-3 某区域物流需求点距离、运输量

物流需求点及其坐标	P_1		P_2		P_3		P_4	
	x_1	y_1	x_2	y_2	x_3	y_3	x_4	y_4
距城市中心的坐标距离/千米	25	80	100	70	30	30	80	20
年运输量/吨	1 000		3 000		2 000		1 500	

解:代入重心坐标计算公式,得

$$x_0 = \frac{25 \times 1\,000 + 100 \times 3\,000 + 30 \times 2\,000 + 80 \times 1\,500}{1\,000 + 3\,000 + 2\,000 + 1\,500} \approx 67.33$$

$$y_0 = \frac{80 \times 1\,000 + 70 \times 3\,000 + 30 \times 2\,000 + 20 \times 1\,500}{1\,000 + 3\,000 + 2\,000 + 1\,500} \approx 50.67$$

该物流设施初选的坐标为(67.33,50.67)的位置(单位:千米)。

2) 精确重心法求解

目标函数为

$$TC = \sum_{i=1}^{n} W_i C_i d_i \quad (6-7)$$

式中,TC 为该区域的总物流运输成本;W_i 为第 i 个需求点的需求量;C_i 为第 i 个需求点的运输费率;d_i 为待定物流设施点到第 i 个需求点的距离。

根据两点间距离公式:

$$d_i = \sqrt{(x_0 - x_i)^2 + (y_0 - y_i)^2} \quad (6-8)$$

若要使目标函数 TC 最小,则要对 TC 关于 x_0 和 y_0 求偏导,使得

$$\begin{cases} \dfrac{\partial TC}{\partial x_0} = 0 \\ \dfrac{\partial TC}{\partial y_0} = 0 \end{cases}$$

可推导求得 x_0 和 y_0 的表达式:

$$x_0 = \frac{\sum_{i=1}^{n} \frac{W_i C_i x_i}{d_i}}{\sum_{i=1}^{n} \frac{W_i C_i}{d_i}} \qquad (6\text{-}9)$$

$$y_0 = \frac{\sum_{i=1}^{n} \frac{W_i C_i y_i}{d_i}}{\sum_{i=1}^{n} \frac{W_i C_i}{d_i}} \qquad (6\text{-}10)$$

式(6-9)和式(6-10)的右边,仍剩有含未知数 x_0 和 y_0 的 d_i 项,因此一次求不出 x_0 和 y_0 的最优解。实际上,从确定初始值,一直求到使运输费最小,要反复进行迭代计算。

精确重心求解方法如下。

(1) 初始点坐标的选取。其选取方法有两种:①以原点或其他坐标点为初始点。②以重心法公式来估算初始点。

(2) 迭代方法。

① 将初始点坐标值代入成本公式,计算出成本 TC_0。

② 将初始点坐标代入迭代公式,计算出新的坐标值并取其绝对值,再将其代入成本公式中计算成本 TC_1。

③ 将 TC_1 与 TC_0 比较,若 $TC_0 > TC_1$,则继续上述步骤,当 $TC_{n-1} \leqslant TC_n$ 时,迭代结束。

例 6-3 某公司向某区域的 4 个物流需求点配送商品,各需求点与某城市中心的距离和每年的运输量如表 6-3 所示;各需求点和待定物流设施的运输费率相等,即 $C_i = C_0 = 10$ 元/(吨·千米)。用精确重心法求出待定物流设施的坐标值。

解:将例 6-2 重心法求出的待定物流设施的坐标值(67.33,50.67)作为迭代的初始点。即 $x_0^{(0)} = 67.33, y_0^{(0)} = 50.67$。

代入成本公式,计算出 $TC_0 = 3\,004\,961.13$(元)。

第一次迭代:

$$d_i = \sqrt{(x_0 - x_i)^2 + (y_0 - y_i)^2}$$

$$x_0 = \frac{\sum_{i=1}^{n} \frac{W_i C_i x_i}{d_i}}{\sum_{i=1}^{n} \frac{W_i C_i}{d_i}}$$

$$y_0 = \frac{\sum_{i=1}^{n} \frac{W_i C_i y_i}{d_i}}{\sum_{i=1}^{n} \frac{W_i C_i}{d_i}}$$

将数值代入上述公式,可得: $x_0^{(1)} = 70.39, y_0^{(1)} = 49.32$。

将 $x_0^{(1)} = 70.39, y_0^{(1)} = 49.32$ 代入成本公式,可得: $TC_1 = 2\,989\,641$(元)。

因为 $TC_1 < TC_0$，所以要进行第二次迭代，需要重复以上运算步骤。

可得：$x_0^{(2)} = 71, y_0^{(2)} = 50.32$。

将 $x_0^{(2)} = 71.9, y_0^{(2)} = 50.32$ 代入成本公式，可得：$TC_2 = 2\,986\,304$（元）。

因为 $TC_2 < TC_1$，所以要进行第三次迭代：

可得：$x_0^{(3)} = 72.92, y_0^{(3)} = 51.48, TC_3 = 2\,985\,761$（元）。

因为 $TC_3 < TC_2$，所以要进行第四次迭代：

可得：$x_0^{(4)} = 73.72, y_0^{(4)} = 52.57, TC_4 = 2\,986\,744$（元）。

因为 $TC_4 > TC_3$，迭代结束。

所以最优解为：$x_0^{(3)} = 72.92, y_0^{(3)} = 51.48, TC_3 = 2\,985\,761$（元）。

精确重心法计算出的待定物流设施的坐标值为 (72.92, 51.48)。

显然精确重心法计算出的待定物流设施位置，其运输成本要小于根据重心法求出的位置所产生的运输成本。

2. P-中值模型

由于区域经济发展不协调导致差异性存在，部分城市设施建设存在资金成本有限、优质资源条件匮乏等状况。此外，在运营层面，不少城市服务设施具有营利性质，需全面权衡考虑成本投入问题。基于以上两点，为突出经济发展与公共服务协同目标，将建设总成本纳入设施选址的考量指标。中值型选址通过优化设施位置，满足资源受限时，各级设施与需求点之间的总运输成本（距离、时间、费用）最小。Kuafman 等在研究总运输费用最小化的物流系统选址问题时首次提出中值型选址模型。

目标函数：

$$\min \sum_{i \in N} \sum_{j \in M} y_{ij} d_i C_{ij} \tag{6-11}$$

约束条件：

$$\sum_{j \in M} y_{ij} = 1, \quad i \in N$$

$$y_{ij} \leqslant x_j, \quad i \in N, j \in M$$

$$\sum_{j \in M} x_j = p$$

$$x_j, y_{ij} \in \{0,1\}, \quad i \in N, j \in M$$

式中，N 为需求点数，$N = 1, 2, \cdots, n$；M 为建设设施候选点数，$M = 1, 2, \cdots, m$；d_i 为第 i 个需求点的需求量；C_{ij} 为从地点 i 到地点 j 的运输费用；p 为允许建造的物流节点数目。

$$x_j = \begin{cases} 1, & \text{第 } j \text{ 个需求点被选中为物流节点} \\ 0, & \text{第 } j \text{ 个需求点未被选中为物流节点} \end{cases}$$

$$y_{ij} = \begin{cases} 1, & \text{需求点 } i \text{ 由物流节点 } j \text{ 提供服务} \\ 0, & \text{其他} \end{cases}$$

例 6-4 饮料公司在某新地区经过一段时间的宣传广告后,得到了 8 个超市 $A_1, A_2, A_3, A_4, A_5, A_6, A_7, A_8$ 的订单,由于该新地区离总部较远,该公司拟在该地区新建 2 个仓库,用最低的运输成本来满足该地区的需求。经过一段时间的实地考察后,已有 4 个候选地址 D_1, D_2, D_3, D_4。从候选地址到不同仓库的运输成本、各个超市的需求量都已经确定,如表 6-4 和图 6-3 所示。

表 6-4 运输成本与需求量

C_{ij}	D_1	D_2	D_3	D_4	d_i
A_1	4	12	20	6	100
A_2	2	10	25	10	50
A_3	3	4	16	14	120
A_4	6	5	9	2	80
A_5	18	12	7	3	200
A_6	14	2	4	9	70
A_7	20	30	2	11	60
A_8	24	12	6	22	100

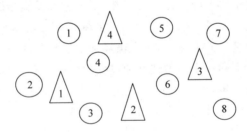

图 6-3 某区域物流需求点和候选点位置

解:用启发式求解 P-中值模型的算法——贪婪取走启发式算法(Greedy Dropping Heuristic Algorithm)。这种算法的基本步骤如下。

第一步,初始化,令循环参数 $k = m$,将所有的 m 个候选位置都选中,然后将每个客户指派给离其最近的一个候选位置,如图 6-4 所示。

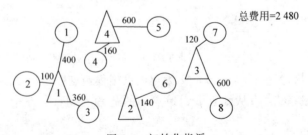

图 6-4 初始化指派

第二步,选择并取走一个位置点,满足以下条件:假如将它取走并将它的客户重新指派后,总费用增加量最小,然后令 $k = k - 1$。

第三步,重复第二步,直到 $k = p$。

由图6-5、图6-6、图6-7及图6-8可知,移走候选位置2的增量最小(720,140,1 140,1 040),这样就得到了 $k=3$ 时的临时解。

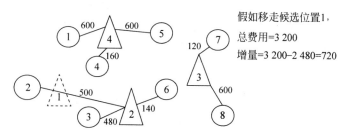

图6-5 移走候选位置1后的变化

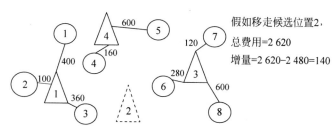

图6-6 移走候选位置2后的变化

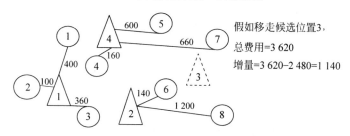

图6-7 移走候选位置3后的变化

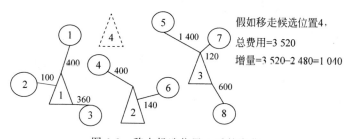

图6-8 移走候选位置4后的变化

重复上面步骤,在移走候选位置2的基础上,即从图6-6分别移走候选位置1、3、4进行计算。

由图6-9、图6-10及图6-11可知,移走候选位置4的增量最小(1 920,2 490,1 120),这样就得到了 $k=2$ 时的解。

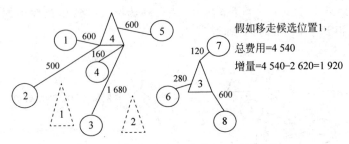

图 6-9　第二轮移走候选位置 1 后的变化

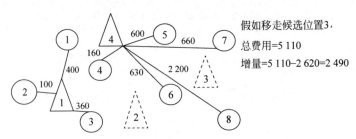

图 6-10　第二轮移走候选位置 3 后的变化

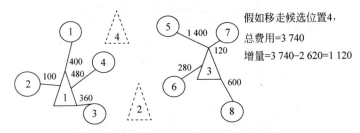

图 6-11　第二轮移走候选位置 4 后的变化

最后的结果就是在候选位置 1、3 投建新的仓库,总运输成本为 3 740。

3. 覆盖选址模型

覆盖选址是设施选址研究中的经典问题,国内外学者对相关模型和算法进行了大量研究,并应用到不同的实践领域。所谓覆盖模型,就是对于需求已知的一些需求点,如何确定一组服务设施来满足这些需求点的需求。在这个模型中,需要确定服务设施的最小数量和合适的位置。

根据解决问题的方法的不同,覆盖选址模型可分为集合覆盖选址模型和最大覆盖选址模型。

(1)集合覆盖选址模型。集合覆盖选址问题由康斯坦丁·托雷加斯(Constantine Toregas)等提出,它是第一个应用于应急服务设施选址问题的覆盖选址模型。集合覆盖选址问题是指在需求量确定且所有需求点被完全覆盖的前提下,最小化服务设施数量。该模型的图形表达如图 6-12 所示。

集合覆盖选址问题的具体数学表述如下:

目标函数：
$$\min \sum_{j \in N} x_j \quad (6\text{-}12)$$

约束条件：
$$\sum_{j \in B(i)} y_{ij} = 1, \quad i \in N$$
$$\sum_{j \in A(j)} d_i y_{ij} \leqslant C_j x_j, \quad i,j \in N$$
$$x_j, y_{ij} \in \{0,1\}, \quad i,j \in N$$

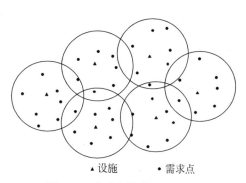

▲设施　●需求点

图 6-12　集合覆盖模型示意图

式中，N 为需求点数，$N = 1, 2, \cdots, n$；d_i 为第 i 个需求点的需求量；C_j 为设施节点 j 的容量；$A(j)$ 为设施节点 j 所覆盖的需求节点的集合；$B(i)$ 为可以覆盖需求节点 i 的设施节点的集合。

$$x_j = \begin{cases} 1, & \text{第 } j \text{ 个需求点被选中为物流节点} \\ 0, & \text{第 } j \text{ 个需求点未被选中为物流节点} \end{cases}$$

$$y_{ij} = \begin{cases} 1, & \text{第 } j \text{ 个物流节点供应第 } i \text{ 个需求点} \\ 0, & \text{第 } j \text{ 个物流节点不供应第 } i \text{ 个需求点} \end{cases}$$

例 6-5　考虑到农村地区快递配送困难，计划在某一地区的 9 个村庄开设快递驿站。希望在每一个村周边 30 千米的范围之内至少有一个快递驿站，不考虑驿站服务能力的限制，需要确定至少需要多少个驿站和它们相应的位置。除了第 6 个村之外其他任何一个村都可以作为驿站的候选地点，原因是第 6 个村缺乏建立驿站的必要条件。图 6-13 是各个村之间的相对位置和距离。

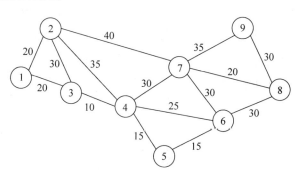

图 6-13　各个村之间的相对位置和距离

解：第一步，找到每一个村可以提供服务的所有村的集合 $A(j)$，即它们距该村距离小于或等于 30 千米的所有村的集合。

第二步，找到可以给每一个村提供服务的所有村的集合 $B(i)$，一般来说，这两个集合应该相同，但是考虑到其他的一些限制条件，就可能出现差异（本例由于第 6 个村缺乏建立驿站的必要条件，不能作为候选地），如表 6-5 所示。

表 6-5 候选位置的服务范围

村编号	$A(j)$	$B(i)$
1	1,2,3,4	1,2,3,4
2	1,2,3	1,2,3
3	1,2,3,4,5	1,2,3,4,5
4	1,3,4,5,6,7	1,3,4,5,7
5	3,4,5,6	3,4,5
6		4,5,7,8
7	4,6,7,8	4,7,8
8	6,7,8,9	7,8,9
9	8,9	8,9

第三步,找到其他村服务范围的子集,将其省去,可以简化问题。

第四步,确定合适的组合解。很显然,问题得到简化之后在有限的候选点上选择一个组合解是可行的。(3,4,8)本身就是一个组合解,但是为了满足经济性要求,尽可能少地建立快递驿站,还需要从中剔除可以被合并的候选点。(3,8)则是可以覆盖所有村的一个数量最少的组合解:3 村的快递驿站可以覆盖 1 村到 5 村,而 8 村的快递驿站覆盖 6 村到 9 村。

如果放宽一些问题的限制条件,例如一个快递驿站的服务半径增加到 40 千米,也可能会出现多解的情况,(3,8),(3,9),(4,7),(4,8)和(4,9)都是可以覆盖所有的村而且数量最少的组合解。

(2)最大覆盖选址模型。最大覆盖选址问题由理查德·丘奇(Richard Church)和查理·雷维尔(Charles Revelle)提出,它是指在限定服务设施数量的前提下,最大化服务设施覆盖的需求点数量。最大覆盖选址示意图如图 6-14 所示。

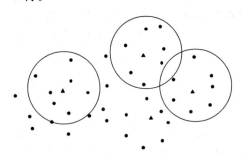

▲设施　●需求点
图 6-14 最大覆盖选址模型示意图

目标函数:

$$\max \sum_{j \in N} \sum_{i \in A(j)} d_i y_{ij} \qquad (6\text{-}13)$$

约束条件:

$$\sum_{j \in B(i)} y_{ij} \leqslant 1, \quad i \in N$$

$$\sum_{i \in A(j)} d_i y_{ij} \leqslant C_j x_j, \quad i,j \in N$$

$$\sum_{j \in N} x_j = p$$

$$x_j, y_{ij} \in \{0,1\}, \quad i,j \in N$$

式中,N 为需求点数,$N=1,2,\cdots,n$;d_i 为第 i 个需求点的需求量;C_j 为物流节点位于需

求点 j 时的相应容量；$A(j)$ 为位于需求点 j 的物流节点所覆盖的所有需求节点的集合；$B(i)$ 为可以覆盖需求节点 i 的物流节点的集合；p 为允许建造的物流节点数目。

$$x_j = \begin{cases} 1, & \text{第 } j \text{ 个需求点被选中为物流节点} \\ 0, & \text{第 } j \text{ 个需求点未被选中为物流节点} \end{cases}$$

$$y_{ij} = \begin{cases} 1, & \text{需求点 } i \text{ 由物流节点 } j \text{ 提供服务} \\ 0, & \text{其他} \end{cases}$$

例 6-6 前面提到的快递驿站问题，如果仍旧不考虑其服务能力的限制且最多的驿站数目为 2，用最大覆盖选址模型对其进行分析，贪婪算法可以进行求解。该算法是一个空集合作为原始的解集合，然后在剩下的所有的其他候选点中，选择一个具有最大满足能力的候选点加入原来的候选集合中，如此往复，直到达到设施数目的限制或者全部的需求都得到满足为止。

在快递驿站的问题中，我们已经分析得到候选集合为 $(3,4,8)$。初步确定解的集合 $s = \Phi$。然后比较 $A(3)$、$A(4)$ 和 $A(8)$ 的数目，4 村可以提供服务的对象最多，将 4 村加入解集合 S 中，$s = \{4\}$。接着比较 3、8 两个村，除去 4 提供服务的村 1、3、4、5、6、7 外，剩下只有 $\{2,8,9\}$，3 村对 2 村提供服务。8 村将作为第二个投建点加入解集合中去，$s = \{4,8\}$。这就是通过最大覆盖选址模型得到的解集合，显然是最优解，这也是启发式算法的特点。

4. 小结

以上三类定量分析方法各有侧重，适用于不同目标的选址问题，如表 6-6 所示。对比 P-中值与覆盖型发现：二者均关注需求点是否被满足，但前者更注重于需求点由何种设施提供服务；覆盖型将设施的服务效率放在第一位，P-中值则更关注成本问题。

表 6-6 三类定量分析方法对比

类 型	目标函数形式	关 注 点	应 用 领 域
重心法	$\min \sum\limits_{i=1}^{n} W_i C_i d_i$	设施服务总成本	具有营利性质的设施系统，如物流、枢纽、供应链等
P-中值	$\min \sum\limits_{i \in N} \sum\limits_{j \in M} y_{ij} d_i C_{ij}$	设施服务总成本	具有营利性质的设施系统，如物流、枢纽、供应链等
覆盖型	$\min \sum\limits_{j \in N} x_j$ $\max \sum\limits_{j \in N} \sum\limits_{i \in A(j)} d_i y_{ij}$	设施服务效率	以公共服务设施系统为主，如邮政服务、教育、银行、医疗等

案例

[6-1] A 市地震灾害应急物流配送系统选址
[6-2] 冷链物流多层级配送中心连续选址

扩展阅读 6-1 物流设施选址模型基本约束条件

即测即练

第 7 章

物流设施布置设计

物流设施布置设计的好坏将对物流系统的运作效果产生重大影响,据资料统计分析,工厂运营成本中的 20%~50% 与物料流动有关,良好的设施布置可以使这些成本减少 30% 以上。[①] 因此,设施布置被普遍认为是提高企业生产率的决定性因素之一。在现有众多的设施布置设计方法中,系统布置设计运用最为广泛,该方法以较强的条理性与逻辑性得到了国内外学者的普遍认可。本章主要介绍物流分析技术、系统布置设计、订单品项数量分析、SLP 方法与 EIQ 分析比较、系统布置设计的改进、计算机辅助设施设计等内容。

7.1 物流设施布置设计概述

物流设施布置设计主要研究企业在各种不同情况下的设施布置问题,并提出有助于布置设计的技术方法与指导方针。物流设施布置主要应用于物流园区、物流配送中心等物流服务部门,本节主要介绍物流设施布置设计的基础知识。

7.1.1 物流设施布置设计的概念

"设施"是指工厂、配送中心、服务中心以及相关装备,物流设施布置设计就是通过对物流系统内部的物流、人流、信息流进行分析,对建筑物、机器、设备、运输通道和场地做出有机的组合与合理的配置,以使系统内部布置更加合理规范,从而使物流运作获得良好的经济效益,实现少投入、多产出的目的。

在生产物流系统内,设施布置设计主要包括两方面的内容:工厂总体布置设计和车间布置设计。

工厂总体布置设计主要解决工厂各个组成部分,包括生产车间、辅助生产车间、仓库、动力站、办公室、露天作业场地等各种作业单位和运输线路、管线、绿化及美化设施的相互位置问题,同时也解决物料的流向和流程、厂内外运输的连接等问题。

车间布置设计主要解决各工段、生产部门、仓储部门、辅助服务部门、物流作业部门等作业单位及工作地、设备、通道、管线之间的相互位置问题,同时也解决物料搬运的流程及

---

① TOMPKINS J A,WHITE J A,BOZER Y A,et al. Facilities planning[M]. Hoboken:John Wiley & Sons,2010.

方式等问题。

一般有下列情况时,要对设施进行布置设计:新建与扩建企业,产品需求出现变化,产品更新或新产品开发,新技术、新工艺的引入,生产系统发现薄弱环节或物流系统显著不合理,还有其他安全或环境因素的变化等。

良好、合理的设施布置,能充分发挥生产系统的生产能力,取得以下效果。

(1) 提高生产率。各台生产设备保持有机联系,减少了生产浪费,便于提高生产率。

(2) 减少在制品。由于物流均衡,生产线上在制品的停留时间缩短,库存量也减少。

(3) 提高设备利用率。生产设备负荷均衡,便于提高设备的开工率。

(4) 减少搬运作业量。由于设备布局合理,搬运作业总量必将减少,搬运效率也将提高。

(5) 提高生产柔性。通过设施布置,能较好适应产品需求的变化,工艺设备可及时得到更新,生产能力可及时提高。

7.1.2 设施布置设计的目标和原则

任何一种系统的设计工作都必须具备四个目标,即可行性、经济性、安全性和柔性。在进行生产物流设施布置时,应根据当地规划要求和生产功能需要,从以下四个方面给予综合考虑。

(1) 可行性。设施布置设计既能满足生产工艺、生产过程和物流作业的需要,又在技术、经济上可行。

(2) 经济性。减少物料搬运,减少设备投资,提高在制品的周转率,充分利用现有空间,有效发挥人力及设备的生产能力。

(3) 安全性。维持良好的工作环境,确保操作人员舒适、安全地工作。

(4) 柔性。生产系统必须具备较大的加工范围,适应多种产品的生产。当产品种类变化时,生产系统调整要简便。

为了达到上述目标,在进行工厂总体布置设计时,应遵循如下原则。

(1) 满足生产要求,符合工艺流程,尽量减少物流量,同时重视各部门之间的关系密切程度。

(2) 适应工厂内外运输要求,线路要短捷、顺直,要与工厂内部运输方式相适应,并根据选定的运输方式、运输设备和技术要求等,合理地确定运输线路及与之有关的部门的位置。

(3) 合理用地,充分利用地形、地貌、地质条件。企业在建设中,在确保生产和安全的前提下,应尽量合理节约用地,并适当预留发展用地。

(4) 充分考虑建筑群体的空间组织和造型,以及建筑施工的便利条件。

(5) 充分注意防火、防爆、防损与防噪声等安全生产问题。充分利用当地自然条件,减少环境污染。

在进行车间布置设计时,应遵循如下原则。

(1) 根据生产要求,确定设备布置形式。根据车间的生产纲领,分析产品产量关系,确定生产类型是大量、成批还是单件生产,由此决定车间设备布置是采用流水线形式、机群式还是成组单元式。

(2) 满足工艺流程要求。车间布置应保证工艺流程顺畅、物料搬运方便、减少或避免往返交叉等物流现象。

(3) 选择适当的建筑形式。根据工艺流程要求及产品特点,配备适当等级的起重运输设备,进一步确定建筑物高度、跨度及外形。

(4) 重视人的因素,运用人机工程理论进行综合设计,并要考虑环境的条件,应注意采光、照明、通风、采暖、防尘、防噪,并使布置具备适当的柔性,以适应生产的变化。

上述设计原则涉及面较广,有时会存在矛盾的情况,应结合实际情况,加以综合考虑。虽然布置的方法越来越科学,但目前还不存在能解决一切问题的方法,因此在进行设施布置时应结合具体条件。

7.1.3 设施布置的形式

设施布置的形式主要有四种,包括三种基本形式:工艺原则布置(process layout)、产品原则布置(product layout)、固定工位布置(fixed position layout),以及一种混合形式:成组技术布置(group layout)。

当然,也可以按照产品在生产过程中是否移动进行分类,分为移动布置(产品原则布置、成组技术布置、工艺原则布置)和固定布置(固定工位布置)。

1. 工艺原则布置

工艺原则布置又称功能布置或机群式布置,是一种将同类设备或人员集中布置在一个地方的布置形式,适用于单件生产及多品种、小批量生产模式,常见于单件小批加工车间、百货商店、综合医院、汽车维修和公共图书馆等场合。

在布置时,功能相似的机器装配在一起,同类型的工序在同一工作区完成,材料按工艺工程通过各工作区,如把车床、铣床、刨床和磨床等各自集中布置在一个地方。该方式的机器设备利用率和生产柔性较高,设备投资相对较少。但是,其相应地也存在物料搬运效率低下、生产周期长、单位产品成本高等缺点。

2. 产品原则布置

产品原则布置又称流水线布置、装配线布置或对象原则布置,是一种根据产品制造的步骤安排设备或工作过程的方式,适用于少品种、大批量的生产方式,常见于汽车装配线、食品加工和家具制造等场合。

在布置时,按产品加工、装配的工艺过程来配置设备、人员及物料。该方式易形成一定的生产线,能最大限度地满足固定品种产品的生产过程对时间和空间的要求,生产效率高,单件产品成本低;但生产适应性即柔性差,对产品种类及产量变化、设备故障等情况的响应较差。

3. 固定工位布置

固定工位布置指加工或服务对象位置固定,而加工或服务设备围绕着该固定位置移动的布置方式,适用于单件、大型或重型设备的加工生产模式,常见于特大型装备的制造,如飞机制造厂、造船厂、建筑工地等场合。

在布置时,产品固定在一个位置,所需设备、人员、物料均围绕产品布置。该方式的物料移动较少、产品柔性高、可连续作业;但也存在人员设备移动距离大、工人技能要求高、工序空间和存储面积大等缺点。

4. 成组技术布置

成组技术布置又称混合原则布置,是一种介于产品原则和工艺原则之间的组合布置形式,适用于多品种、中小批量生产情形,多见于企业加工车间、装配车间等地。

在布置时,整个生产系统由数个成组制造单元构成,将工件按其外形或工艺相似性进行编码分组,同组零件用相似的工艺过程进行加工。由于产品成组,该方式的设备利用率高,物流顺畅;但存在所需生产控制要求高、专用设备利用率低等缺点。

上述各种布置设计形式的特征比较,如表 7-1 所示。

表 7-1 设施布置形式及其特征

特征指标	生产时间	在制品种类	技术水平	产品灵活性	需求灵活性	机器利用率	工人利用率	单位产品成本	对象路径	可维护性	设备投资规模
工艺原则布置	长	多	高	高	高	中-低	高	高	不固定	高	小
产品原则布置	短	少	低	低	中	高	高	低	固定	低	大
固定工位布置	中	少	混合	高	中	中	中	高	无路径	—	—
成组技术布置	短	中	中-高	中-高	中	中-高	高	低	固定	中	中

由上所述,产品种类的多少、产量的高低直接决定了设备布置的形式。在选择设施布置形式时,一般应对产品-产量关系进行分析即 P-Q 分析,根据产品变化和产量情况两个主要指标来综合确定采用何种布置方式,如图 7-1 所示。

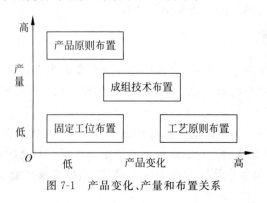

图 7-1 产品变化、产量和布置关系

另外,必须指出,各种设施布置形式不是截然分开的,往往是各种形式的混合。例如,企业总体上是按照功能布置的,如分成生产车间、动力部门、办公部门、辅助服务部门等;但具体到生产车间,有可能是按产品原则布置的流水线生产系统,也有可能是按成组原则布置的单元制造系统。

7.1.4 解决布置问题的"钥匙"

要做好设施布置设计,需要考虑很多因素。按照美国设施布置设计专家缪瑟的观点,影响布置设计的最基本要素有五项,抓住这些基本要素就等于抓住了解决布置问题的"钥匙"。

五项基本要素是:①P 产品(product,材料或服务);②Q 数量(quantity,产量);③R 生产路线(route,工艺过程顺序);④S 辅助服务(service,辅助服务部门);⑤T 时间(time,时间安排)。五项基本要素中,P、Q 两个基本要素是一切其他特征或条件的基础。如图 7-2 所示。

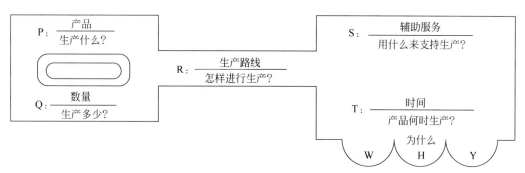

图 7-2 解决系统布置问题的"钥匙"

1. P

产品指待布置系统所生产的商品、原材料、加工或处理的零件、成品或提供服务的项目等,由生产纲领和产品设计提供,可用项目、种类、型号、零件号、材料、产品特征等来表示。

这一因素对设施组成、各作业单位间的相互关系、生产设备的类型、物料搬运的方式等均产生重要影响。

2. Q

数量指所生产、供应或使用的商品量或服务的工作量,由生产纲领和产品设计提供,可用件数、重量、体积或销售的价值表示。这一要素影响着设施规模、设备数量、运输量、建筑物面积等因素。

3. R

生产路线指工艺过程、设备、工序和它们的先后顺序,为工艺过程设计的成果,可用工艺路线卡、工艺过程图、设备表等表示。它影响着各作业单位之间的关系、物料搬运路线、仓库及堆放地的位置等方面。

4. S

辅助服务指公用的、附属的及有关的作业单位或职能部门,包括工具、维修、动力、收货、发运、铁路专用路线、办公室、更衣室、食堂、厕所等,由有关专业设计人员提供。这些部门是生产的支持系统,在某种意义上加强了生产能力,在布置设计中必须设置这些部门才能有效地工作。

5. T

时间指在什么时候、用多长时间生产出产品,包括各工序的操作时间、更换批量的次数。在工艺过程设计中,根据时间因素可以求出设备的数量、需要的面积和人员,并平衡各工序的生产能力。

有了这五项基本要素,就有了着手布置设计分析的起点,当然,要完成布置设计,还必须在掌握五项基本要素的基础上收集和分析其他特征因素,包括城市规划、交通运输条件、地质水文条件等。

同时也需注意图 7-2 中的"为什么"(WHY)。这说明要在充分调查研究并取得全面、准确的各项原始数据的基础上,通过绘制各种表格、数学和图形模型,有条理地细致分析和计算,才能最终求得工程布置的最佳方案。

7.2 物流分析技术

物流分析严格上讲是一个系统优化问题,它是从系统最优出发,在选定系统目标和准则的基础上,分析构成物流系统的功能和相互关系,以及系统与环境的相互作用,分析时涉及的问题范围很广,包括系统布置、物流预测、生产库存控制等多个方面。物流系统分析技术是把物流全过程所涉及的装备、器具、设施、路线及其布置作为一个系统,运用现代科学和方法进行设计、管理,达到物流合理化的综合优化技术。

7.2.1 基本概念

1. 当量物流量

物流量是指一定时间内通过两个物流节点间的物料数量。在一个给定的物流系统中,物料从几何形状到物化状态差别很大,其可运性或搬运的难易程度相差也很大,简单地用重量作为物流量计算单位并不合理。例如:1 吨重的桌子、椅子和 1 吨重的煤、木材、钢材,可运性就不一样。一台电冰箱不算太重,但它比同样重量的木材就难运多了。因此,在物流系统分析和规划设计过程中,必须找出一个标准,把系统中所有的物料通过修正,折算为一个统一量,即当量物流量,才能进行比较、分析和运算。

当量物流量是指物流运动过程中一定时间内按规定标准修正、折算的搬运量和运输量。其计算公式为

$$f = q \cdot n \tag{7-1}$$

式中,f 为当量物流量,当量吨/年、当量吨/月、当量千克/小时;q 为一个流动单元的当量物流量,当量吨、当量千克;n 为单位时间内流经某一区域或路径的单元数,单元数/年(月、小时)。

实际物流系统中所提及的物流量多指当量物流量。目前,当量物流量尚无统一的计算标准,一般根据现场情况和实际经验确定。如一台载重量为 10 吨的汽车,当运 10 吨锻件时,10 吨锻件的当量物流量为 10 吨,而当其运送 2 吨组合件时,则 2 吨组合件的当量物流量也为 10 吨。

2. 玛格数（Magnitude）

"玛格"是为度量各种不同物料的"可运性"而创造的一种单位,起源于美国。将任一物品的玛格数乘以单位时间内输送的件数,即可得到物料输送的强度,或称流动强度。1 玛格的物料具有以下特点。

（1）可以方便地拿在一只手中。
（2）相当密实。
（3）结构紧凑,有一些可堆积的性质。
（4）不易受损坏。
（5）相当清洁、坚固和稳定。

"1 玛格"物品的典型例子：一块经过粗加工的 10 立方英寸(约 150 立方厘米)大小,或稍大于 2 英寸×2 英寸×2 英寸(5 厘米×5 厘米×5 厘米)的木块,约有两包香烟大小。

注意,应用玛格数时,需将系统中所有物料均换算成相应的玛格数量。

3. 活性系数 α

物料存放的状态是多种多样的,可以散放于地上,也可以装箱放于地上或放在托盘上等。由于存放状态不同,物料搬运的难易程度是不一样的,把物料的存放状态对搬运作业的方便程度称为物料搬运活性,用搬运活性系数 α 表示,如图 7-3 所示。

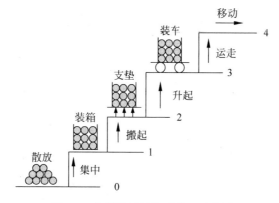

图 7-3 物料搬运活性系数 α 示意图

物料搬运活性系数确定原则如表 7-2 所示,一般分为 5 级,最基本的活性是水平最低的散放状态的活性,规定其系数为 0,对此状态每增加一次必要的操作,物料的搬运活性系数增加 1,活性水平最高状态的活性系数为 4。散放在地上的物料,要经过集中、搬起、升起、运走四次作业才能运走,活性水平最低,所以其活性系数为 0;而装载于正在运行的车上的物料,已经处于运送的过程中,不需要再进行其他作业就可以运走,活性最高,其系数为 4。

表 7-2 物料搬运活性系数确定原则

物品状态	作业说明	作业种类				还需的作业数	不需要的作业数	物料活性系数
		集中	搬起	升起	运走			
散放于地上	集中、搬起、升起、运走	要	要	要	要	4	0	0
集装于箱中	搬起、升起、运走(已集中)	否	要	要	要	3	1	1
托盘上	升起、运走(已搬起)	否	否	要	要	2	2	2
车中	运走(不用升起)	否	否	否	要	1	3	3
运动中	不要(保持运动)	否	否	否	否	0	4	4

作为一种度量物料搬运难易程度的指标,α 还可用于分析某一物流在系统中的平均机动性。将某一物流按流程及各段的活性绘制在坐标图上,即得到该物流的活性系数曲线,物流的平均活性系数按式(7-2)计算。

$$\bar{\alpha} = \frac{1}{n}\sum_{i=1}^{n}\alpha_i \tag{7-2}$$

式中,$\bar{\alpha}$ 为物流平均活性系数;n 为作业工序数;α_i 为工序 i 的活性系数。

4. 作业单位

在物流系统分析时,常用到"作业单位"(activity unit)这一概念,它是设施布置时对不同工作区和存在物的基本区划。任何一个企业都是由多个生产车间、职能管理部门、仓储部门及其他辅助服务部门组成的,通常把企业的各级组成统称为"作业单位"。每一个作业单位又可以细分成更小一级的作业单位,如生产车间可细分成数个工段,每个工段是由多个加工中心或生产单元构成,那么生产单元就是更小一级的作业单位。

可见,该术语可以是某个厂区的一个建筑物、一个车间、一个重要出入口,也可以是一个车间的一台机器、一个办公室、一个部门。作业单位可大可小、可分可合,究竟怎么划分,要看规划设计工作所处的阶段或层次。对于现有设施,可以使用原有组成部分的名称划分作业单位或进行新的分合。对于新的项目,规划设计人员要逐个确定所有的作业单位,这对于布置设计的顺利进行十分必要。

7.2.2 物料流动的基本模式

在对设施布置问题进行分析时,经常要对设施内物料的流动模式(patterns of flow)作出分析。物料流动模式有水平和竖直两种,水平模式是指物料在水平面内的流动,多见于单层空间如普通厂房内,竖直模式是垂直水平面的上下流动,多见于立体空间如多层立体厂房内。在物流设施布置时,对于单层设施,只需考虑水平模式,如果是多层设施,则还需考虑竖直模式,但总的来说,水平模式是最基本的。企业物流的基本流动模式有五种,如图7-4所示。

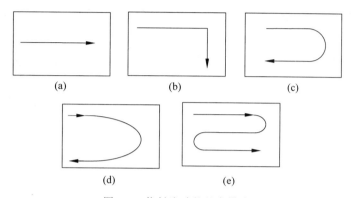

图7-4 物料流动的基本模式
(a) 直线形;(b) L形;(c) U形;(d) 环形;(e) S形

直线形是最简单的一种流动模式,物料流动的入口与出口位置相对,设施布置时,建筑物只有一个跨度,外形为长方形,设备沿通道两侧布置。

L形模式的入口与出口分别处于建筑物两相邻侧面,设备布置与直线形相似,适用于设施或建筑物不允许直线流动的情形。

U形模式最大的好处是出入口在同一位置,适用于入口与出口在建筑物同一侧面的情况,生产线长度基本上相当于建筑物长度的两倍。

环形模式常见于由物料搬运机器人服务的制造单元中,用于要求物料返回到起点的情况。

S形模式则常用于长的流水装配线布置,如汽车装配线,可以安排较长的生产线。

实际上,设施布置的物料流动模式常常是上述几种模式的组合。选择流动模式时,应主要考虑出入口、场地和建筑物的限制、生产流程和生产线的特点、通道和运输方式等。同时,工厂生产离不开职工,职工的活动也是一种流动,因此合理的物料流动模式既要考虑物料的运动形式,也要考虑人员的流动状况。

7.2.3 物流分析的图表技术

1. 物流路径图

用圆圈节点代表各个部门,用直线或弧线表示各个部门间发生的物料流动,便于直观地分析物流强弱。弧线用来表示不相邻部门间发生的物流,上方的弧线表示跳跃,下方的弧线表示回退,采用不同的线形来区分不同的物流内容,如图7-5所示。

图7-5可指出由某些因素引起的问题,如物流路径交叉、回运和途经距离。物流路径交叉的情形不符合要求,在设施布置中应尽量避免;回运指物料运回的情况,为了提高效率,应尽量减少;途经距离越短,消耗的成本越少,因此应尽可能缩短途经距离。

2. 工艺过程图

在大批量生产中,产品种类很少,用标准符号绘制的工艺过程图可直观地反映出生产的详细情况,如图 7-6 所示。此时,只需在工艺过程图上注明各道工序之间的物流量,就可以清楚地表现出工厂生产过程中的物料搬运情况。对于某些规模较小的工厂,无论产量如何,只要产品比较单一,也可以用工艺过程图进行物流分析。

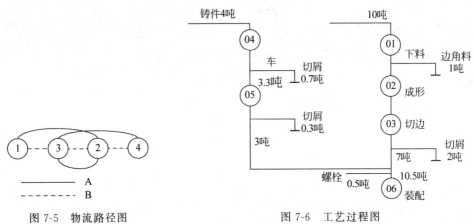

图 7-5 物流路径图　　　　　图 7-6 工艺过程图

3. 多种产品工艺过程表

在产品种类较多且批量较大的情况下,各个独立的工艺过程图难以用来研究各种产品生产过程之间的相关部分,此时就需要把工艺过程图汇总成多种产品工艺过程表,如表 7-3 所示。在这张表上,各产品工艺路线并列给出,可以反映出各个产品的物流途径。为了在布置上达到物料顺序移动、尽可能减少倒流,通过调整图表上的工序,使彼此之间有最大物流量的工序尽量靠近,直到获得最佳的顺序。

表 7-3 多种产品工艺过程表

作业 工序	零件或产品					
	A	B	C	D	E	F
剪切	①	①	①		①	①
开槽口	②	②	②	①		
回火		③	④	②	③	③
冲孔	③				②	②
弯曲	④	④	③	③	④	④
修整		⑤	⑤	④	⑤	

4. 从至表

当产品种类很多、产量很小,且零件、物料数量又很大时,可以用一张方阵图表来表示各作业单位之间物料的移动方向和物流量。表中,方阵的行表示物料移动的源,称为从;列表示物料移动的目的地,称为至;行列交叉点标明由源到目的地的物流量,有时也可同时注明物料种类代号。运用从至表可以一目了然地进行各作业单位之间的物流状况分析。

当物料沿着作业单位排列顺序正向移动,即没有物料倒流现象时,从至表中只有上三角方阵有数据,这是一种理想状态。当存在倒流现象时,倒流物流量出现在从至表中的下三角方阵中,此时,从至表中任何两个作业单位之间的总物流量(物流强度)等于正向物流量与逆向(倒流)物流量之和。将表 7-3 绘制成从至表,如表 7-4 所示,表中每个相交的方格表示"从"一个工序"至"另一工序的物流量。如 A、B、C 三种产品从"剪切"工序至"开槽口"工序的物流量为 3。

表 7-4　从至表

从＼至	1 剪切	2 开槽口	3 回火	4 钻孔	5 弯曲	6 修整
1 剪切		ABC3	—	EF2	—	—
2 开槽口	—		BD2	AC2	—	—
3 回火	—	—		—	BDEF4	C1
4 钻孔	—	—	CEF3		A1	—
5 弯曲	—	—	—	—		BDE3
6 修整	—	—	—	—	—	

5. 成组方法

在物流分析时,若生产类型为中、小批量生产,如品种达到数十种,就有必要采用成组方法。按产品结构与工艺过程的相似性进行归类分组,然后对每一类产品采用工艺过程图进行物流分析;或者采用多种产品工艺过程表表示各组产品的生产工艺过程,再做进一步的物流分析。如不能进行分组,可选出或随机抽出代表产品进行分析。

如上所述,不同的分析方法应用于不同的生产类型,其目的是工作方便,在物流分析时,应根据具体情况选择恰当的分析方法。

6. 图例符号

在生产物流系统中,任何物料在其加工或移动时,有五种基本形态。
(1) 操作:处于成形、处理、装配、拆卸等操作过程中。
(2) 运输:处于移动或运输中。
(3) 检验:处于计数、试验、校验或检验中。
(4) 停滞:等待其他操作完成。
(5) 储存:处于储存中。

在设施规划与设计时,常用一系列的图例符号来表示物料的流动或存储状态,目的是便于记录、表示和评定,主要包括以下两个方面。

(1) 表示流程及面积的类型,如表 7-5 所示。

表 7-5 流程及面积类型符号

工艺过程图表符号	说明作业单位区域的扩充符号	颜色区别*	黑白图纹**
操作	成形或处理加工区	绿	
	部件装配拆卸区	红	
运输	与运输有关的作业单位区	橘黄	
储存	储存作业单位区	橘黄	
停滞	停放或储存区	橘黄	
检验	检验、测试、检查区域	蓝	
	服务及辅助作业单位区	蓝	
	办公室或规划面积、建筑区域	棕(灰)	

* 采用 ASME(美国机械工程师学会)标准；** 采用 IMMS 标准。

（2）表示数量或评定等级的相对重要性，如表 7-6 所示。

表 7-6 相对重要性或物流量等级符号

元音字母	系数值	线条数	密切程度或流量等级	颜色规范
A	4	////	绝对重要	红
E	3	///	特别重要	橘黄
I	2	//	重要	绿
O	1	/	一般	蓝
U	0		不重要	不着色
X	−1	～	不希望	棕
XX	−2,−3,−4,…	～～	极不希望	黑

其中，流程类型的图例符号采用美国机械工程师学会制定标准中的流程图例符号，颜色和阴影采用国际物料管理协会(IMMS)的标准。在使用图例符号时，设施规划设计人员有很大的选择余地，在具体项目中可以选择最合适的图例符号、颜色和阴影。

7.2.4 物流分析模式

物流分析是针对物流系统的环境、输入输出情况、物料性质、流动线路、系统状态、搬运设备与器具、库存等方面进行全面、系统的调查与分析,找出问题,求得最佳设计方案的过程,具有开发设计和改造创新双重功能。进行物流分析所采用的一般模式如图 7-7 所示。

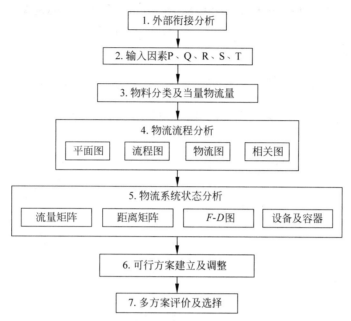

图 7-7 进行物流分析所采用的一般模式

1. 外部衔接分析

首先确定研究对象的系统边界,在此基础上,研究物料输入、输出系统的情况,包括物料输入、输出系统的方式(如运输车辆、装载容器、线路出入口等)、频率以及条件(如时间、道路及环境)等,必要时要用图表形式表达。

2. 输入因素 P、Q、R、S、T

该步骤进行系统调研、资料与数据收集工作。通过详细调查,对系统中的 P、Q、R、S、T 五项基本要素进行列表分析。比如对零件(物料)、路线、数量等,可列产品零件一览表,如表 7-7 所示,表中还可有装载容器、搬运设备等内容。当零件的种类繁多时,可忽略一些影响小、流量不大的物料或零件。

表 7-7 产品零件一览表

序号	零件名称	几何形状	单位重量/千克	年产量/吨	工 艺 路 线
1	曲轴	长杆件	50.4	5 800	下料→锻造→正火→校正
2	齿轮	圆盘件	10.2	1 400	下料→锻造→调质→清理
3	转向臂	复杂件	14.5	1 500	下料→锻造→调质→冷校
...	...	...	...	...	...

3. 物料分类及当量物流量

系统中的物料种类繁多,对于收集到的资料,必须进行适当的分析与处理才能使用。如可采用 ABC 分类法(Activity Based Classification),根据物料的重要性(价值和数量),对物料进行分类。分类后,可以帮助设计人员抓住重点,有利于分析与设计的进行。

步骤如下。

(1) 计算物料的当量物流量。

(2) 绘制 P-Q 图。其中,P 代表物料种类,Q 代表物流量(当量物流量)。根据每一种物料 $P_i(i=1,2,\cdots,n)$ 及其对应点 Q_i,即可画出由直方图表示的 P-Q 图,如图 7-8 所示。

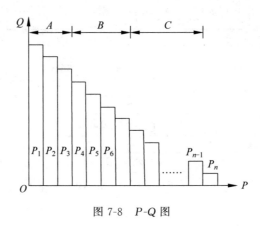

图 7-8 P-Q 图

(3) 对图 7-8 进行 ABC 分类。一般,A 类物料占总品种数的 5%～10%,物流量占 70% 以上;B 类物料占总品种数的 20% 左右,物流量占 20% 左右;C 类物料占总品种数的 70% 以上,物流量仅占 5%～10%。注意,上述百分比的确定不是绝对的。必要时,可忽略 C 类物料。

4. 物流流程分析

物流流程分析方法主要有四种:平面图、流程图、物流图和相关图。

1) 平面图

将物流系统中的各种设施、设备及储存场地等用标准的工艺符号表示出来,并用阿拉伯数字进行编码,就得到了物流平面图,如图 7-9 所示。该图为某车间的平面图,系统内每一项与物流作业有关的活动都用标准的符号表示,其中 1 和 2 是该车间的物流输入地点,18 和 19 是该车间的物流输出地点,其他是加工、储存和检验操作地点。

2) 流程图

得到上述经过符号表达并编码的物流平面图后,根据物料分类和当量物流量折算后的各种物流量,任意一条物流路径均可用编码表示其物流流程路线。如果将系统中所有物流流程用表的形式表达,则称该表为物流流程表,如表 7-8 所示。

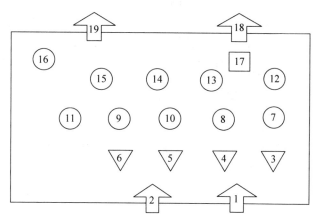

图 7-9 某车间的物流平面图

表 7-8 某车间的物流流程表

序号	零件名称	物流流程	物流量/吨
1	轴 1	1→4→8→15→16→17→18	51.7
2	轴 2	1→3→7→16→18	60.3
3	轴 3	2→3→7→16→18	38.6
4	轴 4	2→6→9→16→14→18	15.3
5	齿轮 1	2→5→10→16→17→18	47.6
6	齿轮 2	1→5→10→16→17→18	8.4
7	齿轮 3	2→6→11→12→13→19	3
8	齿轮 4	2→6→11→17→19	39.6
9	齿轮 5	2→6→11→17→18	22
10	连杆	2→5→9→16→17→19	11.2

如果将表中的各条物流流程绘制在一张图上，该图即为系统的物流流程图。物流流程图可表示从收货、储藏、各部件生产、预装配、总装、打包到仓库及运输等各个环节所经的所有路线。该图的画法不受平面图的限制，任意物流的起点和终点间的物流量大小取决于两点间的所有物流量（当量物流量）之和。

3）物流图

为了更加形象地表达系统的物流状况，可将各条物流路线的物流量大小（用物流图线的粗细表示）和经过的物流节点绘制在编码平面图上，称为物流图，如图 7-10 所示。通过物流图，设计人员可清楚地看出哪条物流线路合理、哪条不合理，有利于分析与设计。

注意，现实中由于该车间物流线路较多且复杂，在一张小幅图中难以将每条线路都清晰地表达出来，图 7-10 中仅绘制出了表 7-8 中序号为 2、7、10 的三条物流线路的物流流程，其他线路并未显示出来，真实的物流图中应该包括所有的物流线路。

此外，物流图的绘制一般按照表 7-9 所示的表示方法来进行。

物流工程：理论与方法

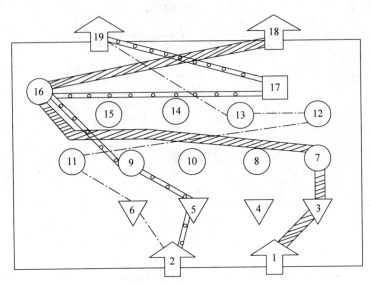

图 7-10　某车间的物流图

表 7-9　物流图的表示方法

名　　称	示例符号	方　　　　法
区域	— —　　②　▽	1. 一个区域的正确位置，画在建筑物平面图或各个厂房和有关设备的平面布置图上 2. 每一个区域的作业形式，用区域符号和作业代码或数字来表示（需要时也可用颜色或黑白阴影来表示）
流程线	150kg ──②──▶ ▽──40m──	3. 物流量用物流线的宽度来表示，线旁注上号码，或用1～4条线来表示，但后者仅用于不太复杂的图中 4. 物流的方向用箭头表示，注在线路终点的近旁 5. 如果图上不太拥挤，距离可注在流向线的旁边，标出距离的单位并注在流向线的起点附近
物料类别	○○○○○○ □─□─□ ▬▬▬▬▬	6. 小的物流量符号，物料类别的字母、颜色或阴影线用于标志不同的产品、物料或成组物品。用彩虹颜色顺序表示物料的总物流量、重要性和大小顺序

4）相关图

相关图又称相关表，如图 7-11 所示。将系统中所用部门（包括物流部门与非物流部门）绘制在一张图表上，表达部门之间的相互关系，以便分析与设计使用。在图中，每一个菱形框表示相应的两个作业单位之间的关系，上半部分用元音字母表示密切程度的等级，下半部分用数字表示确定密切程度等级的理由。密切程度分为 A、E、I、O、U、X 等级别，含义可参照表 7-6，密切程度只表示了部门之间的相对密切程度，并非绝对标准。

图 7-11 某车间相关图

5. 物流系统状态分析

1) 流量矩阵 F

根据流程图,对应得到一个关联矩阵 $F=[f_{ij}]_{n\times n}$,其中 f_{ij} 表示从点 i 到点 $j(i,j=1,2,\cdots,n)$ 的物流量,n 为系统平面图编码的数量。当 i 到 j 无物流量关系时,则 $f_{ij}=0$。

2) 距离矩阵 D

根据编码平面图,可测得矩阵 $D=[d_{ij}]_{n\times n}$,距离单位可用米、千米表示。

由 F、D 可以计算出系统的量-距积和 S,也称物流系统搬运总量,公式如下:

$$S = \sum_{i=1}^{n}\sum_{j=1}^{n} f_{ij} d_{ij} \tag{7-3}$$

S 的单位为当量吨·米或当量吨·千米。为了方便,有时"当量"两字可省略。

3) 流量距离图(F-D 图)

将每两点之间的物流状况,按流量和距离大小绘制在直角坐标图上,得到 F-D 图,如图 7-12 所示。根据分析的需要,可将该图划分为若干部分,以便发现不合理的物流,如将图 7-12 划分为Ⅰ、Ⅱ、Ⅲ、Ⅳ四个部分,从图中可以看出,Ⅳ部分的物流不合理,因为其物流量大且距离远。另外,F-D 图清楚地反映出布置方案物流状况的优劣,可作为平面布置调整的依据,经过调整,当Ⅳ区无物流量时,该方案才为可行方案。

4) 搬运设备及容器统计表

以表格形式记录下任意方案中,在各设施、设备之间从事物料搬运的设备、装载容器等的状况,分析其合理与否,提出改进意见。注意,每一物流方案都应包括该项内容。

6. 可行方案的建立及调整

根据上述分析,可计算出每个方案的量-距积和 S。若根据 F-D 图调整系统中设施

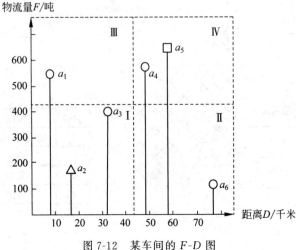

图 7-12 某车间的 $F\text{-}D$ 图

或设备所在的位置,则可得到新的距离矩阵 $\boldsymbol{D}'=[d'_{ij}]_{n\times n}$,重新计算量-距积和得到:

$$S'=\begin{cases}\sum_{i=1}^{n}\sum_{j=1}^{n}f_{ij}d'_{ij} & (1)\\ \sum_{i=1}^{n}\sum_{j=1}^{n}f'_{ij}d'_{ij} & (2)\end{cases} \quad (7\text{-}4)$$

式中,式(1)表示工艺路线未发生变化即 $\boldsymbol{FF}$ 阵没有变化的情形,式(2)表示改变了工艺方法、$\boldsymbol{FF}$ 阵变化了的情形。

可知,只要 $\boldsymbol{D}$ 阵变化为 $\boldsymbol{D}'$,则必有 S 变成 S'。如果 $S'<S$,新的物流设计方案就优于原方案。当然调整时要根据生产系统的条件与环境来进行,不能任意调整。如果在条件允许的范围内,进行了 l 次调整,就可以得到 l 个方案,显然在这些方案中搬运量最小的方案即为最优的,即

$$S^*=\min\{S_1,S_2,\cdots,S_l\}$$

如果任意两物流点间的搬运费用可以得到,为 C_{ij},则系统搬运费用也可计算出来:

$$C_s=\sum_{i=1}^{n}\sum_{j=1}^{n}C_{ij}f_{ij}d_{ij} \quad (7\text{-}5)$$

对于 l 个方案,可得到最小搬运费用方案:

$$C_s^*=\min\{C_{s1},C_{s2},\cdots,C_{sl}\}$$

一般情况下,若 C_{ij} 的值不容易得到,则可用 S 代替 C_s。

7. 多个方案的评价及选择

上述步骤确定的方案 S^*,并不一定是最优布置设计方案,因为往往有好几个 S 或 C_s 值与 S^* 或 C_s^* 相差无几。在设施布置设计时,还要考虑非物流部门、工艺水平要求及管理人员、工作条件和环境保护等多种因素,以确定最优方案。一般通过一定的评价方法来确定最优方案,如可采用关联矩阵、层次分析法或模糊综合评判等。

7.3 系统布置设计

物流设施布置的方法和技术一直是设施规划与设计领域不断探索的问题,自工业革命以来研究出了许多手工设计、数学分析和图解技术。最初的设施布置设计主要凭经验和感觉,到了近代,布置设计从传统的只涉及较小系统发展到大而复杂的系统设计,凭经验已难以胜任。于是,在综合各学科发展的基础上,布置设计开始运用系统工程的概念和系统分析的方法。

在众多的布置方法中,以1961年缪瑟提出的系统布置设计最为著名。该方法条理性、逻辑性强,应用普遍,广泛应用于生产物流系统、商贸流通和交通运输行业等的设施布置和设计中。

SLP主要包括阶段结构、程序模式和程序步骤,及一套图例符号等内容。

7.3.1 阶段结构

SLP的整个设计方法按四个阶段进行,称为"布置设计四阶段",如图7-13所示。总体区划和详细布置这两个阶段的工作是规划设计人员的主要任务,在这两个阶段采用相同的SLP程序。

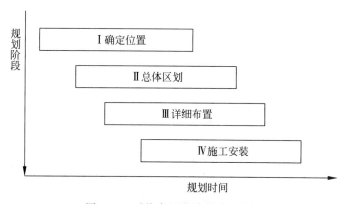

图7-13 系统布置设计的阶段结构

1. 阶段Ⅰ——确定位置

确定位置即确定要进行布置区域的位置。无论是工厂的总体布置,还是车间的布置,都必须先确定所要布置的相应位置。

2. 阶段Ⅱ——总体区划

总体区划即在布置的区域内确定一个总体布局。要把基本物流模式和区域划分结合起来进行布置,同时确定各个作业单位、部门或区域的大小、外形及相互关系。

3. 阶段Ⅲ——详细布置

详细布置一般是指一个作业单位内部的机器及设备的布置。在详细布置阶段,要根据每台设备、生产单元及公用、服务单元的相互关系,确定各自的位置。

4. 阶段Ⅳ——施工安装

在完成详细布置设计后,经上级批准可以进行施工设计,绘制大量的详细安装图,编制搬迁及安装计划,按计划进行机器设备及辅助装置的搬迁和安装施工工作。

在阶段Ⅰ之前可进行规划,主要是确定目标,进行设施要求预测、估算生产能力及需求量;在阶段Ⅳ之后还需要进行规划实施后的试运转,对整个项目进行施工、安装、试车、总结等管理工作。

在系统布置设计的过程中,这四个阶段要顺序交叉进行。在确定位置阶段就必须大体确定各主要部门的外形尺寸,在总体区划阶段也必须对某些影响重大的作业单位进行较详细的布置。随着阶段的进展,数据资料逐步齐全,前期规划中存在的问题会逐步被发现,要通过调整修正,逐步细化完善。

需要强调的是,阶段Ⅱ总体区划是布置设计中最重要的阶段,近年来不断发展的计算机辅助布置设计,都是根据这一阶段的要求而开发的。

7.3.2 程序模式

系统布置设计是一个条理性很强的方法,缪瑟将其实施程序归纳为如图7-14所示的模式,该程序模式清晰明了、易于实施、十分典型。

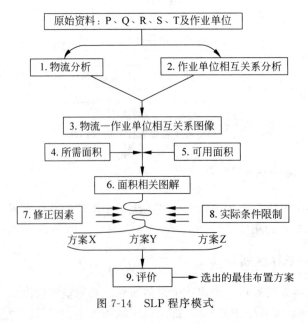

图7-14 SLP程序模式

其中，P、Q、R、S 和 T 为基本原始资料。在 SLP 中，先要对原始资料进行分析，为实际布置设计做准备，主要是进行产品-产量（P-Q）分析，同时要结合其他原始资料进行。在准备工作中，还要把布置中的各个作业单位表示出来。

图 7-14 中的方框 1，主要是物流分析，在以流程为主的工业设施中，它是布置设计最重要的方面。按照物料移动的顺序和强度进行布置设计，可以得到一个通过各个作业单位的物流图。

图 7-14 中的方框 2，主要是作业单位（非物流）相互关系分析。主要对众多公共、辅助服务部门之间的非物流关系进行分析，与物流相互关系有同等的重要性。

图 7-14 中的方框 3，综合考虑各个作业单位之间的物流和非物流的相互关系，并将两者结合起来，构成一个"物流—作业单位相互关系图解"。其中，各个作业单位、部门或工作区都指的仅仅是它们在位置上的相互关系。

图 7-14 中的方框 4，"所需面积"是从工艺所要求的机器、设备及辅助服务设施中分析得来，但必须与方框 5"可用面积"相适应。

然后，把每个作业单位所允许采用的面积附在作业单位位置相关图（相关表）上，形成一个如方框 6 所示的"面积相关图解"。

当综合各种修正因素（方框 7）和实际条件限制（方框 8）进行调整后，就形成了有实际意义的多个方案。通过对各个方案的评价（方框 9），评定出最优方案。

分析可知，SLP 是一个采用严密的系统分析手段及规范的系统设计步骤的布置设计方法，一般以三个基础为依据。

（1）相互关系：所布置的各对象之间所要求的或需要的相对密切的程度。

（2）面积：所布置的各对象的量、种类、形状。

（3）调整：把所布置的对象排列到合乎现实的最佳地步。

7.3.3 程序步骤

上述程序模式只是简单示意了 SLP 的实施步骤，其实，在进行物流设施布置时，有很多工作要做。SLP 的实施步骤可简单归结为以下几点。

首先，分析各作业单位之间的相互关系，包括物流和非物流的相互关系，经过综合得到作业单位位置相关图（相关表）。

其次，根据相关图中作业单位之间相互关系的密切程度，决定各作业单位之间距离的远近，安排各作业单位的位置，绘制作业单位位置相关图，并将各作业单位实际占地面积与作业单位位置相关图结合起来，绘制作业单位面积相关图。

再次，通过作业单位面积相关图的修正和调整，得到数个可行的布置方案。

最后，采用加权因素对各方案进行评价择优，并对每个因素进行量化，得分最高的布置方案就是最佳布置方案。

下面对 SLP 的各个步骤进行详细介绍。

1. 产品-产量分析

一般来说，P-Q 分析分为两个步骤：①将各种产品、材料或有关生产项目分组归类；②统计或计算每一组或类的产品数量。注意，产量的计算单位应该反映出生产过程的重复性，如件数、重量或体积等。

在分析时，可将 P-Q 的关系绘制成 P-Q 图（曲线），如图 7-15 所示，图中横轴表示产品 P，纵轴表示数量 Q。绘制时，将各类产品按数量递减的顺序排列，曲线的左端表示数量很多而种类较少的产品，右端表示数量少而种类很多的产品。

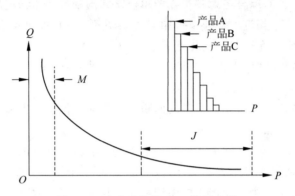

图 7-15　生产系统的 P-Q 分析曲线

P-Q 分析的目的是要依据什么样的生产方式，从而采用何种方式（产品、工艺、成组、固定）进行布置。从图 7-15 可以看出，M 区的产品数量大而种类少，适宜采用大批量生产方式，按产品原则布置；J 区的产品数量少、种类多，属于单件小批生产方式，应该按工艺原则布置；而介于 M 区和 J 区之间的产品，则适宜采用上述两种相结合的成组技术布置生产。

P-Q 分析的结果不仅是确定生产方式和布置形式的基础，也是划分作业单位的基础，即把不同的生产方式和布置形式的机器设备分开配置在不同的面积内。例如，可以把按产品原则布置和按工艺原则布置的机器设备分别设置在不同的车间内，或者分别设置在一个车间不同的工部内。在生产作业单位确定的基础上，还要相应地确定辅助服务部门的作业单位，为下一步分析创造条件。

2. 物流分析

当物料移动是工艺过程的主要部分时，物流分析就成为布置设计的核心工作。物流分析有助于设计人员选择有效的机器设备和生产设施，有助于安排工作单元和部门的布局，同时还有助于改进生产过程。在物流分析时要验证工艺路线是否合理、正确，检查是否可以取消、合并、改变顺序或位置。因此，正确、合理的设施布置不仅能提高生产和工作效率，也是节约物流费用、降低产品或服务成本的重大措施。

物流分析包括确定物料在生产过程中每个必要的工序之间移动的最有效顺序及其移

动的强度或数量。随着产品的产量和品种的不同,物流分析的方法也有所不同,通过 P-Q 曲线可以看出应当采用哪种分析方法,如表 7-10 所示。

表 7-10　产品类型及其分析方法

产品的产量及品种	分　析　方　法
一种或少量标准化产品或项目	工艺过程图、流程图表
数种产品或物品(不包括装配和拆卸)	多种产品工艺过程表
许多产品或物品	可将它们组成合理的组或选择代表产品、项目,并按对应方法进行分析
大量、多样化的产品或物品	从至表

移动时间周期内的物料移动量称为物流强度。如果通过工艺过程分析能正确地安排各工序或作业单位之间的相互关系,那么各条路线上的物料移动量就是反映工序或作业单位之间相互关系密切程度的基本衡量标准。对于相似的物料,可以用重量、体积、托盘或货箱作为计量单位。当比较不同性质的物料搬运状况时,各种物料的物流强度大小应酌情考虑物料搬运的困难程度。

由于直接分析大量物流数据比较困难且没有必要,在采用 SLP 进行布置设计时,不必考虑各作业单位之间具体的物流强度,而是通过划分等级的方法来研究物流状况。在 SLP 中将物流强度转化成五个等级,如表 7-11 所示。其中物流强度按物流路线比例或承担的物流量比例来确定。

表 7-11　物流强度及其划分

物流强度等级	符号	物流路线比例/%	承担的物流量比例/%
超高物流强度	A	10	40
较高物流强度	E	20	30
较大物流强度	I	30	20
一般物流强度	O	40	10
可以忽略搬运	U		

为了清晰地表达所有作业之间物流的相互关系,仿照从至表的结构,构造出一种作业单位之间物流的相互关系表,称之为原始物流相关表,如表 7-12 所示。在表中区分物料移动的起始作业单位与终止作业单位,在行与列的相交方格中填入行作业单位与列作业单位间的物流强度等级。因为行作业单位与列作业单位排列顺序相同,所以得到的是右上三角阵表格与左下三角阵表格对称的方阵表格。舍掉多余的左下三角矩阵表格,将右上三角阵变形,就得到了 SLP 中著名的物流相关表,如表 7-13 所示,表左侧添入各作业单位,右侧菱形添入作业单位之间的物流强度等级。

表 7-12　某厂作业单位原始物流相关表

从＼至	1	2	3	4	5	6	7	8
1		A	A	O	U	A	U	O
2	A		A	O	U	U	U	U
3	A	A		O	U	U	U	U
4	O	O	O		U	O	U	U
5	U	U	U	U				
6	A	U	U	O	U		U	U
7	U	U	U	U				U
8	O	U	U	U	U	U	U	

表 7-13　某厂作业单位物流相关表

序号	作业单位
1	S_1
2	S_2
3	S_3
4	S_4
5	S_5
6	S_6
7	S_7
8	S_8

进行设施布置设计时，物流相关表中物流强度等级高的作业单位之间的距离应尽量减小即接近，而物流强度低的作业单位之间的距离可以适当加大。

3. 非物流关系分析

当物流状况对企业的生产有较大影响时，物流分析就是设施布置的重要依据，但是当物流对生产影响不大或没有固定的物流时，设施布置就不能依赖于物流分析，需要进行作业单位间的非物流关系分析。因此，在分析作业单位相互关系时要区别对待，当没有辅助部门即不考虑非物流因素时，只需进行物流分析就可以确定相互关系；当没有重大物流时，也没必要进行物流分析；大部分的情况是把生产作业单位和辅助服务部门的物流分析和非物流分析结合在一起，生成"综合相互关系表"来考虑。

1) 作业单位相互关系的影响因素及密切程度等级的划分

作业单位相互关系的影响因素与企业的性质有很大关系,一般来说,确定相互关系的理由不能超过 10 个,可主要考虑以下几个方面。

(1) 物流或工作流程相同。

(2) 作业性质相似。

(3) 使用相同的设备。

(4) 使用同一场地。

(5) 使用共同的文件。

(6) 使用同样的公用设施。

(7) 使用共同的人员。

(8) 工作联系频繁程度。

(9) 监督和管理方便。

(10) 噪声、振动、烟尘、易燃易爆危险品的影响。

(11) 服务的频繁和紧急程度。

确定了作业单位相互关系密切程度的影响因素后,就可以给出各作业单位相互关系密切程度等级,将作业单位相互关系密切程度等级划分为 A、E、I、O、U、X 六个等级,如表 7-14 所示。

表 7-14　作业单位相互关系密切程度等级确定

字母等级	关系含义	编码	理由
A	绝对必要靠近	1	
E	特别重要	2	
I	重要	3	
O	一般密切程度	4	
U	不重要	5	
X	不希望靠近	6	

2) 作业单位相互关系表

作业单位相互关系密切程度的评价可由布置设计人员根据物流计算、个人经验或与有关作业负责人讨论后进行判断,也可以把相互关系统计表格发给各作业负责人填写,或者由有关负责人开会讨论决定,由布置设计人员记录汇总。

在评价作业单位间相互关系时,首先应制定一套"基准相互关系",其他作业单位的相互关系通过比照"基准相互关系"来确定。

确定了各作业单位相互关系密切程度以后,采用与物流相关表相同的形式,建立作业单位非物流相互关系表,表中的每一个菱形框填入相应的两个作业单位的相互关系密切程度等级,上半部用密切程度等级符号表示密切程度,下半部用数字来表示密切程度等级的理由,如表 7-15 所示。

表 7-15　某厂作业单位非物流相关表

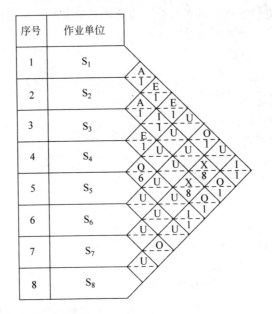

3) 作业单位综合相互关系分析

在大多数情形下,各作业单位之间既有物流关系也有非物流关系,因此作业单位的相互关系应包括这两个方面的内容。在 SLP 中,要对作业单位的物流关系与非物流关系进行合并,并求出合成的相互关系——综合相互关系,然后从综合相互关系出发,实现各作业单位的合理布置。

一般按照下列步骤得到作业单位综合相互关系表。

(1) 进行物流分析,求得作业单位物流相关表。

(2) 进行非物流关系分析,求得作业单位相互关系表。

(3) 确定物流关系与非物流关系的相对重要性。这一重要性用加权值 $m:n$ 来表示,一般不应超过 $1:3 \sim 3:1$。如果比值大于 $3:1$,意味着物流关系占绝对主导地位,设施布置只考虑物流关系即可;当比值小于 $1:3$ 时,说明物流关系的影响很小,只考虑非物流关系即可。实际情况下,根据两者的相对重要性,比值可为 $3:1,2:1,1:1,1:2,1:3$。

(4) 量化物流强度等级和非物流的密切程度等级。一般 A 取 4、E 取 3、I 取 2、O 取 1、U 取 0、X 取 -1。

(5) 计算量化的作业单位综合相互关系。用式(7-6)计算两作业单位 i 和 j 的相关密切程度 CR_{ij}。

$$\mathrm{CR}_{ij} = m\mathrm{MR}_{ij} + n\mathrm{NR}_{ij} \tag{7-6}$$

其中,MR_{ij} 和 NR_{ij} 分别是物流相互关系等级和非物流相互关系等级。

划分综合相互关系等级。CR_{ij} 是一个量值,需要经过等级划分才能建立与物流相关表相似的、符号化的作业单位综合相互关系表。综合相互关系的等级划分为 A、E、I、O、U、X,各级对 CR_{ij} 值递减,且各级别的作业单位对数应符合一定的比例。这里要注意 X 级的处理。任何一级物流强度与 X 级的非物流关系综合时,都不应超过 O 级。对于一些绝对不能靠近的作业单位,相互关系可定为 XX 级。

(6) 根据经验和实际约束情况,适当调整并建立综合相关表。

现在对前述某工厂 8 个作业单位进行综合相互关系分析。假设物流关系与非物流关系的相对重要性的比值 $m:n=1.5:1$,对应 A、E、I、O、U、X 的分值取 4、3、2、1、0、-1,经过对物流关系与非物流关系等级分值加权平均得到综合相互关系等级分值,如表 7-16 所示。

表 7-16 某厂作业单位综合相关表

序号	作业单位							
1	S_1	A	A	A	O	I	U	U
2	S_2		A	I	U	U	U	U
3	S_3			O	U	E	U	U
4	S_4				I	U	X	O
5	S_5					U	X	U
6	S_6						U	O
7	S_7							U
8	S_8							

例如 S_1 与 S_2 之间的综合相互关系等级计算如下:

$$CR_{12}=(1.5\times 4+1\times 4)/2.5=4$$

对应的为 A 级。

4. 作业单位位置相关图解

在作业单位综合相互关系表完成以后,即可用图例、符号、数字、颜色表示各个作业单位的相互关系,绘制作业单位位置相关图。绘制时,可以不直接考虑各作业单位的建筑物占地面积及外形几何形状,而是从各作业单位相互关系密切程度出发,安排各作业单位的相对位置,即根据综合相互关系级别高低按 A、E、I、O、U、X 级别顺序确定不同级别作业单位位置,关系密切程度高的作业单位距离近,关系密切程度低的作业单位距离远。

当作业单位数量较多时,会有很多单位的综合相互关系级别相等,给绘制作业单位位置相关图的排序造成困难,因此需要再考虑各作业单位的综合接近度,所谓综合接近度就是某单位与其他单位综合相互关系级别分值之和。综合接近值程度的高低反映了该作业单位在位置图中是处于中心位置还是处于边缘位置,综合接近程度最高的应布置在中心位置。

绘制作业单位位置相关图是一个逐步求精的过程,整个过程要条理清楚、系统性强,用一定的符号代替作业单位,用线条的密集程度和距离的远近来表示作业单位之间的密切程度,一般按下列步骤进行。

(1) 从作业单位综合相互关系表出发,求出各作业单位的综合接近程度,并按其高低将作业单位排序。

(2) 按图幅大小,选择单位距离长度,并规定关系等级为 A 的作业单位对之间距离为一个单位距离长度,E 级为两个单位距离长度,以此类推。

(3) 从作业单位综合相互关系表中,取出关系等级为 A 的作业单位对,并将所涉及的作业单位按综合接近程度分数高低排序,得到作业单位序列 $A_{k1},A_{k2},\cdots,A_{kn}$。其中,下标为综合接近程度序号,且有:$A_{k1}>A_{k2}>\cdots>A_{kn}$。

(4) 将综合接近程度分数最高的作业单位 A_{k1} 布置在布置图的中心位置。

(5) 按 $A_{k2},A_{k3},\cdots,A_{kn}$ 顺序把这些作业单位布置到图中,布置时,应随时检查待布置作业单位与图中已布置的作业单位之间的关系等级,选择适当位置进行布置,出现矛盾时,应修改原有布置。用不同的连线类型表示图上各作业单位之间的关系等级。

(6) 按 E、I、O、U、X、XX 关系等级顺序,选择当前处理的关系等级 F。

(7) 从作业单位综合相互关系表中,取出当前处理的关系等级 F 涉及的作业单位对,并将所涉及的作业单位按综合接近程度分数高低排序,得到作业单位序列 $F_{k1},F_{k2},\cdots,F_{kn}$。

(8) 检查 $F_{k1},F_{k2},\cdots,F_{kn}$ 是否已在布置图中出现。若出现,则要进一步查看作业单位位置是否合理;若不合理,则需要修改原有布置,然后从序列中筛除已出现的作业单位,得到需要布置的作业单位序列。

(9) 按 $F_{k1},F_{k2},\cdots,F_{kn}$ 顺序把作业单位布置到图中。布置时,应随时检查待布置作业单位与图中已布置的作业单位之间的关系等级,选择适当的位置进行布置,出现矛盾时,应修改原有布置。注意用不同类型的连线表示图上各作业单位之间的关系等级。

(10) 若 F 为 XX,则布置完毕,得到了作业单位位置相关图,否则使 F 为下一个关系密级,重复步骤(7)~(10)。

在绘制作业单位位置相关图时,设计者一般要绘制 6~8 次图,每次增加作业单位和修改其布置,才能达到满意的布置。现在计算前述某工厂 8 个作业单位的综合接近程度并排序,如表 7-17 所示。

表 7-17 某工厂 8 个作业单位的综合接近程度

作业单位	S_1	S_2	S_3	S_4	S_5	S_6	S_7	S_8
S_1	—	A/4	A/4	I/2	U/0	E/3	U/0	O/1
S_2	A/4	—	A/4	O/1	U/0	U/0	X/−1	U/0
S_3	A/4	A/4	—	I/2	U/0	U/0	X/−1	U/0
S_4	I/2	O/1	I/2	—	U/0	U/0	U/0	O/1
S_5	U/0	U/0	U/0	U/0	—	U/0	U/0	U/0
S_6	E/3	U/0	U/0	U/0	U/0	—	U/0	U/0
S_7	U/0	X/−1	X/−1	U/0	U/0	U/0	—	U/0
S_8	O/1	U/0	U/0	O/1	U/0	U/0	U/0	—
综合接近度	14	8	9	6	0	3	−2	2
排序	1	3	2	4	7	5	8	6

根据各作业单位类型绘制作业单位位置相关图,如图 7-16 所示。

5. 作业单位面积相关图解

在作业单位的相互关系确定以后,需要按它们的面积进行位置安排。各作业单位的面积不一定要等到完成相互关系图解才进行计算,实际上确定了生产作业单位和辅助作业单位以后,就可以进行面积计算了。确定面积的方法有以下几种。

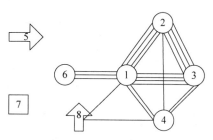

图 7-16 作业单位位置相关图

(1) 计算法:根据每台设备和作业所需的面积,加上辅助设施、材料储存、维修通道以及人员等所需的面积,得到作业单位的所需总面积,该方法比较精确。

(2) 概略布置法:利用设备的样片或模型进行概略布置,确定所需面积。

(3) 趋势预测法:将过去每个时期每台设备、每个工时或每个单位的面积指标画成曲线,按曲线的延伸预测未来的面积指标。

(4) 转换法:将现在设备所占的面积转换成将来布置所需的面积。

一般而言,需要的面积常常受到实际情况或其他因素的限制,因此必须对所需的面积进行适当的调整,使之与可用面积相适应。

根据已经确定的物流和作业单位相互关系以及确定的面积,就可以利用面积相关图进行图解,即把每个作业单位按面积用适当的形状和比例在图上进行配置。

(1) 如果物流关系很重要而非物流关系不重要,可把面积相关图和物流图结合起来,即在图上把每一个作业单位按物流关系用比例画出,并标明面积。

(2) 如果物流关系不重要而非物流关系很重要,可把面积相关图和作业单位位置相关图结合起来画出。

(3) 如果物流关系和非物流关系都重要,则可把面积相关图和物流图及非物流相关图结合起来,按同样的方式画出,并标明面积。

绘制作业单位面积相关图的一般步骤如下。

(1) 选择适当的绘图比例,一般比例为 1:100、1:500、1:1 000、1:2 000、1:5 000,绘图单位为毫米或厘米。

(2) 将作业单位位置相关图放大到坐标纸上,各作业单位符号之间应留出尽可能大的空间,以便安排作业单位建筑物。为了图面简洁,只需绘出重要的关系如 A、E 及 X 级连线。

(3) 按综合接近程度分数大小顺序,由大到小把各作业单位布置到图上。绘图时,以作业单位符号为中心,绘制作业单位建筑物外形。作业单位建筑物一般都是矩形,可以通过外形旋转角度,获得不同的布置方案,当预留空间不足时,需要调整作业单位位置,但必须保证调整后的位置符合作业单位位置相关图的要求。

(4) 经过数次调整与重绘,得到作业单位面积相关图。

图 7-17 是以图 7-16 为基础的某工厂 8 个作业单位的面积相关图,图中小括弧内的数字表示作业单位所需面积。

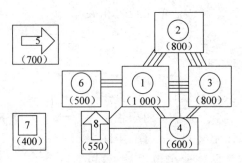

图 7-17 作业单位的面积相关图

6. 修正因素

作业单位的面积相关图是直接从位置相关图演化而来的,只能代表一种理想、理论的布置方案,只有通过调整和修正才能得到可行的布置方案。进行调整和修正必须考虑以下因素:厂址条件或周围情况,如地面坡度、主导风向、朝向、道路出入口等;搬运方法,如与外部运输的联系、搬运方案、搬运设备所占空间等;仓库设施,要根据面积相关图重新检查仓库设施的面积;建筑特征,如门窗形式、建筑立面、柱网、地面负荷等;人员方面的要求,如工厂出入口的分布、更衣室、休息室的位置等;公用及辅助部门要求,考虑公用管线、维修部门所需面积。

7. 实际条件限制

在考虑布置时,常遇到一些对设计有约束作用的修正因素,称为实际条件限制。例如,现有建筑、现有的搬运方法、不易变动的管理方法等限制了理想布置的实现。企业政策、建筑规范、社会对废料处理的规定、资金不足等也是影响布置的重要条件。在处理这些修正因素时,有时会产生重新安排面积的考虑。例如,在布置中希望设置一条高度同步化的自动输送带系统,但实际条件下,它可能会阻断车道,因此需要考虑舍弃这种方案。

通过考虑多方面因素的影响和限制,形成众多布置方案,抛弃所有不切实际的想法,保留 2～5 个可行方案供选择,采用规范的图例符号,将布置方案绘制成总平面布置图。

8. 方案评价和选择

对已经取得的数个可行方案进行评价,选择出最佳方案,作为最终的设施布置方案。常用的布置方案的评价方法有加权因素法与费用对比法。

1) 加权因素法

每个布置方案都有一些非经济因素,不可能用费用精确地衡量,因此最通用有效的方法是加权因素法。加权因素法把布置设计的目标分解成若干个因素,并对每个因素的相对重要性评定一个优先级(加权值),然后,分别就每个因素评价各个方案的相对优劣等级,最后加权求和,求出各方案的得分,得分最高的方案就是最佳方案。

布置方案比较中,最常见的有关因素或考虑事项有:物流效率与方便性,空间利用率,辅助服务部门的综合效率,工作环境安全与舒适性,管理的方便性,布置方案的可扩展性、适应性及通用性,产品质量及其他相关因素。

2) 费用对比法

费用对比法一般是在各个方案都已证明是合理、可行的情况下,从经济角度对方案进行比较择优。分析评价时,可以着重对布置方案的物流费用、基建费用等方面进行综合评价,费用最低的方案就是最佳方案。对于一个全新的项目布置方案,一般需要进行总费用对比。对于原有布置调整的方案,可只对有差别的部分进行对比。

经比较后,选择一个推荐方案,绘制成布置图,同时准备说明文字,简明扼要地说明方案的特点、与其他方案相比的优缺点,以及推荐的理由等,提请主管部门审查和批准。

7.3.4 简化的系统布置设计

在设计工作中,对于大型项目来说,运用 SLP 方法进行设施布置是可以接受的,但是对于各种经常处理的中小型项目来说,运用 SLP 方法从头到尾进行设计就得不偿失了。为此,缪瑟针对日常处理最多的中小型项目,提出了简化系统布置设计(simplified systematic layout planning,SSLP)方法,使日常的布置设计工作大为简化。

这一方法基本上包括三个基本要素和六个步骤。

三个基本要素包括:

(1) 各职能部门、作业单位或工作地点的相互关系;

(2) 每一作业单位一定数量、种类或(及)形状的面积;

(3) 将相互关系及面积调整成布置方案。

六个步骤包括:

(1) 绘制相互关系图表;

(2) 确定面积要求;

(3) 绘制作业单位相互图解;

(4) 绘制面积相关布置图;

(5) 比较方案的评价;

(6) 详细布置所选定的方案。

SSLP 一般不适宜用来解决重大或复杂的课题,尤其不适宜用作物流强度大或占主导的布置,SSLP 对于布置小型办公室、实验室或服务区还是比较理想的。

7.4 订单品项数量分析

随着设施布置设计技术的不断发展,在物流系统中,配送环节作为第三利润源泉的突破口,受到越来越多企业的重视。其中,配送中心的规划与设计对整个物流活动是否高效也起着至关重要的作用,而 SLP 方法在求解配送中心布局规划问题上存在局限性。因此,日本物流专家铃木震根据其 40 多年的行业经验,首创并积极倡导推广了订单品项数量分析方法,即 EIQ 分析,该方法以市场需求为导向,从订单层面分析,可以为仓库或配送中心提供布局规划依据。

7.4.1 EIQ 分析的内容

EIQ 分析指利用"E""I""Q"这三个物流关键要素,来研究配送中心的需求特性。其中,E 是指"entry",I 是指"item",Q 是指"quantity",即从客户订单的品项、数量、订货次数等方面出发,进行配送特性和出货特性的分析。

作为加强仓库运作管理的一个重要分析工具,该方法主要分析物料在仓库内的储存数量和状态,在此基础上运用 ABC 分类工具等,进行 EN(每张订单的订货品项数量)、EQ(每张订单的订货数量)、IQ(每个单品的订货数量)、IK(每个单品的订货次数)等的统计分析,以获取相关信息,并提出优化方案,最终达到改善仓库布局的目的。

EIQ 分析的项目和内容主要有以下几方面。

(1) EN:对所有订单的货物种类进行研究,主要影响出货方式及出货区的规划,经常配合总出货商品种类数、出货种类数及总品项数三项数据综合考量。

(2) EQ:主要目的是对订单进行分类,确定相关订单的出入库处理情况、选择合适的拣选模式、影响出入库区的规划形式等。

(3) IQ:对出货量进行研究,主要是相似订单分布情况,通过分析货品的重要程度和运量方式、规模、大小,确定仓储系统的规划方式、货位空间的计算,并且对拣货方式提出要求,IQ 分析后即可确定仓库系统的分区规划方式。

(4) IK:分析每一品种出货次数,结合分析的内容,确定正确有效的仓库区配置及库存位置。

EIQ 分析是根据以上四个项目的结果进行综合考量,为配送中心提供规划依据。此外,IQ、IK 分析也能用于库存管理中 ABC 分类的参考依据。在绘制 EQ、IQ、EN、IK 等统计分布图时,常采用 ABC 分类法将某一特定范围内的订单或产品找出,对其进一步分析和重点管理。

7.4.2 EIQ 分析的步骤

EIQ 分析的应用场景较为广泛,既可以应用在物流系统的整体规划方面,如物流配送中心及物流园区规划中,也可以对系统内部物流设备选择、库存管理以及分拣作业等进行优化。在使用该方法时,需明确订单信息,一旦数据信息缺乏,该方法便不再适用。接下来,以配送中心规划设计为例,说明使用该方法的具体步骤,如图 7-18 所示。

图 7-18　EIQ 分析实施步骤

1. 资料收集、取样

EIQ 分析资料,可依不同的用途分别以 1 日、1 周、1 个月,甚至 1 季时间为收集范围。由于配送中心工作负荷波动较大,欲抽取单一周期中最具代表性的 1 天,实属不易,故可根据平日作业经验多选取几天比较,并参考 1 周或 1 个月的资料,这样比较容易了解配送中心在淡旺季或各周期间的作业变化情形。一般 EIQ 资料的分析大概以 1 个月作为分析时间窗,以适应市场快速变化的情况。若 EIQ 的资料量过大,不易处理,通常可依据配送中心的作业周期性先取 1 个周期或 1 个星期的资料加以分析,若有必要再进行更长期的资料分析。也可以根据商品特征或客户类别将资料分成几个群组,针对不同的群组进行个别的 EIQ 分析;或是以某群组为代表,进行分析后再将结果乘上倍数,以求得全体资料。

2. 资料分析与图表制作

EIQ 分析法是一种量化的分析法,需对取样得到的资料进行量化,并可和以下分析方法综合使用。

(1) 帕累托分析。在一般物流配送中心的作业中,将订单或单品种出货量经排序后绘图,并将其累积量以曲线表示出来,经由帕累托分析可协助观察其曲线变化。

(2) 次数分布。绘出 EQ、IQ 等帕累托分布图后,若想进一步了解产品出货量的分布情形,可将出货量范围做适当的分组,并计算各产品出货量出现于各分组范围内的次数。

(3) ABC 管理。将帕累托分析得到的特定百分比内的主要订单或产品找出,作为进一步分析及管理重点。通常先以出货量排序,以占前 20% 及 50% 的订单件数(或品种数),计算所占出货量的百分比,并作为重点分类的依据。若出货量集中在少数订单(或产品),则可针对此产品群体做进一步分析规划。出货量很少而产品种类很多的产品组群,在规划过程可先不考虑或以分类、分区规划方式处理。

利用统计方法进行 EQ、EN、IQ、IK 等各类资料分析,并将得出的分析数据图表化,作为配送中心特征的重要资料,可以根据各图表的分析结果选择适用的状况。

3. 分析、解读图表

在对 EQ、IQ、EN、IK 等分析结果进行 ABC 分类后,除了分别对订单资料进行分析外,也可以根据其 ABC 的分类进行交叉组合分析。如对单日和全年的数据资料进行交叉分析,或 EQ 和 EN、IQ 和 IK 等均可以进行交叉分析,从而得到有利的分析结果。

4. 进行规划、应用

根据以上所得的各种分析图表和解读内容,就可以将它们应用到物流系统的规划与管理中。

 扩展阅读 7-1　EIQ 分析法在某电商配送中心规划中的应用

7.5 SLP方法与EIQ分析比较

7.5.1 SLP方法与EIQ分析的异同

1. 相同点

（1）应用背景。两种方法目前在物流及其他相关行业中都得到了广泛的运用，均可为企业的整体规划布局和运作提供决策与指导。

（2）需要数据支持。数据分析是进行布局规划的基础和切入点，SLP方法与EIQ分析都是基于数据的分析，并通过相关数据分析形成报告，当数据缺乏时，也可通过仿真模拟获取。

（3）需要手动进行求解。目前，使用这两种方法时均需人工对数据等进行处理和分析，还未发现可用于两种求解方法的专用软件。

2. 不同点

（1）分析对象。SLP方法主要是通过分析各作业单位之间的相互关系，得到作业单位位置相关图（相关表），再根据相关图（相关表）中作业单位相互关系的密切程度等，得到数个可行的布置方案，最后评价选优得到最终的布置方案。该方法主要应用于对宏观物流系统的规划与设计，包括厂房、车间、仓库、办公室等的关系布局，对车间内部设备的摆放和利用等微观领域涉及较少。而EIQ分析是利用E、I、Q三个物流要素，分析仓库或配送中心的特点与出货特性，主要应用在配送中心或仓库的内部规划设计中。

（2）分析角度。SLP方法总体上带有一定的主观性，是一种定性与定量相结合的方法，在方案设计布置时更多依靠设计者的主观经验，而EIQ分析主要基于货物订单及品项等客观数据信息，对配送中心或仓库的规划给予客观分析和指导。

（3）分析理念。SLP方法强调以 $P-Q$ 分析为基本的分析工具，$P-Q$ 分析以产品与数量的分布关系作为规划布置的参考依据，是一种生产导向的规划分析理念。而EIQ分析从客户订单的品项数量与订购次数等出发，面向以顾客及下游端通路需求为主的流通环境，以订单需求为导向，订单需求零星而多变，更加符合作业实际。

7.5.2 SLP方法与EIQ分析的结合

SLP方法与EIQ分析各有特色，为充分利用两者各自的优势，有学者提出采用SLP与EIQ相结合的方法来解决物流设施布置设计问题。以配送中心物流设施布置为例，简单介绍如何将二者结合起来使用。首先，运用EIQ分析对配送中心的订单数据进行分析，分析结果可用于拣货系统和存储系统的设备选用、面积规划以及库存水平的确定等，有助于对配送中心的作业流程、物流动线进行优化；然后，在此基础上运用SLP方法对各功能区进行布局规划设计，以得到更贴近配送中心实际作业需求的规划方案；最后，对所提出的规划方案进行评价,得到布局规划方案。当然,也可以在运用 SLP 方法确定功能区布局后,再使用 EIQ 分析对货物出库的订单数、品项数、订单的出货量和单品的出货次数等进行分析,并结合 ABC 分类法,确定重点货物及其在仓库内的最优货位。SLP 与 EIQ 结合法求解配送中心布局规划问题的一般框架步骤,如图 7-19 所示。

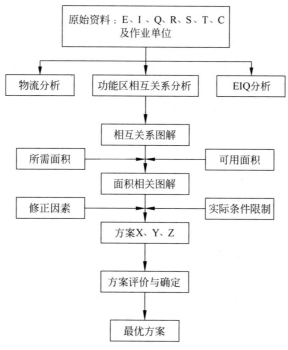

图 7-19 SLP 与 EIQ 结合法实施步骤

7.6 系统布置设计的改进

7.6.1 传统 SLP 的不足

传统 SLP 是一种以分析生产车间各作业单位之间物流密切程度为主,生产流程、车间管理等非物流因素为辅的布局设计技术,实用性较强,早期被广泛运用到车间、物流仓库、配送中心等领域。但随着技术进步和企业运行模式的改变,企业产品更趋向于多品种、小批量生产,面对多样化的市场需求要做到快速响应,并对生产计划进行动态调整。传统 SLP 较难满足企业快速响应需求,在实际应用中受到限制,主要体现在以下几方面。

(1) 与企业生产方式不匹配。传统 SLP 是根据工厂稳定的生产计划来布局设计,而如今工厂需根据客户短期的订单来安排生产,传统布局很难满足在不同需求状态下保持高生产率的要求。

(2) 缺乏柔性。传统 SLP 是对静止的设备进行规划,没有考虑设备的增加或减少、产量的提升或降低、人员分配频次等因素,但是现代工厂以市场需求为导向,车间布局需要具有一定的灵活性,要根据需求变化对车间布局作出适当的调整。

(3) 布局设计不够客观。传统 SLP 对各作业单位的关系主要采用定性分析,布局设计依据设计者的主观经验,方案的筛选通过专家评价或其他常见的评价方法,同时由于在绘制作业单位位置相关图和面积相关图时,需要设计人员不断地手工调整和修正原有方案以满足相应条件,因此,最终的布局设计方案往往受到设计人员主观经验、自身知识及能力等因素影响,从而导致最终设计方案可能因人而异,缺乏科学性和合理性,使设计方案不够客观。

因此,为适应更多的应用场景、满足更高效的布置需求,近年来,传统 SLP 方法被不断调整与改进。总体上,以传统 SLP 方法为基础,可结合实际企业生产情况,分析车间或功能区布局,并结合数学模型、相关算法、需求预测模型以及计算机仿真技术等进行改进优化,从而得出较优布局方案,以更加符合企业实际生产状况和未来的发展预期。

SLP 的常见改进方法有:SLP+动线分析法、SLP+仿真分析法、SLP+建模优化法等。在此基础上,也可以根据实际情况将以上三种方法糅合使用,如 SLP 与动线分析和仿真分析的结合,但糅合方法与前三种方法基本思路一致,在此仅介绍三种常见改进方法,对糅合方法不做具体介绍。

7.6.2 SLP+动线分析法

针对传统 SLP 方法在动线分析方面的不足,学者提出了"SLP+动线分析法"——动线型 SLP 方法,该方法基于市场需求拉动,更加重视非物流关系在布局优化中的影响。其中,动线即货物的移动路线,动线之间不能冲突、迂回、绕远和断层。动线分析是指对货物从入库到出库形成的所有路线形式进行分析,常见的动线类型有Ⅰ型(直线型)、Ⅱ型(双直线型)、U 型、L 型、S 型和集中型等。

动线型 SLP 方法的程序模式是在传统 SLP 方法的基础上将 E、I、Q 三大元素加入原始资料中并确定系统布置类型,在得到初步布置方案后,通过对功能区的动线分析,不断地将其反馈到新方案,并对新方案进行调整、改进。

动线型 SLP 方法的实施步骤可概括如下。

(1) 确定设计目标。在设计时基于不同的侧重点和目标,会得到不同的设计方案。因此,首先要明确设计目标,为后续设计工作做基调。一般的设计目标可以归类为节约空间、优化物流设计、节约人力成本、提高生产效率等方面。

(2) 收集相关信息并加以分析。对传统 SLP 方法所需信息进行完善,收集新的六个基本元素信息,包括 E、I、Q、R、S、C 等。其中 E(entry)指服务的对象或接收的订单数量;I(item)指产品的种类;Q(quantity)指产品的数量;R(route)指产品的物流路线或工艺过程;S(service)指辅助部门和物流的服务水平;C(cost)指产品流动所需要的总时间和总费用,即企业能接受的总成本。

(3) 确定设施布置类型。根据企业的产品种类、每种产品的数量以及总产量来确定企业的生产类型,这直接影响着企业的总体布局和生产设施的布置形式。

(4) 对生产流程进行分析。划分作业区域和作业单位,并分析各个作业单元之间的关系,在此需注意作业单位之间可能存在的信息交换关系、组织协调关系以及考虑操作安全和环境需要而保持的距离关系。

(5) 形成初步方案。根据上述分析,画出平面布局设计图,图中要标示出各个设备应该处于的位置,辅助部门和人员办公区域都应有相应的标识。

(6) 方案评价和选择。方案评价是评定一个方案是否满足公司需求,也是在投入生产前发现方案存在的问题,能够及时修正以防止造成不必要损失的重要手段。方案的评价一般有定性和定量两种方式,前者依赖于专家的经验和知识储备,后者是采用数据计算的方式对方案进行评定,更加客观。

(7) 动线分析。在已规划好设备位置的基础上,对物流路线和工人的移动路线进行分析规划,选用合理的搬运设备和搬运方法,可使流动速度更快、物料的运输更加便捷,在分析的过程中可运用系统搬运分析方法。

(8) 方案修改。要检测设计方案是否合理,如果有问题,则需要进行修改,力求获得最适合企业现状和发展预期的方案。这一步骤不只是对方案进行修改,也是对前述设计进行反馈的过程。

(9) 方案实施。方案实施绝不是对理论图纸的照搬,在实际操作中可能会发生一些理论与实际不相符的地方,还需要对设计方案进一步完善,这个阶段可引入专家或建立专门的项目组进行实操指导。

动线型 SLP 方法的优势如下。

(1) 更适应现代企业的生产方式。现代企业的生产方式已经由传统的推动式生产过渡为以订单为需求的拉动式生产,这也是动线型 SLP 方法与传统 SLP 方法最大的区别,由于 E、I、Q 三要素的加入,基础数据和原始资料更加完善,同时还可利用 EIQ 分析作为补充,因此动线型 SLP 方法更加适合现代企业的设计需求。

(2) 整体流程更加科学。结合现代企业的特点,动线型 SLP 方法在得到布置方案后,使用动线分析对得到的方案进行反馈与修正,在进行动线分析时常会用到物料搬运系统分析(System Handling Analysis,SHA),通过不断反馈与修正,确定最终的布置方案,设计流程更加科学。

7.6.3　SLP+仿真分析法

现代物流系统中的不合理现象和问题随处可见,系统仿真技术一直是不可缺少的解决工具之一。物流设施布置设计问题往往是空间变量、时间变量和随机变量交错的随机动态问题,解决这类问题的有效方法之一就是"SLP+仿真分析法",即在 SLP 进行方案初定的基础上,采用仿真分析技术模拟实际物流系统运行状况,对物流系统进行识别、改造和重构,优化瓶颈环节,最大限度地挖掘物流系统价值。将 SLP 方法与仿真技术相结合,有利于物流设施布置方案的选择和验证,便于科学决策,进而减少企业的物流成本。

复杂的物流系统采用一般优化理论和方法难以处理,此时,仿真技术的优势就十分明显,仿真分析的优势如下。

(1) 如果想直接对物流系统进行分析,则需要做多次物理实验,实验成本往往很高,而利用计算机通过构建仿真模型的方法进行虚拟实验,可大大降低实验成本。

(2)对原系统进行直接实验,可能破坏原系统的完整性,系统恢复原样也十分困难,而仿真模型可以重复进行虚拟实验,也便于参数控制,还可缩短实验周期。

(3)仿真模拟往往可以暴露出原系统中存在的一些隐藏问题,可以做到早发现、早解决,还可启发一些新的求解思路和策略,从而实现对原系统的不断完善。

(4)对于一些复杂系统,难以建立精确的数学模型进行分析,可通过构建仿真模型对其进行评估;对于一些无法用解析算法求解的系统,利用仿真模型可以近似求解。

(5)仿真模型大多采用可视化语言,可读性强,不仅能真实再现原系统的结构和逻辑,还能在仿真环境中实现数值测量和实体追踪,并能进行数据统计分析。

物流系统可分为连续系统和离散事件系统,两者的仿真思路是基本一致的,都包括确定仿真目标、收集整理数据、建立布局模型、验证模型、仿真运行、优化分析等步骤,物流系统仿真的基本步骤如图 7-20 所示。

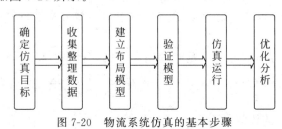

图 7-20 物流系统仿真的基本步骤

物流设施布置设计中常用仿真软件及其特点如表 7-18 所示。

表 7-18 物流设施布置设计中常用仿真软件及其特点

软　件	特　点
Witness	可用于生产与物流系统流程改进、供应链建模与优化等
FlexSim	具有 3D 显示功能,可快捷、高效地建模
AutoMod	拥有真实的三维虚拟现实动画,便于模拟真实复杂活动
Intrax	可提供能被用作流程改善、同步价值链等的管理决策
ProModel	可对仓储、物流系统进行评估、规划

譬如,FlexSim 作为三维仿真软件,可应用于物流系统建模、仿真及业务流程可视化分析,且其操作直观,还可统计出包括物流状态特征(如空闲、阻塞、繁忙等)、最大等待时间等数据信息,仿真数据还可以与其他软件共用,应用十分方便。

7.6.4 SLP+建模优化法

为了提高系统布置设计的科学性和合理性,在 SLP 的基础上,常常将物流设施布置设计问题作为一个多目标优化问题看待,即采用"SLP+建模优化法"进行分析求解。建立多目标优化数学模型时,优化目标可考虑为综合相互关系值最大、搬运成本最低、空间利用率最大、土地改造成本最低等;多目标规划模型建立后,一般采用智能优化算法进行求解,常用的智能优化算法有遗传算法、蚁群算法、模拟退火算法及粒子群算法等。

"SLP+建模优化法"具体指的是在运用 SLP 方法求解设计方案时,构造数学模型将布置方案量化,并通过相关算法求解,其实质是一个完全定量化的布局方法,最大限度避免了人的主观性,具有较好的应用价值。例如,可以将传统 SLP 方法中需要由人工摆放得到布局方案的操作量化为数学模型,结合算法进行模型求解,得到一个符合目标期望的布局方案,降低确定各个功能区相对位置的主观性,并确保结果最优。

7.7 计算机辅助设施设计

随着生产系统与物流系统规模的不断扩大、运营系统的逐渐复杂化,靠人工进行布置设计的传统方法呈现出一定的局限性。鉴于此,计算机辅助设施设计(Computer Aided Facilities Design,CAFD)日益得到运用与普及。

7.7.1 计算机辅助设施设计概述

CAFD 出现以来,在物流设施布置设计领域的应用,一直是人们研究的重点。该方法主要是指在设施规划的过程中,充分利用计算机及其相关技术及软件来完成系统建模、运行分析、动画展示及其优化。运用 CAFD 可以在一定程度上实现设施布置的快速响应和布局信息的计算机化,并为决策者提供丰富的设计方案。

计算机辅助设施设计适用范围如下。
(1) 方便地对物流设施设计的各个方面进行研究。
(2) 对物料搬运系统中的各个方案进行评价和选择。
(3) 对规划环境、设施布置和系统运作分析及其优化。

7.7.2 计算机辅助设施设计技术

按照面向对象的不同,计算机辅助设施设计程序可以分为面向新建型系统和面向改进型系统两种,如表 7-19 所示。其中,面向新建型系统的布置程序是由物流、非物流信息出发,从无到有,生成新的布置方案,而面向改进型系统的布置程序是对已有布置的改进,以寻找一种更好的布置方案。

表 7-19 计算机辅助设施设计分类

分类标准	主要包含	特　点
面向新建型系统	CORELAP,计算机辅助相关布置规划	实际上是计算机优化的 SLP,将 SLP 运用到计算机上实现,得到一个使各设施间接近度最大的布置方案
	ALDEP,自动化布置设计	在给定系统边界内产生许多可行布置方案,并给出各个方案的评价

续表

分类标准	主要包含	特　点
面向改进型系统	CRAFT,计算机辅助设施相对定位技术	在原有布置方案上求得改进布置,得到一个降低系统物流搬运成本的布置方案
	COFAD*,计算机辅助设施设计	是对CRAFT的改进,考虑了搬运设备及其成本评价,得到更全面的设计方案,针对不同的物流系统,COFAD有COFADⅡ和COFADⅢ等

* COFAD: Computerized Facilities Aided Design.

接下来,主要介绍两种典型的程序类型,即面向新建型系统的CORELAP与面向改进型系统的CRAFT。

1. CORELAP

CORELAP的主要实施步骤如下。

(1) 基本要素分析。

(2) 相互关系分析。

(3) 计算综合接近程度TCR_{ij}：应首先将相关图中的代码按照表7-20所示的对应关系数值化,再对每个功能区所有关系值求和,即得到关系总和TCR_{ij}；在生成布置矢量后,开始向布置图中放置。放置原则是保证进入布置图的部门与前面进入的相邻部门的关系值的和NCR(neighbor closeness rating)最大。

表7-20　关系等级对应数值

代码	A	E	I	O	U	X
数值	6	5	4	3	2	1

如在图7-21中,功能区1有三种放置方法：放置在位置$1a$,则与3、4相邻,$NCR_{1a}=CR_{13}+CR_{14}$、$NCR_{1b}=CR_{14}$、$NCR_{1c}=CR_{13}$,所以在确定功能区1的位置时应选择$1a$。

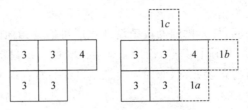

图7-21　功能区放置举例

对布置图的评估方法为：任意两部门间的关系值×该两部门间的最短直线距离的总和。根据该值可以比较不同方案的优劣,得分越小则越优。

(4) 作业单位排序：应首先选择TCR最大的功能区进行布置。若最大的TCR值有多个部门,即出现"结",则选择面积最大的部门解"结"；若依然解不开,则随机选取。第二个功能区选择与第一个功能区具有最高级别关系(A级),若没有A级,则依次选择E级、I级……,如果在同一关系级别中出现多个功能区,则选择这些功能区中TCR最大的部门先布置。在布置时,各功能区的形状尽可能设计成正方形。

(5) 位置布置,计算各位置分数,按照上述规则依次进行布置。

2. CRAFT

CRAFT 的主要实施步骤如下。

(1) 给定物料搬运结果矩阵,给定初始布置方案,计算物料搬运费用。

(2) 位置交换、费用比较、选择优化方案:从物料搬运费用与初始布置方案开始,CRAFT 试图用布置方案的总物流成本来衡量方案的优劣,并不断改进(车间之间的物流成本＝物流量×车间中心直线距离×单位距离运输成本)。

(3) 重复上述步骤,直至物料搬运费用不再减少,即通过迭代的方式不断交换两个功能区的位置来改进布置。

简单来说,CRAFT 不断计算两个功能区位置交换后的总成本,如果成本降低,则交换位置;否则不交换。需说明的是,CRAFT 是从一个初始方案开始,有可能产生一个成本更低的方案,但并不总是这样,即 CRAFT 并不能确保得到最优方案,且 CRAFT 严重依赖于初始状态,初始布置方案在一定程度上决定了最终的布置方案。因此,在使用 CRAFT 时最好提出几种不同的初始方案,以得到不同的结果。CRAFT 最多能解决具有 40 个车间的布置问题,迭代不到 10 次就能得到最终结果。CRAFT 经过修正后的软件称为"SPACECRAFT",该软件可被用来解决多层布置问题。

扩展阅读 7-2　布置分析评价工具——Factory FLOW

案例

[7-1]　基于改进 SLP 算法的车间设施布局优化设计

[7-2]　基于改进 SLP 法的物流园区布局

即测即练

第 8 章

物料搬运系统分析

物料搬运是生产企业在生产和流通过程中最普遍的过程,它是工序之间、车间之间、工厂之间不可缺少的环节,起到了承上启下、相互连接和转换的作用。在物流系统中,装卸搬运作业效率的高低与物料搬运系统的设计是否合理密切相关。为此,设计一个合理、高效、柔性的物料搬运系统,对压缩库存资金占用、缩短物料搬运时间、促进物料的快速流动是十分必要的。本章的主要内容包括物料搬运系统分析、物流拣选系统及自动物料搬运系统(Automatic Material Handling System,AMHS)等。

8.1 物料搬运概述

8.1.1 物料搬运的概念

1. 物料搬运的基本概念

物料搬运是指在同一地域范围内进行的,以改变货物的存放状态和空间位置为主要内容和目的的活动,具体包括装上、卸下、移动、拣选、分类、堆垛、入库、出库等。一般来说,装卸和搬运是密不可分的,两者都属于运输的范畴,前者是为运输做准备或属于运输的终端,后者属于短途运输。物料搬运示意图如图 8-1 所示。

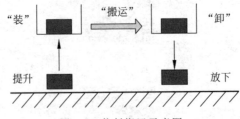

图 8-1 物料搬运示意图

"物料搬运"是对物料、产品、元件或物品进行移动、运输或重新安放,要完成这些移动,就要有进行移动的人和物。一般说来,移动的"进行"还需要设备和容器,需要一个包括人员、程序和设施布置在内的工作系统,这些设备、容器和工作系统称为物料搬运的方法。因此,物料搬运的基本内容有三项:物料、移动和方法。这三项内容是进行任何搬运分析的基础。

2. 物料搬运的特征

物料搬运具有数量、移动、时间、空间和控制五个特征。

1) 数量

数量指物料搬运的总量和每次搬运的数量。搬运总量由企业的生产活动决定,一般来说,企业的产量越大,产品生产过程的环节越多,则搬运的总量就越大。每次搬运的数量取决于运载工具的能力和搬运策略,运载工具能力越强,一次搬运的数量就越大。

2) 移动

移动指货物和设备的移动,货物的移动是搬运的目的,设备的移动是为了货物的移动。移动必然带来成本的增加,因此一般情况下,移动越少越好。为了节省物流成本,货物的摆放位置、摆放方式和移动路线都要认真考虑。

3) 时间

时间指搬运的速度快慢、搬运频率等。搬运速度受搬运设备的能力、货物的移动特性、搬运的环境等多种因素的影响,搬运频率与货物的数量、搬运手段、搬运方式和搬运策略有关。在搬运数量确定的前提下,应通过采取合理的搬运设备、选择合理的搬运方式和策略来减少搬运时间,以降低物流成本。

4) 空间

搬运是一种辅助性作业,在工业企业内部,搬运空间占用越多,加工生产空间就越小。搬运空间主要取决于搬运设备、方式及物料特征等,因此选择合理的搬运设备、适合的线路是减少搬运空间的有效途径。

5) 控制

搬运过程极其复杂,为了保证搬运的质量,必须对搬运作业中的每一个环节进行严格的管理和控制,包括物料识别追踪和搬运速度的合理选择等。

3. 物料搬运的作业方式

物料搬运作业在日常生活中十分普遍,按不同的分类方法可分为不同的类型,常见的物料搬运作业方式如图 8-2 所示。

(1) 按物料搬运对象,物料搬运作业可分为单件作业、散装作业和集装作业。单件作业指对一件物料进行的搬运作业,作业对象主要为小件、散件、行包和不易集装的危险货物等;散装作业主要是指对粉状、流质或颗粒物等的作业,可采取的方法有重力作业法、倾翻作业法和机械作业法等;集装作业指用集装单元器具将物料进行集装后再进行搬运的方法,可采取的方法有集装箱作业法、托盘作业法和其他集装单元作业法等。

(2) 按物料搬运作业场所,物料搬运作业可分为车间作业、站台作业和仓库作业等。车间作业指在车间内部工序间进行的物品取放、分拣、包装等作业;站台作业指在车站或仓库外的装卸台上进行的装车卸车等搬运活动;仓库作业指在仓库、物流中心等处进行的堆码、分拣和装卸等活动。

(3) 按物料搬运作业手段和组织水平,物料搬运作业可分为人工作业、机械作业和综合机械化作业。

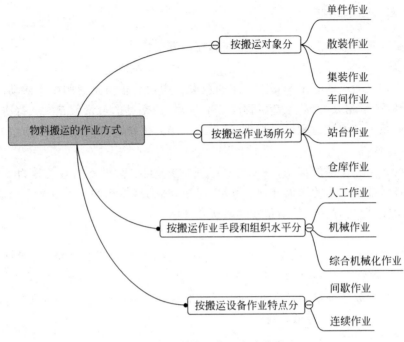

图 8-2　物料搬运作业方式分类

（4）按物料搬运设备的作业特点，物料搬运作业可分为间歇作业和连续作业。间歇作业是指两次作业中存在一个空程准备过程的作业方法；连续作业指在装卸搬运过程中，设备不停运转，物资可连续不断、持续地实现移动的作业方法。

8.1.2　物料搬运系统

物料搬运系统是指通过一系列的搬运设备和装置，用于一个过程或逻辑动作系统中，协调、合理地将物料进行移动、储存或控制。物料搬运系统设计是物流设施规划与设计的重要内容之一，物料搬运系统中任何一点的改变，都将对整个系统的工作产生重大影响。物料搬运系统一般根据物料的特性和流动方式来进行设计，使系统达到合理、高效、柔性和能够快速装换的要求，以适应现代制造业生产周期短、产品变化快的特点。

物料搬运系统是由物料搬运设备、物料搬运单元（容器）和物料搬运线路共同组成的。

1. 物料搬运设备

物料搬运设备是进行搬运作业的物质基础，它的技术水平反映了搬运作业的现代化程度。物料搬运设备一般可以分为搬运车辆、输送机械、起重机械和升降装置四大类。

搬运车辆是用于企业内部对成件货物进行装卸、堆垛、牵引或推顶，以及短距离运输作业的各种轮式车辆，按作业方式可分为手推车、手动或机动叉车、托盘搬运车、牵引车、无人搬运车、穿梭车、AGV 和无人驾驶台等。

输送机械是一种固定或移动式运输设备,它可将物料在一定的输送路线上,从装载地点到卸载地点以恒定的或变化的速度进行输送。按照结构分类,一般有带式输送机、刮板输送机、埋刮板输送机、斗式提升机和悬挂输送机等。

常用的起重机械设备有通用桥式起重机、门式起重机、固定旋转式起重机、电动梁式起重机和轮胎式起重机等。在物料搬运中,一般依据物料的重量、形态、外形尺寸、作业场地、工作频率负荷和生产率要求等进行起重机类型和型号的选择。

升降装置在工业企业物流中也比较常见,有升降机、提升机和垂直搬运机等机型。升降机一般对固体物料搬运,由电、液或油压方式驱动。

在进行物料搬运系统分析时,一般根据设备费用情况对物料搬运设备进行分类,具体来说,可把物料搬运设备分为如下四类。

1) 简单的搬运设备

此类设备价格便宜,但可变费用(直接运转费)高。设备是按能迅速方便地取放物料而设计的,不适宜长距离运输,适用于距离短和物流量小的情况。

2) 复杂的搬运设备

此类设备价格高,但可变费用(直接运转费)低。设备是按能迅速方便地取放物料而设计的,不适宜长距离运输,适用于距离短和物流量大的情况。

3) 简单的运输设备

此类设备价格便宜,但可变费用(直接运转费)高。设备是按长距离运输设计的,但装卸不甚方便,适用于距离长和物流量小的情况。

4) 复杂的运输设备

此类设备价格高,但可变费用(直接运转费)低。设备是按长距离运输设计的,但装卸不甚方便,适用于距离长和物流量大的情况。

在工作中,根据图 8-3 所示的距离与物流指示图,可初步选择不同搬运设备的类型。简单的搬运设备适合于距离短、物流量小的搬运需要;复杂的搬运设备适合于距离短、物流量大的搬运需要;简单的运输设备适合于距离长、物流量小的运输需要;复杂的运输设备适合于距离长、物流量大的运输需要。

图 8-3 物料搬运设备选择示意图

2. 物料搬运单元(容器)

搬运单元(容器)是指物料搬运时的基本装载方式。在物料搬运过程中,由于物料的种类繁多、性质不同、大小形状差别较大,可把各式各样的物料集装于一定的单元(容器)中,以实现快速、高效的搬运。

搬运单元的种类和样式很多,常见的有箱盒、瓶罐、周转箱、平托盘、托盘箱(笼)、集装袋和集装箱等。搬运容器是物料搬运的基本载体,是物流机械化、自动化作业的基础,它们不能单纯地被看作一个容器,其本身也是物流设备。

物流集装化是高效多式联运的必要条件,使用的出发点是便于储运。一般应根据物料类型和设备特点来选择运输与搬运单元,如散装货多采用车厢、罐装来运输,单件则采用包装、集装器具等进行运输。

3. 物料搬运线路

物料搬运线路是物料在搬运过程中所途经的轨迹,可分为直接型和间接型两种,间接型又可分为渠道型和中心型,如图8-4所示。

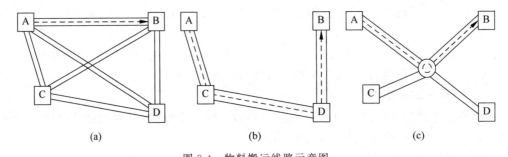

图 8-4 物料搬运线路示意图
(a) 直接型(直达型);(b) 间接型(渠道型);(c) 间接型(中心型)

直达型线路上各种物料从起点到终点经过的线路最短,当物流量大、距离短或距离中等时,一般采用这种形式。该形式十分经济,尤其当物料有一定的特殊性而时间又较紧迫时更为有利。

渠道型搬运线路是指一些物料在预定线路上移动,与来自其他不同地点的物料一起运到同一个终点的情形,当物流量为中等或少量而距离为中等或较长时,宜采用这种形式,尤其当布置不规则或分散时更为有利。

中心型搬运线路是指各种物料从起点移动到一个中心分拣处或分发地区,然后再运往终点的情形,当物流量小而距离中等或较远时,这种形式是最适用的,尤其当厂区外形基本上是方整的且管理水平较高时更为有利。

依据物料搬运的惯例,若物流量大而距离又长,则说明这样的布置不合理。距离与物流量指示图有助于根据不同的搬运活动来确定线路系统的类型。图8-5表明直达型适用于距离短而物流量大的情况,间接型(渠道型或中心型)适用于距离长而物流量小的情况。

一般地,物料搬运设备决定了线路的类型,如

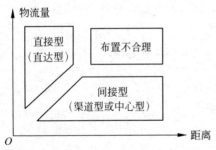

图 8-5 物料搬运线路选择指示图

输送机械就是固定线路式设备,叉车则是可变线路的设备,只要有通道,就可以从一处到另一处。大的容器可以满足设备生产能力的需要,通常需要采用直达型线路。小的容器不能满足设备生产能力的需要,就需要采用渠道型或中心型间接线路。

8.1.3 物料搬运方程式

为了合理、科学地对物料搬运系统进行分析,有学者提出了"物料搬运方程式"这一分析手段,即著名的5W1H法,如图8-6所示,相关实践证明,该方程式在解决物料搬运问题时十分有用。

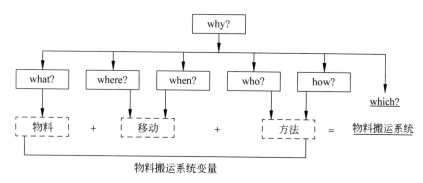

图8-6 物料搬运方程式

在分析设计时,设计人员需主要考虑六个方面的问题,即六个变量。这六个变量为"why(为什么)""what(什么)""where(什么地方)""when(什么时候)""who(谁)"和"how(如何)"。5W1H中常见的问题如下。

1. why

在设计之前,why提示设计者要彻底评价环境,正确确定问题,对于物料、移动和方法这三要素是否已有深入的考虑和合适的处理,如回答:为什么需要进行搬运?为什么需要如此操作?为什么要按该顺序操作,为什么物料要这样接收?为什么物料要这样包装?为什么物料要这样运输?

2. what

回答:要移动的对象是什么?其特征、生产量、零件种类数目是什么?需要什么资料?资料如何取得?系统所规划的范围是什么?是否需要机械化、自动化?是否需要人工控制?有什么意外的情况?

3. where

回答:物料应该存放在什么地方?什么地方需要物料搬运?什么地方有物料搬运问题存在?什么地方应该使用物料搬运设备?什么地方存在物料搬运的责任?什么地方未来会发生变化?什么地方的操作可以消除、合并、简化?

4．when

回答：什么时候需要移动物料？什么时候需要自动化？什么时候需要整理物料？什么时候需要删减作业？什么时候需要扩充系统容量？

5．who

回答：谁来搬运物料？谁来参与系统设计？谁来评价此系统？谁来安装系统？谁来审核系统？谁来提供系统的设备？

6．How

回答：物料如何移动？如何分析物料搬运问题？如何取得主要人员的赞同？如何去学习更多的物料搬运知识？如何应对意外情况？

5W1H法以一连串的问题可以让设计者详细考虑这些细节，加强对问题的理解，从而有助于找到合适的方案。

另外，为了得到更加合理的物料搬运方案，还需考虑"which（哪一种）"这一非变量因素，即考虑：哪一种操作是必要的？哪一种设备可以考虑选用？哪一种物料要及时控制？哪些方案可以取得？每个方案的利弊？哪一种方案最佳？用哪一种标准来评价设计方案？如何衡量物料搬运的绩效？

8.2　物料搬运系统分析过程

物料搬运系统分析是缪瑟提出的一种有条理的系统分析方法，适用于一切物料搬运项目。该方法包括：一种解决问题的方法，一系列依次进行的步骤和一整套关于记录、详定等级和图表化的图例符号。SHA的过程如图8-7所示，它由四个阶段(外部衔接，编制总体搬运方案，编制详细搬运方案，方案的实施)和一套选定方案的程序组成。

8.2.1　SHA的阶段结构

每个搬运项目都有一定的工作过程，从提出目标到具体实施完成，可以分为四个阶段。

第一阶段：外部衔接。该阶段要弄清整个区域或所分析区域的全部物料进出情况。在此之前，先要考虑所分析区域外的物料搬运活动，就是把区域内具体的物料搬运问题同外界情况或外界条件联系起来考虑。这些外界情况有的是能控制的，有的不能控制。例如，对区域的各道路入口、铁路设施要进行必要的修改，以便与外部条件协调一致，使工厂或仓库内部的物料搬运与外界的大运输系统结合为一个整体。

第二阶段：编制总体搬运方案。这个阶段要确定各主要区域的物料搬运方法。对物料搬运的基本路线、搬运设备大体的类型及运输单元或容器作出总体决策。

第三阶段：编制详细搬运方案。这个阶段要考虑每个主要区域内各工作地点之间的

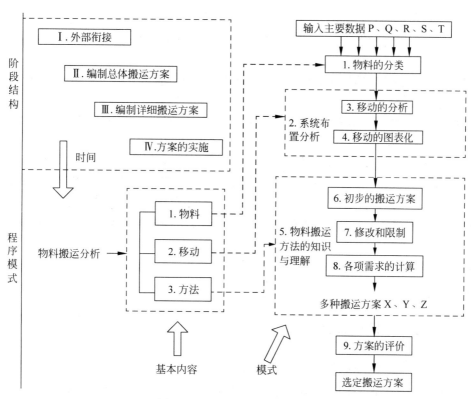

图 8-7 物料搬运系统分析过程

物料搬运,确定详细的搬运方法,确定各工作地点之间具体采用哪种路线系统、设备和容器。如果说第二阶段是分析工厂内部各车间或各厂房之间的物料搬运问题,那么第三阶段就是分析从一个具体工位到另一个工位或者从一台设备到另一台设备的物料搬运问题。

第四阶段:方案的实施。任何方案都要在顺利实施之后才算完成。这个阶段要进行必要的准备工作,如订购设备,完成人员培训,制定并实现具体搬运设施的安装计划,然后对所规划的搬运方法进行调试,验证操作规程,并对安装完毕的设施进行验收,确保它们能正常运转。

上述四个阶段是按时间顺序依次进行的,为了取得最好的效果,各阶段在时间上应有所交叉、重叠。需要说明的是,在实际操作过程中,虽然第二阶段和第三阶段的工作深度不同,但分析步骤的模式却是一样的。

8.2.2 SHA 的三大内容

物料搬运的基本内容包括物料、移动和方法,因此,物料搬运分析就是分析所要搬运的物料、分析需要进行的移动和确定经济实用的物料搬运方法。搬运系统分析程序就是建立在这三项基本内容之上的。

物料，主要指的是在各项输入数据收集的基础上，对物料进行分析。物料分析的首要工作就是对物料（产品或零件）进行归类，即按物料的物理性能、数量、时间要求或特殊控制要求进行分类。

移动，主要包括各项移动的分析和各项移动的图表化两方面的内容。各项移动分析主要是确定每种物料在每条路线（起点到终点）上的物流量和移动特点，各项移动的图表化可将分析结果转化为直观的图形，以利于分析和直观表达，通常采用物流图或距离与物流量指示图来体现。

方法，主要指在物料搬运方法的知识和理解的基础上，确定搬运方案的过程和结果。一般地，在找出一个解决办法之前，需要先掌握物料搬运方法的知识，运用有关的知识来选择各种搬运方法。在充分理解各搬运方法后，通过研究，提出关于路线系统、设备和运输单元（或容器）的初步搬运方案，即把收集到的全部资料数据进行汇总，从而求得具体的搬运方法。要得到详细的搬运方案，还要考虑一切有关的修正因素和限制因素，对这些初步方案进一步调整，把可能变为现实，并计算各项需求，得到所需设备数量等。

8.2.3 SHA 的程序模式

SHA 所需输入的主要数据也是 P、Q、R、S、T，这些内容在 SLP 部分已经介绍过，这里不再重复。在获得 SHA 所需数据之后，物料搬运系统分析一般按照如下程序模式进行。

1. 物料的分类

在选择搬运方法时，最有影响的因素通常是所要搬运的物料。对任何物料搬运问题，先要解决的是搬运什么。如果需要搬运的物料只有一种，唯一要做的就是弄清这种物料的特性。如果要搬运多种不同的物品，则必须按"物料类别"对它们进行分类。对同一类的物料采用同一方式进行搬运。对所有的物品进行分类后，可简化分析工作，有助于把整个问题划分成若干部分逐个解决。

1) 物料的分类方法

物料分类的基本方法是：①固体、液体还是气体；②单独件、包装件还是散装物料。但在实际分类时，SHA 是根据影响物料可运性（即移动的难易程度）的各种特征和按最便于搬运的运输单元进行分类。

2) 物料的主要特征

物料分类依据的主要特征可分为物理特征和其他特征，如表 8-1 所示。物理特征通常是影响物料分类的最重要因素，就是说，任何物料的类别通常是按其物理性质来划分的。数量也特别重要，搬运大量的物品与搬运小量的物品一般是不一样的。另外，从搬运方法和技术分析的观点出发，适当归并产品或物料的类别也很重要。

表 8-1 物料分类的主要特征

物料特征	项目	描述
物理特征	尺寸	长、宽、高
	重量	每个运输单元重量或单位体积重量(密度)
	形状	扁平的、弯曲的、紧密的、可叠套的、不规则的等
	易损性	易碎、易爆、易污染、有毒、有腐蚀性等
	状态	不稳定的、黏的、热的、湿的、脏的、配对的等
其他特征	数量	较常用的数量或产量(总产量或批量)
	时间性	经常性、紧迫性、季节性等
	特殊控制	政府法规、工厂标准、操作规程等

对时间性方面的各项因素,一般间断的物流会引起不同于稳定物流的问题,急件的搬运不同于普通件的搬运,季节的变化也会影响物料的类别。同样,特殊控制问题往往对物料分类有决定作用,如麻醉剂、弹药、珠宝首饰和食品等都是一些受政府法规、市政条例或公司规章所制约的典型物品。

3）物料分类的程序

根据物料的主要特征对物料进行判断,从而编制物料特征表,如表 8-2 所示,物料分类应按以下程序进行。

表 8-2 物料特征表

物品名称	物品的实际最小单元	单元物品的物理特征						其他特征			类别
		尺寸			重量	形状	损伤的可能性(对物料、人、设备)	状态(湿度、稳定性、刚度)	数量(产量)或批量	时间性	特殊控制	
		长	宽	高								

（1）列表标明所有的物品或分组归并的物品的名称。

（2）记录其物理特征或其他特征。

（3）分析每种物料或每类物料的各项特征,并确定哪些特征是主导的或特别重要的。在起决定作用的特征下面画红线(或黑的实线),在对物料分类有特别重大影响的特征下面画橘黄线(或黑的虚线)。

（4）确定物料类别,把那些具有相似的主导特征或特殊影响特征的物料归并为一类。

（5）对每类物料分类后,即可编著物料特征表。

值得注意的是,这里主要起作用的往往是装有物品的容器。因此常按物品的实际最小单元(瓶、罐、盒等)分类,或者按最便于搬运的运输单元(瓶子装在纸箱内、衣服包扎成捆、板料放置成叠等)进行分类。在大多数物料搬运问题中可以把所有物品归纳为 8～10 类,一般应避免超过 15 类。

2. 系统布置分析

对物料鉴别并分类后,根据 SHA 的模式,下一步就是分析物料的移动。在对移动进行分析之前,首先应该对系统布置进行分析。因为系统布置在很大程度上决定了移动和距离,并影响搬运设备和容器的选择。

1) 布置对搬运的影响

根据现有的布置制订搬运方案时,距离是已经确定了的。只要能达到充分节省费用的目的,就很可能要改变布置。所以,往往要同时对搬运和布置进行分析。当然,如果项目本身要求考虑新的布置,并作为改进搬运方法规划工作的一部分,那么规划人员就必须把两者结合起来考虑。

2) 对系统布置的分析

对物料搬运分析来说,需要从布置中了解的信息主要有以下四点。

(1) 每项移动的起点和终点(提取和放下的地点)具体位置在哪里。

(2) 哪些路线及这些路线上有哪些物料搬运方法,是否在规划之前已经确定或大体上作出了规定。

(3) 物料运进运出和穿过的每个作业区所涉及的建筑特点是什么样的(包括地面负荷、厂房高度、柱子间距、屋架支承强度、室内还是室外、有无采暖、有无灰尘等)。

(4) 物料运进运出的每个作业区内进行什么工作,作业区内部分已有的(或大体规划的)安排或大概是什么样的布置。

当进行某个区域的搬运分析时,应该先取得或先准备好这个区域的布置草图、蓝图或规划图,这是非常有用的。如果是分析一个厂区内若干建筑物之间的搬运活动,那就应该取得厂区布置图;如果分析一个加工车间或装配车间内两台机器之间的搬运活动,那就应该取得这两台机器所在区域的布置详图。

总之,最后确定搬运方法时,选择的方案必须是建立在物料搬运作业与具体布置相结合的基础之上的。

3. 移动的分析

1) 各项移动分析资料

在分析各项移动时,需要掌握的资料包括物料(产品类别和基本特征)、路线(起点和终点,或搬运路径的具体条件)和物流(物流量和物流条件)。

2) 各项移动分析方法

目前,常见的移动分析方法主要有两种。

(1) 流程分析法。每一次只观察一类产品或物料,并跟随它沿整个生产过程收集资料,必要时要跟随从原料库到成品库的全过程,然后编制出物流流程图。在这里,需要对每种或每类产品或物料都进行一次分析。当产品或物料品种很少或是单一产品时采用此法。

(2) 起讫点分析法。起讫点分析法又有两种不同的做法:一种是搬运路线分析法,另一种是区域进出分析法。

① 搬运路线分析法。通过观察每项移动的起讫点来收集资料，编制搬运路线一览表，每次分析一条路线，收集这条路线上移动的各类物料或各种产品的有关资料，每条路线要编制一个搬运路线表，如表 8-3 所示，在路线数目不太多时使用。

表 8-3　某厂的搬运路线表

厂名：__某机械厂__　项目：_____　制表人：_____　参加人：_____
起点：__原料库__　终点：__压力机车间__　日期：_____　第____页 共____页

物料类别		路线状况			物流或搬运活动		等级依据
名称	类别代号	起点	路程	终点	物流量	物流要求	
钢板	a	原料库（配有桥式起重机）	穿过露天场地到达	剪切机旁边（地方有限）	平均每天60张	必须与剪切计划步调一致	
托盘货物	b	物料从托盘上起运（有些托盘在托盘架上）	生产厂房、电梯到三层楼、有雨雪、冬天4个门	预焊接线（极拥挤）	平均每天18托盘	与每天的油漆进度密切联系	
空盒	c	堆放在地上，位置在原料库的东北角		"无装配"件集合点	平均每天18盒	每天一次即可。存在盖板松动问题	

② 区域进出分析法。若路线数目较多，则对一个区域进行观察，收集运进运出这个区域的一切物料的有关资料，每个区域要编制一个物料进出表。

3）搬运活动一览表

为了把所收集的资料进行汇总，达到全面了解情况的目的，可以编制搬运活动一览表。在表中，需要对每条路线、每类物料和每项移动的相对重要性进行标定，一般是用五个英文元音字母来划分等级，即 A、E、I、O、U。在整个搬运分析中，总的物流量和总的运输工作量填在右下角。

简要地说，搬运活动一览表包含下列资料。

(1) 列出每条路线，包括：①总的物流量及每类物料的物流量；②总的运输工作量及每类物料的运输工作量；③每条路线的相对重要性等级（用元音字母或颜色标定，或两者都用）。

(2) 列出每类物料，包括：①总的物流量及每条路线上的物流量；②总的运输工作量及每条路线上的运输工作量；③各类物料的相对重要性的等级（用颜色或元音字母标定，或两者都用）。

(3) 列出各项移动（每类物料在每条路线上的移动），包括：①物流量（每小时若干吨、每周若干件等）；②运输工作量（每周若干吨英里，每天若干磅英尺等）；③搬运活动的具体状况（编号说明）；④各项搬运活动相对重要性等级（用元音字母或颜色标定，或两者都用）。

(4) 其他资料，如每项搬运中的具体件数。

4. 移动的图表化

图表化是数据处理的一种方法,为了更好地进行搬运系统设计,清晰表达实际搬运作业的情况,在做了各项移动分析并取得了具体的区域布置图后,就可将这两部分综合起来,用图表来表示实际作业的情况。物流图表化的方法有以下几种。

1) 物流流程简图

物流流程简图用简单的图表描述物流流程,可帮助了解物料运动的过程和次序。但是,它没有联系到布置,因此不能表达出每个工作区域的正确位置,且它没有标明距离,所以不可能选择搬运方法,只能在分析和解释中作为一种中间步骤。

2) 在布置图上绘制物流图

在布置图上绘制的物流图,它是画在实际的布置图上的,图上标出了每个区域的准确位置,所以能够表明每条路线的距离、物流量和物流方向,可作为选择搬运方法的依据。

虽然流向线可按物料移动的实际路线来画,但一般仍画成直线。除非有特别的说明,距离总是按水平的直线距离计算。当采用直角距离、垂直距离(如楼层之间)或合成的当量距离时,分析人员应该给出文字说明。

3) 坐标指示图

坐标指示图采用坐标图的形式来表达变量之间的关系,图 8-8 表达了距离与物流量之间的关系。在该图中,横坐标表示距离,纵坐标表示物流量,每一项搬运活动按其距离和物流量的大小,用一个具体的点标示在图上。制图时,可以绘制单独的搬运活动(即每条路线上的每类物料),也可绘制每条路线上所有各类物料的总的搬运活动,或者把这两者画在同一张图表上。

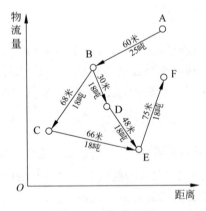

图 8-8 坐标指示图

现实中,在布置图上绘制的物流图和坐标指示图往往要同时使用。但是对比较简单的问题,采用物流图就足够了。当设计项目的面积较大、各种问题的费用较高时,就需要使用坐标指示图,因为在这种情况下,物流图上的数据显得太凌乱。

5. 初步搬运方案选择

一般情况下,搬运方案都是几种搬运方法的组合。物料搬运方法实质上是将一定类型的搬运设备与一定类型的运输单元相结合,进行一定模式的搬运活动,以形成一定的路线系统。

1) 确定初步的搬运方案

(1) 收集原始资料,包括:物料的类型、物流量、物流路线和距离,设施设备的布置,机械设备的选用,时间要求和环境条件等。

(2) 根据原始资料,设计出几个搬运方案。

(3) 根据各种可能性,对几个初步方案进行改进和调整,进行各项需求的计算和评价。

(4) 确定初步搬运方案。

2) 搬运方案分析方法

(1) SHA图例符号。在SHA中,除了各个区域、物料和物流量用的符号外,还有一些字母符号用于搬运路线系统、搬运设备和运输单元。图例符号只表示设备的总类型,必要时还可以加注其他字母或号码来说明。利用这些设备和运输单元的符号,连同代表路线形式的三个字母,就可以用简明的"符号语言"来表达每种搬运方法。

(2) 在普通工作表格上表示搬运方法。编制搬运方案的方法之一是填写物料搬运方法工作表,如表8-4所示,列出每条路线上每种物料的路线系统、搬运设备和运输单元。如果物料品种是单一的或只有很少几种,而且在各条路线上是顺次流通而无折返的,那么这种表格就很实用。另一种方法是编制流程表,直接在以前编制的流程图上记载建议采用的搬运方法。第三种方法是绘制流程图,把每项建议的方法标注在以前编制的物流图(或其复制件)上,一般说来,这种做法使人看起来更易理解。

表 8-4 某厂物料搬运方法工作表

厂名:___某 厂___ 项目:_____ 制表人:_____ 参加人:_____
日期:_____ 第___页 共___页

路线		物料类别		建议的搬运方法、路线、设备			备注
①进厂	②原料库	桶	a	直达型	叉车	托盘	重建卸货站台
		袋	b	直达型	叉车	托盘	
		贵重物料	d	直达型	人工	纸箱	
②原料库	③造粒	桶	a	直达型	叉车	托盘	由主管人搬运
		袋	b	直达型	叉车	托盘	
		贵重物料	d	直达型	人工	盒	
③造粒	⑤制成片剂	桶	a	渠道型	二轮手车	桶	
③造粒	⑥药水车间	桶	a	渠道型	二轮手车	桶	
⑥装瓶装箱	⑧成品库	纸箱	c	直达型	叉车	托盘	堆放在货架上
⑧成品库	⑨发运	纸箱	c	直达型	叉车	托盘	

注:其中,建议的渠道型路线为,造粒③→制成片剂⑤→装瓶装箱⑥→造粒③。

(3) 在汇总表上表示搬运方法。编制汇总表和编制搬运活动一览表一样,就是每条路线填一横行,每类物料占一竖列。在搬运活动一览表上记载的是每类物料在每条路线上移动的"工作量"。而填汇总表只是用"搬运方法"来取代"工作量"。适用于项目的路线和物料类别较多的场合。

采用前面规定的代号和符号,把每项移动建议的路线系统、设备和运输单元填写在汇总表中相应的格内。汇总表上还有一些其他的空格,供填写其他资料数据之用,如其他的搬运方案、时间计算和设备利用情况等。

从一张汇总表上可以全面了解所有物料搬运的情况,还可以汇总各种搬运方法,可以汇总各条路线和各类物料的同类路线系统、设备和运输单元。这样就能把全部搬运规划记在一张表上(或粘在一起的几页表上),并把它连同修改布置的建议提交审批。

6. 方案的修改和限制

要使初步确定的方案符合实际、切实可行,必须根据实际限制条件进行修改。物料搬运系统的设计除了路线、设备和容器外,还要考虑正确有效地操作设备问题、协调和辅助物料搬运正常进行的问题等。

在设计后要进行修改和限制的方面有：在前面各阶段中已确定的和外部衔接的搬运方法；既满足目前生产需要，又能适应远期的发展和(或)变化；和生产流程或流程设备保持一致；可以利用现有公用设施和辅助设施保证搬运计划的实现；布置或建议的初步布置方案以及它们的面积、空间的限制条件；建筑物及其结构的特征；库存制度以及存放物料的方法和设备；投资的限制；设计进度和允许的期限；原有搬运设备和容器的数量、适用程度及其价值；影响工人安全的搬运方法。

7. 各项需求的计算

对初步方案进行调整或修正是为了消除所有不能实现的设想。但是在选择最佳方案之前，还需要算出所需设备的台数或运输单元的数量，算出所需费用和操作次数。对几个初步搬运方案进行修改以后，就开始逐一说明和计算那些被认为是最有现实意义的方案，如表 8-5 所示。

表 8-5 需求计算表

现有方法：叉车、直达型　　厂名：某　厂　项目：_____
制表人：_____　参加人：_____　日期：_____　第___页 共___页

搬运说明	搬运次数	设备和运输单元计算	人员计算
③到⑦托盘	35	125 次/日，平均 5 分钟一个来回，由于停滞和季节性原因，另加 80% 总计=1 125 分/日 叉车还需要量=3 台 投资(元) 叉车 3 台　91 000 附具等　21 000 合计　112 000 设备使用费(元/年) 固定费用(a)24 500 可变费用(b)18 200 42 700(未含托盘费)	每叉车 1 司机，共需 3 人 人工费用 6 元/小时 每台叉车年生产工时 2 000 小时 3×6×2 000=36 000(元)
③到⑤板条箱	7		
$\overline{2}$到⑦托盘和板条箱	14		
$\overline{2}$到③托盘	42		
$\overline{3}$到 $\overline{34}$ 托盘和板条箱	3		
⑨到 $\overline{17}$ 紧急订货	8		
⑤到(28)托盘	5		
⑨⑦$\overline{4}$到$\overline{2}$到均为主要类别	11		
注：(a) 折旧、利息和杂项 (b) 电力、维护和修理		共计：投资 112 000 元/年，运营费 42 700 元/年	共计：人工费用 36 000 元/年

搬运方法说明

用 11 叉车和 1 200×1 000 托盘，司机从物料搬运小组长处接受指令，需要新任务时向他汇报。直达型路线所有要运物料直接从起点运到终点。
$\overline{2}$(11)(24)三个区域有堆放托盘的场地。

一般要提出 2~5 个方案进行比较,对每一个方案需做如下说明。

(1) 每条路线上每种物料的搬运方法说明。

(2) 搬运方法以外的其他必要变动说明,如更改布置、作业计划、生产流程、建筑物、公用设施、道路等。

(3) 计算搬运设备和人员的需要量。

(4) 计算投资数和预期的经营费用。

8. 方案的评价

对几个比较方案进行评价的目的是要从几个方案中选择一个较好的方案,不过在评价过程中,往往会把两个或几个方案结合起来又形成一个新的方案。方案的分析评价常采用费用或财务比较法、优缺点比较法和因素加权分析法三种方法。

1) 费用或财务比较法

费用是经营管理决策的主要依据,因此,每个搬运方案必须从费用的观点评价,即对每个方案,都要明确其投资和经营费用。

(1) 投资费用。投资指方案中用于购置和安装的全部费用,包括基本建设费用(物料搬运设备、辅助设备及改造建筑物的费用等)、其他费用(运输费、生产准备费及试车费等)及流动资金的增加部分(原料储备、产品储存、在制品储存等)。

(2) 经营费用。经营费用包括固定费用和可变费用。固定费用指资金费用(投资的利息、折旧费)和其他固定费用(管理费、保险费、场地租用费等)。可变费用是指设备的经营费用(电力、维修、配件等)和工资(直接工资、附加工资等)。通常需要分别计算出各个方案的投资和经营费用,然后进行分析和比较,从中确定一个最优的方案。

2) 优缺点比较法。优缺点比较法是直接把各个方案的优点和缺点列在一张表上,对各方案的优缺点进行分析和比较,从而得到最后方案。

优缺点分析时所要考虑的因素除了可计算的费用因素外,还包括以下内容:①与生产流程的关系及为其服务的能力,能否适应生产节拍的要求,对生产流程时间的影响;②产品、产量和交货时间每天都不一样时,搬运方法的通用性和适应性;③搬运灵活性(已确定的搬运方法是否易于变动或重新安排)和柔性(搬运方法是否便于今后发展);④布置和建筑物扩充的灵活性是否受搬运方法的限制;⑤面积和空间的利用,安全和建筑物管理;⑥是否便于管理和控制,仓库设施是否协调,与外部运输是否适应;⑦可能发生故障的频繁性及其严重性;⑧人事问题,可否招聘到熟练工人,能否培训,多余人员的安排,工种的变动,工龄合同或工作习惯,工人是否对工作条件感到满意;⑨由于生产中的同步要求或高峰负荷可能造成的停顿,对产品质量和物料有无损伤可能;⑩是否便于维护并能很快地修复,施工期间对生产造成的中断、破坏和混乱程度;⑪施工、培训和调试所需的时间;⑫ 和搬运计划、库存管理和文书报表工作是否联系密切,与物料搬运管理部门的一致性;⑬能否得到所需要的设备,对辅助部门的要求;⑭自然条件的影响——土地、气候、日照、气温;⑮资金或投资是否落实,对社会的价值或促进作用等。

3) 因素加权分析法

多种方案比较时,一般来说,因素加权分析法是评价各种无形因素的最好方法,主要包括以下几个步骤。

(1) 列出搬运方案所需考虑或包含的因素(或目的)。

(2) 确定最重要的一个因素的权值,再按相对重要性规定其余各因素的权值。

(3) 标出各比较方案的名称,每一方案占一栏。

(4) 对所有方案的每个因素进行打分。

(5) 计算各方案的加权值,并比较各方案的总分。

总之,正确选定搬运方案应同时考虑费用对比和对无形因素的评价这两方面的问题,进行综合优选。

9. 详细搬运方案的设计

搬运方案初步设计阶段确定了搬运路线系统、搬运设备、运输单元和总体搬运方案。搬运方案的详细设计是在此基础上制定一个从工作地到工作地,或从具体取货点到具体卸货点之间的搬运方法。详细搬运方案必须与总体搬运方案协调一致。

实际上,SHA 在方案初步设计阶段和方案详细设计阶段用的是同样模式,只是在实际运用中,两个阶段的设计区域范围不同、详细程度不同。详细设计阶段需要大量的资料、更具体的指标和更多的实际条件。这时我们要掌握物料分类、布置和移动分析的详细资料,如核对每个区域是否还有遗漏的物料类别,在布置上标出每一台机器和设备、工作通道和主要通道、车间或部门的特征、物料的具体移动等。

应该说,第二阶段总体搬运方案设计和第三阶段详细搬运方案设计是重叠的,即在选定总体搬运方案之前,要考虑第三阶段中的某些细节问题。在完成第二阶段和第三阶段的设计后,加上第一阶段外部衔接和第四阶段方案的实施两部分,就构成了 SHA 的完整内容,即运用 SHA 进行物料搬运系统设计的内涵。

8.2.4 SHA+SLP 方法

物料搬运系统分析与设计是一个不断寻优的系统工程,因此,要使搬运系统设计得合理、适用,必须在方法和实践上不断进行改进与创新。研究表明,SLP 和 SHA 一脉相承、关系密切,在设计时可以相互结合、相互交叉,使得设计出来的方案更加合理。

1. SLP 和 SHA 的相互关系

SHA 和系统布置设计 SLP 具有密切的关系,两者相辅相成,并不相互孤立。

其相同点是:二者具有共同的目标,其出发点都是力求物流合理化。

其不同点是:SLP 重点在于空间的合理规划,在布置时位置合理,使得物流路线最短,尽可能减少物流路线的交叉、迂回、往复现象;SHA 重点在于搬运方法和手段的合理化,即根据所搬运物料的物理特征、数量以及搬运距离、速度频度等,确定合理搬运方法,选定合适的搬运设备,使搬运系统的综合指标达到最优。

2. "SLP+SHA"方法

良好的设施布置和合理的物料搬运系统相结合才能保证物流合理化的实现,实践中必须注意以下两点。

1) 进行 SLP 时,尽可能考虑到 SHA 的需要

SLP 的主要依据虽然是产品加工工艺流程和加工设备的规格尺寸,但是对尚未进行设计的物料搬运系统仍应有相应的估计,要通过对这些因素的考虑,尽可能为 SHA 创造一个良好的前提条件。

(1) 采用连续输送或单元输送。

(2) 采用传送带、叉车或其他起重运输机械。

(3) 控制作为物流缓冲环节的临时储存、中间仓库的数量和规模。

(4) 进料及产品包装、存放的场所。

(5) 切屑、废料的排除方法等。

2) SLP 和 SHA 交叉进行、互相补足

SLP 是 SHA 的前提,一般 SLP 先于 SHA,在设计中可以根据加工设备的规格尺寸和经验数据为物料搬运系统留出必要的空间,但是由于搬运设备尚未选定,还存在一定的盲目性。当 SHA 设计之后,可以对 SLP 的结果进行修正,相互补充,使这两部分工作能得到较为完善的结合,实现物流合理化。

8.3 搬运作业合理化

物流合理化是物流系统分析、设计、控制与管理所追求的目标。物料搬运系统的合理性直接影响着物料搬运的效率和企业经济效益,所以在组织物料装卸搬运活动时,需要对作业过程进行全面的分析,优化装卸搬运的工艺流程,这对减少物流装卸次数、缩短搬运距离、最大限度提升物流设备的效能、提高搬运系统的运作效率有重要意义。

8.3.1 物料搬运的原则

1. 物料搬运的 20 条原则

20 世纪 60 年代,国际物料管理协会下属的物料搬运研究所浓缩数十年物料搬运专家的经验,总结出了物料搬运的 20 条原则,可作为物料搬运设计和管理方面的借鉴。

(1) 计划。以获得系统整体最大工作效益为目标,规划所有的物料搬运和物料存储工作。

(2) 系统化。尽可能广泛地把各种搬运活动当作一个整体,使之组成相互协调的搬运系统。其范围包括供应厂商、收货、储存、生产、检验、包装、成品储存、发货、运输和消费用户等。

(3) 物流顺畅。在确定生产顺序与设备平面布置时,应力求物流系统的最优化。

(4) 精简。减少、取消或合并不必要的运动与设备,以简化搬运工作。

(5) 利用重力。在可能的条件下,尽量利用重力搬运物料,但应注意防止磕碰。

(6) 充分利用空间。最大可能地充分利用建筑物的整个空间。

(7) 集装单元化。尽可能采用标准容器与装载工具集装物料搬运,以保证搬运过程

的标准化、集装化。

(8) 机械化。合理采用搬运机械设备和提高搬运机械化程度。

(9) 自动化。在生产、搬运和储存过程中采用合理的作业自动化。

(10) 最少设备。考虑被搬运物料各方面的特点,包括物料的运动方式和采用的搬运方法,选择最少设备。

(11) 标准化。使搬运方法、搬运设备、搬运器具的类型、尺码标准化。

(12) 灵活性。在专用设备并非必要的情况下,所采用的搬运方法和搬运设备应能适应各种不同的搬运人、物和实际应用的要求。

(13) 减轻自重。降低移动式设备的自重与载荷的比率。

(14) 充分利用。力求使人员与搬运设备得到充分利用。

(15) 维修保养。为全部搬运设备制定预防性保养和计划维修制度。

(16) 摒弃落后。当出现可提高效率的方法和设备时,合理更新陈旧设备和过时方法。

(17) 控制。利用物料搬运工作改进对生产、库存和接订单、发货等工作的控制管理。

(18) 生产能力。使用搬运设备促使系统达到所要求的生产能力。

(19) 搬运作业效能。以每搬运一件单元或物所耗成本的指标考核搬运作业的效能。

(20) 安全。为保证搬运安全,提供合适的方法和设备。

2. 物料搬运的10条原则

21世纪初,美国物料搬运教育产学理事会(CICMHE)在对上述搬运20条原则精简的基础上,归纳出了物料搬运的10条原则,也可作为物料搬运设计人员工作的指导方针。

(1) 计划。计划是在实施之前预先确定的一系列行动,搬运计划最简单的形式是定义物料(对象)和移动(何时何地),再合起来确定方法(如何及由谁)。

(2) 标准。标准化意味着所有方法和设备的变化与自定义较少。

(3) 工作。工作量以物流量(体积、重量或件数)乘以移动距离来衡量。

(4) 人因工程。人因工程是寻求使工作条件适合工人工作能力的科学。

(5) 集装单元。集装单元可以作为一个整体来同时存储和移动一批物料。

(6) 空间利用。物料搬运的空间是三维空间,需要用体积来衡量。

(7) 系统。系统是由相互作用或相互依赖的要素组成的有机整体。

(8) 自动化。自动化是有关机电设备、电子和计算机系统的应用技术,目的是操作并控制生产和服务活动。

(9) 环境。不要浪费自然资源,预测并消除搬运工作对自然环境的负面影响。

(10) 全生命周期成本。全生命周期成本包括从计划、采购新设备或采用新方法,直到设备或方法退出生产活动为止整个时间段的成本资金支出。

上述原则作为指导物料搬运问题的纲领性文件是有帮助的,但是并不是每条都适用具体的搬运状况,采取这些原则也不意味着抛弃经验和判断,在实践中一定要具体问题具体分析。

8.3.2 物料搬运的改善措施

搬运系统的设计只进行一次,但由于企业运营后,受到内外各种因素的影响,要不时进行产品、工艺、原材料等的调整,这些都会影响到搬运系统,因此在实际工作中经常碰到搬运作业的和搬运系统的改善问题。在改善过程中,应该注意以下几个问题。

1. 尽量采用集装化、单元化和标准化搬运

物流搬运过程中使用的各种托盘、料箱、货架等工位器具,要符合集装单元和标准化原则,以利于提高搬运效率、提高物料活性系数、提高搬运质量、提高系统机械化和自动化水平。因此,一个企业的工位器具、物料装载容器和物流设备的状况反映了物流系统的效益水平,也反映了该企业的基础管理水平。

2. 尽量提高搬运机械化、自动化和计算机应用水平

搬运机械化水平的提高,可提高搬运质量和效率,要根据物流量、搬运距离和资金条件,选择合适的机械化搬运设备。搬运过程自动化是物流系统现代化的重要内容之一,而计算机应用是物流信息控制的重要手段,也是物流系统现代化的基本标志。

3. 尽量简化搬运环节、减少不合理搬运

物料搬运不仅要有科学的设备、容器,还要有科学的操作方法,使搬运作业尽量简化,环节尽量减少,提高系统的物流可靠性。迂回和倒流现象严重影响生产系统的效率与效益,必须使其减少到最低程度,尤其是对系统中的关键物流。物料搬运的目的应事先确定好,使物料搬运一步到位,避免二次搬运、装卸。

4. 尽量改善操作环节、重视物料放置方法

日常工作中的操作环节也要引起注意,譬如搬运散乱放置的物体时,要绑上兜索,底部必须悬空。如果卸下时就在底下垫好垫木,就可以省去这道工序了。搬运有一定数量的物体时,收集在一起搬运,可以提高效率,因此通常把它们装入袋子、箱子或捆在一起打包。如果把要搬运的物体摆放在托盘上,就可以方便地用叉车操作了。

5. 尽量提高物料活性系数、充分利用重力

物料的活性系数是度量物料流动难易程度的指标,在允许情况下,应尽量提高,但不可强求,否则会增加资金耗费。在物料搬运时,使用重力方式是十分经济的手段,且方便有效,如利用高度差,采用滑板、滑道等方法可节约能源。但对于重力搬运必须有很好的控制措施,以防止造成产品、零件、物料的磕碰及对人员的伤害和设备的损坏。

6. 尽量优化作业环节、重视搬运之间的衔接

物料搬运负责衔接各项不同的作业,即使是采用最高活性系数如输送机来搬运,两种不同搬运之间仍存在"连接点上的转移",这才是问题的所在。要尽量减少连接点,才能筹划在各输送场所的操作,使物料像流体一样不停地输送下去。因为在连接点的操作不会增值,也对生产无益,而且容易"使产品受损",所以必须特别留意。

7. 尽量符合人因工程学、进行省力安全搬运

在人工搬运还存在的情况下,物料搬运系统的设计和改善必须考虑人因工程学的要求,同时,搬运设备、装卸设备及工位器具的安全设计和布置应满足人机工程要求,在各个操作环节上应使操作者最省力、安全、高效并减轻疲劳。在系统设计和改善时要考虑动作经济原则,尽量降低人体的动作等级、劳动强度。

8. 尽量改善搬运环境、进行绿色搬运

物流系统的设计要符合可持续发展战略的思想和绿色制造的要求,使其能与卫生、自然、社会等环境很好地协调,不应只为追求物流系统的功能而损坏环境,必须有效、经济地加以实施,并且不对我们居住的环境造成危害,必须考虑尽可能地绿色、环保、安全地进行搬运。

表 8-6 给出了常见的一些改善搬运作业的原则和方法,可作为实际操作中的参考。

表 8-6 常见改善搬运作业的原则与方法

因素		目标	想法	改善原则	改善方法
物料搬运	搬运对象	减少总重量、总体积	减少重量、体积	尽量废除搬运	调整厂房布置
					合并相关作业
				减少搬运量	
	搬运距离	缩短搬运总距离	减少回程	废除搬运	调整厂房布置
				顺道行走	
			回程顺载	掌握各点相关性	调整单位相关性布置
			缩短距离	直线化、平面化	调整厂房布置
			减少搬运次数	单元化	托盘、货柜化
				大量化	利用大型搬运机
					利用中间转运站
	搬运空间	降低搬运使用空间	减少搬运	充分利用三维空间	调整厂房布置
			缩减移动空间	降低设备回转空间	选用合适、不占空间、不需太多辅助设施的设备
				协调错开搬运时机	时程规划安排
	搬运时间	缩短搬运总时间	缩短搬运时间	高速化	利用高速设备
				争取时效	搬运均匀化
			减少搬运次数	增加搬运量	利用大型搬运设备
		掌握搬运时间	估计预期时间	时程化	时程规划控制
	搬运手段	利用经济效率的手段	增加搬运量	机械化	利用大型搬运机
					利用机器设备
				高速化	利用高速设备
				连续化	利用输送带等连续设备
			采用有效管理方式	争取时效	搬运均匀化
					循环、往复搬运
			减少劳力	利用重力设备	使用斜槽、滚轮输送带等重力设备

8.4 物流拣选系统

物流拣选系统作为物料搬运系统的一个重要分支,广泛应用于各个行业的物流仓储系统或配送中心。我国物流仓储系统经历了从地堆码放模式,到传统"人到货"的货架式仓库,再到"货到人"的自动化立体仓储系统——堆垛式立体仓储系统、穿梭式仓储系统等演变过程。传统的"人到货"货架式仓库由工人、货架、手推车或叉车构成,其出入库流程为:工人依据订单清单,利用手推车或叉车往返于货架与出入库点,完成清单货物的出入库任务。这种完全由人工实现对订单的分拣码放与出入库的形式,效率低下,人工成本极高,耗费了大量人力、物力。在智慧物流发展的背景下,"货到人"拣选系统正逐步成为行业主流。本节主要介绍"货到人"拣选系统。

8.4.1 "货到人"拣选系统的概述及优势

1. "货到人"拣选系统的概述

"货到人"拣选系统主要依靠自动化调度设备将货物移动至出入库货位点,即在物流拣选过程中做到"货动、人不动"。其拣选流程为:货品按一定的关联规则存放在可移动货架上,当有订单拣选需求时,中央计算机控制系统指令定位到商品所在的货架,然后指令机器人沿地面经过编码的网络优化路线行驶到相应的货架下方,顶起货架并运送到订单拣选员所在的拣选台,拣选员从货架上取出所需的商品,然后再由机器人将货架送回存储区。该拣选系统是一种机械拣选,以机械设备为主要的运输工具,绝大部分运输作业没有人的参与,因此对设备的要求较高。用到的主要机械设备有辊道输送机、皮带输送机、提升机、堆垛机、穿梭车、AGV 等,另外还包括一些辅助的高新技术,如信息识别技术、通信设备、管理系统、监控系统、计算机控制系统、电子标签系统、条码及条码识别系统等。这种拣选方式的成本低于全自动分拣系统,但可以大幅提高分拣效率。

2. "货到人"拣选系统的优势

(1) 空间利用率高。传统拣选模式作业空间最多维持在 2 米以内,其空间利用率也较为有限,即使采用阁楼货架等优化方式,其利用率也在 25% 以下。而"货到人"拣选系统所采取的立体存储方式,其空间利用率可达 45% 以上。

(2) 准确率高。传统拣选模式的准确率一般在 99.5%~99.9% 之间,且还是在加入复核环节的基础之上。而"货到人"模式的系统误差可控制在万分之五以内,有效降低了误差。

(3) 柔性高。"货到人"拣选模式具有很高的柔性,由于货架是可移动的,因而货架区域的空间布局可以随时调整,也可以在增加新品、淘汰旧品的过程中新增货架或者移除货架。在订单需求到达高峰期时,可以通过增加机器人及拣选台的数量来提高仓库的吞吐能力,满足订单需求。同样地,在订单需求衰退的时候,也可以将多余的空闲机器人移动至存储区,撤除拣选台。

(4)员工劳动强度低。物流仓库规模一般比较大,传统"人到货"模式下的拣选人员在一个作业周期内几乎要走完整个仓库,劳动强度大,而"货到人"模式下拣选人员只需站在原地,使得其劳动强度明显降低,有些甚至还可以为拣选人员设置合理的拣选角度和高度,从而极大提高了工作人员作业的便利性。

8.4.2 "货到人"拣选系统的类型及构成

1. "货到人"拣选系统的类型

按照作业维度,可以将"货到人"拣选系统划分为两大类:基于平面作业模式的"货到人"拣选系统和基于立体作业模式的"货到人"拣选系统。其中,基于平面作业模式的"货到人"拣选系统,从人体工程学角度出发,对存储货架高度进行限制,主要存储设备为可移动平面式货架,以亚马逊公司的 Kiva 系统为代表;基于立体作业模式的"货到人"拣选系统,充分利用仓储立体空间,采用立体库模式存储货架实现货物的密集存储,以多层穿梭车系统为代表。

(1)基于平面作业模式的"货到人"拣选系统,使用的货架一般只有 2~3 米,不需要拣选人员登很高去拣取货物,提升了人工拣选速度。主要的运输设备为智能移动机器人,其大小设计一般小于货架底层空间,智能移动机器人的顶部设置顶升装置,当移动到目的货架底部时,通过顶升装置把货架抬高离地,然后运载货架到达相应的目的地。

(2)基于立体作业模式的"货到人"拣选系统,是基于多台设备协同并行的作业模式,实现系统超密集存储与高效精准拣选功能,主要设备分为存储设备、运输设备及拣选设备。为方便存储和拣选,该系统内使用规格统一的库存箱存储货物并放置在立体货架上。该系统的运输设备有穿梭车系统、提升机系统以及输送机系统。

2. "货到人"拣选系统的构成

物流仓库系统中常见的拣选机械设备有堆垛机和穿梭车等,与之相对应,"货到人"系统按照设备运行方式,可以分为堆垛式和穿梭式两种立体仓库。

(1)堆垛式立体仓库,主要由堆垛机、货架、巷道和输送系统组成。它主要以堆垛机为货物运送单元,由堆垛机实现货物的出入库,货物的移动主要由堆垛机在出入库点间的往复运动来实现。同时堆垛式仓库中货物的出入库较为灵活,堆垛机可以实现货物的拣选、出库、入库一体化操作。在企业的仓储系统由传统仓库过渡到自动化仓库的发展阶段中,相较于传统"人到货"货架仓库,堆垛式立体仓库的作业效率有着明显的提升。但是经过数年的发展,堆垛机的功能和结构的发展已经较为完备,其结构也已较为固定,同时在调度优化方面,堆垛式仓库的优化空间也极为有限,因此越来越多的企业以及研究人员开始寻求更高效的仓储系统。

(2)穿梭式立体仓库,是在市场对于灵活作业以及当前众多零售行业,订单小、批量多、品种多、时效高等应用背景环境下被设计出来的。相比堆垛式立体仓库,穿梭式立体仓库中紧密的货架结构和较小的穿梭车体积都使得其空间利用率有一定的提升,一般可以达到90%左右,并且穿梭车由于运行速度快,可以在各货架之间相互独立且互不影响地运行,也使得穿梭式仓储系统在运行上具有一定的稳定性和可靠性,目前在电商、快递等行业得到了广泛使用。

根据适用于不同作业形式、企业仓储需求以及穿梭车运送货物的单元载体的不同,可以将以穿梭车为主要运输载体的仓储系统分为以托盘为运输载体的托盘式穿梭车仓储系统和以料箱为货物单元的箱式仓储系统,如图8-9所示。

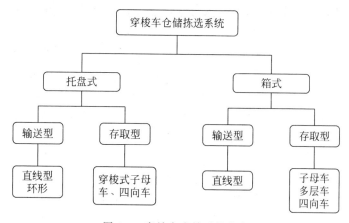

图8-9 穿梭车仓储系统分类

穿梭车仓储系统与堆垛机式仓储系统最主要的区别在于穿梭车与堆垛机运行方式有着较大的不同。在堆垛式立体仓库中,堆垛机可以实现任意方式的运行,而穿梭车式仓储系统中,穿梭车只能实现在货架巷道中的水平运动,而在垂直方向上,须依靠提升机来完成。正是由于水平垂直运作是分开进行的,进而在一定程度上解决了堆垛机式仓储系统中仅仅依靠堆垛机来完成仓储活动而造成的仓储作业移动不便问题。综上所述,穿梭车式仓储系统相较于堆垛机式仓储系统有更高的作业效率,另外穿梭车式仓储系统还可以增加高位叉车等设备来辅助运行,也在一定程度上满足了企业柔性化仓储的需要。

3. 典型的"货到人"拣选系统

目前较为常见的"货到人"拣选系统有两类——自动小车存取系统(Autonomous Vehicle Storage and Retrieval Systems,AVS/RS)和机器人移动履行系统(Robotic Mobile Fulfillment System,RMFS)。

(1) AVS/RS由存储货架、自动小车和提升机三部分组成,其取货过程通过自动小车将取出的料箱放置于出库缓存区,再通过提升机将出库的料箱移动到传送带,当完成货物后,料箱通过传送带移动到入库缓存区,并依次通过升降机自动小车将其放置于原始位置。在AVS/RS中,也根据自动小车是否可以在不同层间移动分为层到层的自动小车存取系统(tier-to-tier AVS/RS)与固定层的自动小车存取系统(tier-captive AVS/RS)。

(2) 不同于AVS/RS,RMFS适用于需求波动明显的多种中小件商品的电商配送中心。在RMFS中,订单的完成是通过可负载的机器人将可移动的货架从货架存储区抬至拣选台,货架在拣选台完成拣选后,机器人再将货架抬至存储区。这种模式相较于AVS/RS的优势是其具有很好的可扩展性,货架的数量可随着订单的变化进行调整,同时增加机器人的数量和拣选台的数量可以有效地提升拣选的效率。而在AVS/RS中,提升机以及穿梭机的数量一般都受到限制,故而系统的吞吐量无法得到有效的提升。机器人则是直接抬着可移动的货架而不是料箱从货架存储区移动到拣选台进行拣选,在完成拣选后再通过机器人将货架抬至存储区。

8.4.3 "货到人"拣选系统与"人到货"拣选系统的比较

"货到人"拣选系统与"人到货"拣选系统主要有以下几个方面的不同。

(1) 运输设备不同。"货到人"拣选系统的机械设备有辊道输送机、皮带输送机、提升机、堆垛机、穿梭车、AGV等,通过信息识别技术、通信设备、管理系统、监控系统、计算机控制系统、电子标签系统、条码及条码识别系统等技术将这些设备联合完成拣选作业的统一的整体。"人到货"分拣系统的搬运设备主要是叉车、手推车等一些单机设备,通过人力独立运行或者实现简单的自动化运输。

(2) 存储设备不同。"货到人"拣选系统是自动化立体仓库,仓库的设计方便运输设备在巷道内或者跨巷道运输。货架的货物可以不用标记信息,且货物是可动的,可跟随料箱或者货架一起搬运,每一货位上的货物还可能是动态变化的。"人到货"分拣系统是简单的货架,货架上贴有相应的货物信息,货架上的货物一般是静止不动的,设定之后几乎不再变化。

(3) 时间消耗不同。"货到人"拣选系统每一个单独的设备运动速度都比较高,时间消耗主要发生在设备之间的衔接过程中。通常工人分拣速度小于料箱出库速度,所以料箱等待分拣也消耗了时间。"人到货"分拣系统由于工人行走速度限制,时间消耗主要在工人分拣过程的路途中,工人寻找货位与核对订单货物也占用一定的时间。

8.5 自动物料搬运系统

随着现代工业化、信息化、自动化技术的不断发展和渗透,物料搬运的自动化得到了人们的关注和重视,物料搬运系统的自动化水平也越来越高。通过物料搬运系统的自动化,可大大减少人工介入、降低搬运及等待成本、提高设备利用率。

8.5.1 AMHS的概述及特征

1. AMHS概述

自动物料搬运系统通过投入大量的自动搬运设备实现物料的自动化存取,降低物料的停滞等待成本,以满足生产物料需求。该系统最早广泛应用于半导体制造中,半导体运输的高破损率、产能低效率、产品高标准、制造工艺复杂化、人员安全及较高的劳动强度,使得靠传统搬运方式难以满足生产需要,而自动物料搬运系统可以实现快速、稳定的物料输送目标。

AMHS是物料搬运系统的延伸发展,伴随制造业生产系统的自动化发展,自动化的思想和方法逐渐应用于系统内整个物流过程,物料搬运系统中越来越多的搬运工具被自动化搬运设备所取代,即实现原料、在制品、成品、工具、辅料等物料的自动化存取及移动,大幅度提高了原料及工件等物品的移动效率。现如今自动物料搬运系统主要存在于大批量生产,生产品种单一、搬运系统自动化的柔性要求较低等企业中,而在多品种小批量或者是中等批量的企业中的应用却很少,大部分仅是简单的AGV应用层次。

2. AMHS的主要特征及作用

(1) 降低半成品及成品损伤。自动化和机械化操作,可减少误差,提高工作效率。在AMHS中,自动化搬运代替人力操作,由机械和电子设备控制,数据精准,可降低由于人工的不规范操作而造成的原料、半成品等物品的折损率,增强物料搬运的安全性。

(2) 搬运效率高。离散制造系统中多品种混合式生产导致生产系统内部物料搬运量庞大,普通的搬运方式效率低,造成系统内存在大量的在制品,生产计划管理困难。自动化搬运设备运输效率高,满足不同类型物料的搬运,在提高产品生产效率的同时,大大降低了在制品库存量。

(3) 成本控制。初期自动化搬运系统中自动化设备投入大,但是后期自动化搬运最大限度地解放了人力,减轻人员的劳动强度,节省了长期性用人成本。

(4) 可适应性。多品种小批量是离散制造企业中最具代表性的产品生产方式,生产系统中设备按照工艺原则布置,加工制造工艺复杂,搬运环节内的物料种类多种多样,且搬运路线重复性较低,自动化搬运系统可满足产品生产的需求,具有高度适应性,能够动态地适应不同产品加工工艺,实现物料在不同设备之间的自由移动。

(5) 可靠性。在制造过程中,若自动化搬运系统中某些搬运设备发生故障或者是路径堵塞,系统能够检测出来设备故障所在位置并及时进行路径优化,从而降低了故障影响,大大提高了搬运效率。

8.5.2 AMHS的分类及构成

目前,学术界对AMHS的分类暂时没有统一的定义,本书将主要从技术环节、软硬件组成和作业模块的角度进行划分。

1. 从技术环节的角度划分

自动化物料搬运的技术环节主要包括自动识别、自动装卸移动、自动化存取、自动化分拣,如图8-10所示。物料搬运自动化是为了实现原料、在制品、成品、工具、辅料等物料的自动化存取及移动。其主要活动包括:①工作站内上下料自动化;②在不同工作站(加工设备)之间输料自动化、刀具和夹具输送自动化及工件转位自动化;③储存自动化

(临时储存和仓库);④对工件的装卸自动化及废料的排屑自动化等。

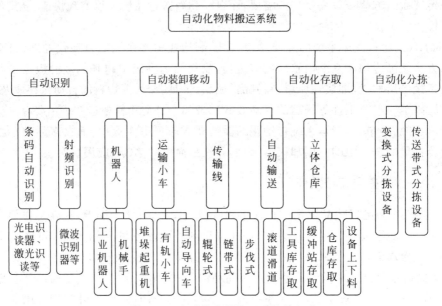

图 8-10 自动化物料搬运系统的组成

分析图 8-10 可知,自动化搬运系统的实现主要依赖于物料的信息控制、装卸、移动和存取四个功能。其中,信息控制在于对物料属性和物料运输装置的识别,使物料按要求实现整个搬运系统的控制(装卸、移动和存取);装卸主要为原料及工件等的自动化装卸;移动是指实现物料空间上的改变,其主要问题在于搬运设备的选择与控制——常用输送设备有自动导向车、有轨搬运车、机器人、辊子输送机、悬挂输送机等。自动化存取主要是解决原材料库的材料存取、缓冲站的物料临时存放、工具库的工具存取及成品库的存放问题。

2. 从软硬件组成角度划分

为了更有效地整合各个硬件系统,进而充分发挥硬件的功能,必须依靠制造执行系统(Manufacturing Execution System,MES)以及物料控制系统(Material Control System,MCS)等软件的辅助,才能满足工厂的自动化运行。这两个系统的主要功能如下:

1) 制造执行系统

制造执行系统及时提供生产资讯,从原材料投入开始到产品制造完成入库,当制造执行系统发出搬运命令,物料控制系统会将搬运命令发送给搬运执行设备,并将 CST(Cassette,卡匣)搬送到目的地位置。

2) 物料控制系统

物料控制系统主要控制在制品的数量及分布的位置,且接受来自 MES 的搬送命令,进而将搬送命令发送给厂区的 AMHS 执行设备的控制器,如 STC(Stocker,仓储库)、AGVC(AGV Controller,AGV 控制器)等,使 WIP 能够准确且快速地搬运至适当的位置。

3. 从作业模块角度划分

自动物料搬运系统包括自动货架（automatic shelving）、传输系统和控制模块等部分。

（1）自动货架。自动货架是 AMHS 的一个重要组成部分，它分布在每一个加工区域，用来存储货物，同时也是不同传送系统和加工系统的连接点。自动货架一般设有一个或多个输入/输出端口、存储货物的货架和在货架之间搬运货物的机械手。

（2）传输系统。物料的运输则是通过传输系统来完成的，包括运输小车及其运行轨道。目前常用的运输小车有 OHT、OHS、AGV 等。其中，OHT 即高空提升传输车（overhead hoist transporter），是指在天花板高度的轨道上面运行的传送系统，这些轨道位于设备的上货端口的上方，能将货物升降到上货端口上，OHT 不需要占用任何地面空间，且可以灵活地适应工厂的布局改变。OHS 是指高空穿梭车（overhead shuttle），它也是运行在天花板高度的轨道上面，主要负责在自动货架之间的货物运输作业，它与 OHT 合作可以完成整个系统的物料搬运工作。

（3）控制模块。控制模块即前文提到的物料控制系统。

案例

[8-1] 基于 SLP 和 SHA 的林产品仓储布局优化
[8-2] "货到人"拣选系统订单分批优化

即测即练

第四部分

物流系统控制与决策

第 9 章

物流系统控制

物流系统控制是物流系统工程与管理的重要环节之一。系统控制是为了保障物流系统正常运作、实现物流系统管理目标的重要策略。物流系统控制致力于满足物流系统工作要求,是对物流系统活动过程、物流服务的工作情况及物流系统体系运作的实际状况进行监督与管理,并进行标准化管理,对差异采取纠正措施的调节管理过程。物流系统控制的目的在于减少波动,保持物流系统运作的稳定性和一致性。基于此,本章首先对物流系统控制的概念、分类与理论基础展开阐述,其次对典型的物流系统控制的环节如物流系统成本控制、质量控制和风险控制展开具体论述。通过对物流系统进行控制与改进,将有效降低物流系统成本、提高物流系统运作质量、规避系统风险,从而提高顾客满意度。

9.1 物流系统控制概述

9.1.1 物流系统控制的基本概念

系统控制的目的是,在外部条件发生变化的情况下仍保证系统实现目标。这要通过该系统的必要组织来实现,所谓必要组织指的是系统结构及其要素的运行方式。如果一个系统的组织在创立时即已初始值确定,那么它的控制就不过是当系统的外部条件和参数出现偏差时,保证其变量(内部状态和输出)的原定值。大部分技术系统都属于这种类型。

控制的基础是信息。它是在控制客体的运行与发展过程中产生的,并说明其内部状态、外部作用和控制的目标。作为受控物质系统的现实客体,一方面是物质和能量的变换器,另一方面又是具体变换客体有关重要属性的信息载体。因此,在研究某一客体以达到其控制目的时,它由两类在信息上相联系的要素加以描述:作为所实现的物质变换模型的受控要素和作为与控制客体相联系的信息加工过程模型的控制要素。

在系统形成时,其受控要素组合成为受控部分,它叫作受控客体;控制要素的总体构成控制部分,称为控制系统。控制系统有开环控制系统和闭环控制系统。当系统中具有反馈环节则构成闭环控制系统。所谓控制,就是按照预定条件和预定目标,对其过程施加某种影响的行为。所谓反馈,指一个系统把输入(激励)经过处理之后输出(响应),又将其输出的结果进行反馈与输入加以比较的过程。将控制理论应用于物流系统,则称物流控制论。

目前,激励控制理论发展的主要领域是空间工程和受控机器人以及大规模的柔性生产系统。这些系统复杂,受控对象做大范围非线性运动,系统已无法用常系数线性系统的模式,而且系统本身及系统所处的环境多变,要求有相应的适应性能,这既决定了控制在物流系统中的重要性,又说明控制问题与运筹问题分不开。

(1) 把物流活动视为一个系统进行研究,即研究它的内部结构、运行机制及其功能。

(2) 把物流视作一个调节和控制的过程。

(3) 对物流决策进行优化。

物流系统控制是指将研究的物流系统作为被控对象,系统性研究物流系统运营过程中的输入与输出及通过反馈使被控对象(系统)达到人们所期望的最佳物流效益。

9.1.2 物流系统控制的分类

物流系统控制是一个过程性管理的过程,根据物流系统运作的具体环节和对象,可将物流系统控制分为反馈控制、超前控制和非预算性控制。

1. 反馈控制

反馈控制是一种常见的管理控制,其特征是通过运行过程输出的检测结果,并将检测结果送回运行过程中去,将纠正措施输入该运行过程中,以获得预期的输出。因此,这种反馈控制表现为时间的滞后(事后控制),如成本分析、质量检查控制、财务分析等。

2. 超前控制

超前控制也称前馈控制,相对于反馈控制是一种更为复杂的控制。其特点是通过对运行过程输入的监视,以确定它是否符合标准要求。不符合时,为实现输出预期目标就要改变运行过程。前馈控制是在输出结果受到影响之前就作出纠正,因此这种反馈更为有效。这种控制克服了反馈控制的迟滞性,便于物流决策人员及时采取相应措施,纠正偏差,达到预定目标。

超前控制在物流控制中应用较为广泛,生产经营活动要达到超前控制的目的,主要有以下几个表现方面。

(1) 用人的超前控制。按岗位已定的职务要求选拔合格人才。

(2) 存储超前控制。根据存储规律,按照建立的存储模型,实施超前仓库存储工作。

(3) 投资超前控制。用投资回收期法或投资效率数学模型,对扩大企业再生产能力及更新设备实行超前控制。

(4) 财政预算超前控制。

3. 非预算性控制

非预算性控制是指在生产经营活动中,预算外的临时矫正行为。其主要有以下几种方式。

(1) 物流批量控制法。物流批量控制法是指利用库存费和订购费的边际点原理对仓库管理进行优化控制的方法。

（2）盈亏平衡控制法。盈亏平衡控制法是指利用盈亏平衡点分析的方法对企业行为进行控制的方法。

（3）专家控制法。专家控制法是指靠有经验的专业人员、专家对企业行为提出建议进行控制的方法。

物流系统控制职能流程如图9-1所示，其具体实现过程见表9-1。

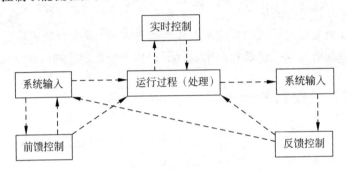

图9-1 物流系统控制职能流程

表9-1 物流系统控制实现过程

控制项目	控制标准	信息	手段	校正行为
物资库存	物流订购量和储备量	物料订单和领用单	库存模型（图像模型及数学模型）	修正采购计划
产品成本	目标成本	费用结算及表格	费效分析（C/B）	费用降低措施开展价值工程（value engineering, VE）活动
产品质量	产品技术条件	成品试验检测记录	统计图、抽样统计法	调整生产线和有关技术措施
生产进度	网络或期量标准	生产报表等反馈信息	网络图及甘特图	调整采取措施
生产工序质量	精确度和光洁度	检测的结果	控制图、散布图	检修、调整设备和工装

9.1.3 物流系统控制理论的基本框架

在物流系统中具有设备、信息技术、经济组织三个基本要素，并成为物流系统控制的基本资源。物流系统控制一般模型如图9-2所示。物流系统控制模型以过程控制为特征，不仅提供了实现期望绩效的保障方法，而且描述了一个动态的系统控制体系，主要体现为绩效分析的动态性、纠正措施的动态性、关键控制点的动态性、环境影响因素的动态性。该动态系统控制体系推动着物流系统的持续优化。在物流系统控制论体系中，蕴含着诸如结构理论、关系理论和协同理论等丰富的理论基础，从而推动着物流系统控制模型的持续改进。

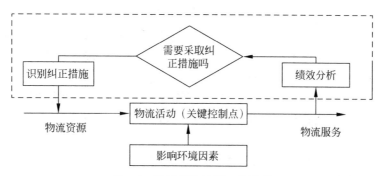

图 9-2　物流系统控制一般模型

1. 物流系统控制的结构、功能和行为

结构决定功能和行为是系统科学的基本观点,它支撑着物流系统的形成和演化。伴随着社会生产的发展、信息技术的进步及供应链管理理念的变革,物流系统结构模型也经历了一个从链状模型到网状模型、从静态模型到动态模型的发展过程。

物流系统生存于一定的时空结构中,具有如图 9-3 所示的物流时间和物流空间。物流系统的动态网络结构增加了系统结构的复杂性和时空结构的不确定性,同时由于物流系统控制的时空限定性,又增强了物流系统控制的能控性和能观性。能控性和能观性是控制系统的两个重要特性,它们是控制系统进行反馈控制、状态估计、系统识别及实现系统最优控制的基础。应用能控性检查系统的每一个状态分量能否被控制量所控制,反映了控制作用对系统状态产生的影响能力;能观性表示由输出观测量能否判断系统的状态,它反映由系统的输出量确定系统状态的可能性。物流系统控制的最原始目标在于实现时空衔接的零距离,降低风险和成本,提高系统效率。因此在物流系统的时空结构中借助关键控制点的结构类特征、关系类特征、生产类特征、经济类特征和目标等主要特征参数,能够有效地刻画物流系统的状态反映系统结构从无序向有序演化的控制状态。

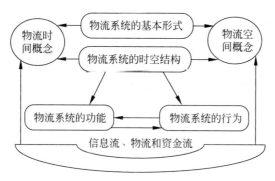

图 9-3　物流时间和物流空间

2. 物流系统控制的最优决策和自动调节过程

无论是在微观的企业物流系统控制中,还是在宏观的社会物流系统控制中,都存在最

优决策问题,最优决策和自动调节过程反映了当前状态和目标状态之间的动态关系及一个以目标状态为驱动的渐进的演化过程。任何一类系统控制最优决策的实现都是一个动态的调节过程。由于物流系统的复杂性和时空不确定性,物流系统控制的最优决策和自动调节过程演变成一个动态博弈过程。

在供应链体系中,由于每一个供应链成员企业都是具有决策能力的独立实体。因此,供应链系统中的最优决策和自动调节过程演化成一个群决策系统。每一个决策主体为了在若干可能或可行的物流系统决策方案中综合筛选出能保证实现最优控制效果的决策方案,要借助某种既能实现合理的测度又能直接反映控制有效程度的共同的可比条件。可以将这种可比性的条件量称为物流系统控制最优决策的有效性判断依据。物流系统控制是一个多级递阶结构的控制问题,每一个主体、每一级子系统最优决策有效性判据在物流时间和物流空间过程中是变化的,所依据的条件是物流时间和空间中物流资源的输入和物流服务的输出变量,以及物流系统控制的主要特征参数。

最优决策是一个相对概念,通常表现为一种全局目标状态的确定。物流系统控制的目标在于实现企业物流系统控制的网络结构优化和社会物流系统控制的过程结构优化,物流系统控制的最优决策主要包含物流对象的最优决策、物流信息的最优决策、物流控制方式的最优决策和物流系统控制时间与空间的最优决策。对于呈现多级递阶结构的物流系统控制的决策演化过程,每一级都有可能出现局部的最优决策。但是考虑到物流系统控制的每个主体只依据拥有的有限理性和不完全信息与其他主体或环境进行博弈,单个主体的决策依赖于其他主体的决策结果,所以在每一级上产生的局部最优决策未必就是物流系统控制的全局最优决策。物流系统控制的全局最优决策无法保证任何一级过程都是最优的,但是它能够保证所有层次组合形成的整体效果是全局最优的。从本质上讲,物流系统控制的最优决策就是通过最优决策来自动调节物流系统,确保物流系统始终处于准平衡状态即混沌边缘,形成一个混沌控制过程。

3. 物流系统间控制的协调问题

传统的物流系统控制一般以集中控制为主,即假定一个决策者拥有物流系统的全部信息,控制所有物流系统主体的决策变量,以物流系统整体效用(利润、成本等)最大化为目标,物流系统呈现完全对称信息的信息结构。然而,由相对独立的主体组成的物流系统,决策权和信息是分布式的,由于物流系统的非对称性信息结构,集中控制模式将受到限制甚至是不可能实现的。因此,必须在物流系统控制中引入协调机制。

协调是物流系统控制的关键问题。所谓物流系统控制的协调问题,就是在满足一定的约束条件下,如何使物流系统中相对独立,具有自主、自治、自利能力的物流系统主体和子系统能相互配合、协调工作,共同完成物流系统的总任务,实现物流系统绩效最优的总目标。物流系统的可协调性反映了各子系统之间相互关联的结构和参数特征,且与各子系统的能控性、能观性有关。因此,可以利用物流系统的信息结构模型,采用相应的结构特性分析方法(如信息结构矩阵的逻辑算法等),判断物流系统可协调性所必需的信息通道的结构连通性,进一步分析物流系统控制的协调问题。

多级递阶结构的物流系统控制主要包含两类协调问题:资源协调和任务协调。资源可协调性指在物流系统总资源约束条件下,以机动资源为协调手段,使各主体和子系统的局部控制过程相互协调,可以共同完成或超额完成物流系统控制的总任务;任务可协调性指在总任务约束条件下,若以机动任务为协调手段,使各主体和子系统的局部控制过程相互协调,可以遵守物流系统总资源约束。如果物流系统的信息结构提供了实现资源和任务可协调性所需的信息通道,那么物流系统具备了可协调的基础条件。至于物流系统是否为可协调的,还取决于协调主体之间彼此协调意愿的高低。供应链作为一个多级物流协同控制系统,为供应链成员提供了实现资源和任务可协调性所需的信息通道,成员之间的可协调性更多地取决于成员之间的协调意愿,这种意愿来自合作愿景产生的驱动力。

9.2 物流系统成本控制

9.2.1 物流系统成本控制概述

物流系统成本控制是指在物流相关成本形成的过程中,对物流相关服务成本的全过程进行计划、组织、协调和管控的相关活动。具体而言就是对整个物流活动的流程进行事前开展规划、组织,事中展开具体指导、控制及监督,事后进行分析、评价和总结,采取有效的措施和对策降低物流服务成本,实现控制物流成本这一目标的一系列过程。

物流系统成本控制的最终目标是通过合理优化物流作业环节和流程,有效降低物流服务总成本,提高最终顾客满意度,增强企业核心竞争力。具体来说体现在以下几个方面:一是通过物流成本的有效控制,发现企业管理过程中存在的相关问题,以便有针对性地提出改进措施;二是通过各环节物流成本控制的数据分析,加强能创造更多价值的增值环节,非增值环节可以弱化甚至剔除,重新优化作业流程;三是为企业进行标杆管理提供理论支撑,可以将企业的物流成本数据和该领域的标杆企业进行对比分析,以发现企业存在的相关问题,提升企业的整体经济效益和管理水平。

1. 物流系统成本控制的意义

1)微观意义

采取有效管控措施降低企业物流成本已经成为企业的"第三利润源"。进行有效的物流系统成本控制已经成为企业降低运营成本、提高经济效益的重要措施和手段。企业在实际运作过程中,常常遇到物流成本和服务水平之间的效益背反现象,如何有效地实现二者之间的均衡发展,是企业必须考虑的重要问题,而物流成本控制为企业决策提供了基础的理论依据,进而采取有效的方法和措施进行工作流程的优化,提高企业实际运营水平。

2)中观意义

现代企业的核心竞争力主要体现在两个层面:一是企业具有很强的研发创新能力,掌握核心技术;二是企业具有很强的供应链管理能力,能够有效协调和分配资源,实现共赢发展。而通过物流系统成本控制就有助于增强企业的核心竞争力,提高企业在该行业领域的物流管理服务水平。因为物流成本的管理和控制贯穿于整个供应链运作的流程,反映在采购、生产、销售和回收的各个方面，体现出企业整体成本控制的水平。在保持顾客期望的服务水平的前提下，物流成本越低，也就意味着企业的盈利能力越强、利润空间越大，能有效提升企业在同行业的竞争优势，有利于企业的长远健康发展。

3) 宏观意义

改革开放40多年来，我国物流业取得了长足发展，可是我国物流行业成本长期居高不下也是不争的事实，这里尽管存在结构性因素，可是也体现出我国企业物流管理存在相关的问题。而有效的物流系统成本控制可以提高我国整体经济效益，促进国民经济的健康发展。现代物流业贯穿于社会生活的方方面面，已经成为国民经济新的增长极，科学合理的物流规划有助于国民经济的合理布局，在经济新常态下对我国经济高质量增长、降低物流损耗、节约社会整体财富具有重要的现实意义。

2. 物流系统成本控制的意识与理念

1) 物流系统成本控制的基本意识

根据现代企业管理的基本理论和要求，物流系统成本控制的基本意识表现在五个方面。

(1) 物流系统成本控制思想和方法的创新化。在国家创新战略的驱动下，企业要用变革和创新的思想进行企业管理，树立员工的创新意识，让物流成本控制贯穿于企业的全过程，要充分发挥广大员工的积极性和创造性。

(2) 物流系统成本控制组织的重组和优化。根据实际需求，物流企业要定期对企业的组织结构进行重组和优化，增强优势部分，剔除非增值环节，保持动态的调整机制。

(3) 物流系统成本控制方法合理化和科学化。对物流成本控制的信息系统要进行定期的更新，选择最新的物流成本控制方法，既要满足企业实际情况，又要科学合理，能够满足企业的实际需求，在已有基础上探索适合企业本身需求的物流成本控制方法。

(4) 物流系统成本控制手段的信息化和国际化。企业管理者既要有国际视野，根据不同国家的实际需求，探索定制化、个性化的物流成本控制策略，又要采用先进的信息技术，及时保持企业信息系统的与时俱进。

(5) 物流系统成本控制人才的复合化和专业化。物流领域属于典型的复合型领域，所以企业要培养一支复合型的专业化的人才队伍，而且要对员工进行定期的培训，形成一个高效的学习型组织，促进企业不断创新发展。

2) 物流系统成本控制的全程观念

根据现代企业全程控制理论的基本要求，物流系统成本控制可以从事前控制、事中控制和事后控制三个阶段展开管控。

(1) 事前控制。物流成本事前控制是指物流成本控制活动开始前，分析影响物流成本控制的因素、计划控制的流程及实现控制目的的一系列活动。

(2) 事中控制。物流成本事中控制是指在指物流成本控制活动开始后，采取相应的控制措施，对物流成本进行分析、监控的一系列活动。

(3) 事后控制。物流成本事后控制指的是在物流系统成本控制之后，对该阶段实际物流成本进行核算、分析的一系列活动，根据结果分析是否达到预期目标，以便找出问题，为以后的物流系统成本控制提出积极的改进意见和措施。

9.2.2 物流系统成本控制遵循的基本原则

1. 总成本最小化

在保持顾客期望服务水平不变的情况下,总成本最小化是企业的不变追求。不管企业提供什么产品或服务,采用何种生产或营销形式,企业必须有效控制成本,提高利润水平,才能在激烈的竞争环境中生存下去。而有效的物流成本控制说明企业开展的物流活动是有效的、合理的,增强了企业的竞争力。

2. 责、权、利相结合

物流企业成本控制是一项复杂的系统工程,需要企业全员参与,建立有效的责任、权限和利益相结合的管控机制是十分必要的。首先,根据组织结构和责任划分,确定各部门分级责任制,明确到人;其次,给予相关责任人相应的权限,便于成本控制;最后,建立合理的奖惩机制,奖罚分明,充分调动大家工作的积极性,是所有员工担负起控制和管理企业物流成本的责任。

3. 目标控制

目标控制是指在企业的实际经营过程中对人、财、物等指标的管控要以事前制订的目标为基础展开管理。这里对物流成本进行控制也要遵循这一基本原则,根据事前制订的控制目标展开相应的指导和约束,力争以最小的成本实现最大的利润。

4. 全面控制和重点控制

现代物流系统是一个开放、复杂而又涉及多阶段、多过程、多领域的系统,从供应链上游采购开始,一直到供应链下游销售和回收结束。在整个过程中,每个环节都会产生物流成本。因此,必须对企业物流系统的全过程进行成本管控,以全过程中各环节为对象,根据不同阶段的性质和特点展开控制。但是在全过程中,又要有重点和非重点的区别,对消耗物流成本占比比较大的环节要重点监控,而对占比较小的环节简单监控即可,尽可能做到全面和重点相结合,探索满足企业实际需求的管理办法。

9.2.3 物流系统成本控制的方法

根据物流成本控制理论和企业的实际需求,物流系统成本控制的方法有很多,常用的有标准成本法、目标成本法、基于作业成本法(activity based costing,ABC)的物流系统成本控制方法和全面成本管理(total cost management,TCM)方法等。根据决策者的角度可以选取不同的方法进行成本控制和管理。

1. 标准成本法

受到泰勒生产过程标准化思想的影响和启迪,20世纪20年代在美国一些生产制造企业实际生产过程中产生了标准成本法。该法主要通过核算出产品的标准成本以用来进行成本控制和管理,它主要由标准成本制定、核算和分析成本差异和处理成本差异三个步骤组成。

该法将成本的实际发生数分为标准成本和差异成本,主要针对成本差异进行分析,找出差异的原因,并采取及时有效的措施进行改进,消除不利差异,实现对物流成本的控制与管理。下面通过一个例题来说明该方法的使用步骤。

例 9-1 某物流企业准备采用标准成本法进行物流成本控制管理。已知某产品的成本费用数据如表 9-2 所示。若该企业的一个月生产能力为 11 000 小时,本月计划生产销售此产品 2 450 件,购入原材料 30 000 千克,实际成本 88 500 元,本月生产消耗原材料 25 500 千克,实际耗时 9 750 小时,人工工资为 40 000 元,实际间接费用 15 000 元,实际固定间接费用 10 000 元。试用标准成本法计算此产品的成本差异。

表 9-2 某产品的成本数据

成本项目	标准价格	标准数量	标准成本/元
直接原材料	3 元/千克	10 千克	30
直接员工费用	4 元/小时	4 小时	16
变动间接费用	1.5 元/小时	4 小时	6
固定间接费用	1 元/小时	4 小时	4
单位产品标准成本			56

解:

1) 直接材料成本差异

直接材料成本差异 = 实际数量 × 实际价格 − 标准数量 × 标准价格
= 25 500 × (88 500/30 000) − 2 450 × 30 = 1 725(元)

其中,

价格差异 = 实际数量 × (实际价格 − 标准价格) = −1 275(元)

数量差异 = (实际数量 − 标准数量) × 标准价格 = 3 000(元)

直接材料成本差异 = 价格差异 + 数量差异 = 1 725(元)

2) 直接人工成本差异

直接人工成本差异 = 实际工人成本 − 标准人工
= 40 000 − 2 450 × 16 = 800(元)

其中,

直接人工效率差异 = (实际工时 − 标准工时) × 标准工资率 = −200(元)

直接人工工资率差异 = (实际工资率 − 标准工资率) × 实际工时 = 1 000(元)

直接人工成本差异 = 直接人工效率差异 + 直接人工工资率差异 = 800(元)

3) 变动间接费用差异

变动间接费用差异 = 实际间接费用 − 标准间接费用
= 15 000 − 2 450 × 6 = 300(元)

其中,

变动间接费用效率差异＝(实际工时－标准工时)×变动费用标准分配率＝－75(元)

变动间接费用耗费差异＝(变动间接费用实际分配率－变动间接费用标准分配率)×实际工时＝375(元)

变动间接费用差异＝变动间接费用效率差异＋变动间接费用耗费差异＝300(元)

4) 固定间接费用差异

固定间接费用耗费差异＝固定间接费用实际数－固定间接费用预算数
$$=10\,000-11\,000\times 1=-1\,000(元)$$

固定间接费用能力差异＝(变生产能力－实际产量标准工时)×固定间接费用标准分配率
$$=(11\,000-2\,450\times 4)\times 1=1\,200(元)$$

固定间接费用差异＝固定间接费用耗费差异＋固定间接费用能力差异＝200(元)

根据以上结果,当成本差异为负值时,表示有利差异,要继续保持和发展;当成本差异为正值时,表示实际成本高于标准成本,这些环节需要改进。要根据差异分析的结果找到原因,找到负责部门,采取有效措施,消除不利差异,实现对成本的有效控制。可是该方法属于事后控制,现代企业管理一般强调全过程的管理,更加注重事前控制,这也是该方法的局限性所在。

2. 目标成本法

目标成本法是指企业以实现目标利润为目的,根据实际调研确定预期可实现的物流营业收入,以目标成本为基本依据,对企业的物流经营活动产生的各种费用进行全面管理的一种物流成本控制管理方法。该方法强调把物流服务活动当成一个整体,注重事前控制和事中控制,分析成本差异,及时采取管控措施,以达到控制物流成本的目的。

采取该法进行物流成本管理,首先要确定物流服务的目标成本,其次将目标成本进行分解,最后使分解后的目标成本与各种物流服务活动相对应,以便展开差异分析。

例 9-2 某生产企业有 A、B 两类产品作业,根据历史经验,A 类产品的作业量为 400 个,单价为 50 元/个,纳税金额为 8 000 元;B 类产品的作业量为 500 个,单价为 40 元/个,纳税金额为 9 000 元。该产品同行业的目标营业利润率为 20%,试计算该企业的总目标成本。若该企业根据以往历史数据将 A 类产品的目标营业利润率确定为 23%,B 类产品的目标营业利润率确定为 18%,则该定位的总目标成本是否合理?

解:总目标成本＝(400×50＋500×40)－(8 000＋9 000)－(400×50＋500×40)×20%＝15 000(元);

A 类产品目标成本＝400×50－8 000－400×50×23%＝7 400(元);

B 类产品目标成本＝500×40－9 000－500×40×18%＝7 400(元);

两类产品总目标成本＝7 400＋7 400＝14 800(元)＜15 000(元)。

根据结果可知,尽管 A 类、B 类产品的利润率定位不同,可是两者的总目标成本之和为 14 800 元,小于企业的总目标成本 15 000 元,因而该企业确定的总目标成本是合理的,可以继续保持和改进。

3. 基于作业成本法的物流系统成本控制方法

作业成本法是由美国学者罗伯特·S. 开普兰（Robert S. Kaplan）和罗宾·库珀（Robin Cooper）根据对美国大量企业进行调研之后提出的一种新的成本核算控制方法。该方法主要创新之处在于对间接费用的分配，提供了新的思路，使得成本核算更加精确，是现代管理会计的未来发展趋势。

作业成本法是以作业为间接费用归集对象，通过对资源动因的确认、计量，归集资源费用到作业上，再通过作业动因的确认、计量，归集作业成本到成本对象上去的间接费用分配方法。这里的"资源"主要指企业所拥有的人力、物力、财力等。

根据作业成本法的基本核算思想，作业成本法分析流程基本模型如图9-4所示。

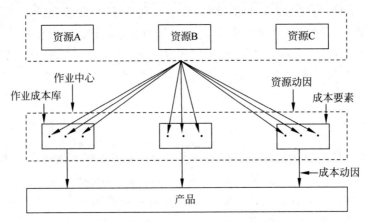

图9-4 作业成本法分析流程基本模型

为了便于理解作业成本法，可以从横向和纵向两个维度展开，即作业成本法的二维思想，如图9-5所示。

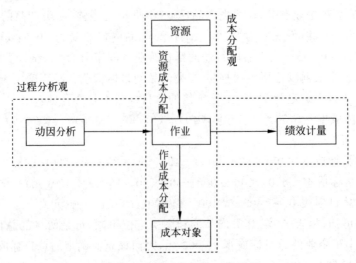

图9-5 作业成本法的二维思想

根据作业成本法的二维思想,可以得到如表 9-3 所示的结论。

表 9-3 作业成本法二维思想结论

方向	思维观念类别	作用
X 轴(横坐标)	过程分析观	注重过程分析,以实际业务为导向,寻找物流成本动因,重视物流绩效考核,提高顾客满意度,提高企业核心竞争力
Y 轴(纵坐标)	成本分配观	根据会计核算过程中得到的相关数据和信息,进行产品或服务的组合定价、风险管控、优化分析等决策

作业成本法不仅可以用于物流成本的核算,还可以进行物流成本的控制。该法主要通过进行作业分析,挖掘成本产生动因,根据历史数据,分析成本产生原因,优化和改进作业方式,降低整体作业运营成本,提高全过程作业效率和作业质量,进而有计划、有目的、有重点地进行成本关键流程监管,控制物流服务成本。

基于作业成本法的物流系统成本控制方法实施的一般流程如下。

(1) 根据作业成本法的计算步骤,对物流服务成本进行核算。其具体实施过程和步骤实施如下。

① 分析和确定物流作业单元,计量消耗资源。若某跨境物流企业有 s 种物流产品(服务),物流服务中有 m 种作业,消耗了 n 种资源。

② 确认资源使用的动因,归集资源成本到不同作业并形成作业库。令 q_{ij} 表示单位作业 j 消耗资源 i 的数量 ($i=1,2,\cdots,n, j=1,2,\cdots,m$),$p_i$ 表示第 i 种资源的成本 ($i=1,2,\cdots,n$),则资源 i 的资源动因量为

$$a_i = \sum_{j=1}^{m} q_{ij} \tag{9-1}$$

资源 i 的资源动因率为

$$r_i = p_i / a_i \tag{9-2}$$

作业 j 的作业成本为

$$c_j = \sum_{i=1}^{n} r_i q_{ij} \tag{9-3}$$

③ 划分作业单元,进行作业成本归集。假设 w_{jk} ($w_{jk}=0$ 或 1) 表示作业 j 是否属于作业成本库 ($k=1,2,\cdots,q$),B_k 表示作业成本库 k 的总成本,则作业成本库的成本计算公式为

$$B_k = \sum_{j=1}^{m} c_j w_{jk} \tag{9-4}$$

④ 确定成本动因,分配成本库成本到成本对象。令 A_k 为作业成本库 k 的作业动因量,R_k 为作业成本库 k 的作业动因率,Q_{kp} 为成本对象 p ($p=1,2,3,\cdots,s$) 消耗作业成本库 k 的作业动因量,则对象 p 分配得到的总间接费用为

$$C_p = \sum_{k=1}^{q} R_k Q_{kp} \tag{9-5}$$

其中，$R_k = B_k/A_k$。

⑤ 计算成本目标的直接成本，如直接材料费、直接人工费、专项费等。假设有 v 种直接材料费，x 种工时，令 Z_p 为成本对象 p 的专项费用；Yu 为直接材料 $u(u=1,2,\cdots,v)$ 的单位价格，Gu_p 为成本对象 p 消耗的直接材料 u 的数量，w 为回收废料价值占全部材料费用的比例；$U\alpha$ 为人工 $\alpha(\alpha=1,2,\cdots,x)$ 平均每小时工资标准，$T\alpha_p$ 为对象 p 消耗人工 α 的工时总数，λ 为加班等工资的百分比，则对象 p 的直接材料费用为

$$M_p = (1-w)\sum_{u=1}^{v} YuGu_p \tag{9-6}$$

对象 p 的直接人工费用为

$$L_p = (1+\lambda)\sum_{\alpha=1}^{x} U\alpha T\alpha_p \tag{9-7}$$

⑥ 计算总成本。成本对象 P 的总成本 T_p 以及所有物流产品（服务）的总成本 T 的公式分别为

$$T_p = M_p + L_p + Z_p + C_p \tag{9-8}$$

$$T = \sum_{p=1}^{s} T_p \tag{9-9}$$

⑦ 计算单位成本对象 T'_p：

$$T'_p = T_p/Q_p \tag{9-10}$$

（2）根据物流服务成本核算的信息，对物流活动中所用作业进行分析，尽可能消除物流活动中"不增值作业"，采取相应有效措施，改进"增值作业"。其中，分析物流活动作业的过程又分为三个阶段：①确认物流作业的增值性；②物流作业的重构；③建立有效动态柔性的物流成本绩效评估系统。

根据作业成本法对物流服务过程中各作业成本的核算，可以确定各项作业的价值性和经济性，进而帮助决策者进行相关决策，增加价值高的作业，减少价值低的作业，有效降低物流成本，提高企业的经济效益和竞争力。

例 9-3

4. 全面成本管理方法

传统的物流成本控制方法部分注重事后控制，部分注重事前控制和事中控制，虽然在短期内物流成本会有明显下降，但从长期经济效益看，可能不能产生预期效果。基于传统物流成本控制方法的局限性，一个物流服务成本控制的新方法——全面成本管理方法被提出。

该方法采用系统的基本观点，从物流成本管理的整体出发，注重各个子系统的协调与控制，致力于事前、事中和事后的全方位的成本管理。其思想基础是全面质量管理，强调企业全员参与，设立完善的物流服务成本管理体系。

现代企业实施全面成本管理可以有效地规避"效益背反"现象，因为全面成本管理方法注重系统整体管理理念，是对物流活动进行统一的核算，充分协同各参与部门、各环节的成本费用，以降低总成本为根本目的，有效降低物流成本。企业实施该方法还可以优化各环节物流作业活动，有效统一协调物流作业的质量、成本和时间，合理处理三者之间的

关系,达到物流系统整体优化的目标。

9.3 物流系统质量控制

9.3.1 物流系统质量控制的定义

关于物流系统质量的定义,目前一般是把广义上的质量定义推广到物流领域产生的理解:物流系统质量是供应链系统上的一个满足顾客要求的环节,具有物流服务满足顾客要求的特性。物流系统质量是物流产品质量、对象质量、物流服务质量、物流工作质量及工程质量的总和。

从物流系统实际运作的角度来看,这种从广义上定义的物流质量只是列举了影响物流的相关因素,这种高度概括的质量定义对企业真正理解并保障物流质量指导意义不大。物流归根到底就是以服务为核心,物流企业的行为准则就是两个字"服务"。

对于服务型企业而言,物流系统质量是一种全面的质量观,作为本节立足点的服务型物流企业来说,物流质量包含"符合规格"和"符合期望"的质量内涵。一方面,物流活动过程需要的各种资源和技术是完全可控的,很容易确定质量规格和操作标准;另一方面,物流企业是为物流客户提供时间、空间、形态效应价值的物流服务,需要根据顾客的不同要求提供不同的服务,物流服务质量是由顾客根据期望来评价的。

因此可以认为,物流系统质量就是企业根据物流运动规律所确定的物流工作的量化标准与根据物流经营需要而评估的物流服务的顾客期望满足程度的有机符合。

根据系统原理,把物流作为一个系统,则这个系统的质量管理组成要素如图9-6所示。

基于以上分析,物流系统质量控制是指在物流系统质量管理过程中,为了达到物流系统质量管理目标与要求,通过对物流系统的输入、转换及输出过程所采取的一系列物流作业技术和活动。

9.3.2 物流系统质量控制的基本方法

物流系统质量控制方法是指从系统组织结构、业务流程和企业员工工作方式等角度进行质量控制与管理的方法,主要内容有制定质量方针、建立质量保证体系、开展质量控制小组活动、各部门质量责任的分担、进行质量诊断、开展质量改进活动等。从广义上讲,TQM、ISO 9000 质量保证体系、6σ 质量管理法、PDCA 循环等都是物流系统质量控制的基本方法。

1. TQM

全面质量管理理论创始人费根堡姆博士对全面质量管理的定义:为了能够在最经济的水平上,并考虑到充分满足顾客要求的条件下,进行市场研究、设计、制造和售后服务,

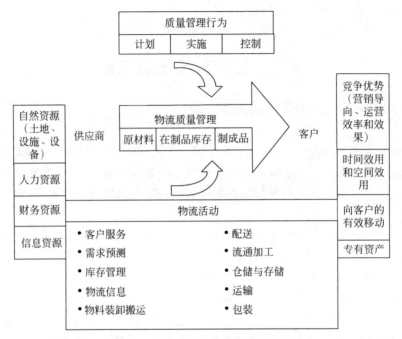

图 9-6　物流系统质量管理组成要素

把企业内各部门的研制质量、维持质量和提高质量的活动构成一体的有效体系。

全面质量管理是以质量为中心,以全员参与为基础,目的在于通过让顾客满意和本组织所有成员及社会受益而达到长期成功的管理途径。TQM 是一种关注顾客满意度的管理哲学和管理体系。在 TQM 中,顾客可能是企业内部顾客,也可能是企业外部顾客。在企业物流中,任何从上游获取物料的部门都可以成为顾客。

TQM 的重要思想内涵是:①质量必须与整个企业的业务活动融合在一起;②强调全过程的质量管理,包括市场调查、研究、开发、设计、制造、检验、运输、储存、销售、安装、使用和维修等多个环节和整个过程;③强调组织内所有部门和所有层次的人员参与;④强调全员的教育和培训;⑤员工必须为质量的提升付出努力;⑥强调运用一切现代管理技术和管理方法;⑦顾客的满意度及与其有关的系统性、连续性的研究过程是 TQM 系统的推动力。

TQM 强调质量是企业整合的动力。要想 TQM 发挥作用,企业物流就必须与生产过程的各个阶段有机融合,使用多种工具和技术,应用 PDCA 循环,持续不断地改进质量,提供满足质量要求的服务。

2. ISO 9000 质量标准

ISO 9000 质量标准是指由国际标准化组织制定的质量管理和质量保证的一系列国际标准的简称,它是一个公正的、客观的第三方评价标准。贯彻 ISO 9000 质量标准,使企业的质量体系有效运行,使企业具有持续提供符合要求的产品的能力,而且在质量保证活动中向顾客提供具有这种能力的证实。

ISO 9000 质量标准中有用于指导各国企业建立质量保证体系并获取外部认证的标准(ISO 9001、ISO 9002、ISO 9003),有用于指导企业自身强化质量管理的标准(ISO 9004),有用于统一各国质量术语的标准(ISO 8402),也有用于规范质量审核的标准(ISO 10011)等,所有这些标准构成了一个相对严密的标准系列。

3. 6σ 质量管理

6σ 是一种质量管理理念和方法,是通过对顾客需求的理解,对事实、数据的规范使用和统计分析,以及对管理、改进、再发明业务流程的密切关注的一种综合性系统管理方法,目的是在各项业务中追求完美,精益求精。

6σ 质量管理不仅是一种理念,还有一套严密的实现方法和组织架构作为支撑。6σ 质量管理实现方法可以概括为 DMAIC[define(定义)、measure(测量)、analyze(分析)、improve(改进)、control(控制)]循环和必要的统计分析工具。DMAIC 循环是 PDCA 循环的更详细版本,其背后隐含的思想都是通过反复循环来实现持续改进的。6σ 质量管理通过寻找企业内外物流环节中的各种问题,对物流运作建立过程输入和输出变量之间的优化模型,通过对关键输入变量的调控,找出各种物流过程关键变异因子,缩减服务过程中的差异,检查物流服务质量效果,把有效方法制度规范化。在首次质量管理活动完成后,需将上述活动取得的各项进展向本组织员工反复宣传和交流,征询意见,并将下一次 6σ 质量管理所要达到的目标及前景告诉员工。6σ 质量管理的成熟运用,在于形成一项固定制度、一项标准规范,并融合到日常物流运作中去。

除了工具之外,6σ 建立了一套组织架构作为支撑,这一点与 TQM 有很大不同。6σ 物流系统质量管理的关键是将衡量物流质量的主要指标进行量化,这一数学手段是 6σ 质量管理在物流领域应用的前提和基础。关键过程因子通过数据表征后,实施 6σ 质量管理就是通过一套以统计科学为依据的数据分析,测量问题、分析问题、改进优化和控制效果。在测量、分析、改进和控制阶段,需要运用多种工具,进行不同的活动,以实现各个阶段的要求。

4. PDCA 循环

物流系统质量控制与改进的过程要按照 PDCA 循环的基本工作流程有条不紊地进行:首先制订行动计划,接着将计划付诸行动并检验其效果,然后将成功的经验总结纳入未来执行的标准,将不成功的环节纳入下一个 PDCA 循环中重新寻找解决问题的方法。

PDCA 循环,又称"戴明环",最早是由戴明提出来的。它是用于学习以及改进物流系统运行过程中产品或服务的流程图。同时,PDCA 循环指出有效的质量改进是一个必要的循环过程。

1) PDCA 四个英文字母的含义

P(plan)——计划,确定方针、目标、活动计划。

D(do)——执行,依据计划阶段所决定的构想实地去做,实现计划中的内容。

C(check)——检查,总结执行计划的结果,研究执行结果是否与期望和预期相符。如果不是,找出问题。

A(action)——行动,对总结检查的结果进行处理,对成功的经验加以肯定并适当推广、标准化;对失败的教训加以总结,以免重蹈覆辙。未解决的问题放到下一个PDCA循环。

2) PDCA循环的基本特点

(1) 阶梯式上升。PDCA循环不是在同一水平上循环,而是每循环一次,就解决一部分问题、取得一部分成果,工作就前进一步、水平就提高一步。到了下一次循环,又有了新的目标和内容,更上一层楼。伴随着PDCA循环的不断滚动,质量改进的水平也不断提升,永不停息,使质量改进持续地发展推进。

(2) 大环带小环。如果把整个物流系统的工作作为一个大的PDCA循环,那么各个部门、小组还有各自小的PDCA循环,大环带动小环,一级带一级,都在围绕组织的方针目标朝着一个方向转动,有机地构成一个运转的体系。

(3) PDCA循环是一个综合性的循环。PDCA循环的四个阶段并非是截然分开的,而是紧密衔接连成一体,各阶段之间还存在一定的交叉现象。在实际的工作中,往往是边计划边实施,边实施边检查,边检查边总结边调整计划,不能机械地去理解和转动PDCA循环,PDCA循环是一个综合性的循环。

PDCA循环的四个阶段、八个步骤和常用的统计工具如表9-4所示。

表9-4 PACD循环的四个阶段、八个步骤和常用的统计工具

阶 段	步 骤	统计工具
P	分析现状,找出物流系统存在的问题	排列图、直方图、控制图
	分析产生问题的各种原因或影响因素	因果图
	指出主要影响因素	排列图、相关图
	针对主要原因制定解决问题的措施和对策	回答"5W1H" 为什么制订该措施(why) 达到什么目标(what) 在何处执行(where) 由谁负责完成(who) 什么时间完成(when) 如何完成(how)
D	执行、实施计划	
C	检查计划执行结果	排列图、直方图、控制图
A	总结成功经验,制定相应标准	制定或修改工作规程,检查规程及其他有关规章制度
	把未解决或新出现问题转入下一个PDCA循环	

5. TQM、ISO 9000、6σ及PDCA循环之间的关系

1) 相同点

TQM、ISO 9000、6σ及PDCA循环可以说都是企业为了加强物流系统质量管理所采用的系统性、组织性管理方法。这几种方法在本质上并不矛盾,更不存在替代关系。它们有着共同的理论基础——质量管理学。这种一致性主要体现在以下几点。

(1) 目的一样。几种方法的最终目的都是要最大限度地提供符合规定要求和用户期望的产品和服务。

(2) 系统管理的思想一样。几种方法都强调从整体开展质量管理活动,而不是从个别环节、个别问题的角度实施管理。

(3) 预防为主的出发点一样。几种方法虽然具体控制途径不同,但都强调预防为主。

(4) 用事实与数据说话的思想一样。ISO 9000 要求每个要素以质量文件、质量记录为凭证,TQM 和 6σ 都是以统计分析为基础,一切用数据说话,实现质量管理科学化,PDCA 循环侧重于流程管理,在流程中发现问题、分析问题和解决问题。

可见,TQM、ISO 9000、6σ 及 PDCA 循环在目标上是一致的,在采用方法上是相通的,在具体做法上也是相近的。

2) 不同点

TQM、ISO 9000、6σ 及 PDCA 循环的差别主要体现在以下几点。

(1) ISO 9000 与 TQM 虽然都讲全面质量,但 ISO 9000 的质量含义比 TQM 所讲的质量含义更广。

(2) 侧重点不同。TQM、ISO 9000、6σ 及 PDCA 循环都强调全过程控制,但 ISO 9000 强调文件化,TQM 更重视方法、工具和全员参与,6σ 则更强调有一套完整的组织架构作为支撑,PDCA 循环是渐进式解决问题而不是一次性。

(3) ISO 9000 是一个系列标准,标准从本质上看是协商一致的结果,具有系统性和一致性,并在一定时期内保持相对稳定,是最基本的要求;而 TQM 要始终不断地寻求改进的机会。二者之间具有一种静态和动态、基础和发展的关系,是相互补充、相互促进的。

(4) 6σ 质量管理的思想和方法,一方面完全秉承了 TQM 的持续改进的思想,另一方面又克服了 TQM 体系化、规范化不足的弱点。6σ 通过一套完整的组织架构、明确的量化目标、完善的方法体系来不断推进质量管理活动,可以说吸收了 ISO 9000 的体系化的长处。

总而言之,TQM、ISO 9000、6σ 及 PDCA 循环就如同一个工具箱中的扳手和钳子,相互之间并不存在替代关系。这几种方法实际上是殊途同归,最终目的都是提供高质量的产品和服务。

9.3.3 基于 TQM 的物流系统质量指标体系

1. 全面质量管理定义与内涵

全面质量管理的原理是基于对质量形成的全过程,即质量环的控制,并通过有效的质量体系或系统工程为基础来实施和体现。质量环和系统工程可以用过程来体现,过程的不稳定性,正是全面质量管理的控制目标。

全面质量管理的内涵和原理决定了它的特点是"三全",即全员、全过程、全范围(企业)的质量管理。

2. 运输质量指标体系

当运用全面质量管理思想针对物流系统建立质量指标体系时,体系中涉及的质量指标主要有成本指标、生产率或效率指标以及服务指标。本节以运输为例,讨论相应的质量指标体系的建立。

运输组织与服务在很大程度上关乎现代物流系统的构建和系统运转的顺畅。从物流质量的角度出发,成本、时间、效率和安全是运输作业四个至关重要的因素。

1) 成本指标

运输成本是指为两个地理位置间的运输所支付的款项,加上管理和维持转移中存货的有关费用。最低费用的运输并不一定导致最低的物流总成本。物流系统的设计应该利用能把物流系统总成本降低到最低限度的运输。总的来说,运输成本由以下几部分构成。

(1) 变动成本。变动成本包括劳动成本、燃料费用、维修保养费用等。一般而言,运输费率必须弥补变动成本。

(2) 固定成本。固定成本包括不受装运量直接影响的费用。对运输企业而言,固定成本包括站点、信息系统及车辆成本等。

(3) 联合成本。联合成本是指决定提供某种特定的运输服务而产生的不可避免的费用。例如,在许多物流服务中经常出现的回程运输的成本,这类成本必须找有回程货的托运人,以得到补偿。

(4) 公共成本。公共成本是承运人代表所有的托运人或某个分市场的托运人支付的费用。

运输成本也可以通过生产率来控制,我们把评价运输成本的指标转化为生产率指标,它包括:

$$C_1 = \frac{\text{运输的吨公里}}{\text{总实际运输成本}} \tag{9-11}$$

$$C_2 = \frac{\text{送达目的地的装载量}}{\text{总实际运输成本}} \tag{9-12}$$

$$C_3 = \frac{\text{服务的站点}}{\text{总实际运输成本}} \tag{9-13}$$

在企业物流管理与决策中,必须对运输成本和服务质量进行权衡。在某些情况下,低成本和慢运输也许是令人满意的,一切都取决于物流系统的总目的是客户满意,因此也应建立相应的服务性指标。

2) 服务指标

针对客户以问卷调查表的形式,测算影响运输服务性的因素,主要建立两个指标。

(1) 意见处理率(%):

$$\text{意见处理率} = \frac{\text{已处理意见数}}{\text{货主提出意见数}} \times 100\% \tag{9-14}$$

(2) 满意率(%):

这里列出的式(9-15)是客户满意最简单方便的测量方法:

$$满意率 = \frac{满意客户数}{被调查客户数} \times 100\% \tag{9-15}$$

根据物流对运输时间的准确性、精确性、可调节与可控制性和稳定性(运输一致性)要求建立运输及时性评价指标。运输及时性评价指标可从延误性和准时性两方面予以建立。

(3) 运量延误率(%)，按合约期限发送的货物吨数，即为延误运量。其中，延时始发者为滞发运量，延时到达者为晚点运量：

$$运量延误率 = \frac{延误运量}{同期总运量} \times 100\% \tag{9-16}$$

(4) 正运率(%)，含义与运量延误率相对应：

$$正运率 = \frac{总运量 - 延误运量}{同期总运量} \times 100\% \tag{9-17}$$

根据物流对运输安全的要求建立安全质量指标。

从物流活动的整体安全性分析，主要从运输车辆的安全和运输货物的安全考虑指标的选取。可以从事故频度、事故损失(含实物损失与价值损失)、运输安全程度等方面予以建立。

(5) 事故频率(%)，指单位行程内发生行车安全事故的次数，一般只计大事故和重大事故，反映了车辆运行过程中随时发生或遭遇行车安全事故的概率。其表达式为

$$事故频率 = \frac{行车安全事故数}{同期总行程} \tag{9-18}$$

(6) 货物损差率(%)，货物运输中因发生运输事故，造成货物毁损的件数或吨数叫货损量；造成货物差错的件数或吨数叫货差量；二者之和叫货物损差量。其表达式为

$$货物损差率 = \frac{货物损差量}{同期货运量} \times 100\% \tag{9-19}$$

(7) 事故赔偿率(%)：

$$事故赔偿率 = \frac{事故赔偿金额}{同期营收总额} \times 100\% \tag{9-20}$$

(8) 货物安全运输率(%)：

$$货物安全运输率 = \frac{货运量 - 货物损差量}{同期货运量} \times 100\% \tag{9-21}$$

(9) 运输生产率方面还可以引用实载率指标实载率(%)：

$$实载率 = \frac{实际载重 \times 运程}{标准载重 \times 行驶里程} \times 100\% \tag{9-22}$$

9.4 物流系统风险控制

9.4.1 物流系统风险概述

1. 物流系统风险的定义

物流系统风险指发生在物流系统领域内的风险。具体地，狭义上的物流系统风险，是

指未来物流系统损失发生的不确定性。广义上的物流系统风险,是指未来物流损失或收益发生的不确定性。

2. 物流系统风险的特征

物流系统风险具有风险的一般特征,即未来性、损失性、不确定性、客观性、偶然性、可测性、双重性。此外,不同场景下的物流系统风险还具有自身的特点。

由于物流具有"网络化""非封闭性""产品无形性"等特点,因而,与传统制造业相比,物流所面临的内外部环境更为复杂,因而其风险也具有特殊性。物流业与制造业的相关指标的对比情况如表 9-5 所示。

表 9-5 物流业与制造业的相关指标的对比情况

对比指标	制造业	物流业
生产场所大小与开放度	"点"/封闭	"网络"/开放
生产流程标准化程度	较高	较低
生产过程的可控制性	较高	较低
生产产品	有形产品	无形产品
客户类型	直接客户较多	大多为中间/间接客户
参与方	较少	较多(比如发货人、收货人)

国际物流是为跨国经营和对外贸易服务的,它要求各国之间的物流系统相互接轨。随着国际分工的日益细化和专业化,国家间的商品、货物流动更加频繁,因更长的供应链、较少的确定性和更多的物流单证而使物流需求不断增长,物流经营者面临着距离(distance)、需求(demand)、多样性(diversity)和单证(document)等方面的壁垒。因而,与国内物流相比,国际物流具有国际性、复杂性和高风险性等特点。国内物流与国际物流的相关指标的对比情况如表 9-6 所示。

表 9-6 国内物流与国际物流的相关指标的对比情况

比较项目	国内物流	国际物流
物流环境	较简单	复杂,因各国社会制度、法律、人文、习俗、语言、科技、自然环境、经营管理方法等不同
沟通	口头或书面的系统就可实现沟通,目前已越来越多使用 EDI	口头或书面的成本较高,且常常无效,EDI 又因各国的标准不同而受到一定程度的限制
市场准入	限制较少	限制较多
政府监管机构	主要是物流安全机构	除物流安全机构外,还包括"一关三检"等监管机构
标准化要求	较低	较高
物流保险	货物与运输工具保险欠发达	货物与运输工具保险较发达
物流信息系统	较容易建立	较难建立

续表

比较项目	国内物流	国际物流
代理机构	较少	对国际运输代理(货代、船代)、运输经纪人、报关行有较强的依赖性
完成周期	以 3～5 天或 4～9 天为单位	以周或月为单位
库存	库存水平较低,反映较短的订货前置期、较小的需求及改善的运输能力	库存水平较高,反映较长的订货前置期、较大的需求和不稳定的运输
物流单证	涉及单证较少,且标准化程度低	繁杂且要求具有国际通用性
适用法规	本国的法律法规	已加入的国际公约与国际惯例
运输方式	以陆路(公路、铁路)为主	以海运为主,空运与多式联运得到较广泛的应用
路线选择	路线选择受的限制较少,但同时也带来路线选择上的困难	经由路线受到各国口岸及国际贸易方式等方面的限制,而且为了利用自由贸易区、保税区等优势易使商品运输路线发生改变
承运人责任	普遍实行严格责任制或完全过失责任制	各运输方式之间尚未统一,比如,国际海上运输基本上仍实行不完全过失责任制
物流联盟	重要性不同	较国内物流而言更为重要

3. 物流系统风险的分类

一般而言,对物流系统风险的分类有如下五种。

(1) 按主体划分:物流企业风险、货主企业物流风险。前者是指各类物流企业所面临的物流风险;后者是指货主企业因物流活动所面临的风险。

(2) 按层次划分:战略层风险、管理层风险、操作层风险。

(3) 按职能划分:营销风险、运营风险、财务风险、人力资源风险、安全风险、法律风险等。

(4) 按内外环境划分:外部风险、内部风险。

(5) 按业务内容划分:运输风险、仓储风险、物流金融风险等。

9.4.2 物流系统风险的分析

物流系统风险分析经常应用的方法有两种:一种是定性分析法,另一种是定量分析法。

1. 定性分析法

定性分析法需要对风险列表里的每一项风险都给出详细的描述,具体分析项目可概括为以下几个。

(1) 风险的性质——定性地描述风险。

(2) 风险的后果——定性地描述潜在的损失和获利。

(3) 风险的可能性——客观确定风险是否会现实发生。

(4) 风险的范围——风险发生影响的对象,如供应商、交付、成本、服务等。

(5) 风险的责任——风险发生所在的职能部门以及承担风险控制的责任方。

(6) 利益相关者——受风险影响的相关方及其预期。

(7) 风险管理的目标——通过风险管理希望达到的目标。

(8) 相关风险——与其他风险的关联性。

(9) 缓和风险带来的影响。

(10) 企业现有风险管理的方法及有效程度。

(11) 提高风险管理的建议和新政策。

分析上述这些项目可以清晰地描述风险的性质,帮助决策者更好理解风险可能产生的影响,为其后制定风险管控对策提供帮助。但仅对这些项目进行定性分析,难以准确输出具体的数值,不足以实现有效控制物流系统风险的目标。

2. 定量分析法

如果能获得风险列表上的一些具体数值,就可以利用定量分析法精确评价风险可能会造成的不良后果,为物流系统风险管控提供支持。

风险管理涉及多种定量分析方法,这些方法基本都需要对风险事件发生的可能性以及风险事件确实发生所造成的后果进行分析。这两个因素的重要性在于,通过这两个因素,可以计算期望值来评估风险,具体公式可表述为:事件期望值=概率×结果。例如当某产品有15%的可能性供货延迟并且延迟损失为30 000美元时,则延迟损失的期望值=0.15×30 000=4 500(美元)。

上述分析中所提到的期望值指的是风险多次发生后统计出的平均结果,而不是每次发生的结果。在上例中,如果一段时间内物流系统运作不发生供货延迟,就没有实际损失产生,但如果发生供货延误,则实际的损失就是30 000美元,而不是4 500美元。对很多风险来说,除非与其相关的风险事件明确发生,否则并不会产生实质性损失。

风险事件的期望值除了取决于发生概率与发生结果这两项因素以外,还可能会受风险管理不完美性的影响。风险管理不完美性所表现出的数值可能是管理人员发现风险并在采取补救措施的概率,也有可能是风险发生的概率、正确识别风险的概率、有能力应对风险的概率、改变风险后果的概率等。这样详细地对不同风险因素进行定量分析可能会使风险管理复杂化,增大物流系统风险管控的难度。

9.4.3 物流系统风险控制

1. 物流系统操作风险控制

1) 物流系统操作风险的概念与特点

(1) 概念。操作风险(operational risk),也称运作风险、作业风险等。巴塞尔银行监管委员会认为,操作风险是指由于不完善或有问题的内部操作过程、人员、系统或外部事件而导致的直接或间接损失的风险。

参照以上定义,物流系统操作风险可以定义为:在物流系统运作过程中,因主体不完善或失灵的内部流程控制、人为的错误、制度失灵及外部事件所产生的直接或间接损失的可能性。

(2) 特点。

① 内生性。除自然灾害、恐怖袭击等外部事件引起的物流操作风险损失外,物流系统操作风险中的风险因素很大比例上来源于物流企业的业务操作,属于企业可控范围内的内生风险。

② 不对称性与非营利性。物流系统操作风险是一种纯粹的风险,物流企业不能保证因承担业务操作风险而获得收益,而且在大多情况下,物流系统操作风险损失与收益的产生没有必然的联系。

③ 可转化性。任何损失事件的发生往往都不是单一风险造成的,许多物流系统操作风险与市场风险和信用风险密切联系,前者与后两者之间往往是原因和结果的关系,而并非相互独立的三种风险。

④ 多样性。从覆盖的范围看,物流系统操作风险几乎覆盖了企业运营过程的诸如财务、营销、人力资源等各方面操作所产生的各类风险,如执行风险、信息风险、关系风险、法律风险、人员风险、系统事件风险等。而信用风险和市场风险的构成则相对较为简单。

⑤ 难以测定性。由于单个物流操作风险因素与操作损失之间并不存在清晰的、可以界定的数量关系。

⑥ 难以控制性。物流系统操作风险难以控制的原因在于它跟人的关系密不可分、相互关联,而人的道德风险、行为特征又相当难以控制。因此,人文环境的差异、地方文化特征、商业氛围会对物流操作风险管理产生很大的影响。

⑦ 具体性。每个物流企业都有其自身的、独立的和独特的操作环境,因此,必须考虑企业具体情况来对物流操作风险进行分析与管理。

⑧ 并存性。物流系统操作风险,既包括发生频率高但损失相对较低的日常业务操作上的风险,也包括发生频率低但一旦发生就会造成极大损失甚至危及企业生存的风险,如船舶碰撞、预借提单、无单放货等风险。

2) 物流系统操作风险的类型

基于不同角度,物流系统操作风险的表现形式有所不同,以下介绍常见的两种分类。

(1) 按风险因素分类。参照物流的业务特点,按照风险因素,可将物流操作风险分为四种类型。

① 人员因素引起的风险。狭义的人员指的是物流企业的员工,广义的人员还包括客户、第三人等外部人员。员工:操作失误、违法行为(员工内部欺诈/内外勾结)、越权行为、泄密、违反用工法、关键人员流失等。客户(包括收货人、发货人、物流供应商、物流分包商、物流代理):操作失误、违法行为(客户欺诈/内外勾结)、越权行为等。第三人:因第三人侵权对企业所造成的损失。

② 物的因素引起的风险。这主要包括物流企业、客户或第三方所拥有的物流设备设施(载运工具、装卸搬运工具、港站设施、仓库)或其他设施的不当操作、企业计算机系统失

灵和系统漏洞及因所承运或储存的商品自身特性而给物流企业带来的损失等。

③ 制度/流程因素引起的风险。这主要指管理制度不健全、岗位设置不合理、内部流程不健全、流程执行失败、控制和报告不力、文件或服务合同缺陷、抵押担保管理不当、服务产品存在缺陷、服务质量不规范、与客户纠纷等引起的风险。

④ 环境/外部因素引发的风险。这主要是指包括无法预料的外部事件、自然灾害、市场供需变化等在内的环境因素所引起的风险。

(2) 按物流作业环节分类。物流系统操作风险可分为咨询与设计类风险、运输类风险、仓储/配送类风险、增值服务类风险、报关报检类风险、货代船代类风险等,如表 9-7 所示。限于篇幅,以下仅介绍部分操作风险及其防范。

表 9-7　物流系统各环节主要操作风险

环节	主要操作风险	环节	主要操作风险
运输	1. 运输合同主体资信不足,导致合同无效或无法履行,甚至被诈骗 2. 运输合同条款约定的权利义务不合理,导致承运人承受不合理的风险 3. 合同履行中未及时检验、移交,接收及接受货主特殊指示而产生的违约风险 4. 道路交通事故、船舶碰撞损害赔偿风险,包括车辆转卖未过户的可能被判承担连带责任;车辆内部承包的公司同样要对外承担连带责任 5. 因货物运输、保管不当造成货损、灭失的损害赔偿风险 6. 货物迟延交付、误交付的违约赔偿风险	装卸搬运	1. 货物误交风险 2. 交接时未及时检验、通知的风险 3. 装卸货物损害赔偿风险 4. 装卸安全事故赔偿风险
		仓储	1. 仓储物验收不明的风险 2. 仓储物变质、损毁、灭失赔偿风险 3. 存货人欺诈风险 4. 交付不当风险
		流通加工	1. 各自转包风险 2. 临时雇工人身损害赔偿风险 3. 加工物交接验收不明的风险 4. 物流加工外包欺诈风险
物流代理	1. 越权代理风险 2. 成为当事人的风险 3. 委托人欺诈的风险 4. 单证风险 5. 转委托风险 6. 授权不明的风险	配送	1. 配送迟延、误送赔偿风险 2. 配送货损赔偿风险
		包装	1. 包装条款不明确的风险 2. 包装条款履行不当的赔偿风险 3. 危险货物包装不明的风险 4. 包装检验检疫不合格的风险
物流保险	1. 保险合同无效的风险,比如,无保险利益 2. 保险免责条款风险,比如,无单放货、倒签提单等不予赔付的条款 3. 保险索赔证据不足、手续不全被拒赔的风险	物流信息	1. 信息系统故障导致操作失败 2. 信息服务未及时或无法提供的风险

3) 物流系统操作风险的控制

(1) 管理层面风险控制方案与实施。管理层面控制驱使了风险评估及控制程序在整个组织中得以运作,因为管理层在日常所采用的管理方法、流程和业绩评价方法对员工行为的影响极大。物流系统管理层面风险管理方案设计与实施流程如图9-7所示。

图9-7 物流系统管理层面风险管理方案设计与实施流程

管理层首先必须通过阐述公司的目的、共同价值理念及目标等信息以展示其领导才能并获取信任。这离不开权限的明确设置。接着应选出最佳人选，并使他们对经营结果负责。而整个过程离不开信息的沟通和共享，于是有效风险管理机制（包括政策、通用风险语言/定义、标准等）就得以建立起来。

① 沟通组织目标。一个可持久成功地发展的企业往往都有自己的明确理念、总体目标、具体目标及共同价值观，正是这些才可以激励其员工从而凝聚人的力量。缺乏具有领导能力的管理层的企业往往无法引起其顾客的关注，组织机构内也往往表现出缺乏激情、相互信任不足及信用低下等不良现象。企业价值理念如若不明确地得以沟通并真正地付诸实施，企业则往往无法针对快变速化的外围环境作出反应，也就无法保持竞争优势。

② 设定权限。权限清晰设置是至关重要的，员工们在知道自己的目标时必须同时清楚地认识到什么不能做。

③ 选择/发展最佳人选。公司高管层首先需要具备某一具体职能的知识和专业能力，因此，公司需建立一个有效的人力资源部门以确保所选人员达到这些要求。同时，人员的发展（员工培训）亦是一个重要的持续性过程。

④ 明确责任。公司需要确保其组织结构中每一层次的员工都有明确的责任，这些责任将其业绩表现期望值和奖励机制相联系，并及时进行评价。

⑤ 信息沟通及共享。公司业绩、风险及风险控制措施等信息需在公司组织内部从上至下再从下至上地全面沟通。

⑥ 全面实施有效的风险评估及控制程序。第一，有明确政策以确保每一经理层及员工参与风险评估及控制过程。第二，有一套通用的风险语言/定义。第三，有领先的风险控制实践。第四，有成本效益原则的考虑。第五，管理高层有领导能力及参与力度。

（2）业务层面风险控制方案与实施。物流系统业务层面风险管理方案设计与流程实施如图9-8所示。

① 确立目标。在设计业绩评价指标、评估企业风险及设计风险控制这些过程中，都需要考虑所有流程的目标。这些目标包括运作的效率、效果、流程信息可靠性和相关性及合规性。与企业战略相符的流程目标将会更符合风险控制的成本与效益原则，而流程风险控制则为流程目标的实现提供合理保障。这些流程的目标举例如下（并非所有目标都适应于每一个流程）：第一，安全性目标——实物及财务资产保全、信息/数据保护、人力资源保护、适用系统的保护等。第二，效率及效果目标——客户满意度、质量的提升、成本降低、及时性等。第三，为决策提供信息目标——相关性、及时性、有用性、可靠性、恰当授权、完整、真实、精确、计量可靠等。第四，合规性目标——监控外部法律、评估环境变化的

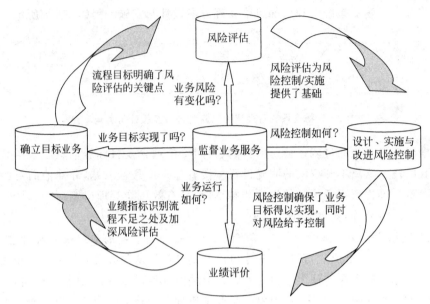

图 9-8　物流系统业务层面风险管理方案设计与实施流程

影响及监管环境、合规性监控等。

② 风险评估。它包括风险识别、风险评价等环节。

③ 风险控制的设计、实施与改进。当风险识别并得以衡量之后，企业就应该设计出一套可行的风险控制程序，并加以实施和改进。企业在设计风险控制程序时，管理层首先需明确企业可承担/容忍的风险程度（limits of tolerable risk）。例如，多少的意外事件或何种错误及错误率是在公司可接受的范围之内？每一单个交易在一定期间可接受风险的程度、风险的易变程度与广泛程度、公司评估风险的能力大小及成本效益原则等，这些因素都会影响企业可容忍风险程度的确定。

④ 业绩评价。业绩评价必须和企业的战略目标、整个组织的业绩评价及业务的目标相联系。业绩评价指标由于其可以显示业务运作的状况，因此也往往就是企业经营风险的迹象（risk indicator）。如果这些数据显示某一流程的运作并未达到设定的目标，则业绩指标数据可以协助业务责任人进行其业务运作状况的自我评估，了解业务运作是否和公司质量要求相一致，是否达到及时性和成本效益性目标。而针对人的业绩评价指标则是侧重于报酬、员工发展及激励、技能、责任心和灵活性。总之，如若企业在整个组织内部使用一致的评价指标，且这些指标和企业战略相联系，则管理层就拥有了其对企业战略实施及财务流程进行监督所需要的信息。例如，公司的重要战略目标之一是发展新业务，那么相对应的组织层面的业绩评估指标，可以是新业务增加百分比，而在业务流程所采用的规则可以是计划销售与实际销售的比率。

⑤ 业务运行监控。业务运行的关键除了有效业务流程设计及选择相关业绩评价指标之外，还包括对业务运行进行监督。而这一监督行为应该关注如下问题：第一，业务流程是否实现其设计目标。第二，企业/流程的风险是否改变了。第三，风险控制过程运作情况如何。第四，业务流程的运作情况如何。

2. 物流系统战略风险控制

1) 物流系统战略风险的概念与形成机理

（1）概念。物流系统战略风险是指物流系统运行主体（一般为企业）在追求短期商业目的和长期发展目标的系统化管理过程中，因不适当的发展规划和战略决策导致的可能威胁其未来发展的潜在风险。

（2）形成机理。物流企业作为一个完整的系统，只有保持良好的运行，才能获得持续的竞争优势，一旦系统的运行出现了问题，就会使企业失去竞争优势、业绩下降、系统的目标难以达成。所以，战略风险的形成机理就是系统间各因素不平衡，并最终影响系统目标的实现。这种不平衡可以从两个方面加以分析：一方面是指当其他因素不变，某一战略风险因素发生变化时，引起系统间的不平衡，如环境的改变。环境对企业的战略来说是一个非常重要的因素，往往不受企业的控制，企业与环境不相适应，就会引起战略风险，导致企业经营上的失败，甚至威胁到企业的生存。另一方面是指在整个企业系统的运行中各个因素的动态变化所引起的不平衡。系统在实际运行中，各因素都会发生变化，它们之间的动态不匹配和不协调会直接影响系统目标的实现，从而引起战略风险。这种动态不平衡对战略环境来说是适应性不足，对战略资源和能力表现为支持能力不够，对企业的领导者则表现为能力的匹配度不够。战略风险形成机理的系统模型框架如图 9-9 所示。

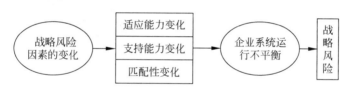

图 9-9　战略风险形成机理的系统模型框架

从图 9-9 可以看出，当战略风险因素产生变化时，这种变化会导致各因素之间动态匹配性和协调性被打破。而作为一个系统来讲，企业都有自我修复和一定强度的适应能力，企业本身可以调整某些要素的一定程度的变化，避免系统不平衡的发生。也就是说，战略风险的产生是要有一定条件的，只有当诸风险因素在系统中所体现出来的适应能力、支持能力及匹配性都无法通过企业的自我调节和修复达到动态平衡和协调时，才会导致战略风险产生。

2) 物流系统战略风险的类型

战略风险伴随企业战略的始终和企业发展的全过程，而不仅仅是在战略制定的过程中产生的。它可细分为以下七大方面的风险。

（1）行业风险。行业风险包括利润变少、研发/资本开支成本上升、产能过剩、产品大量普及、政府管制放松、供货商实力增加、经济周期的巨大波动等风险。

（2）技术风险。技术风险包括技术更新换代、专利过期、流程过时等风险。

（3）品牌风险。品牌风险包括品牌变质、品牌崩溃等风险。

（4）竞争对手风险。竞争对手风险包括出现全球性的竞争对手、逐步获得市场份额的竞争者和独一无二的竞争者等风险。

（5）客户风险。客户风险包括客户偏好的改变、客户实力增强、过度依赖少数客户等风险。

（6）项目风险。项目风险包括研发失败、IT项目失败、业务拓展失败、并购失败等风险。

（7）发展停滞风险。发展停滞风险包括销量保持不变或下降、销量上升但价格下降、产品难以推陈出新等风险。

此外，一些财务风险、运营风险以及危险事故可能亦会成为潜在的战略风险。

3）物流系统战略风险的控制

物流系统战略风险控制方案设计与流程如图9-10所示。

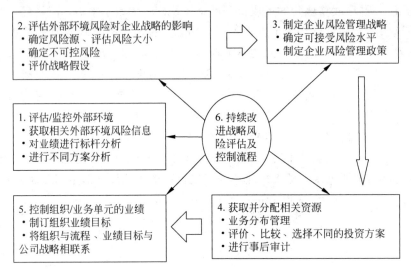

图9-10　物流系统战略风险控制方案设计与流程

（1）评估/监控外部环境。外部环境风险在以下两种情况下有可能发生：①企业对外部环境的假设同实际情况不一致，如实际情况已经发生变化或有可能企业的初始假设就不成立。②企业缺乏一个有效、持续的流程以获取外部环境的相关信息。

为降低该风险，管理层需要建立一套机制/流程用以系统地监控外部环境变化，包括来自竞争对手、市场、监管及其他任何在企业自身组织之外的因素。正因为企业今天的成功并不是明天胜利的保证，所以环境的变化对企业的影响是至关重要的，企业因此必须有能力确保其商业模式所依赖的假设及管理层对公司战略正确性的理解是与环境的变化相一致的。常见的监控方法包括进行行业分析、竞争对手分析、市场分析、标杆分析、不同可能方案分析等。

（2）评估外部环境风险对企业战略的影响。任何企业都需要进行有效的风险评估并确认风险的源头，这一评估过程涉及企业组织架构（即控股公司及业务单元层面）和业务流程两个层面。关于业务流程层面的评估，我们将在后续章节中再做阐述，这里首先了解组织层面的评估。在组织层面，风险评估是战略性的，因此主要侧重于对环境风险的评估。如若环境的变化影响到企业商业模式所依赖的假设，则企业必须对其战略目标进行重新考虑。为达到这一目的，企业需要一个机制/流程用以确保将组织内部每个人对环境变化的认识转化为公司的行动,而制定一套通用的风险定义就是该流程的一个重要组成部分。在这一评估过程中,管理层应确保每个具体风险责任人:①明确主体环境及流程风险对其责任范围内业绩的影响。②能够将相关的环境风险信息与更高一层的管理者进行沟通。③设计出一套有效的风险管理程序并付诸实施以将风险降至可控水平。

当然,评估外部环境风险所使用的信息可能来自公司内部或外部,决策者不仅要评价这些信息本身,更重要的是评估其对公司的影响,从而采取稳妥的行动,如对已接受或拒绝的风险进行重新评价,对设计不可接受风险的业务行为采取暂停性措施及对现行风险管理流程进行重新审定并予以改进等。总之,环境的重大改变需要企业重新评估其战略目标。

(3) 制定企业风险管理战略。企业的经营需要有一个能确保管理层进行合理决策的框架,该框架必须能引导企业管理层识别重大的经营风险,分析出风险的根源,了解所识别的风险和企业资本所面临的风险之间的关系,并可以决定是否接受或拒绝该风险及评估这些风险管理决策对企业整体政策的影响。企业风险管理政策应明确风险管理目标和公司经营哲学。其应该涉及下列重点:①评估和控制经营风险的具体目标。②接受还是拒绝风险的分析框架。③哪些部门负责实施这些政策。④不同经营风险的管理策略,如设立权限用以明确管理层对风险的可容忍度。⑤风险管理授权部门,即哪些部门或人员经授权并配备公司资源(尤其是面对高风险商业行为时)从而执行具体的风险管理策略。⑥公司组织结构中每一经理岗位的职能及责任。⑦业绩考核指标及重大风险汇报机制,包括跨职能部门的汇报,从而使风险管理真正地在整个企业组织中得到全面执行。

(4) 获取并分配相关资源。企业的成功离不开对稀缺资源进行有效的分配,即将资源分配至那些可以生成合理回报同时可对所承担风险进行有效管理的投资项目中去。因此,需要建立一套资源分配机制以确保资源的有效分配。此种机制包括:①制定一套一致的项目风险测评、比较和选择方法。②建立一套监督、评价资源分配结果的系统,又称事后复核(post-audit)。③制定业绩评估指标,为资源分配决策提供信息,这些指标如经济增加值(economic value-added, EVA)、可控制盈利水平、投资现金回报(cash-flow return on investment, CFROI)及同行业比较的投入资本。在这个机制中,以下两点关键性风险应该予以考虑:一是投资评估风险,即企业可能缺少足够的财务信息作出长期和短期的投资决策,并将其所接受的风险和所投入的资本面临的风险相联系;二是资源分配风险,即企业作出的资源分配可能无法建立并维持一个比较竞争优势或无法使股东财富最大化。

(5) 控制组织/业务单元的业绩。企业需要确保其业绩能够达到以下两点要求。

① 业绩考核的充分平衡。组织业绩考核应通过一系列平衡的指标来进行(平衡计分卡),不能以牺牲长期业绩来换取短期盈利。

② 需要和公司战略保持一致。如若企业真正地注重其全面质量水平,则有可能不会向为单纯达到生产预算而不顾产品质量的生产部门提供任何奖励。总之,要确保企业的内部和外部行为对顾客而言是有价值的,然后据此采用平衡计分的方法进行业绩考核。

(6) 持续改进战略风险评估及控制流程。与其他商业流程一样,战略层面的风险管理流程也是需要持续改进的。管理层应持续地提出下列问题。

① 在决策过程中什么信息是最有用的?

② 过去发生了哪些错误？哪些事项的发生管理层并未预见到？

③ 过去进行战略风险管理并未使用到的哪些外部环境信息在将来可能会更有帮助？

④ 如若获取了该项信息结果有什么不同？这意味着公司现行信息获取流程出了什么问题？

⑤ 公司如何改进目前的战略风险控制机制？

 案例分析：库存费用在美国物流成本中的地位

从物流成本构成来看，美国企业的物流成本主要包括三部分：仓储库存费用、运输费用及管理费用。通过比较分析近 30 多年来的美国企业物流成本的变化趋势可以看出，美国企业运输成本占美国 GDP 的比重基本保持不变，而库存费用占美国 GDP 的比重变化较大，呈现很大程度的下降，这也是导致美国物流总成本占 GDP 比重下降的最主要原因，这一数据比例从过去接近 5% 下降到不足 4%。由此可见，近些年，信息技术的快速发展及仓储设备和装卸搬运设备的更新换代，使得库存管理效率提升，库存成本降低、库存周转速度加快是美国现代物流发展的突出成绩。也就意味着物流利润的源泉更多集中在降低库存成本、加速资金周转方面，这一领域还有较大的挖掘空间。

美国物流成本包括的三方面都有各自的测算方法。首次库存费用是指花费在保存货物方面的费用，除了包括租金、仓储设备、装卸搬运设备、货物损耗、人力成本费用及保险和税收费用之外，还包括库存占压资金的利息部分。其中，利息是由当年美国商业利率乘以全国商业库存总金额得到的。把库存占压的资金利息加入物流总成本，这是美国现代物流与传统物流费用计算的最大区别。只有这样，降低物流成本和加速资金周转速度才能从根本利益上统一起来。美国库存占压资金的利息在美国物流企业平均流动资金周转次数达到 10 次的条件下，约为库存总成本的 1/4，为物流总成本的 1/10，数额之大，不可小视。而当前我国物流企业在统计物流总成本及库存费用时，利息往往忽略或统计比较模糊，不够精准，在这一方面，国内企业还有不少工作要做。美国物流企业这一做法值得我国企业借鉴。

通过美国物流成本管理这些年的实践，结果表明物流总成本中运输部分的比例变化不大，减少库存支出，加强物流管理就成为降低物流总成本的主要措施和方法。具体来说，减少库存成本就是要加快资金周转速度，压缩库存，提高库存周转率和库存管理水平。这与美国同期库存平均周转率的提高的现象是一致的。因此，构建现代物流系统管理体系，大力发展现代物流业就是要把目标重点锁定在加速资金周转和降低库存水平上面，实施具体的管理措施。现代物流和供应链成本管理的概念必须拓展与延伸，库存成本不仅仅是仓储的保管费用，更重要的是考虑它所占有的库存资金成本，即库存占压资金利息。从更加微观的角度展开库存成本管理与控制，提高物流管理水平，控制运输成本的增长，促进现代物流业健康平稳发展。

资料来源：美国的物流成本[EB/OL]. https://doc.mbalib.com/view/680df3229edd4d589768247327983c22.html.

案例

[9-1]　AMAZON 的库存管理与控制技术

[9-2] SAP软件帮助企业管理财务和物流问题

即测即练

第 10 章

物流系统决策

物流系统决策是物流系统工程管理的重要职能。它是决策者对物流系统方案所做决定的过程与结果,是决策者的行为和职责。物流系统决策是物流系统工程工作的目的,物流系统决策实质上就是决策分析,是管理系统分析的过程。基于此,本章首先对物流系统决策的概念与理论基础展开阐述,其次对典型的物流系统环节的决策如采购与供应决策、物流运输决策、物流存储决策展开具体论述,最后对物流服务决策展开分析。通过对物流系统决策的系统学习,将系统决策的实施过程付诸实践并进行有效评估、反馈、持续跟踪与提升,以提升物流系统决策的科学化水平。

10.1 物流系统决策概述及理论基础

10.1.1 物流系统决策的概念

物流系统决策,顾名思义,就是对物流系统运行中出现的各种情况进行分析、判断、作出决定的过程。根据决策的定义,物流系统决策也存在两种定义:①狭义的物流系统决策,是指从不同备选方案中选出能使物流系统表现最令人满意的方案;②广义的物流系统决策,实际上就是物流管理决策,是指在充分调查研究的基础上,根据物流所处的实际环境,借助科学理论和方法分析目前所处的状态,提出预选方案,最后选取合理和满意方案的过程。

必须指出的是,在实际的物流决策中,由于存在不确定性,通常情况下难以实现最优决策,而是以满意原则来决策。另外,最优决策并非意味着最好的结果,这主要是因为存在决策风险。

10.1.2 最优原则与满意原则

对决策者来说,要想使决策达到最优,必须做到以下几点。
(1) 容易获得与决策有关的全部信息。
(2) 真实了解全部信息的价值所在,并据此制订所有可能的方案。
(3) 准确预测到每个方案在未来的执行结果。
然而,现实中上述这些条件往往得不到满足,具体来说有以下几个原因。

(1) 组织内外存在的一切情况对组织的现在和未来都会直接或间接地产生某种程度的影响,决策者很难收集到反映一切情况的信息。

(2) 对于收集到的有限信息,决策者的利用能力也是有限的,因此决策者只能制订数量有限的方案。

(3) 任何方案都要在未来实施,而人们对未来的认识是不全面的,对未来的影响也是有限的,决策时所预测的未来状况可能与实际的未来状况有出入。

因此,现实的决策者都是根据满意原则进行决策的。

10.1.3 效用理论

效用理论是决策论的基础。事物的不确定性可视为许多简单随机事件的复合。每一个简单随机事件都是由两个互斥事件 e_1 与 e_2 组成的。事件 e_1 发生的概率为 P,事件 e_2 发生的概率为 $1-P$,则随机事件记作 $L(e_1,P,e_2)$。在简单随机事件的集合内引进"优先"或"偏好"的概念,并在此随机事件集合的基础上建立公理体系,即假设在随机事件集合中存在下列条件。

(1) 相对偏好顺序。

(2) 偏好关系具有可传递性。

(3) 简单随机事件间的可比性。

(4) 偏好可以量化。

(5) 不确定性判断可以量化。

(6) 等价随机事件可互相代换。

在这样的条件下可用一个数值来描述简单随机事件的期望效益,称为效用。由简单随机事件的效用可确定一般不确定事件的效用。在对事件不确定性判断进行量化时,需要利用各种知识,如系统本身的特性,一些必要的统计知识,以及决策者根据经验对事件不确定性的主观估算等。

10.1.4 决策过程

一个决策过程大体上可以分为以下三大步骤。

1. 找出问题的症结,确定决策目标

决策目标是根据决策者想要解决的问题来确定的,必须把需要解决的问题症结所在及其产生的原因分析清楚。然后根据问题的要求和可能,制订出切实可行的目标。

2. 拟订各种备选方案

只有拟订出一定数量和质量的可能方案供对比选择,决策才能做得合理。简单的决策问题,可以直接设想出几个备选方案,对于复杂的决策问题,很难直接设计出备选方案,这时要分两步做:第一步,先做轮廓设想,从不同角度和多种途径,大胆设想出各种各样

的可能方案；第二步，精心设计，确定方案的细节，并且估计方案的实施结果。

3. 选择方案

这是决策过程的关键阶段。方案要选择得好，必须满足两个条件：一是有合理的选择标准；二是有科学的方法。第一个条件是指方案的价值标准问题。理论分析中，一般采取最优标准，但绝对的最优是不存在的，因此，实际中一般采取现实的满足标准，即只要"足够满足"就行。第二个条件是指选择方案的具体方法，这里主要有经验判断、数学分析和实验方法。采用经验判断时，决策者要从全局出发，根据以往的经验和现有的资料权衡利弊。数学分析方法在决策中的应用，可以使决策达到准确、优化，提高决策的质量。必要的实验也是选择方案的办法之一，由于对实际物流系统进行试验常常要花费高昂的代价，目前基于计算机技术的物流系统仿真得到了飞速发展，有着广阔的应用空间。

10.1.5 常见的决策分类

根据不同的决策分类标准，常见的决策分类如表 10-1 所示。

表 10-1 常见决策标准及分类

序 号	标 准	类 型
1	决策的重要性	战略决策、战术决策与业务决策
2	决策所涉及的问题	程序化决策与非程序化决策
3	决策涉及的时间	长期决策与短期决策
4	环境因素的可控程度	确定型决策、风险型决策与不确定型决策
5	决策的目标数量	单目标决策与多目标决策

1. 战略决策、战术决策与业务决策

根据决策的重要性，可把决策分为战略决策、战术决策与业务决策。

战略决策对组织最重要，通常包括：组织目标、方针的确定，组织机构的调整，企业产品的更新换代，技术改造等，这些决策牵涉组织的方方面面，具有长期性和方向性。

战术决策又称管理决策，是在组织内贯彻的决策，属于战略决策执行过程中的具体决策。战术决策旨在实现组织中各环节的高度协调和资源的合理使用，如企业生产计划和销售计划的制订、设备的更新、新产品的定价以及资金的筹措等都属于战术决策的范畴。

业务决策又称执行性决策，是日常工作中为提高生产效率、工作效率而作出的决策，牵涉范围较窄，只对组织产生局部影响。属于业务决策范畴的主要有：工作任务的日常分配和检查、工作日程(生产进度)的安排和监督、岗位责任制的制定和执行、库存的控制以及材料的采购等。

2. 程序化决策与非程序化决策

根据决策涉及的问题,可把决策分为程序化决策与非程序化决策。

组织中的问题可分为两类:一类是例行问题,另一类是例外问题。例行问题是指那些重复出现的、日常的管理问题,如管理者日常遇到的产品质量、设备故障、现金短缺、供货单位未按时履行合同等问题;例外问题则是指那些偶然发生的、新颖的、性质和结构不明的、具有重大影响的问题,如组织结构变化、重大投资、开发新产品或开拓新市场、长期存在的产品质量隐患、重要的人事任免以及重大政策的制定等问题。

赫伯特·A.西蒙(Herbert A.Simon)根据问题的性质把决策分为程序化决策与非程序化决策。程序化决策涉及的是例行问题,而非程序化决策涉及的是例外问题。

3. 长期决策与短期决策

根据决策涉及的时间,可把决策分为长期决策和短期决策。

长期决策是指有关组织今后发展方向的长远性、全局性的重大决策,又称长期战略决策,如投资方向的选择、人力资源的开发和组织规模的确定等。

短期决策是为实现长期战略目标而采取的短期策略手段,又称短期战术决策,如企业日常营销、物资储备以及生产中资源配置等问题的决策都属于短期决策。

4. 确定型决策、风险型决策与不确定型决策

根据环境因素的可控程度,可把决策分为确定型决策、风险型决策与不确定型决策。

确定型决策是指在稳定条件下进行的决策。在确定型决策中,决策者确切知道自然状态只有一种,每个方案只有一个确定的结果,最终选择哪个方案取决于对各个方案结果的直接比较。

风险型决策也称随机决策,在这类决策中,自然状态不止一种,决策者不能知道哪种自然状态会发生,但能知道有多少种自然状态以及每种自然状态发生的概率。

不确定型决策是指在不稳定条件下进行的决策。在不确定型决策中,决策者可能不知道有多少种自然状态,即便知道,也不能知道每种自然状态发生的概率。

5. 单目标决策与多目标决策

根据决策的目标数量,可把决策分为单目标决策和多目标决策。

单目标决策是指决策所要达到的目标只有一个的决策。单目标决策解决的问题单一,相对而言容易掌握和制定,但单目标决策易因顾其一点不及其余而带有片面性。

多目标决策是指决策所欲达到的目标有多个,且该多种目标互有制约的决策。多目标决策解决的是复合问题,一般较单目标决策的制定要困难得多,但多目标决策因其满足事物普遍联系要求的程度高,实践的成功率也较高。

除上述几种常见、常用的决策类型之外,还有宏观决策与微观决策、定性决策与定量决策、经济决策、政治决策、军事决策与文化决策的分类等。考虑到物流系统运行的复杂性,基于物流活动的功能区分,选取物流系统运行的三个方面的决策进行讨论。

10.2　采购与供应决策

10.2.1　采购与供应决策概述

"采购"一词用得比较广泛，常用于生产制造行业。供应链环境下企业采购将包含更广泛的含义。供应链条件下的企业，以下游客户多样化需求为导向，从外部供应商获取物资、服务、技术、能力、知识等有利资源来提升自身核心竞争力。这是企业内外部资源整合的过程，体现了供应链环境下资源配置的本质要求，有利于合作企业之间合作伙伴关系的发展，也有利于企业互惠共赢目标的实现。同时采购环节处在供应链的上游，对下游的运输、生产、销售和仓储环节等都会产生深远影响，因此，采购决策对整体供应链竞争优势的形成具有重要的现实意义。

虽然物流管理人员不会直接关注采购的全部活动，但是采购间接影响了货物在实物供应渠道中的流动。供应商发货地点的选择、采购数量的确定、货物供应的时间安排、产品形态与运输方式的选择等都是影响物流成本的重要因素。反过来，有关合同磋商、供应商绩效评定、质量保证以及价值分析等活动与货物在供应渠道里的运输和存储却没有直接的关系。因此，采购不完全是物流人员的职责的说法是合理的。但是采购与运输、存储活动之间存在着密切的关系，这里重点讨论的是那些与物流直接相关的采购活动。

在供应链中，与买方的"采购"对应且密切相关的便是卖方的"供应"。适时管理、快速反应和压缩时间等理念的普及已经将计划提升为供应渠道中的重要活动。企业除了以库存满足需求外，还可以通过对需求的合理计划来满足需求，这两者代表了满足物流渠道需求或需要的各种方案中的两个角度。在供应渠道中，企业要满足的需求一般为生产需求（在服务业则是运作需求）。物料管理人员一般通过两种方法来满足这一需求：第一种方法是按需求时间随时供应，不断调整供给时间使得物料的供给与生产的需求步调一致。其中，物料需求计划是处理计划安排的一种常用方法。第二种方法是持有库存来满足生产需求，利用补货规则来维持库存水平，这些规则决定了物料在供应渠道中流动的具体时间与数量。

10.2.2　采购决策

采购的数量和时间安排影响价格、运输成本和库存持有成本。一种采购策略是仅在需求产生时购买，采购量就是需求量。这就是适时管理战略（just-in-time strategy），又称按需购买（hand-to-mouth buying）。企业也可以采用其他方法，如某种形式的先期采购（forward buying）或预先采购（anticipatory buying）。如果人们预测未来价格会上涨，这样做就有利可图。同样，如果采购者想要回避未来价格上涨的风险，也可采用投机性采购策略，购买铜、银、金之类的原材料，在未来重新售出以赚取利润。投机性采购与先期采购的不同之处在于采购量是否超过未来需求量决定的合理购买量。

卖方不断提供的价格折扣也会影响到采购量。一方面,买方可能希望在一个较为优惠的价格水平上突击采购,"囤积物料"。另一方面,买方也可能希望通过谈判得到优惠的价格,而只有在需求出现时才要求卖方实际送货,以此避免存货的积聚。其具体策略有以下几种。

1. 混合采购战略

如果可以预测到某种商品价格的季节性变化,那么混合采购战略(既有按需购买,也有先期购买)得到的平均价格比单纯使用按需购买得到的平均价格更低。先期购买指购买的数量大于当前的需求量,但不超过未来可预见的需求量。一方面,当价格看涨时,这种战略很有吸引力,因为可以以较低的价格购买更多的产品,但也由此产生了一定量的库存,从而必须权衡价格优势与库存增加引起的成本负担。另一方面,在价格下跌时则按需购买很有优势,因为这样做可以避免在现在的高价位上购买过多的产品,推迟购买可以因价格下跌而获益。当产品需求呈季节性大幅度变化时,把这两种策略有效地结合起来可以产生巨大的价格优势。

2. 金额平均法

只有价格的季节性波动平稳且可以预测时,先期采购的策略才有效果。使用金额平均法也可以达到同样的效果。该方法假定价格一般会随着时间的推移而增长,此外,还假定价格会有不确定的上下波动。公司定期采购,但是采购的数量取决于购买时的价格水平。企业根据未来合理时期内的平均价格设定购买预算金额,这一合理时期至少为一个完整的季节性周期。预算金额除以价格就会得到采购数量。因此,如果价格普遍上涨,这种方法就会使企业在低价位时购买的数量大于在高价位时购买的数量。使用这种策略的风险在于价格很高时,采购的数量可能会低于实际需求量,因而有必要持有一定量的库存来规避缺货风险。

3. 数量折扣(quantity discounts)

采购机构经常受到鼓励进行大量购买。如果采购量很大,供应商的报价会更低,因为采购量大能够使供应商享受规模经济带来的利益,所以供应商愿意通过价格优惠来把其中一部分收益传递给买方。

普遍使用的价格优惠有两种:普遍数量折扣价格优惠和非普遍数量折扣价格优惠。普遍数量折扣价格优惠计划(inclusive quantity discount-price-incentive plan)是指随着购买量的增大,供应商会降低适用于所有的订购产品的报价。这在消费品的采购中十分常见。与之相对,非普遍数量折扣价格优惠计划(non-inclusive quantity discount-price-incentive plan)指降低的报价只适用于数量折扣范围内的产品。运输服务中的超量运价(in-excess rate)就是一个很好的例子。

如果购买量已经足够大,即大于最后一个数量,即价格折扣分界点,就无须进一步考虑。但是,如果购买量相对较小,买方就会处于两难的境地:是在较高的价位上少量购买呢,还是增加库存持有成本加大采购量以获得优惠价格呢?接下来将对这两种定价策略进行深入探讨。

1) 普遍数量折扣价格优惠计划

普遍数量折扣价格优惠计划可以简单地表示为表 10-2 所示。

表 10-2 普遍数量折扣价格优惠计划表

数量,Q_i	价格,P_i
$1 \leq Q_i \leq Q$	P_1
Q_i 大于 Q	P_2

其中,Q_i 是采购量,P_i 是对所有 Q_i 个单位产品支付的价格。对第 1 到第 Q 单位产品,适用价格是 P_1;其他产品,适用价格 P_2,$P_2 < P_1$。

这样求最优采购量的问题就变为求最低总成本的问题,其中总成本包括采购成本、订货成本和库存持有成本。总成本的公式为

$$TC_i = P_i \times D + \frac{D}{Q_i}S + P_i \times I + \frac{Q_i}{z}C_i \tag{10-1}$$

式中,TC_i 为采购量为 Q_i 时发生的总相关成本;P_i 为采购量为 Q_i 时的价格;D 为每年的平均需求量,件;S 为采购成本,元/订单;Q_i 为采购量,件;I 为用百分比表示的年持有成本;C_i 为库存点商品的单位成本,元/件。

普遍数量折扣价格优惠计划下的总成本曲线如图 10-1 所示。图中,实线代表"可行区间",虚线代表"不可行区间"。

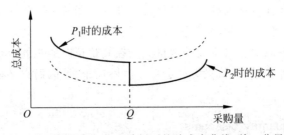

图 10-1 普遍数量折扣优惠计划下的总成本曲线(单一分界点)

由于总成本曲线中存在不连续点,因此最佳采购量的计算要比单一价格情况下复杂一些。然而,我们可以导出某种要求最小计算量的计算方法。该方法的步骤分解如下。

第一步,在每个价格 P_i 下计算出经济订货批量 EOQ,找出总成本曲线可行区间内的 EOQ,如果可行的 EOQ 位于最低成本曲线上,那么这就是最佳采购量。如果不在该曲线上,则计算出 TC_{EOQ},并进行下一步。

第二步,设 Q_i 为数量-价格范围 i 内的最低量,计算 TC_i,对所有的 TC_{EOQ} 进行比较。

2) 非普遍数量折扣价格优惠计划

如果数量折扣价格优惠计划具有特殊性,就需要对上述求解过程略做修正。非普遍数量折扣价格优惠计划的总成本曲线如图 10-2 所示。

当采购量大于价格分界点对应的数量时,平均价格将继续下降。可以通过试错法找到最佳采购量,即逐渐加大采购量,计算出其相应的总成本,直到找到最小的总成本。

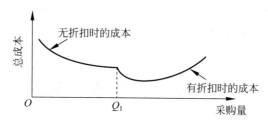

图 10-2　非普遍数量折扣价格优惠计划的总成本曲线(单一分界点)

10.2.3　供应计划决策

1. 适时供应计划

适时供应计划是一种有别于以库存满足需求的运作理念,目的也是使企业能在适当的地点、适当的时间获取适当的货物。作为管理物料供应渠道的方法之一,适时供应计划首先在日本得到了广泛应用,这或许是由日本过去 40 年里特定的经济与物流环境导致的。适时供应计划可以定义为整个供应渠道对生产/客户需求同步反应的一种理念。

适时供应计划的特点如下。

(1) 与少数供应商和运输承运人保持密切关系。

(2) 信息在供应商与买方之间实现共享。

(3) 频繁进行小规模的生产、采购、运输,从而把库存降到最低水平。

(4) 消除整个供应链渠道中所有可能出现的不确定性。

(5) 高质量目标。

随着企业生产启动成本和采购订货成本的大幅下降,供应商维护成本几乎可以忽略不计,经济补货量也越来越小,逐渐趋近一个单位。如果存在生产或采购的规模经济,由于只有少数几个供应商,且供应商通常紧邻买方的需求点,所以规模经济可以发挥到极致。买方与相对少数的几家供应商和承运人建立起紧密的协作关系,供应商通常以生产或运作计划的形式分享来自买方的信息,供应商就能预测买方的需求,从而减少反应的时间及其波动。买方希望其选择的几家供应商都能始终如一地提供准时的交货服务。适时管理理念下,计划的整体效果就是实现与需求协调一致的产品流动。尽管与以库存供应(supply-to-inventory)的理念相比,以适时管理的理念管理供应渠道要付出更多精力进行管理,但由此带来的好处是:能够在渠道运转过程中保持最低的库存,降低各方的成本及提高服务水平。制造商得到的某些好处也可能是成本和库存转移到供应渠道上游的供应商的产物。

2. 看板管理

看板管理是丰田汽车公司的生产计划与服务管理系统,也是著名的适时管理范例,如图 10-3 所示。看板本身是一个以看板卡片为基础的生产控制系统,看板指示工作中心或供应商生产一定标准数量的某种产品；板卡要求把标准数量的零部件或半成品运送至工作中心。其中，标准数量是事先确定的。公司就利用这些卡片来启动生产过程和物料流动。

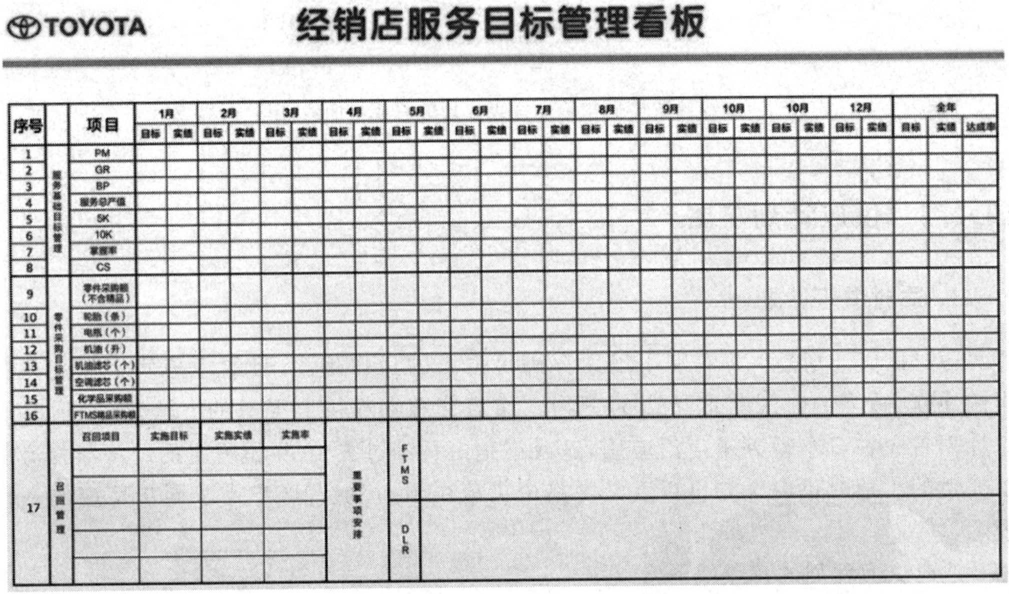

图 10-3　丰田汽车公司的管理看板

看板/适时管理系统利用库存控制中的再订货点方法来确定标准生产/采购量，系统的生产启动成本相当低，提前期也很短。其他几个方面的特征也增强了其作为适时系统的有效性。

首先，与利用规模经济而建立的进度计划相比较，这种经常重复主生产进度计划中的生产样式，就产品式样 A 和 B 而言，能够实现规模经济、节约生产启动成本的生产进度计划可能是 AAAABBBB。然而，看板的生产进度计划则可能是 ABABABAB，二者并行，提高生产和效率。

其次，由于提前期很短，其可预测性大大提高。供应商所在地离生产地很近，即使频繁地送货（经常是每小时送一次）也不会产生高昂的运输费用。

再次，由于生产启动成本和采购成本保持在较低水平，所以订货量很小。订单量与生产启动成本和采购成本相关，因此成为降低成本的目标。订货量小就意味着库存水平低。公司会利用经典的再订货点库存管理法来决定补货数量。

最后，使用的供应商为数不多，相应地，公司对供应商期望较高。制造商与供应商之间建立高度协作关系，以保证获得满意的产品和物流绩效水平。

看板/适时供应管理计划与以库存供应计划理论对比鲜明，表 10-3 比较了这两种做法的不同之处。需要注意的是，两种供应计划并无绝对的优劣之分，企业应根据实际情况，选择更适合自身的供应计划。

表 10-3 看板/适时供应管理计划与库存供应计划的比较

因素	看板/适时供应管理计划	库存供应计划
库存	负债属性,尽量减少库存	资产属性,保护生产不受其他因素影响,越多越安全
生产批量	满足即时需要即可。无论是自制品还是购置品都只需达到最低的补货数量,该数量由经济订货量(EOQ)公式来决定	生产批量、采购量由规模经济或经济订货量公式来决定。不需要改变生产启动成本来实现更小的生产批量或采购量
启动成本	生产批量、采购量由规模经济或经济订货量公式来决定。不需要改变生产启动成本来实现更小的生产批量或采购量大幅度降低启动成本。这就需要迅速的生产转换以尽量减小对生产的影响,或者有已启动的额外设备。迅速转换可以实现小批量生产,也可以使企业生产种类繁多的零部件	启动成本通常不做优先考虑,库存供应的目标是产出最大化,或者使已启动的额外设备迅速实现生产转换,因此启动成本是第二位的,难以实现小批量生产
供应商	视供应商为合作伙伴。供应商关注客户的需要,客户把供应商作为其工厂的延伸。供应商的数目很少,供应中断的风险可能会增加	与供应商保持一定的距离,仅限于业务关系。奉行货源多元化原则,典型的做法是利用供应商之间的竞争来实现最低价格
质量	追求零缺陷。如果产品不是 100%合格,就会危及生产与分拨	允许存在一定的缺陷以维持产品的流动,避免为保证过高产品质量而产生的额外成本
设备维护	保护性维护或额外的生产能力至关重要。没有存货做缓冲,一个工序停产会危及下游生产	按要求行事。由于维持有一定水平的库存,设备维护并不特别重要
提前期	提前期很短,这样增加了整个供应/配送渠道的反应次数,降低了不确定性,削弱了对安全库存的依赖	由于可以通过额外的库存来弥补,因此即使提前期很长也不会有严重后果

3. 物料需求计划与分拨需求计划

20 世纪 70 年代中期,人们把实施多年的需求计划规范为物料需求计划。尽管 MRP 也处理物料供应计划问题,但其逻辑与看板并不相通。MRP 主要用来对那些根据客户要求定制的高价值零部件、原材料和辅助材料进行计划,其物料需求往往已知。之后,在 MRP 的基础上,管理人员从运作的角度出发,发展出了分拨需求计划(distribution requirements planning,DRP),以便在从供应商到最终客户的完整物流渠道中实现一体化的供应计划管理,其运作过程如图 10-4 所示。下面简要介绍 DRP 的运作机制。

首先,DRP 从对产品的需求预测开始,这个需求尽量靠近客户,假定该需求为基层仓库的需求。该需求是对未来若干时期的预测,根据产品预测、客户未来的订货、计划中的促销活动以及其他所有与需求模式相关的信息作出。这一需求就成为 DRP 中的预测需求量——相当于 MRP 中主生产计划中的需求量。

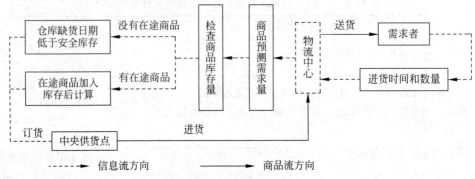

图 10-4　DRP 的运作过程

其次,将多个仓库计划发运的某种产品的数量汇总后,就得出了中心仓库(如工厂成品库存)的总需求量。假设工厂的库存用来满足基础仓库的计划发运量,产品完工后再补充工厂的成品库存。随后,汇总所有仓库该产品的计划发运量得出对工厂库存的总需求量。

最后,一旦得出中心仓库库存的总需求量,就可以编制需求计划记录从工厂库存层次发出的订单指令计划,并编制主生产进度计划。这种需求计划的过程可以一直向后延续直到供应渠道的终端——供应商,从而完成整个渠道的计划过程。

10.3　物流运输决策

运输在物流领域具有非常重要的作用,它既影响着物流系统整体的运作流程,又是外部客户对物资或产品满意度的关键环节,运输是物流系统中环节最多、关系最错综复杂的部分,它将多个环节联系起来,是物流系统稳定运行和实现有效运作的关键。

10.3.1　物流运输决策概述

1. 基本概念

物流运输决策是指从物流系统的总体目标出发,运用系统理论和系统工程的原理和方法,充分利用各种运输方式的优点,以运筹学等数量方法建立模型与图表,选择和规划合理的运输路线和运输工具,以最短的路径、最少的环节、最快的速度和最少的费用,组织好物质产品的运输活动,避免不合理运输情况和次优化的出现。

2. 决策的构成要素

1) 运输方式

一般而言,企业有以下六种基本运输方式可供选择。

(1) 航空运输:最昂贵、最快捷的运输方式。

(2) 公路运输:较快速、较廉价、高度灵活的运输方式。

(3) 铁路运输:适用于大宗货物的廉价运输方式。

(4) 水路运输：最慢的运输方式，通常是大宗海外货运唯一的经济选择。

(5) 管道运输：主要用于输送石油和天然气。

(6) 电子运输：一种最新的、电子化的、通过互联网完成的运输方式，可用于如音乐、电子书、虚拟账号等非实体商品。

2) 运输路径与网络选择

管理者必须作出的另一个主要决策是产品运输的路径和网络。路径是指产品运输的路线；网络是产品运输的地点与路径的总和。例如，厂商需要决定是直接将产品送到顾客手中，还是利用一系列的配送者。厂商在供应链设计阶段便要作出运输路径决策，还要作出日常或短期决策。

(1) 自建运输体系或第三方运输。传统上，大部分运输职能是在公司内部执行的。今天，许多运输职能(甚至整个物流体系)是依靠第三方物流企业提供的。在分销商品时，企业往往面临着一个重要的运输决策：第三方物流运输还是自营运输。企业的自营运输体现了组织的总体采购战略，便于控制，但是实施低成本、高效率的自营运输需要企业内部各部门之间的广泛合作和沟通。企业之所以会选择自营运输，最主要的原因是考虑到承运人不一定能达到自己所需要的服务水平。通常企业有自己车队的原因是：①服务的可靠性；②订货提前期较短；③意外事件反应能力强；④与客户的合作关系。第三方运输减轻了企业的压力，可以使企业集中精力于新产品的开发和产品的生产，但是第三方运输需要处理与企业外部的承运商之间的关系，增加了交易成本，也增加了对运输控制的难度。因此，关于第三方运输还是自营运输的决策也是一种经济决策。

(2) 运输能力与盈利水平的权衡。平均运输时间(速度)、运输时间的变化幅度(可靠性)和服务成本是运输服务水平决策的基础，决策时必须在服务质量和服务成本之间进行权衡。客户服务是物流管理的重要目标，物流管理的每一个活动对客户服务水平都有影响。服务水平主要包括以下几个服务特性：①可靠性；②运输时间；③市场覆盖程度——提供到户服务的能力；④柔性——处理多种产品及满足托运人的特殊要求；⑤运输货物的损耗。各种服务特性的重要程度不尽相同，其中成本、速度和可靠性是最重要的因素。因此，关于运输的最根本的权衡，就是某一给定产品的运输费用(盈利水平)与运输速度(反应能力)间的权衡。

3. 常用的决策方法

物流运输系统的优化定量分析与决策一般采用数学方法进行描述。在物流运输系统中，可以建立各种数学模型，进行系统或子系统的效益、功能最优化和评价分析，以便管理者进行决策。常见的物流运输系统数学模型有线性规划与动态规划、图论、整数规划、排队模型、布局选址模型等。随着研究对象的不同，采用的模型也不同。当然，同一研究对象也可采用不同的模型进行优化与决策。

10.3.2 物流运输方式决策

企业可按各自的实际情况，参考表10-4有选择地进行运输决策。

表 10-4　各种运输方式优缺点比较

运输方式	优　点	缺　点
铁路运输	大批量运输、长距离运费便宜、事故少、安全性好	近距离运费高、无法应急运输
公路运输	门到门的联合运输服务、受外力冲击小、包装可简化、适合近距离运输	长距离运费高、不适合大宗运输
水路运输	大量运输散装货物、装卸作业合理化、适合大型货物运输	码头装卸费用高、受天气影响大、安全性和准时性差
航空运输	运输速度非常快、小批量、中长距离运输、包装比较简单	不适合廉价商品、重量尺寸受到限制、不适合远距离机场托运
管道运输	可连续运输、不受气候影响、送达货物可靠性高、运输量大、安全性高	仅限于某些商品、灵活性差

各种运输方式的成本结构比较见表 10-5。

表 10-5　各种运输方式的成本结构比较

运输方式	固定成本	变动成本
铁路运输	高	低
公路运输	高	适中
水路运输	适中	低
航空运输	低	高
管道运输	最高	最低

如果将固定成本和变动成本加以折中，那么运输成本最低的应该是水路运输，因此，远距离大宗产品大多采用水路运输，如国际运输中的远洋运输。其次是管道运输和铁路运输，但因管道运输只限于某些特殊商品，如石油、煤炭、液状和粉末产品，而铁路运输限于包装便利、直达性能、运输网络等原因，国内运输大多还是采用公路运输，除非是距离过长才采用铁路运输而放弃公路运输门到门的便利。

按速度、成本、便利性和运载能力来比较各种运输方式并加以排列，可得到表 10-6。

表 10-6　各种运输方式速度、成本、便利性和运载能力综合比较

比较项目	排列 1	排列 2	排列 3	排列 4	排列 5
速度	航空	公路	铁路	水路	管道
成本	水路	管道	铁路	公路	航空
便利性	公路	铁路	航空	水路	管道
运载能力	水路	铁路	管道	公路	航空

对表 10-6 进一步排列，根据综合评价法（取值范围为 1~5），可得出表 10-7。从运输方式的综合因素考虑，公路运输是首选，其次是铁路、航空、管道和水路。因此，企业除了进出口大宗货物只能采用水路运输外，一般都将公路运输作为其货物运输的首选运输方式，除非距离较远，才采用铁路运输，或价值高、体积小、易腐烂、客户要求迅速交货的产品才采用航空运输。

表 10-7 各种运输方式综合特征评分表（分数越低越好）

比较项目	铁路	公路	水路	航空	管道
速度	3	2	4	1	5
可行性	2	1	4	3	5
可靠性	3	2	4	5	1
能力	2	3	1	4	5
频率	4	2	5	3	1
总分	14	10	18	16	17

10.3.3 物流运输路线决策

在运输系统中，尤其是短途的配送系统，要仔细地考虑车辆的行驶路线的选择问题。车辆按不同的行驶路线完成同样的运输任务时，由于车辆的利用情况不同，相应的配送效率和配送成本会不同，因此选择时间短、费用省、效益好的行驶路线是一个重要的决策。运输路线决策主要安排运输工具与运输目的地之间路线、运载量、到达时间与顺序等，以达到某种"最佳"的效益。本节运输路线决策分为四种情况：两点间运输的最短路问题、多点间的运输问题、单回路运输的 TSP（traveling salesman problem，旅行商问题）和多回路运输的 VRP（车辆路径问题）。

1. 两点间运输的最短路问题

两点间的运输是由一个供应点到一个客户的运输配送，在这种方式下，要求选择最短的配送路线，实现高效率的运输，达到快速、经济的经营目的。连通图的最短路径问题是求两个顶点间长度最短的路径，其中路径长度不是指路径上各边数的总和，而是指路径上各边的权值总和。路径长度的具体含义取决于各边的权值所代表的意义，如费用、成本等。最短路问题常用狄克斯屈拉（Dijkstra）标号法求解。

狄克斯屈拉标号法是求最短路的一般算法，该算法是艾兹格·狄克斯屈拉（Edsger Dijkstra）在 1959 年提出的，通过下面的分析过程来说明最短路的狄克斯屈拉标号法的计算过程。狄克斯屈拉标号法的优点：不仅可以求出从起点到终点的最短路径及其长度，而且可以求出从起点到其他任何一个顶点的最短路径及其长度，同时适用于求解有向图或无向图上的最短路径问题。

狄克斯屈拉在标号法的基本思想：设 G 是一个赋权有向图，即对于图中的每一条边 (v_1, v_j) 都赋予了一个权值 w_{ij}。在图 G 中指定两个顶点，确定为起点和终点，不妨设 v_1 为起点，v_k 为终点。

首先从 v_1 开始，给每一个顶点标一个数，称为标号。这些标号又进一步区分为 T 标号和 P 标号两种类型。其中，每一个顶点的 T 标号表示从起点 v_1 到该点的最短路径长度的上界，这种标号为临时标号；P 标号表示从 v_1 到该点的最短路长度，这种标号为固定标号。

在最短路径计算过程中，对于已经得到 P 标号的顶点，不再改变其标号；对于没有

标上 P 标号的顶点,先给它一个 T 标号。算法的每一步就是把顶点的 T 标号逐步修改,将其变为 P 标号。

那么,最多经过 $k-1$ 步,就可以求得从起点 v_1 到每一个顶点的最短路径及其长度。狄克斯屈拉在标号法的具体计算步骤如下。

(1) 给 v_1 标上 P 标号, $P(v_1)=0$,其余各点标上 T 标号, $T(v_j)=+\infty(j\neq 1)$。如果刚刚得到 P 标号的点是 v_i,那么对于所有这样的点 $\{v_j|(v_i,v_j)\in E$,而且 v_j 的标号是 T 标号 $\}$,将其 T 标号修改为:$\min[T(v_j),P(v_i)+w_{ij}]$。

(2) 若 G 中没有 T 标号,则停止;否则,把点 v_{j_0} 的 T 标号修改为 P 标号,然后再转入步骤(1)。其中,v_{j_0} 满足:$T(v_{j_0})=\min T(v_j)$。

2. 多点间的运输问题

多点间的运输问题是指起始点或目的点不唯一的运输调配问题,相对于两点间的运输,多点间的运输调配问题更为复杂。多点间的运输问题中最为常见的问题是产销平衡问题和产销不平衡问题。由于通过不同的路径进行配送,最终的总运输成本不一样,此类问题的目标就是寻找最低的总运输成本。

多点间的运输调配问题,目前主要有两大类的求解方法。其中相对比较精确的是单纯形法,但是由于运输问题数学模型具有特殊的结构,应用单纯形法时,有许多冗余的计算,这样增加了计算量,一般需要借助电子计算机进行计算。另一种方法是表上作业法,它源于将运输问题用表格的形式来描述,通过面对表格的操作来完成求解,这种方法的原理也是单纯形法。这种方法适合对比较简单的问题进行求解,可以用手工直接完成。

限于篇幅,表上作业法的具体应用可参考运筹学相关书籍,本节仅对表上作业法的基本原理进行简单介绍。

第一步:编制初始调运方案,即寻找第一个基可行解。要求得到的运输问题的初始基可行解,必须保证找到 $m+n-1$ 个基变量,运输问题的任意 $m+n-1$ 个变量构成一组基变量的充要条件是变量组中不含闭回路。确定初始条件解的方法很多,最常见的是左上角法(或西北角法)、最小元素法和 Vogel 法。后两种方法的效果较好,而 Vogel 法太过复杂,由于篇幅有限,因此,我们将用最小元素法来解决这个问题。最小元素法是从运价最小的格开始,在格内的右下角标上允许取得的最大数,然后按运价从小到大顺序填数,若某行(列)的产量(销量)已满足,则把该行(列)的其他格划去。如此进行下去,直至得到一个基可行解。

第二步:计算各非基变量的检验数。检验数是指非基变量的取值每增加 1 时,总运费的增加量。运输问题的最优性条件是:检验数非负。其运用的方法是闭回路法和位势法。

第三步:判断当前的调运方案是不是最优方案,如果是最优,则算法结束,问题解决;否则,继续第四步。

第四步:确定进基变量和出基变量,调整非最优的调运方案,获得更好的调运方案。调整调运方案的步骤为:

确定入基变量,选取最小负检验数对应的非基变量入基;

确定出基变量和调整量,将进基变量对应的闭回路中的顶点分为奇顶点和偶顶点,令 $\theta=\min\{$闭回路上所有偶顶点对应的运量 $x\}$,则 θ 即为调整量,选取一个运量等于 θ 的偶顶点为出基变量;

调整闭回路上奇顶点上的运量增加 θ,偶顶点上的运量减少 θ。闭回路以外顶点的运量不变。

3. 单回路运输的 TSP

单回路运输是指在线路优化中,从起始节点开始,要选择一条合适的路径经过所有已知的节点各一次,并最后回到起始节点。单回路运输模型在运输决策中主要用于配送中心解决单一车辆的路径安排,如:配送中心在配送货物时常常要求该车辆遍历所有的用户,同时所行驶距离最短,车辆在完成运输后回到出发地。

这类问题有两个特点:单一性(只有一个回路)和遍历性(不可遗漏)。

TSP 模型是单回路运输问题中最为典型的一个模型,它是一个典型的 NP-Hard 问题,对于大规模的线路优化问题,无法获得最优解,只有通过启发式算法获得近优解。

TSP 模型可以描述如下:在给出的一个由 n 个节点 $\{v_1,\cdots,v_n\}$ 构成的网络,已知节点间的距离 $\{c_{ij}, i=1,2,\cdots,n; j=1,2,\cdots,n\}$,要寻找一条经过所有节点的距离最短的回路。

可以用如下数学模型来表示:

$$\min \sum_{i=1}^{n}\sum_{j=1}^{n} c_{ij} x_{ij}$$

s.t.

$$\sum_{j=1}^{n} x_{ij}=1, \quad i=1,2,\cdots,n$$

$$\sum_{i=1}^{n} x_{ij}=1, \quad j=1,2,\cdots,n$$

$$x_{ij} \in \{0,1\}, \quad i=1,2,\cdots,n; j=1,2,\cdots,n$$

其中,

$$x_{ij}=\begin{cases}1, & \text{表示节点 } i \text{ 的下一站是节点 } j \\ 0, & \text{表示节点 } i \text{ 的下一站不是节点 } j\end{cases}$$

这是一个整数型线性规划问题,当网络中包含很多节点时,没有有效的算法,一般采用直觉方法和启发式方法,这些方法可在合理的时间内给出一个较优解。

启发式方法中很多是贪婪方法,如最近邻点法、最近插入法等。

最近邻点法是从某点开始,总是找离目前位置最近的、还未到过的节点作为下一点,直到所有节点走完,再回到起点。其得到的结果常常是不理想的。

最近插入法要更进一步,在选择下一点时,不仅仅考虑当前的一点,而是考虑所有已走过的点。另外,它的每一步是整个回路的扩张,即从一开始它就考虑回到起点的成本。

方法描述如下:

(1) 找出离 v_1 最近的节点 v_k，构成子回路 $T=\{v_1,v_k,v_1\}$。

(2) 从子回路 T 以外的节点中找出离回路 T 中节点最近的节点 v_k，在 T 中找到边 (v_i,v_j)，使 $c_{ik}+c_{kj}-c_{ij}$ 最小，将 v_k 插入 v_i，v_j 之间，即用 (v_i,v_k)，(v_k,v_j) 代替 (v_i,v_j)，构成新的回路 T。

(3) 重复(2)直到 T 包含所有节点。

4. 多回路运输的 VRP

VRP 就是要确定最多 m 条配送路径或收货路径，以满足下列条件：每条路径都是从仓库出发，回到仓库；每个顾客只能拜访一次，且只能由一辆车拜访；每条路径的总需求量不超过一辆车的容量；每条路径的总持续时间(行驶时间加服务时间)不超过预设的时限；总成本最低。

VRP 与 TSP 的主要区别在于：顾客群体大，一辆车一条路径满足不了顾客的需求。具体地说，VRP 涉及多车辆(不一定相同)的选择和路径确定两个方面的问题，VRP 更复杂，但也更接近实际问题。

节约里程法是目前解决 VRP 的最经典的启发式算法，它在速度和实现的简易性方面特别有优势，因此时至今日仍有很广泛的应用，下面我们就专门介绍这一算法。

例 10-1 节约里程法算例

节约里程法的核心思想是依次将运输问题中的两个回路合并为一个回路，每次使合并后的总运输距离减小的幅度最大，直到达到一辆车的转载限制，再进行下一辆车的优化。

其原理是：三角形一边之长必定小于另外两边之和。在汽车载重量允许的情况下，采用巡回发货比采用往返发货可节约汽车行驶里程为：$\Delta L = L_1+L_2-L_3$，如图 10-5 所示。

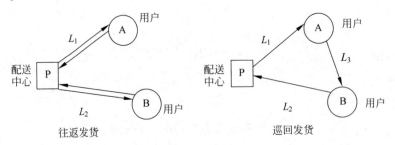

图 10-5 发货路线

10.3.4 物流车辆调度决策

1. 车辆调度的基本概念与内容

1) 基本概念

车辆调度是指根据承接的运输任务与具体的运输方案来对车辆进行的调派、运行组织和运行中的管理及监督，为了提高运输车辆的利用率、降低物流成本、提高服务水平、在满足客户要求的前提下,合理地安排运输车辆,按最佳行驶路线依次完成配送任务,并保证距离最短、时间最省、运营费用最少等。车辆在运行过程中,有关的人员(如驾驶员和装卸工人等)、车辆、道路、运输对象和环境等因素处于经常变化而又互相影响和制约之中。因此,车辆调度对于协调运输系统各因素的关系、组织车辆运输、实现连续和均衡生产是必不可少的重要工作,是指挥监控配送车辆正常运行、协调配送生产过程以及实现车辆运行作业计划的重要手段。

2) 内容

(1) 编制配送车辆运行作业计划。这一工作的核心是只有掌握运输供求的动态,才能制定出比较准确的运行作业。其包括编制配送方案、配送计划、车辆运行计划总表、分日配送计划表、单车运行作业计划等。在力求适应社会和国民经济各部门对客货运输的需要和提高运输质量的前提下,根据货种特点,选择经济合理的车型,及时调派所需车辆,组织车辆合理运行。

(2) 根据运行作业计划,下达执行运行作业计划的命令。这一过程是按照运行作业计划的要求,将运输流程的各个环节所需要的设备调度到位。例如,某一运输车辆在调度到达指定的某一作业现场时,如果装卸设备不能如期到达,将影响运输作业计划的执行。

(3) 根据外部环境变化,调整运行作业计划并现场指挥。在实施运行作业计划时,由于受外部环境变化的影响,有时需要调整作业计划,甚至要进行比较大的改动。在这种情况下,现场调度就十分重要。调度部门应根据货物分日配送计划、车辆运行作业计划和车辆动态分派配送任务,按计划调派车辆,签发行车路单;勘察配载作业现场,做好装卸车准备;督促驾驶员按时出车;督促车辆按计划送修进保。

(4) 监控作业执行情况。监控环节是为了及时反映运行作业计划与计划实际执行情况之间的差异。现场调度员(或沿线调度员)负责现场调度和车辆装卸工作,发生事故时应及时报告值班调度员,执行处理事宜。如发现问题,应采取积极措施,及时解决和消除问题,尽量减少配送中断时间,使车辆按计划正常运行。值班调度员的主要任务是组织发车,监督车辆运行,处理途中临时发生的问题。

2. 车辆调度的方法

车辆调度的方法有多种,可根据客户所需货物、配送中心站点及交通线路的布局而选用不同的方法。简单的运输可采用定向专车运行调度法、经验调度法、运输定额比法、循环调度法、交叉调度法等。配送运输任务量大、交通网络复杂时,运用数学方法或人工智能方法,究其本质,可以分为精确算法和启发式算法两大类。精确算法是指可求出最优解的算法,主要有分支定界法、割平面法、网络流算法、动态规划法等。下面对车辆运行调度问题的几种常见方法做简单介绍。

1) 经验调度法和运输定额比法

经验调度法是调度人员凭自己的经验和技巧安排车辆运行,并处理运行中发生的问题。在有多种车辆时,车辆使用的经验原则为尽可能使用能满载运输的车辆进行运输。如运输 5 t 的货物,安排一辆 5 t 载重量的车辆运输。在能够保证满载的情况下,优先使用大型车辆,且先载运大批量的货物。一般而言,大型车辆能够保证较高的运输效率和较低的运输成本。

例 10-2 某建材配送中心,某日需运送水泥 580 吨、盘条 400 吨和不定量的平板玻璃。该中心有大型车 20 辆、中型车 20 辆、小型车 30 辆。各种车每日只运送一种货物,运输定额如表 10-8 所示。

表 10-8 车辆运输定额表　　　　　　　　　　　　吨/(日·量)

车辆种类	运送水泥	运送盘条	运送玻璃
大型车	20	17	14
中型车	18	15	12
小型车	16	13	10

根据经验调度法,车辆安排的顺序为大型车、中型车、小型车。货载安排的顺序为:水泥、盘条、玻璃。经验调度法得出的方案如表 10-9 所示,共完成货运量 1 080 吨。

表 10-9 经验调度法

车辆种类	运送水泥	运送盘条	运送玻璃	车辆总数
大型车/辆	20			20
中型车/辆	10	10		20
小型车/辆		20	10	30
货运量/吨	580	400	100	

经验调度法方便快捷,但是运输的货运量不能确定是否最大化。根据运输定额比法,对于以上车辆的运送能力可以计算每种车运送不同的定额比,结果见表 10-10。

表 10-10 车辆运输定额比

车辆种类	运水泥/运盘条	运盘条/运玻璃	运水泥/运玻璃
大型车/辆	1.18	1.21	1.43
中型车/辆	1.2	1.25	1.5
小型车/辆	1.23	1.3	1.6

其他种类的定额比都小于 1,不予考虑。在表 10-10 中小型车运送水泥的定额比最高,因此要先安排小型车运送水泥;其次由中型车运送盘条;剩余的由大型车完成。得到表 10-11 的派车方案,共完成运量 1 006 吨。

表 10-11 定额比优化派车方案

车辆种类	运送水泥车辆数	运送盘条车辆数	运送玻璃车辆数	车辆总数
大型车/辆	5	6	9	20
中型车/辆		20		20
小型车/辆	30			30
货运量/吨	580	400	126	

通过上述比较,可以发现,运输定额比法要比经验调度法多运输货物。

2) 循环调度法

循环调度法是当车辆在目的地卸货完毕后,安排车辆空驶到其他地点装货,而不直接回出发地的调度方法,它比专车调度提高了里程利用率。

$$里程利用率 = 载重里程/循环总里程$$

例 10-3 A、B、C 三个货运点,A—B:重载;B—C:空驶;C—A:重载。如图 10-6 所示。

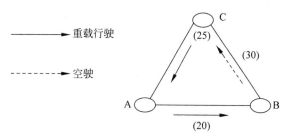

图 10-6 循环调度图(单位:千米)

循环调度里程利用率 = (20+25)÷(20+30+25) = 60%
专车调度里程利用 = (20+25)÷(20+20+25+25) = 50%

因此,采用循环调度法提高了 10%的里程利用率。

3) 分区配送算法

(1) 分区配送算法的思考方法。两阶段法是求解车辆运行调度问题的一种常用的启发式算法。两阶段法主要有以下两类。

第一类是先求运输路线,后分段,即先对客户利用旅行商方法求出其最优巡回运输路线(阶段 1),然后根据问题的各种约束条件(如车辆转载限制、车辆一次运输的最大行驶距离限制等)对其路线进行分段(阶段 2),在每一小段内,车辆按用旅行商方法确定的运输路线行驶。

第二类是先划分区域,再求行车路线,即先根据各种约束条件进行运输区域划分(阶段 1),然后在各小区域内利用旅行商方法设计最优运输路线(阶段 2)。

虽然从表面上看,两类算法仅求解次序不同,但实际上两类算法的计算结果往往大不相同。

研究表明,第一类算法不能做到渐进最优,因此除少数早期启发式算法采用第一类算法外,绝大多数启发式算法均采用第二类算法。由于在第二类算法中,划分运输区域的问题十分关键,因此,也称该类算法为分区配送算法。

(2) 用分区配送算法求解车辆运作调度问题的步骤。

第一步,根据配送总量(即全部客户需求量的总和 $\sum q_i$)和车辆的装载限制(即车辆的最大载重量 Q_{max})按下面公式确定最少运输路线条数 m:

$$m = [f] + 1$$

式中,$[f]$ 表示取小于 f 的最大整数,其中 $f = \dfrac{\sum q_i}{Q_{max}}$。

第二步，置未处理客户的集合 V 为全部客户，置各条运输路线上客户的集合 $S_k(k=1,2,\cdots,m)$ 为空集，置各条运输路线上车辆的装载量 Q_k 为 0，置各条运输路线上车辆的行驶距离 D_k 为 0，置各条运输路线上的客户数 L_k 为 0。

第三步，选取 m 个初始客户，分别加入 m 条运输路线中，分别与配送中心构成运输回路，并根据上述运输路线更改 V,S_k,Q_k,D_k,L_k。

第四步，在未处理客户集 V 中，依次选取一个客户 i，利用最近插值法，计算该客户加入各运输路线后所增加的最小运输距离 c（称为最小插入费用）。如果某客户加入某条运输路线后，该线路的车辆装载量超过车辆的最大载重量或车辆的行驶距离超过车辆一次运送的最大行驶距离，则说明该客户不能加入该运送路线，令其加入后运输距离为无穷大。如果该客户加入所有运输路线的费用均为无穷大，即取 $m=m+1$，然后返回第三步重新计算。

第五步，对未处理的客户计算其最小插入费用与次小插入费用的差值，并选择差值最大的客户加入其最小插入费用的路线中去。将该客户加入相应的运输路线后，根据上述新的运输路线更改 $V、S、Q、D、L$。

第六步，当所有的客户处理完毕，即 V 为空集时，转向第七步，否则，转向第四步。

第七步，输出计算结果，包括总运输距离、运输路线条数及各条运输路线上客户的排列顺序等。

10.4 物流存储决策

10.4.1 物流系统存储概述

物流存储系统是物流系统的一个重要的子系统。通过对存储活动的控制，使企业保有一定量的物资储备，保证生产的持续进行，并在生产活动中不出现库存过多和缺货的现象。随着人们对物资存储的重要性的认识，存储论及其应用已成为现代化管理的重要内容之一。

企业为了保证生产和供应的连续性与均衡性，需要在不同生产和供应环节设立仓库，储备一定数量的物资（如原材料、在制品、成品等）。但是储备的数量必须有所限制，数量过多，不仅要占用大量的仓库面积或生产面积，还可能由于长期积压而使物资损坏变质，造成浪费，因此必须加强对库存物资的科学管理。

这里我们只简略地介绍生产与经营类型的存储问题，以及一些存储论中常用的基本概念、模型和方法。

10.4.2 存储策略

由于存储具有多种形式，必须根据物资需求及订购的特点，采取不同的方法来控制存储。确定存储系统何时进行补充（订货）及每次补充（订货）多少数量的决定就是存储策略。

1. 常用概念

在介绍存储策略之前,先简略介绍几个存储策略中的常用概念。

(1) 订货批量 Q。这是指存储系统根据需求,为补充某种物资的存储量而向供货厂商一次订货或采购的数量。

(2) 报警点 s。其又称订货点。该点库存量和提前订货时间是相对应的,当库存量下降到这一点时,必须立即订货,在所订的货物尚未到达并入库之前,存储量应按既定的服务水平满足提前订货时间的需求。

(3) 安全库存量 ss。其又称保险储备量。由于需求量 D 和提前订货时间 t 都可能是随机变量,因此,提前订货时间的 $D \cdot t$ 也是随机变量,其波动幅度可能大大超过其平均值,为了预防和减少这种随机性造成的缺货,必须准备一部分库存,这部分库存称为安全库存量。只有出现缺货情况时才动用安全库存量。

(4) 最高库存量 S。在提前订货时间可以忽略不计的存储模型中,S 指每次到货后所达到的库存量。当存在提前订货时,S 指发出订货要求后,库存应该达到的数量,由于此时并未实际到货,所以该最高库存量又称名义库存量。

(5) 最低库存量 O。其一般是指实际的库存最低数量。

(6) 平均库存量 $\bar{Q}$。这是指库存保有的平均库存量。当存在报警点 s 时,平均库存量为 $\bar{Q} = \dfrac{1}{2} + s$。

(7) 订货间隔期 T。这是指两次订货的时间间隔或订货合同中规定的两次进货之间的时间间隔。

(8) 记账间隔期 R。这是指库存记账制度中的间断记账所规定的时间,即每隔 R 时间,整理平时积欠下来的发料原始凭证,进行记账,得到账面结存数以检查库存量。

2. 常用的存储策略

(1) 定量订购制。其泛指通过公式计算或经验求得报警点 s 和每次 Q,并且每当库存量下降到 s 点时,就进行订货的存储策略,通常使用的有(Q、s)制、(S、s)制、(R、S、s)制等。

① (Q、s)制库存控制策略。采用这种策略需要确定订货批量 Q 和报警点 s 两个参数。(Q、s)属于连续监控制(又称永续盘点制),即每供应一次就结算一次账,得出一个新的账面数字并和报警点 s 进行比较,当库存量达到 s 时,就立即以 Q 进行订货。

② (S、s)制库存控制策略。这种策略是(Q、s)制的改进,需要确定最高库存量 S 及报警点 s 两个参数。(S、s)制属于连续监控制,每当库存量达到或低于 s 时,就立即订货,使订货后的名义库存量达到 S,因此,每次订货的数量 Q 是不固定的。

③ (R、S、s)制库存控制策略。这种策略需要确定记账间隔期 R、最高库存 S 和报警点 s 三个参数。(R、S、s)制属于间隔监控制,即每隔 R 时间整理账面,检查库存,当库存等于或低于 s 时,应立即订货使订货后名义库存量达到 S,因而每次实际订购批量是不同

的,当检查实际库存量高于 s 时,不采取订货措施。

(2) 定期订购制。这是指每经过一段固定的时间间隔 T(称订购周期)就补充订货使存储量达到某种水平的存储策略,常用的有(T、S)制。(T、S)制库存控制策略需要确定订购间隔期 T 和最高库存量 S 两个参数,属于间隔监控,即每隔 T 时间检查库存,根据剩余存储量和估计的需求量确定订货量 Q,使库存量恢复到最高库存 S。

10.4.3 确定型存储模型

凡需求量 D、提前订货时间 t 为确定已知的存储问题所构成的存储模型为确定型。凡上述二者之一或全部为随机变量的存储问题构成的存储模型为随机型。

最简单的存储模型,即需求不随时间变化的确定型存储模型,这类模型的有关参数如需求量、提前订货时间是已知确定的值,而且在相当长一段时间内稳定不变。显然,这样的条件在现实经济生活中是很难找到的。实际上,只要我们所考虑的参数的波动性不大,就可以认为是确定型的存储问题。经过数学抽象概括的存储模型虽然不可能与现实完全等同,但对模型的探讨将加深我们对存储问题的认识,其模型的解也将对存储系统的决策提供帮助和依据。

1. 经济订货批量模型

经济订货批量模型又称整批间隔进货模型。该模型适用于整批间隔进货、不允许缺货的存储问题,即某种物资单位时间的需求量为常数 D,存储量以单位时间消耗数量 D 的速度逐渐下降,经过时间 T 后,存储量下降到零,此时开始订货并随即到货,库存量由零上升为最高库存量 Q,然后开始下一个存储周期,形成多周期存储模型。

1) 经济订货批量的概念

由于需求量和提前订货时间是确定已知的,因此只要确定每次订货的数量是多少或进货间隔期为多长时间,就可以作出存储策略。由于存储策略是使存储总费用最小的经济原则来确定订货批量,故称该订货批量为经济订货批量。

2) EOQ 模型构建与求解

(1) 模型假设存储某种物资,不允许缺货,其存储参数如下。

T:存储周期或订货周期(年或月或日)。

D:单位时间需求量(件/年或件/月或件/日)。

Q:每次订货批量(件或个)。

C_1:存储单位物资单位时间的存储费(元/(件·年)或元/(件·月)或元/(件·日))。

C_2:每次订货的订货费(元)。

T:提前订货时间为零,即订货后瞬间全部到货。

(2) 建立模型。存储量变化状态如图 10-7 所示。

一个存储周期内需要该种物资 $Q=DT$ 个,图 10-7 中存储量斜线上的每一点表示在该时刻的库存水平,每一个存储周期存储量的变化形成一个直角三角形,一个存储周期的平均存储量为 $1/2Q$,存储费为 $1/2C_1QT$,订货一次订货费为 C_2,因此,在这个存储周期

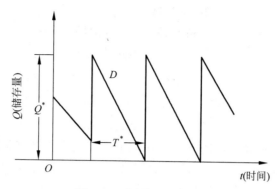

图 10-7　存储量状态变化

内存储总费用为 $1/2C_1QT+C_2$。

由于订货周期 T 是变量。所以只计算一个周期内的费用是没有意义的,需要计算单位时间的存储总费用,即

$$C_z = 1/2C_1Q + C_2/T \tag{10-2}$$

将 $T=Q/D$ 代入式(10-2),得到：

$$C_z = 1/2C_1Q + C_2D/Q \tag{10-3}$$

显然,单位时间的订货费随着订货批量的增大而减小,而单位时间的存储费随着订货批量 Q 的增大而增大。如图 10-8 所示。

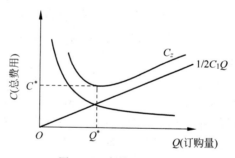

图 10-8　存储费用曲线

由图 10-8 可以直观看出,在订货费用线和存储费用线相交处,订货费和存储费相等,存储总费用曲线取得最小值。

利用微分求极值的方法,由式(10-1)令

$$\frac{dC_z}{dQ} = \frac{1}{2}C_1 - \frac{C_2D}{Q^2} = 0 \tag{10-4}$$

即得到经济订货批量

$$Q^* = \sqrt{\frac{2C_2D}{C_1}} \tag{10-5}$$

当 $Q^* = \sqrt{\dfrac{2C_2D}{C_1}}$ 时,C_z 取得最小值。

式(10-5)为经济订货批量公式,又称威尔逊公式。

由式(10-5)及 $Q^* = T \cdot D$,可得到经济订货间隔期:

$$T = \sqrt{\frac{2C_2}{DC_1}} \tag{10-6}$$

将 Q^* 值代入式(10-2),立刻得到按经济订货批量进货时的最小存储总费用:

$$C^* = \sqrt{2C_1C_2} \tag{10-7}$$

需要说明的是,前面在确定经济订货批量时,做了订货和进货同时发生的假设,实际上,订货和到货一般总有一段时间间隔,为保证供应的连续性,需要提前订货。

设提前订货时间为 t,日需要量为 D,则订购点 $s = Dt$,当库存下降到 s 时,即按经济订货批量 Q^* 订货,在提前订货时间内,以每天 D 的速度消耗库存,当库存下降到零时,恰好收到订货,开始一个新的存储周期。

另外,以实物计量单位如件、个表示物质数量时,Q^* 是每次应订购的物资数量,若不是整数,可四舍五入而取整。

对于以上确定型存储问题,最常使用的策略就是确定经济订货批量 Q^*,并每隔 T^* 时间即订货,使存储量由 s^*(往往以零计算)恢复到最高库存量 $S = Q^* + s$。这种存储策略可以认为是定量订购制,但因订购周期也固定,又可以认为是定期订购制。

2. 非瞬间进货

在企业的库存管理中,由于运输环节等原因的限制,经常出现的是非瞬时入库的情况,换句话说,从订购点开始的一定时间内,一方面按一定进度入库;另一方面按生产的需求出库,入库完毕时,达到最大库存量。

由于这种模型最早用于确定生产批量,故称 PLS(Production Lot Size)模型。在生产活动中,产品的生产时间是不容忽视的,即生产批量 Q 按一定的生产速度 P,需要一定的时间 t 才能完成。推广到存储论中,所谓分批均匀进货模型,一般是指零件厂—装配厂或生产厂—商店之间的供需关系中,装配厂(商店)向零件厂(生产厂)订货,零件厂(生产厂)一面加工,一面向装配厂(商店)供货,直到合同批量全部交货。

1) 假设

D, T, C_1, C_2,含义同前,不允许缺货;P 表示单位时间的供货速度(或生产量);且 $P > D$;t_p 表示生产批量 Q 的时间,在 t_p 时间内,以 P 的速度供货(生产),同时以 D 的速度消耗。t_p 时间内的进货量满足一个订货 T 的需用量,即 $Q = Pt_p = DT$,所以 $t_p = DT/P$。

2) 建立模型

分批均匀进货的 EOQ 模型的存储量变化状态如图 10-9 所示。

如果模型的其他参数不变,为了建立模型,必须首先求出在新情况下的平均库存量。为了求出平均库存量,必须先求出模型的最大库存量。

生产批量(即订货批量)Q 需时间 t_p,即 t_p 也为进货延续时间;单位时间的产量 P 为进货速度。故在 t_p 时间库存的实际增长速度为 $P - D$,最高库存量 $(P - D)t_p$;平均

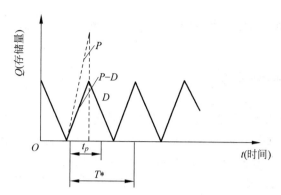

图 10-9 分批均匀进货的 EOQ 模型的存储量变化状态

存储量为 $\frac{1}{2}(P-D)t_p$；一个存储周期的存储总费用为

$$\frac{1}{2}C_1 \cdot (P-D) \cdot t_p \cdot T + C_2 \tag{10-8}$$

将 $t_p = D/PT$ 代入式(10-8)，得到一个存储周期的存储总费用为

$$\frac{1}{2}C_1 \cdot (P-D) \cdot \frac{D}{P} \cdot T^2 + C_2 \tag{10-9}$$

单位存储总费用为

$$C_z = \frac{1}{2}C_1 \cdot (P-D) \cdot \frac{D}{P} \cdot T + \frac{C_2}{T} \tag{10-10}$$

将 $T = \frac{Q}{D}$ 代入式(10-10)，得到：

$$C_z = \frac{1}{2}C_1 \cdot \frac{(P-D)}{P} \cdot Q + D \cdot \frac{C_2}{Q} \tag{10-11}$$

使用微分求极值的方法，令

$$\frac{dC_z}{dQ} = \frac{1}{2}C_1 \cdot \frac{(P-D)}{P} - D \cdot \frac{C_2}{Q^2} = 0 \tag{10-12}$$

求得使单位时间存储总费用最低的经济订货批量为

$$Q^* = \sqrt{\frac{2C_2DP}{C_1(P-D)}} = \sqrt{\frac{2C_2D}{C_1}} \cdot \sqrt{\frac{P}{P-D}} \tag{10-13}$$

经验证 $\frac{dC_z}{dQ} > 0$，故式(10-13)得到的 Q^* 使 C_z 取得极小值。相应的经济订货周期为

$$T = \sqrt{\frac{2C_2P}{DC_1(P-D)}} = \sqrt{\frac{2C_2}{DC_1}} \cdot \sqrt{\frac{P}{P-D}} \tag{10-14}$$

单位时间最小存储总费用为

$$C^* = \sqrt{\frac{2DC_1C_2(P-D)}{P}} = \sqrt{2DC_1C_2} \cdot \sqrt{\frac{P-D}{P}} \tag{10-15}$$

与经典的 EOQ 模型相比，由于分批均匀进货，节省了存储费用，订货批量是整批进

货的 $\sqrt{\dfrac{P}{P-D}}$ 倍,但单位时间存储总费用反而是原来的 $\sqrt{\dfrac{P-D}{P}}$ 倍。

10.4.4 随机型存储模型

由于各种因素的影响,往往所订货物难以按时送达,发生随机性的延迟拖后,从而发生缺货现象。为了保证仓库的库存量基本按规定日期得到补充,需要把订货点提前,这就是仓库管理中订货点的提前问题;也可能由于生产系统的生产不均衡,需求量突然增加,使存货提前用完,出现缺货现象。为了消除或弥补这种随机波动的影响,需要对需求量和订货点提前期的历史资料进行统计分析,确定一个安全库存量。

由于供需随机波动产生的两个问题,确定型库存模型已不能反映这些变化,因此必须建立新的随机型库存模型。

1. 缺货情况与安全库存量

在定量订货方式中,每当库存量降至订货点 s 时,即按一定批量订货补充。如果订货后交货并在交货期间无过量使用,如图 10-10 中 A,并不动用安全库存量,它是多余的库存量。如果订货后不按时交货,出现延误时间,如图 10-10 中的 C,将要动用安全库存量,以应付延误时间内的用量。如果在订货到交货期间,出现过量使用,库存量下降速率提高,如图 10-10 中的 B,则也要动用安全库存量,以应付缺货情况。

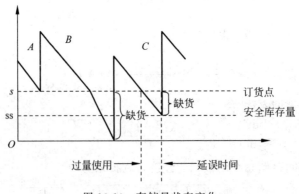

图 10-10　存储量状态变化

前面所讨论的平均库存量没有考虑安全库存量。在考虑安全库存量的情况下,平均库存量应增加安全库存量,对于一次到货的情况,有

$$\overline{Q} = \frac{1}{2}Q + \mathrm{ss} \tag{10-16}$$

其中,Q 表示订货批量;ss 表示安全库存量。

对于分批均匀进货的情况,则有

$$\overline{Q} = \frac{1}{2}(P-D)\frac{Q}{P} + \mathrm{ss} \tag{10-17}$$

其中，Q 表示订货批量；P 表示每日的进货数量；D 表示每日的需求量，$P>D$。

2. 订货点的确定

安全库存量是指为防止因订货期间需求量增长和到货延误所引起的缺货而设置的储备量，也称最低库存量，在正常情况下一般不动，一经动用，则应在下批订货到达时立即补齐，安全库存量又称保险库存量、固定库存量。

由于篇幅限制，下文只讨论根据需求量和提前订货时间随机变化情况确定安全库存量。

安全库存量一般只是在需求量和提前订货时间有随机变化的情况下，才予考虑，并要控制到最低限度。安全系数法是由保险储备对需求的保证程度，即安全系数来确定安全库存量的方法，是在提前订货时间与需求量均服从正态分布的前提下应用的。其计算公式为：安全库存量＝安全系数×√平均提前订货时间·需求量变化偏差值，即

$$ss = a \cdot \sqrt{t_{(\max)}} \cdot \sigma_D \tag{10-18}$$

安全系数 a，决定于生产中允许缺货的概率，一般 $a=0.5\sim2.5$。如生产中不允许缺货（缺货概率小于 3%），a 值应大，可令 $a>2$；如允许缺货（待料期间可用其他加工零件调节，不影响生产任务的完成），这时 a 值应小，取 $0.5\sim2$。

需求量变化偏差值 σ 主要取决于数值差值的大小：

$$\sigma_v = (最大值 - 最小值) \times \frac{1}{d^2} \tag{10-19}$$

式中，$\dfrac{1}{d^2}$ 为系数；取决于所引用资料来源的数目 n；可查表 10-12。

表 10-12 需求量偏差数据资料来源

需求量偏差数据资料来源数（月或日）	2	4	6	8	10	12
系数 $\dfrac{1}{d^2}$	0.886 5	0.485 7	0.364 6	0.351 2	0.324 9	0.306 9

10.5　物流服务决策

10.5.1　物流服务决策概述

对于物流服务，不同的企业有不同的理解。可以将物流服务理解为衡量某物流系统为某种产品或服务创造的时间和空间效用的尺度。比如，可以将物流服务定义为一项管理活动或职能，如订货处理，也可以将其定义为特定实际业务绩效参数，如订单送货率。通常来说，物流服务是指特定的绩效要求下的企业进行生产或提供服务过程中的一系列计划和协调活动，这些计划和协调活动能实现产品或服务的价值增值，以满足客户的各种需求。

物流服务一般包含三个基本因素：能提供顾客需要的产品或服务；能在顾客期望的时间内将产品或服务递送到顾客的手中；所提供的产品或服务的质量能够符合顾客的期望。

物流服务作为服务的一种，具有服务的一般特点，如服务的无形性、服务产品的生产和消费具有不可分离性等。除此之外，物流行业的特点决定物流服务又有其特点，主要有以下几点。

（1）不可触知性。这是物流服务最重要的特点。物流服务的不可触知性是指物流服务具有抽象性，它不能像一般的产品那样形象地展示在客户面前。有形产品通常表现为一个实体，服务则表现为一方为另一方提供的行为、绩效或努力。

（2）不可储存性。这是指物流服务在提供的同时就会转瞬即逝，随着活动的结束而消失。如为客户提供的物流配送服务，配送过程一结束，这种服务活动也就不存在了。

（3）不可分离性。这是指物流服务的生产过程和消费过程同时进行，从时间上不能将这两个过程分离开来。

（4）差异性。这是指物流服务因服务的对象、时间、地点、内容等不同而出现差异，质量水平经常变化，很难统一。

（5）环境复杂性。这是指物流服务的需求者涉及各种行业，服务标准不同的货物种类繁多。

（6）缺乏所有权。这是指在物流服务的生产与消费过程中不涉及任何东西的所有权转让。物流服务既无形又不可储存，在交易完成后便消失了。因此，客户并没有实质性地拥有物流服务。

10.5.2 物流服务运作模式决策

物流服务运作模式是指物流服务活动的组织形式或物流需求的满足方式，主要有自营物流模式、第三方物流模式、物流联盟模式等。本节主要对以上几种服务运作模式进行探讨，并介绍物流服务运作模式选择的基本决策方法。

1. 三种服务运作模式

1）自营物流模式

自营物流是指交易企业自身拥有物流的运输、仓储、配送等功能，供需双方按照交易协商/合同规定各自进行运输配送以及安排货物的存放保管等物流活动。企业建立自己的物流体系，在各地区的用户密集地点设立自己的配送点，在获得用户的购物信息后，立即将相关信息下达给离用户最近的配送点，然后由该配送点的人员及时将商品送到用户的手中。自营物流模式的运作流程如图 10-11 所示。

企业在选择自营物流时要权衡其利弊及企业自身的能力来决定是否组建自营模式的物流服务部门。自营模式的优点有以下几点。

（1）掌握业务控制权，争取市场主动。

（2）盘活企业资源，开辟新的利润源泉。

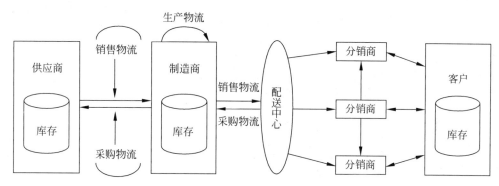

图 10-11 自营物流模式的运作流程

(3) 降低企业的运作成本。
(4) 避免机密泄露,保护企业经营安全。
(5) 提升客户满意度,提高企业品牌价值。

当然,选择自营模式也存在着风险和劣势,主要表现在:增加了企业投资负担,削弱了企业抵御市场风险的能力;企业配送效率低下,难以管理;规模有限,物流配送的专业化程度非常低、成本较高;无法进行准确的效益评估;企业配送的产品单一,主要配送本企业的产品。

2) 第三方物流模式

第三方物流模式是指由产品的供应方、需求方之外的专业化或综合化的物流企业以契约合同的形式经由第三方物流网络向物流供需双方提供全部或部分物流服务的业务模式。在这种模式中物流公司本身不拥有商品,而是与企业签订合作协议或结成合作联盟,在特定的时间内将商品送到顾客手中。第三方物流模式的运作流程如图 10-12 所示。

第三方物流模式是物流服务发展到一定阶段的产物,体现着物流专业化的发展,它以现代物流技术为基础,对资源进行整合,为顾客提供个性化、一体化的物流服务。采用这种模式能给企业带来以下优势。

(1) 企业采用第三方物流外包模式能集中精力发展核心业务,为企业节省运营成本,提升企业的资金周转率,发展具有竞争力的业务,改变企业的价值链,使企业实现资源的有效配置。

(2) 第三方物流模式本身就有很多优势,这种模式机动灵活,能为顾客提供个性化和增值的物流服务,从而有效地提高顾客的满意度,与此同时提高与增加了企业的品牌知名度和品牌效益。

(3) 从供应链的角度来看,这种模式可以加强整个供应链的合作与整合,各自发展优势业务,将非核心业务外包,也给第三方物流企业提供发展的机会,如此一来,整个供应链紧密合作、实现共赢。

尽管存在这些优势,选择第三方物流服务也有其不可忽略的劣势,如企业会丧失对物流过程的直接控制权、沟通协调的效率低和存在潜在的商业信息泄露等。因此,在选择是否使用第三方物流服务时,企业需要综合考虑自身的需求、资源和风险承受能力,权衡利弊并作出决策。

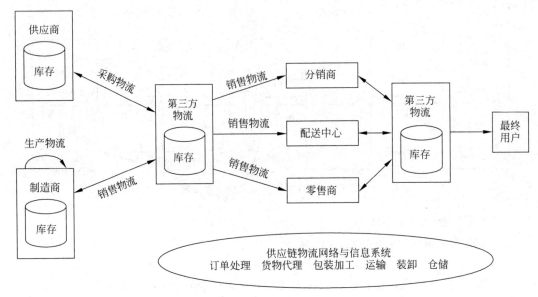

图 10-12 第三方物流模式的运作流程

3) 物流联盟模式

企业自营物流成本太高,经营效率低下,但是外包给第三方物流公司又担心自己的商业机密被泄露,在这样的背景下,物流联盟模式应运而生。物流联盟是指物流服务的当事人在物流服务方面选择少数稳定且有较多业务往来的物流公司,通过契约形成长期互利、优势互补、要素双向或多向流动、互相信任、共担风险、共享收益的物流伙伴关系,是战略联盟的一种具体形式,它是介于自营物流模式和第三方物流模式之间的物流运作模式。

对于企业来说物流联盟的组建模式也很重要,常见的组建模式主要有水平一体化物流联盟模式、垂直一体化物流联盟模式和混合一体化物流联盟模式。

(1) 水平一体化物流联盟模式。水平一体化物流联盟又称横向联盟或行业联盟,是指处于平行位置的几个企业结成物流联盟关系。组建这种模式的企业可以是平行的企业,共同完成物流活动,也可以是不相关的企业,为了提高各自的物流资源利用率而结成物流联盟,如零售企业结成物流联盟。水平一体化物流联盟可以突破地域、行业等限制,整合资源,提高资源的配置效率。这种模式要求必须有大量的客户存在,只有这样,才能发挥其整合优势,同时对于合作伙伴缺乏有效的控制。

(2) 垂直一体化物流联盟模式。垂直一体化物流联盟也称纵向联盟或供应链物流联盟,是指企业与供应商、顾客发展良好的合作关系,对从原材料的采购到产品生产、销售和服务的全过程实施一体化的物流运作。这种组建模式能整合供应链上的资源,在为顾客提供优质服务的同时,使整个联盟的利润最大化,但是不能保证联盟中所有成员的利益都是最大化,因此会打击某些环节的成员的积极性,可能造成整个联盟的不稳定。

(3) 混合一体化物流联盟模式。这种模式是水平一体化物流联盟模式和垂直一体化物流联盟模式的结合体,并以第三方物流企业为核心,联盟中既有处于上下游位置的物流企业,也有处于平行位置的物流企业,它们通过签订"联盟契约"将自己的物流外包给第三方物流企业，形成相互信任、共担风险、共享收益的集约化物流联盟关系。

物流联盟模式的运作有其自身的优点，建立了联盟关系，企业成员之间可以实现物流资源的有效共享，降低企业的运营成本，降低部分风险和不确定性，共同致力于物流服务水平的提高，同时，也有利于优势互补、发挥渠道优势、拓展经营领域、提高顾客服务水平、提升企业形象。

尽管物流联盟模式能够带来成本的降低和固定投资的减少，实现优势互补，然而在运作过程中存在很多不足和风险。物流联盟主要存在两种风险：一种是联盟外部的风险，如市场风险、金融环境风险和自然环境风险等；另一种是联盟内部风险，如合作关系风险、能力风险、联盟管理风险等。

2．影响企业选择物流模式的因素

物流服务运作模式的决策受很多因素的影响。以下主要是从客观的角度出发，将影响企业选择物流服务运作模式的因素分为外部因素和内部因素。

1）外部因素

（1）外部物流资源供给状况。我国企业物流外包市场发展很不成熟，第三方物流企业的整体水平还不高。功能单一的运输企业、仓储企业多；企业大多孤军作战，经营规模小，综合化程度较低；市场份额小、服务功能少、运作经验少、高素质人才少；管理能力弱、信息能力弱、融资能力弱、竞争能力弱；货源不稳定且结构单一、网络分散、经营秩序不规范；响应速度慢。从总体来看，我国大部分物流企业处于起步或转型阶段，还不具备应对跨国竞争的能力。

（2）环境法规与政府管制。为了保护资源和环境，世界各国和一些国际组织纷纷制定了法律法规和协议公约，这些是企业进行物流决策时必须考虑的首要因素。

（3）技术环境。技术装备的现代化程度，对科学技术的利用程度及其发展趋势，构成了我国企业物流的技术环境。

（4）经济环境。经济环境是我国企业物流发展的决定性因素。我国企业面临的经济环境是：市场经济体制逐步规范，市场竞争秩序建立，市场对资源配置的基础性作用得到加强；政府管理体制和对物流的产业组织政策走向成熟；国民经济的发展将继续保持快速、健康的运行态势，同时企业的经营能力增强。

（5）意识环境。意识环境不只局限于发展企业物流的理论指导，还须强化管理者的主观能动性。企业经营管理者通过适应市场表现出来的管理的主观能动性，在今后的市场环境中必然增强，由此构成了物流管理现代化的意识环境。

2）内部因素

物流对企业成功的关键程度由企业规模和实力、企业的核心能力、企业的行业性质和产品性质、物流系统总成本、物流的客户服务能力、企业的物流管理能力综合决定。

（1）企业规模和实力。通常大中型企业实力较雄厚，有能力建立物流系统，制订合适的物流需求计划，保证物流服务的质量，它们还可以利用过剩的物流网络资源拓展外部业务为别的企业提供物流服务。小企业则受资金、人员和管理等方面的限制，物流管理效率难以提高。小企业应把资源用于核心业务上，适合把物流管理交给第三方专业物流代理公司。

(2) 企业的核心能力。如果企业真正的优势是生产,则企业应该采用第三方物流模式。如果企业认为完全有能力自己做物流配送,则可以考虑自营物流模式。

(3) 企业的行业性质和产品性质。对不同的行业和产品,需求的多少不同,物流配送的规模也有很大差别。因此,企业所处的行业不同、经营的产品不同,相应的物流模式选择也不同。采用第三方物流模式更适合规模较小的行业,而自营物流模式更适合日用消费品行业,因为这一行业中物流配送环节在整个供应链中具有战略地位,并且物流配送规模也较大,较易形成物流配送的规模经济。

(4) 物流系统总成本。在选择物流模式时,必须弄清自营物流模式、第三方物流模式和物流联盟模式的物流系统总成本情况。

$$物流系统总成本 = 库存维持费用 + 批量成本 + 运输总成本 + 订单处理和信息费用 + 总固定仓储费用 + 总变动仓储费用 + 顾客服务费用$$

这些成本之间存在着效益背反现象。在选择物流模式时,要对三种模式的物流系统总成本加以论证,选择物流系统总成本最小的物流模式。

(5) 物流的客户服务能力。物流满足企业对原材料及时需求的能力和可靠性,物流满足企业的零售商和最终顾客不断变化的需求的反应能力等方面应该作为重要的因素来考虑。

(6) 企业的物流管理能力。若企业的物流管理能力强,物流网络资源丰富,则选择自营物流;若企业物流管理水平低,则宜采用第三方物流或组建物流联盟。例如,联合利华(中国)有限公司上海分公司与上海友谊集团储运公司的联盟。

3. Ballow 的物流二维决策模型

1) 理论基础

传统的自营决策理论与第三方决策理论认为:自营与外包取决于企业是否拥有足够的处理物流的能力,拥有则选择自营来加强对作业过程的控制并免受供应商的影响,若没有则可将此项功能外包给第三方以解燃眉之急。

Ballow 提出的物流二维决策标准在传统的自营决策理论与第三方决策理论的基础上又进了一步,他认为企业在决策时除了要考虑是否拥有足够的处理物流的能力之外,还要考虑物流对企业成功的重要性,如图 10-13 所示,按照两个因素的大小可分为四个象限。

图 10-13 Ballow 的物流二维决策标准图

其中，Ⅰ适合采用自营物流方式；Ⅱ适合选择第三方物流公司；Ⅲ适合外购公共物流，寻找物流伙伴，建立物流联盟；Ⅳ适合对外提供物流服务，充当物流联盟中物流伙伴关系的领导者。

自营决策理论与第三方决策理论提供了物流模式的决策依据，但它们忽视了企业最关注的东西——成本，因而在实际操作中依然存在很大局限。现代企业理论关于企业最优边界的研究很好地解决了这一问题。企业最优边界理论认为，企业最优边界是由企业各种成本总和的最低点决定的。根据企业最优边界理论，一个企业的总成本应该是

$$C = C_s + C_g + C_j \tag{10-20}$$

式中，C 为企业总成本，C_s 为生产成本，C_g 为管理成本，C_j 为交易成本。企业采用自营物流还是第三方物流取决于总成本 C，若自营物流总成本低于第三方物流，选择自营物流；反之则应选择第三方物流。

2）模型应用

在维持物流服务水平不变的情况下，从节约总成本的角度出发，来判断企业为完成物流业务而增加的自营成本与第三方成本的大小。Δ 表示选择自营或第三方增加的额外成本，0 代表第三方、1 代表自营，这里建立如下模型。

企业为完成物流业务而增加的自营成本模型：

$$\Delta C_1 = \Delta C_{s1} + \Delta C_{g1} + \Delta C_j \tag{10-21}$$

企业为完成物流业务而增加的第三方成本模型：

$$\Delta C_0 = \Delta C_{s0} + \Delta C_{g0} + \Delta C_{j0} + \Delta C_{j2} \tag{10-22}$$

模型中，对 ΔC_{s1} 与 ΔC_{s0} 而言，由于专业物流供应商可以比传统企业更充分地利用专业化实现规模经济，因而使得 $\Delta C_{s1} > \Delta C_{s0}$；对 ΔC_{g1} 与 ΔC_{g0} 而言，由于物流是专业物流供应商的主业，它更容易吸引高素质的专业物流人才，更容易采用新的物流管理技术，具有更丰富的物流管理经验和更集中的物流管理资源，能采取更有效的控制手段来提高物流的管理质量，在传统企业规模不大的情况下这种优势更加明显，因而 $\Delta C_{g1} > \Delta C_{g0}$；对 ΔC_{j1} 与 ΔC_{j0} 而言，物流供应商可以集中更多的精力降低交易成本，在为社会提供物流服务的过程中能获得更多的物流业务，因此在降低与上游企业的交易成本中具有更佳的讨价还价能力，使得 $\Delta C_{j1} > \Delta C_{j0}$。因此得出

$$(\Delta C_{s1} + \Delta C_{g1} + \Delta C_{j1}) > (\Delta C_{s0} + \Delta C_{g0} + \Delta C_{j0}) \tag{10-23}$$

实际上，企业选择第三方物流还有一些额外的好处，如有利于核心业务的发展竞争力的培养、有利于企业获取高质量物流服务提升企业形象等，这些额外好处能降低第三方物流成本，因此这里添加一个修正量 R 来表示这种额外收益，若加上 ΔC_{j2}（企业委托物流供应商完成其物流业务而新增的交易成本）可得结论：

当 $(\Delta C_{s1} + \Delta C_{g1} + \Delta C_{j1}) - (\Delta C_{s0} + \Delta C_{g0} + \Delta C_{j0} - R) > \Delta C_{j2}$ 时，$C_1 > C_0$，企业选第三方；

当 $(\Delta C_{s1} + \Delta C_{g1} + \Delta C_{j1}) - (\Delta C_{s0} + \Delta C_{g0} + \Delta C_{j0} - R) < \Delta C_{j2}$ 时，$C_1 < C_0$，企业选自营。

10.5.3 物流服务质量的评价与方法

1. 物流服务质量的基本概念与基本属性

物流服务质量是指物流企业对客户提供服务,使客户满意的程度。可以从以下几个方面来理解物流服务质量这一概念。

(1) 物流服务质量较有形产品的质量更难被客户评价。

(2) 客户对物流服务质量的认识取决于他们对服务的预期质量同实际感受的服务水平的对比。

(3) 客户对物流服务质量的评价不仅要考虑服务的结果,而且涉及服务的过程。

物流服务质量主要包括物流技术质量和物流功能质量两个部分。物流技术质量是指物流服务的结果,即客户从物流服务过程中得到的东西。物流企业能为客户提供什么服务结果,当然会影响客户对物流服务质量的评价,客户容易感知物流技术质量,也能较客观地评价。物流功能质量是物流服务的过程。对物流功能质量的评价完全取决于客户的主观感受,难以进行客观的评价。多数物流企业将物流技术质量视为物流服务质量的核心,集中企业资源提高物流服务的技术质量并以此作为企业的主要竞争力。

物流服务质量的优劣需要由服务产品的属性来表现。由于物流服务的特殊性,服务质量不像有形产品的质量那样容易确定,也因此往往要通过客户对物流服务质量的属性的预期与实际感受进行比较来测定,归纳出来的属性主要有如下五个。

(1) 有形性(tangibles)。有形性是指物流服务产品的有形部分。如各种设施、设备及服务人员的外貌、衣着等。客户只能借助这些有形的、可视的部分来把握物流服务的实质。有形性直接影响客户对物流服务质量的主观感知,是企业展示自我形象和服务能力的外在手段。

(2) 可靠性(reliability)。可靠性是指物流企业准确无误地完成所承诺的服务。可靠性实际上是要求企业避免在物流服务过程中出现差错,物流差错不仅会给企业带来经济上的损失,还有可能使企业失去很多潜在的客户。信守承诺、提供可靠的服务是提升物流服务质量的前提。

(3) 反应性(responsiveness)。反应性是指物流企业随时准备为客户提供快捷、有效的服务。对于客户的各种要求,物流企业能否予以及时的满足将表明企业的服务导向,即是否把客户的利益放在第一位。

(4) 保证性(assurance)。保证性反映物流服务人员的友好态度和胜任工作的能力,能增强客户对企业的物流服务质量的信心及安全感。其主要特征有完成服务的能力、对顾客的礼貌和尊重、与顾客进行有效的沟通及将顾客最关心的事放在心上等。

(5) 移情性(empathy)。移情性是指物流企业要真诚地关心客户,了解他们的实际需要(甚至是私人方面的特殊要求)并予以满足,提供个性化服务,要求物流服务人员站在客户的角度,使整个服务过程富有人情味。

根据以上几点,帕拉休拉曼(A. Parasuraman)、瓦拉瑞尔·泽丝曼尔(Valarie

Zeithaml)和利奥纳多·贝瑞(Leonard Berry)等美国学者建立了 SERVQUAL 模型来测量企业的服务质量,具体是通过问卷调查和客户打分的方式来进行。在问卷中每个标准都具体化为 4~5 个问题,由被访问者回答。对于同样的问题,客户从自己期望的角度和实际感受的角度出发所给出的分数常常是不一样的,其差异就是企业某方面服务质量的分数,即

$$SERVQUAL 分数 = 实际感受分数 - 期望分数$$

要评估整个物流企业的服务质量水平实际上就是计算平均的 SERVQUAL 分数。

2. 提高物流服务质量的方法

对物流企业来说,物流服务是企业不被市场淘汰,获得良好的信誉并赢得利润的关键因素。因此,用系统的观点对物流企业服务水平进行评价,对企业提高物流服务质量决策水平是至关重要的。下面主要探讨提高物流服务质量的几种方法。

1) 质量功能展开

质量功能展开(Quality Function Deployment,QFD)是把顾客或市场的要求转化为设计要求、零部件特性、工艺要求、生产要求的多层次演绎分析方法。这种方法最初运用在新产品的开发项目上,其核心是在充分了解顾客需求后,通过逻辑体系方法来确定如何最好地满足顾客的需求。它以顾客的需求、偏好和期望驱动,将各相关因素系统地、对应地展开分析,找出问题的关键所在,有针对性地提出改进措施,此过程将大量的管理技术与方法有机地融合为一体。将 QFD 应用到企业物流质量改进中,通过分析企业物流相关部门的需求来找出企业为满足这些需求所应采取的措施,并以此为目标整合企业物流,提高物流服务质量水平,从整体上增加企业收益。

基于 QFD 的企业物流质量改进过程有四个步骤:辨明企业物流服务的对象,收集确定服务对象的需求信息,拟订相应的管理改进措施,改进关键工作满足服务对象需求。基于 QFD 的企业物流质量改进流程如图 10-14 所示。

图 10-14 基于 QFD 的企业物流质量改进流程

(1) 辨明企业物流服务的对象。企业首先要明确自己服务的对象。由于企业物流系统的主要功能是采购、运输、仓储和配送等,企业物流服务的对象包含两个部分:首先是企业内部与物流有联系的相关部门,如采购部、销售部、售后服务部、仓储中心、配送中心等;其次,企业物流同时承担着与所处供应链上下游企业之间联系的责任,因此从外部来看,企业物流服务的对象还包括原材料供应商、分销商等。

(2) 收集确定各服务对象的需求信息。辨明了服务对象之后,接下来就是要找出各服务对象的需求。通常情况下,这些需求是大量的,并且有主次优先级之分。在这一步要解决的问题就是收集服务对象的需求信息,并确定其优先级即权重。与此同时,还需要了解本企业所在行业的平均水平、行业指标以及主要竞争对手在物流方面的相关信息。相关信息获取的渠道有很多,如企业报表、报告、市场分析、趋势分析、市场调查、专家访谈、

供应商访谈、客户服务部门的报告等。

(3) 拟订相应的管理改进措施。在这一步中,企业要解决的主要问题是针对需求制订相应的管理措施,即如何通过具体的行动来满足企业内外部对物流系统的种种需求,以及所有措施应该达到什么样的标准,该标准主要参考当前市场行情、社会的平均水平以及主要竞争对手的水平等。可以通过头脑风暴法获取具体实施措施,还需要对这些措施进行分析归纳,并尽量降低其关联性,最后列出较为关键的管理改进措施。企业的关键管理措施可从以下几个方面来考虑:提高供应物流的质量;注重销售物流的高效性;从硬件和软件两方面提高物流技术水平;加强企业内部及合作伙伴之间的信息共享。

(4) 改进关键工作满足服务对象需求。在确定关键的管理改进措施之后,企业要做的是根据理论分析结果,并结合实际情况对整个物流系统的运作进行改进整合,从而提高企业物流的效益。在实际执行的过程中,需要不断地进行反馈和调整,持续关注企业内外的需求是否得到满足,以进一步改进管理措施而取得更好的业绩。

2) 蓝图技术

蓝图技术(又称服务过程分析)是借助流程图的形式分析服务传递过程的各个方面,将包括从前台服务到后台服务全过程中所涉及的每一项工作,以及各项工作间的相互关系都画在蓝图上,从而使服务过程形象化,有助于管理人员发现现行服务体系中存在的问题,并采取必要的改进措施。蓝图一般由服务概念设计图和服务细节设计图两部分组成。服务概念设计图显示服务体系概况,表明各个职位或各个部门在整个服务体系中的作用和地位,表达本企业的服务概念。服务细节设计图则显示服务概念设计图中未画出的服务工作步骤和具体工作任务。服务概念设计图和服务细节设计图相辅相成,既表明企业组织结构,又显示服务过程,为管理人员做好服务质量管理提供极大的便利。

蓝图技术通常涉及以下四个步骤。

(1) 将服务以流程图的形式画出,使服务过程一目了然、客观地展现出来。

(2) 找出容易导致服务失败的问题。

(3) 建立体现物流企业服务质量水平的执行标准与规范,这代表了服务的主要质量目标。

(4) 找出客户看得见的服务证据,而一个证据可作为物流企业与客户的服务接触点。在运用蓝图技术的过程中,甄别和管理这些服务接触点具有重要意义。

3) 标准跟进法

标准跟进法是指产品、服务和市场营销过程同竞争对手尤其是最具优势的竞争对手进行对比,在比较、检验和学习过程中提高自身的服务标准和服务质量的方法。尽管标准跟进法最初应用于生产型企业,但它在物流行业中的实用性也是显著的。应用这种方法可从以下几点着手。

(1) 经营方面。物流企业主要从降低营销成本及提高竞争差异化的角度了解竞争对手的做法,并制定自己的经营策略。

(2) 策略方面。企业将自己的经营策略和竞争对手相比较,寻找相关因素。例如,竞争者主要集中在哪些细分市场,竞争者实施的是降低成本的策略还是价值附加策略等。通过一系列的比较与分析,物流企业将会发现以往被忽略的影响成功的因素,从而制定出更加符合市场和自身资源水平的策略。

（3）业务管理方面。物流企业根据竞争者的做法重新评估某些职能部门对企业的作用。比如，在物流企业中和客户相脱离的后勤部门，由于缺乏适度灵活性而无法和一线的质量管理相适应。对竞争对手经验的学习，有利于企业服务质量的提高。

由于物流服务质量会直接影响物流企业的利润、竞争力等方面，因此必须从战略层面予以重视，应根据企业自身的实际情况，选用不同的技术手段来提高企业物流服务质量，提高客户的满意度，维持和老客户的关系同时发掘新客户，使企业更上一层楼。

 案例分析：Krause 公司对供应商的选择

Krause 公司是一家机械与金属片承包商。虽然它在美国各地有许多分支机构，但关于金属制造这部分工作主要还是集中在中西部地区。公司非常强调工艺质量、富有竞争力的价格，以及及时交付的能力。而对于其供应商的选择，该公司十分慎重。我们用一个实例来进行了解：某年秋天，公司要在一座新建筑物上安装排气系统，在安装排气系统之前，公司中西部地区的采购经理需要对排气导管的供应商进行评估与比较，最后作出采购决策。

夏天的时候，Krause 公司就接受委托为总部的研究实验室提供 HVAC（供热通风与空气调节）系统。整个排气系统约需要直径为 10 英寸（1 英寸＝2.54 厘米）的不锈钢管 6 500 英尺。当 Krause 公司的成本评估部门准备原始标底时，就计划在中西部分厂自制这种不锈钢管。由于用途特殊，需要的零部件许多都是非标准品，该项目十分复杂。

项目进行到一半的时候，负责金属片生产的副经理认为如果外购不锈钢管，成本可能会比预算低。采购经理也明白这个道理，但他认为一般来说降低成本是以牺牲质量为代价的。而由于实验室排放的空气中存在毒素，该系统的防漏性必然十分关键，必须对每根管子都进行测试，确保其完好无损。如果在焊点上发现漏洞，就要当场花很多时间重焊。所以，原材料的成本和质量同样重要。

在原材料的获取渠道方面，采购经理知道，有两种方法可以获得管子：一种是寻找供应商，以较高成本提供现成的渠道；另一种就是 Krause 公司按原计划自制管道，成本最低，质量也过得去。

1. 采用采购渠道

采购经理首先考虑第一种选择：采购。他对市场进行了完整的调研工作，发现每英尺直径为 10 英寸的不锈钢管，多数供应商的报价为 23～28 美元。但有一个供应商只要价 18.20 美元，而且这个供应商提供的管子长为 20 英尺，并且保证质量没问题。另外，该供应商提供的管子是圆管。圆管在连接时能节约不少时间，而且会大大降低焊接失误的可能性。

尽管该选项听起来非常吸引人，但经验丰富的采购经理清楚地知道，不能单凭第一印象就作出重大决策。他还要全面考虑，才能作出明智的选择。

2. 采用自制的渠道

采购经理首先取得了自制成本估计所需的全部数据。在自制管道时需要进行的是两道工序：首先，通过"轧制"工序将一大块钢板塑造成圆管状；然后，用焊接工序将钢管焊接在一起。其具体的数据是：制造厚度 10 英寸的钢板，每轧一块约耗时 6 分钟，包括装载和卸载零部件。Krause 公司在该道工序使用的设备能卷起长为 8 英尺的钢板。焊接一段 8 英尺的管子估计需时 10 分钟。公司的成本估计中设定的人工工资是每小时 32.60 美元，由此产生了 42% 的间接费用。不锈钢管的长度不等，都在 100 英尺以下，直径则为 36 英寸、48 英寸或 60 英寸，价格最高的是每磅 1.80 美元（1 磅 ≈ 453.59 克）。16 英尺长的钢材每平方英尺（1 平方英尺 = 929.030 4 平方厘米）约重 2.5 磅。焊接工序需要焊丝和焊接气体。焊丝的成本为每磅 5.50 美元，每焊接 1 英尺需要焊丝 0.03 磅。焊接气体的成本是每焊 8 英尺钢管需 25 美分。该项目所需管道的长度多数都超过了 8 英尺。因此，采购经理认为有必要在自制选项中再加上额外连接的成本。这种连接是要在管子的接口上进行焊接，每次焊接时，工序加备货需时 18 分钟。

最后，采购经理通过对以上各方面的仔细权衡，认为采用购买的渠道成本较低，而效率也是好的，于是决定选择合适的供应商，采取采购的渠道进行原材料的购置最合适。Krause 公司因其项目的特殊性，在供应商的选择上与一般的通行做法有所不同。

（1）Krause 公司与供应商的关系不是非常稳定与长久，主要是因为它要根据自己所承接到的项目去确定其所需的材料，而每次所承接的项目不同。

（2）Krause 公司自己也具备生产项目所需材料的能力，所以必须在自制还是采购上作出选择，而选择时，成本和质量是重点考虑的因素。

（3）Krause 公司对自制及外购进行了细致的对比分析，以期望找到最佳方式。根据本案例的实际情况，进行供应商管理一般需要抓好以下环节。

① 对资源市场内外的供应商进行广泛、全面的调查，以掌握第一手真实可靠的供应商的资料。

② 与合适的供应商进行联系，开发供应商。

③ 对有合作意向的供应商进行考核，力求选择出最佳的供应商。

④ 对已顺利通过考核并被选择的供应商按协议或者合同提供相应的服务，然后据此对供应商进行激励与控制。

Krause 公司在供应商选择上虽有其独特的因素，但结合自身实际对供应商进行选择很值得研究和学习。

资料来源：Krause 公司的供应商选择分析 [EB/OL]. https://wenku.baidu.com/view/f1710ba727fff705cc1755270722192e45365898.html.

案例

[10-1] UPS 为 MBS 提供的图书退货逆向物流服务

[10-2] 联邦快递：全球减排增速的践行者

即测即练

第五部分

物流系统评价与仿真

第 11 章 物流系统评价

物流系统评价是物流系统工程相关理论与方法的一个不可或缺的部分,是物流系统决策的前提条件,其评价质量影响着物流系统决策的水平。其主要目的是按照预定的评价指标体系评出参评各方案的优劣,为决策打下基础,物流系统评价工作的好坏决定了决策的正确程度。通过物流系统评价可以对物流系统有全面、彻底的了解,进而对系统的运行施行有效的控制,使其圆满达到预期目标。本章内容主要包括物流系统评价概述、指标体系的确定、指标数量化与指标综合方法及物流系统评价方法四部分。

11.1 物流系统评价概述

11.1.1 物流系统评价的含义

建立物流系统的目的主要是实现物流系统合理化,以获得宏观和微观两种效益,即社会流通和国民经济效益、系统本身所获得的企业效益。但是我们必须认识到,物流系统是一个多目标函数系统,服务最大化、资源最小化、规模集约化、库存调节性等系统目标存在着效益背反现象,若处理不慎,甚至会出现系统总体恶化的现象。因此必须采用系统工程的方法从整个供应链的高度来研究物流系统,在物流系统中,充分利用系统理论和系统方法,将供货厂商和用户纳入系统管理中,从系统整体出发,互相协调,采用科学的方法对物流系统进行综合评价。而且,物流系统评价与物流系统决策有着密切的关系。物流系统评价的目的是进行正确的物流系统决策,因为物流系统评价是物流系统决策的前提条件,物流系统评价的质量影响着物流系统决策的水平。

物流系统评价是对物流系统的价值进行评估,它一方面要提出若干方案,另一方面要从众多可行方案中找出最优方案,这一过程非常复杂,具有一定难度。之所以这样说,是由于物流系统目标往往不是唯一的,众多的系统目标集成在一起构成一个目标体系,而众多的物流系统可行方案可能在实现物流系统目标上有着各自的优越性,如此就难以确定哪个方案最优。除此之外,对于复杂的物流系统而言,"最优"一词的含义通常比较模糊,"最优"的标准也随着时间的变化而不断变化,并且每个人对于"最优"的理解往往会掺杂一些主观偏好,得到的最优标准当然也就只能在一定程度上保持其自身的客观性。总而言之,对物流系统作出客观且全面的评价是十分困难的,它需要物流系统评价人员投入相当大的精力,同时伴随着巨大的物力、财力投入。

物流系统评价能够在一定程度上把握物流系统现状,寻找薄弱环节,明确改善方向;通过比较实际与目标之间的差距,制订改进计划,提高物流系统效率,进而实现资源的有效利用。物流系统的评价需要具备全面的理论知识及严谨科学的态度,从评价指标的确定到评价方法的选择都蕴含着一丝不苟、精益求精的职业精神。

11.1.2 物流系统评价的原则

1. 客观性

评价的目的是服务决策,因此评价的质量影响着决策的正确性。也就是说,必须保证评价的客观性,必须明晰评价资料是否全面、可靠、正确,削弱评价人员的倾向性,并注意人员的组成应具有代表性。

2. 可比性

每一个评价指标都应该是确定可比的。所谓可比,即该指标可以在不同的方案、不同的范围、不同的时间点上进行比较。只有这样,才能实现物流系统评价择优的目的。

3. 可查性

评价中涉及的任何指标都应该相对稳定,可以通过确定的途径、方法进行观察和测量。任何不稳定的、易发散的,以及无法把握的指标都不能列入评价指标体系,否则评价将失去准确性和科学性,也就失去了评价的意义。

4. 整体性

评价指标要包括系统目标所涉及的一切方面,并且局部最优要服从于整体最优,以保证评价不出现片面性。

11.1.3 物流系统评价的步骤

物流系统评价是由物流系统评价对象、物流系统评价主体、物流系统评价目的、物流系统评价时期、物流系统评价地点等要素构成的综合性问题。其基本步骤是先确定物流系统评价尺度(评价指标、标准),再对照该物流系统评价尺度来测定待评价物流系统的价值,如图 11-1 所示。

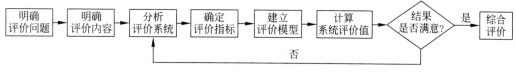

图 11-1 物流系统评价的步骤

由图 11-1 可知,一个较为完整的物流系统评价过程一般包括从"明确问题"到"综合评价"等多个阶段。下面分别对其做简要说明。

1. 明确问题

明确问题指的是对物流系统中存在的问题进行准确定义和描述,目的是确保评价过程针对具体的问题展开,并为改进和优化提供明确的方向。

2. 明确相关内容

明确相关内容,就是要明确物流系统评价目标、评价范围、评价时期以及评价立场。

(1) 明确物流系统评价目标,就是明确为什么要进行物流系统评价,以及进行物流系统评价所要达到的目的。

(2) 明确物流系统评价范围,就是确定待评价物流系统所涉及的地区、部门内容等。

(3) 明确物流系统评价时期,就是确定针对物流系统的哪个时期进行评价比较合适。物流系统评价一般包括物流系统初期评价(如制订新产品开发方案时进行的评价)、物流系统中期评价(如新产品开发过程中进行的评价)、物流系统终期评价(如新产品试制成功并经鉴定合格后进行的评价),以及物流系统跟踪评价(又称事后评价,如新产品投产若干年后的评价)。不同时期物流系统评价的目的不同,评价方法通常也从初期的以定性分析为主过渡到以定量分析为主。

(4) 明确评价立场,是指明确评价主体(即评价人)是使用者,还是开发者,抑或是第三者等,这对于以后评价方案和评价指标体系的确定等都有直接的影响。

3. 分析待评价物流系统

当评价问题明确以后,就可以对评价对象进行分析。其内容包括:收集资料,预测、估计物流系统的功能、费用、时间等,分析物流系统环境以及相关可行方案等。

4. 建立评价指标体系

指标体系是根据评价目标选择的多个评价指标的集合。建立物流系统评价指标体系要注意全面性和可测量性,同时要尽可能简明,避免重复。

5. 建立物流系统评价模型

物流系统评价指标体系确定后,就要通过物流系统评价模型来描述和测定评价对象的指标值。物流系统评价模型种类很多,应根据物流系统评价目标和评价对象的特点,选择合适的模型。

6. 计算物流系统评价值

在这一阶段,可通过物流系统评价模型的运行,计算评价对象的指标值。这里,不仅要计算各个指标的评价值,而且要把它们综合起来,得到综合评价值。这个过程反映出从整体出发,统筹兼顾、全面衡量的思想。得到评价值后,应通过咨询、与专家进行对话等方式对该评价结果进行分析和判断。如果认为该评价结果不合理,则应反馈至第二阶段,重新对评价系统进行分析,然后逐阶段找出问题、进行修正。

7. 综合评价

当评价者得到较合理的物流系统评价值后,便可撰写综合评价报告,提交决策者进行决策。如果这时发现物流系统评价仍存在较大问题,一般应反馈至第一阶段,重新进行明确物流系统评价问题等工作。决策者进行决策并实施方案后,应收集实施效果等信息,进行事后评价,以便及时总结经验教训、加以改进。

11.2 物流系统评价指标体系的确定

物流系统评价从系统的整体出发,利用模型及各种数据对系统现状进行评价,是系统分析中复杂而又重要的一环。对物流系统进行评价首先需要建立一个物流系统评价指标体系,便于依据指标给出相应的评价结果。一般的物流系统评价指标体系由性能指标(如工作时长、系统响应能力等)、质量指标(如设备使用率、客户满意度等)和绩效指标(如成本、投入产出比等)组成,只有建立可量化的评价指标体系,才能衡量物流系统实际的运行状况。

11.2.1 指标体系的选定原则

从系统的观点来看,系统的评价指标是由若干个单项指标组成的有机整体。它应反映出评价的目的和要求,并尽量做到全面、合理、科学、实用。为此,在建立物流系统综合评价指标体系时,应选择具有代表性的物流系统特征值指标,以便从总体上反映物流系统的现状,发现系统存在的主要问题,明确改善方向。

由于物流系统的结构不同,所执行的物流服务功能有较大差别,物流系统的目的也千差万别,因此,物流系统的评价对象、评价标准、考虑的指标因素、使用的方法以及评价过程都会存在诸多差异。一般来说,物流系统的评价指标选择应遵循以下几个方面的原则。

1. 目标一致性

指标既然是目标的具体化、行为化和操作化,那么它就必须能充分反映目标,与物流系统目标或物流管理目标相一致,同时还应注意到体系内各具体指标的一致性,不能把两个冲突的指标放在同一体系中。同一体系内有两个指标冲突,说明这两个指标中至少有一个是不符合目标的,在实践中必然会影响人们的思维逻辑,使评价工作无所适从,如物流系统绩效评价中的顾客满意率与顾客抱怨率就是冲突的一对指标。

2. 直接可测性

指标的直接可测性就是指标作为具体的目标,可用操作化的语言加以定义,它所规定的内容可通过实际观察加以直接测量,以获得明确的结论。不稳定、难以观测到以及无法把握的指标应该排除在外。

3. 相互独立性

评价的指标体系是由一组相互间有着紧密联系的指标结合而成的，但是，体系内的各指标又必须是相互独立的，也就是说，在同一层次的各指标必须不存在任何包含与被包含关系，它们不重叠且不存在因果关系，不能从这一个导出那一个。

4. 可比性

指标的可比性就是指标必须反映被评价对象共同的属性，这种属性的一致性，是可比的前提，也是可比的基础。每一条指标都应该是确定的、可以比较的。"比较"包括三方面的含义，即指标可以在不同的方案间、不同的范围内、不同的时间点（或等长的时间间隔）上进行比较。

5. 可接受性

指标的可接受性具有两层含义。其一是符合国情，从实际出发提出指标才是可接受的。其二是按指标进行评价是可行的，"可行"包含三层含义：①有足够的信息可利用；②有足够的人力、物力可利用；③有切实可行的量化方法可利用。

6. 整体完备性

指标体系的整体完备性就是指标体系的指标全面性，指标体系不应遗漏任一重要的指标，要全面地、毫无遗漏地再现和反映物流系统目标与管理目标。

上述指标体系的设计选定是对指标体系设计者提出的要求，同时也为指标体系的设计、修改和完善指出了途径和方法。

11.2.2 指标体系的组成

不同的评价对象，会得到不同的评价指标体系，即使是针对同一对象，站在不同的立场、从不同的角度对方案进行评价，也会得到不同的指标。通常情况下，根据指标选定的原则，对物流系统规划评价主要考虑以下基本指标。

1. 政策性指标

政策性指标包括政府的方针、政策、法令、法律以及发展规划等方面的要求，这对国防或国计民生方面的重大项目或大型系统尤为重要。

2. 经济性指标

经济性指标包括方案成本、收益、利润和税金、投资额、流动资金占有量、回收期和建设周期等。

3. 技术性指标

技术性指标包括产品的性能、寿命、可靠性、安全性等,如工程项目的地质条件、设备、设施、建筑物、运输等。

4. 社会性指标

社会性指标包括社会福利、社会节约、综合发展、就业机会、污染、生态环境等。

5. 资源性指标

资源性指标包括工程中的物质、人力、能源、水源、土地条件等。

6. 时间性指标

时间性指标包括工程进度、时间节约、调试周期等。

以上六个方面是一般须考虑的大类指标,在具体条件下,可以有所选择甚至不予考虑。每个大类指标又包含许多小类指标,这些小类指标可根据系统性质、目标要求、有关系统的特殊问题等方面予以考虑。评价指标体系的组成是随具体问题而异的,不同系统组成的指标因素是不一样的。

11.3 指标数量化与指标综合方法

11.3.1 评价指标的标准化处理

在多指标评价中,各个评价指标的单位不同、量纲不同以及数量级不同,因此会影响到评价的结果,甚至会造成决策的失误。为了统一标准必须进行预处理,即对所有的评价指标进行标准化处理,对所有指标值进行无量纲化和无数量级差别的标准化处理,然后再进行评价和决策。

1. 定量指标的标准化处理方法

对不同量纲的指标进行标准化处理的基本方法有三种,分别是向量归一化、线性比例变换和极差变换。

1) 向量归一化

$$r_{ij} = \frac{x_{ij}}{\sqrt{\sum_{i=1}^{m} x_{ij}^2}} \tag{11-1}$$

这种标准化方法的优点主要表现在:$0 \leqslant r_{ij} \leqslant 1 (1 \leqslant j \leqslant n, 1 \leqslant i \leqslant m)$;对于每一个指标 f_i,矩阵 R 中列向量的模为 1,即 $\sum_{i=1}^{m} r_{ij}^2 = 1 (1 \leqslant j \leqslant n)$。

2) 线性比例变换

$$\hat{f}_j = \max x_{ij} > 0 \quad (1 \leqslant i \leqslant m) \tag{11-2}$$

$$\check{f}_j = \min x_{ij} > 0 \quad (1 \leqslant i \leqslant m) \tag{11-3}$$

对于效益指标,定义:

$$r_{ij} = \frac{x_{ij}}{\hat{f}_j} \tag{11-4}$$

对于成本指标,定义:

$$r_{ij} = \frac{\check{f}_j}{x_{ij}} \tag{11-5}$$

这种标准化方法的优点主要表现在:$0 \leqslant r_{ij} \leqslant 1 (1 \leqslant j \leqslant n, 1 \leqslant i \leqslant m)$;计算方便,保留了相对排序关系。

3) 极差变换

对于效益指标,定义:

$$r_{ij} = \frac{x_{ij} - \check{f}_j}{\hat{f}_j - \check{f}_j} \tag{11-6}$$

对于成本指标,定义:

$$r_{ij} = \frac{\hat{f}_j - x_{ij}}{\hat{f}_j - \check{f}_j} \tag{11-7}$$

这种标准化方法的优点主要表现在:$0 \leqslant r_{ij} \leqslant 1 (1 \leqslant j \leqslant n, 1 \leqslant i \leqslant m)$;对于每一个指标,总有一个最优值为1和最劣值为0。

以上三种标准化处理方法,都可以使不同量纲的各指标值处于0~1之间,有利于展开加权平均综合评价。

2. 定性模糊指标的量化处理

在物流系统的多指标评价和决策中,许多评价指标是模糊指标,只能定性地描述,如服务质量很好、物流设施的性能一般、可靠性高等。对于这些定性模糊指标,必须赋值使其量化。一般来说,对于模糊指标的最优值可赋值为10,而对于模糊指标的最劣值可赋值为0。定性模糊指标也可以分为效益指标和成本指标两类,对于定性的效益指标和成本指标,其模糊指标的量化得分可如表11-1所示。

表 11-1 模糊指标的量化得分

指标状况		最低	很低	低	一般	高	很高	最高
模糊指标	效益指标	0	1	3	5	7	9	10
量化得分	成本指标	10	9	7	5	3	1	0

11.3.2 评价指标权重系数的确定

多指标的决策需要确定各指标的权重系数,如何确定权重系数是综合评价中的核心问题。下面介绍两种不同思路的权重系数的确定方法:主观赋权法和客观赋权法。

1. 主观赋权法

主观赋权法的实质是根据评价指标的相对重要程度来确定其权重系数。

假如理想的系统由 m 种"物质"构成,其构成为 $M_j(j=1,2,\cdots,m)$,其中 M 为第 j 种"物质"的"质量",那么,权重系数 W_j 就可定义为

$$W_j = \frac{M_j}{\sum_{k=1}^{1} M_k}, \quad j=1,2,\cdots,m \tag{11-8}$$

实际上现实中的系统在运行过程中或受环境的影响,或受评价者主观意愿的影响而呈现出不同方面的特征,不同"物质"的"质量"难以量化,评价指标的相对重要程度也就难以确定,这就给确定权重系数带来了困难。因而在很多场合下,人们往往是主观判断对各评价指标的重视程度来确定其权重系数,即"主观赋权"。在主观赋权法中,有集值迭代法、特征值法、德尔菲法(以定性分析为主,在第 5 章有更详细的介绍)、G_1 法和 G_2 法等。

以下将介绍主观赋权法中比较具有代表性的方法——集值迭代法和特征值法。

1) 集值迭代法

设指标集为 $X=\{X_1,X_2,\cdots,X_m\}$,并选取 $L(L\geqslant 1)$ 位专家,分别让每一位专家在指标集 X 中选取他认为最重要的 $s(1\leqslant s<m)$ 个指标。可以得出,第 k 位专家如此选取的结果是指标集 X 的一个子集 $X^{(1)}=\{X_1^{(k)},X_2^{(k)},\cdots,X_s^{(k)}\}(k=1,2,\cdots,L)$。

作示性函数:

$$U_K(x_j) = \begin{cases} 1, & \text{若 } x_j \in X^{(k)} \\ 0, & \text{若 } x_j \notin X^{(k)} \end{cases}$$

记 $g(x_j) = \sum_{k=1}^{L} u_k(x_j), \quad j=1,2,\cdots,m \tag{11-9}$

将 $g(x_j)$ 归一化后,将此比值 $g(x_j)/\sum_{k=1}^{m}g(x_k)$ 作为指标 x_j 相对应的权重系数 w_j,即

$$w_j = \frac{g(x_j)}{\sum_{k=1}^{m} g(x_k)}, \quad j=1,2,\cdots,m \tag{11-10}$$

为了使得到的结果更符合实际,可在此基础上建立如下算法。

第 1 步,在 X 中选取他认为最重要的 g_k 个指标,得子集:

$$X_{1,k} = \{X_{1,k,1}, X_{1,k,2}, \cdots, X_{1,k,g_k}\} \in X \tag{11-11}$$

第 2 步,在 X 中选取他认为最重要的 $2g_k$ 个指标,得子集:

$$X_{2,k} = \{X_{2,k,1}, X_{2,k,2}, \cdots, X_{2,k,2g_k}\} \tag{11-12}$$

……

第 s_k 步,在 X 中选取他认为最重要的 $S_k g_k$ 个指标,得子集：

$$X_{S_k,k} = \{X_{S_k,k,1}, X_{S_k,k,2}, \cdots, X_{S_k,k,S_k g_k}\} \tag{11-13}$$

若自然数 s_k 满足 $s_k g_k + r_k = m (0 \leqslant r_k < g_k)$,则第 $k(k=1,2,\cdots,L)$ 位专家在指标集 X 中依次选取他认为重要指标的选取过程结束并得到 s_k 个指标子集,接下来是计算指标 x_j 的权重系数 w_j。

计算示性函数：

$$g(x_j) = \sum_{k=1}^{L} \sum_{i=1}^{s_k} u_{ik}(x_j), \quad j = 1, 2, \cdots, m \tag{11-14}$$

其中,

$$u_{ik}(x_j) = \begin{cases} 1, & \text{若 } x_j \in X_{i,k} \\ 0, & \text{若 } x_j \notin X_{i,k} \end{cases} \tag{11-15}$$

将 $g(x_j)$ 归一化后,即得与指标 x_j 相对应的权重系数：

$$w_j = \frac{g(x_j)}{\sum_{k=1}^{m} g(x_k)}, \quad j = 1, 2, \cdots, m \tag{11-16}$$

2) 特征值法

假定有 m 个物体,它们的质量分别为 $w_1, w_2, \cdots, w_m$(设 $\sum_{j=1}^{m} w_j = 1$),在缺少称重仪器的情况下,可通过下述方法确定 w_j 的值：将这 m 个物体的重量进行两两比较判断,比较判断的结果可写成矩阵形式：

$$\boldsymbol{A} = \begin{bmatrix} \frac{w_1}{w_1} & \frac{w_1}{w_2} & \cdots & \frac{w_1}{w_m} \\ \frac{w_2}{w_1} & \frac{w_2}{w_2} & \cdots & \frac{w_2}{w_m} \\ \vdots & \vdots & & \vdots \\ \frac{w_m}{w_1} & \frac{w_m}{w_2} & \cdots & \frac{w_m}{w_m} \end{bmatrix} = A(a_{ij}) \tag{11-17}$$

若用质量向量 $\boldsymbol{w} = \{w_1, w_2, \cdots, w_m\}^T$ 右乘判断矩阵 $\boldsymbol{A}$,则得矩阵 $\boldsymbol{A}$ 的特征方程

$$\boldsymbol{Aw} = m\boldsymbol{w} \tag{11-18}$$

通过求解式(11-18),即得这 m 个物体的质量 $w_j (j=1,2,\cdots,m)$。

通过上述例子,可以得出：将 m 个评价指标关于某个评价目标的重要程度(可按表 11-2 所示的比例标度)做两两比较判断获得矩阵 $\boldsymbol{A}$,再求得 $\boldsymbol{A}$ 与特征值 m 相对应的特征向量 $\boldsymbol{w} = \{w_1, w_2, \cdots, w_m\}^T$,并将其归一化即为评价指标的权重系数。这种方法称为(多指标)权重排序的特征值法(也称两两比较法)。

表 11-2 分级比例标度参考表

赋值(x_i/x_j)	说 明
1	表示指标 x_i 与 x_j,具有同样重要性
3	表示指标 x_i 与 x_j,指标 x_i 比指标 x_j 稍微重要
5	表示指标 x_i 与 x_j,指标 x_i 比指标 x_j 明显重要
7	表示指标 x_i 与 x_j,指标 x_i 比指标 x_j 强烈重要
9	表示指标 x_i 与 x_j,指标 x_i 比指标 x_j 极端重要
2、4、6、8	对应以上两相邻判断的中间情况
倒数	指标 x_i 与 x_j 比较得判断 a_{ij},则指标 x_j 与指标 x_i 比较得判断 $a_{ji}=1/a_{ij}$

为叙述方便,形如式(11-17)的矩阵赋予如下定义。

定义 11.1 若矩阵 A 中的元素 a_{ij} 满足:

$$a_{ij} > i, \quad j = 1, 2, \cdots, m \tag{11-19}$$

$$a_{ii} > i, \quad i = 1, 2, \cdots, m \tag{11-20}$$

$$a_{ji} = 1/a_{ij}, \quad i, j = 1, 2, \cdots, m \tag{11-21}$$

则称 A 为比较判断矩阵(以下简称"判断矩阵")。在数学上,称满足式(11-19)~式(11-21)的矩阵为正互反矩阵。

若式(11-17)中矩阵 A 的元素具有传递性,即有等式:

$$a_{ij} = a_{ik}/a_{jk} \quad \text{或} \quad a_{ij}a_{jk} = a_{ik}, \quad i, j, k = 1, 2, \cdots, m \tag{11-22}$$

则式(11-22)称为判断矩阵 A 的一致性条件。

定义 11.2 若判断矩阵 A 的元素满足式(11-22),则称 A 为一致性矩阵(以下简称一致阵)。

定理 11.1 若 A 是 m 阶一致阵,则最大特征根为

$$\lambda_{\max}(A) = m$$

定理 11.2 对应于特征根 $\lambda_{\max}(A)$,若不计常数倍,A 存在唯一非负特征向量。

定义 11.3 若 A 是一致阵,则称其与特征根 $\lambda_{\max}(A) = m$ 对应的归一化的非负特征向量为排序权重向量。

定理 11.3 若 $\lambda_{\max}$ 是 m 阶正互反阵 A 的最大特征根,则

$$\lambda_{\max}(A) \geqslant m$$

判断矩阵 A 中的元素 a_{ij} 表示指标 x_i 与指标 x_j 关于其评价目标的相对重要性程度之比的赋值(或估计值),这些赋值的根据或来源,可以由决策者直接提供,或由决策者同分析者对话来确定,或由分析者通过各种技术咨询而获得,或者通过其他合适的途径来确定。一般地,判断矩阵应由熟悉问题的专家独立地给出(a_{ij} 赋值标准可参考表 11-2)。

对于判断矩阵而言,理想的判断矩阵应该满足一致性条件。然而,由于受专家知识水平和个人偏好的影响,现实的判断矩阵往往很难满足一致性条件,特别当 m 较大时,更是如此。因此,对于这种非一致性判断矩阵,为保证其排序结果的可信度和准确性,还必须对其判断质量进行一致性检验,对此本书不再详述,请读者参考相关书籍。

2. 客观赋权法

众所周知,由主观赋权法确定的权重系数真实与否,很大程度上取决于专家的知识、经验及偏好。为了避免在确定权重系数时受人为因素的干扰,可采取另一类确定权重系数的方法——客观赋权法。其基本思想是:权重系数应当是各个指标在指标总体中的变异程度和对其他指标影响程度的度量,赋权的原始信息应当直接来源于客观环境,可根据各指标所提供的信息量的大小来决定相应指标的权重系数。常见的客观赋权法有"拉开档次"法、均方差法、极差法和熵值法。下文将主要介绍突出整体差异的"拉开档次"法和突出局部差异的熵值法。

1)"拉开档次"法

确定权重系数 w_j 的原则是:从整体上尽可能体现出各被评价对象之间的差异,使之尽量拉开档次,以利于对其排序。从几何角度来看,n 个被评价对象可以看成由 m 个评价指标构成的 m 维评价空间中的 n 个点(或向量)。寻求 n 个被评价对象的评价值(标量)就相当于把这 n 个点向某一维空间做投影。选择指标权系数,使得各被评价对象之间的差异尽量拉大,也就是根据 m 维评价空间构造一个最佳的一维空间,使得各点在此一维空间上的投影点最为分散,即分散程度最大。

取极大值评价指标 $(x_1, x_2, \cdots, x_m)$ 的线性函数

$$y = w_1 x_1 + w_2 x_2 + \cdots + w_m x_m = \boldsymbol{w}^\mathrm{T} \boldsymbol{x} \tag{11-23}$$

为系统的综合评价函数。式中,$\boldsymbol{w} = (w_1, w_2, \cdots, w_m)^\mathrm{T}$ 是 m 维待定正向量,$\boldsymbol{x} = (x_1, x_2, \cdots, x_{im})^\mathrm{T}$ 为被评价系统的状态向量。如将第 i 个系统 s_i 的 m 个标准观测值 $x_{i1}, x_{i2}, \cdots, x_{im}$ 代入 $y = w_1 x_1 + w_2 x_2 + \cdots + w_m x_m = \boldsymbol{w}^\mathrm{T} \boldsymbol{x}$ 中,即得

$$y = w_1 x_{i1} + w_2 x_{i2} + \cdots + w_m x_{im}, \quad i = 1, 2, \cdots, n \tag{11-24}$$

若计

$$\boldsymbol{y} = \begin{bmatrix} y_1 \\ y_2 \\ \vdots \\ y_n \end{bmatrix}, \quad \boldsymbol{A} = \begin{bmatrix} x_{11} & x_{12} & \cdots & x_{1m} \\ x_{21} & x_{22} & \cdots & x_{2m} \\ \vdots & \vdots & & \vdots \\ x_{n1} & x_{n2} & \cdots & x_{nm} \end{bmatrix}$$

则式 $y = w_1 x_{i1} + w_2 x_{i2} + \cdots + w_m x_{im}, i = 1, 2, \cdots, n$ 可写成

$$\boldsymbol{y} = \boldsymbol{A} \boldsymbol{w} \tag{11-25}$$

确定权系数向量 $\boldsymbol{w}$ 的准则是能最大限度地体现出"质量"不同的系统之间的差异。如用数学语言来说,就是求指标向量 $\boldsymbol{x}$ 的线性函数 $\boldsymbol{w}^\mathrm{T} \boldsymbol{x}$,使此函数对 n 个系统取值的分散程度或方差尽可能地大。

而变量 $y = \boldsymbol{w}^\mathrm{T} \boldsymbol{x}$ 按 n 个系统取值构成样本的方差为

$$s^2 = \frac{1}{n} \sum_{i=1}^{n} (y_i - \bar{y})^2 = \frac{\boldsymbol{y}^\mathrm{T} \boldsymbol{y}}{n} - \bar{y}^2 \tag{11-26}$$

将 $\boldsymbol{y} = \boldsymbol{A} \boldsymbol{w}$ 代入式(11-26)中,并注意到原始数据的标准化处理,可知 $\bar{y} = 0$,于是有

$$n s^2 = \boldsymbol{w}^\mathrm{T} \boldsymbol{A}^\mathrm{T} \boldsymbol{A} \boldsymbol{w} = \boldsymbol{w}^\mathrm{T} \boldsymbol{H} \boldsymbol{w} \tag{11-27}$$

其中 $H=A^T A$ 为实对称矩阵。

显然，对 w 不限制时，$w^T H w$ 可取任意大的值。这里限定 $w^T w=1$，求其最大值，也就是选择 w，使得

$$\max(w^T H w) \quad (11\text{-}28)$$
$$\text{s. t. } w^T w=1$$
$$w>0$$

式(11-28)遵循如下结论。

定理 11.4 若取 w 为 H 的最大特征值所对应的标准特征向量，式(11-28)取得最大值。

由定理 11.4 可知，取 w 为 H 的最大特征值所对应的特征向量，并将其归一化即得所求的权重系数向量 $w=(w_1, w_2, \cdots, w_m)^T$，且 $\sum_{j=1}^{m} w_j = 1$。

定理 11.5 若 H 为正方阵(即 H 的元素皆大于 0)，则有唯一一个正的最大特征值 $\lambda_{\max}$ 及存在唯一一个与 $\lambda_{\max}$ 对应的正的特征向量。

定理 11.6 将矩阵 A 中的任意两列(或两行)元素对换时，综合评价函数 y 的值不变。

推论：任意安排评价指标 x_j 的顺序及任意安排系统采样的顺序，都不影响综合评价结果。

由"拉开档次"法所确定的权重系数，是通过指标观测值在最大限度地体现出各被评价对象之间的整体差异的原则下计算出来的，具有"再现性"和过程的"透明性"。

"拉开档次"法从理论上讲是成立的，从技术上讲是可行的，从应用上讲是合乎情理的。"拉开档次"法具有以下特点。

(1) 综合评价过程透明。

(2) 评价结果与 s_i 和 x_i 的采样顺序无关。

(3) 评价结果无主观色彩。

(4) 评价结果客观、可比。

(5) w_j 不具有"可继承性"，即随着 s_i 和 x_i 变化而变化。

(6) w_j 已不再体现评价指标 x_i 的相对重要性了，而是从整体上体现$\{x_{ij}\}$的最大离散程度的投射因子，因此，可以有某个 $w_j<0$。

2) 熵值法

熵值法是一种根据各项指标观测值所提供的信息量的大小来确定指标权数的方法。熵是热力学中的一个专有名词，在信息论中又称为平均信息量，它是信息的一个度量，仍称为熵。根据信息论的定义，在一个信息通道中传输的第 i 个信号的信息量 I_i：$I_i = -\ln p_i$。式中，p_i 是这个信号出现的概率。因此，如果有 n 个信号，其出现的概率分别为 $p_1, p_2, \cdots, p_n$，则这 n 个信号的平均信息量，即熵为 $\sum_{i=1}^{n} p_i \ln p_i$。

以下，利用熵的概念，给出确定指标权系数的熵值法。

设 $x_{ij}(I=1,2,\cdots,n; j=1,2,\cdots,m)$ 为第 i 个系统中的第 j 项指标的观测数据。对于给定的 j，x_{ij} 的差异越大，该项指标对系统的比较作用就越大，亦即该项指标包含和传输的信息越多。信息的增加意味着熵的减少，熵可以用来度量这种信息量的大小。用熵

值法确定指标权数的步骤如下。

（1）计算第 j 项指标下，第 i 个系统的特征比重。

$$p_{ij} = x_{ij} / \sum_{i=1}^{n} x_{ij} \qquad (11\text{-}29)$$

这里假定 $x_{ij} \geq 0$，且 $\sum_{i=1}^{n} x_{ij} \geq 0$。

（2）计算第 j 项指标的熵值。

$$e_j = -k \sum_{i=1}^{n} p_{ij} \ln(p_{ij}) \qquad (11\text{-}30)$$

其中，$k > 0$，$e_j > 0$。如果 x_{ij} 对于给定的 j 全都相等，那么 $p_{ij} = 1/n$，此时，$e_j = k \ln n$。

（3）计算指标 x_{ij} 的差异性系数。

对于给定的 j，x_{ij} 的差异越小，则 e_j 越大；当 x_{ij} 全都相等时，$e_j = e_{\max} = 1 \left(k = \dfrac{1}{\ln n}\right)$，

此时对于系统间的比较，指标 x_j 毫无作用；x_{ij} 差异越大，e_j 越小，指标对于系统的比较作用越大。因此，定义差异系数 $g_j = 1 - e_j$，g_j 越大，越应重视该项指标的作用。

（4）确定权数，即取

$$w_j = \dfrac{g_j}{\sum_{i=1}^{m} g_i}, \quad j = 1, 2, \cdots, m \qquad (11\text{-}31)$$

式中，w_j 为归一化的权重系数。

客观赋权法主要是利用观测数据所提供的信息来确定权系数的，它虽然避免了主观赋权法的弊病，但也有不足之处。如对同一指标体系的两组不同的样本，即使用同一种方法来确定各指标的权重系数，结果也可能会有差异；再则，有时用客观赋权法得出的评价结果或排序结果可能与决策者的主观愿望相反，而使决策者感到困惑。因此，在实际应用中，通常使用综合考虑主观意愿和客观因素的赋权法，也称综合赋权法。

3. 综合赋权法

"拉开档次"法强调的是从整体上突出各被评价对象之间的差异，它是在各项指标相对于评价目标的重要性都相同的前提下进行的。事实上，各项评价指标相对于评价目标的重要程度，一般来说是不相等的。例如，"人均利税额"与"人均交通面积"这两个指标对于刻画城市发展状况的重要程度显然是不同的。因此，须对"拉开档次"法加以改进。

首先根据各项评价指标相对于评价目标的重要程度，由主观意愿给出各项指标 x_{ij} 的权重系数 $r_j (j = 1, 2, \cdots, m)$，在此基础上，对各项评价指标进行"权化处理"，即令

$$x_{ij}^* = r_j x_{ij}, \quad j = 1, 2, \cdots, m; \, i = 1, 2, \cdots, n \qquad (11\text{-}32)$$

式中，x_{ij} 为标准观测数据。显然，x_{ij}^* 的（样本）平均值和（样本）均方差分别为 0 和 r_j^2。

这时，再针对权化数据 $\{x_{ij}^*\}$ 应用"拉开档次"法确定出各项评价指标 x_j 的权重系数 w_j。

这种改进的"拉开档次"法，从本质上讲是对观测数据都分别进行了两次加权的"综

合"。前一次加权,是针对各评价指标相对于评价目标的重要程度而进行的;后一次加权,是尽量"拉开"各被评价对象之间的整体差异而进行的。这两次加权的背景截然不同,前者的权重系数是由主观意愿生成的,后者是由客观因素生成的。因此,综合赋权法确定的评价指标的权重系数,弥补了主、客观赋权法的不足。

11.4 典型的物流系统评价方法

11.4.1 常见的物流系统评价方法

系统评价的过程需综合考虑客观现实条件和评价主体感受,因此可用来进行评价的方法众多。常用的物流系统评价方法主要有层次分析法、网络分析法、综合评价法、模糊综合评价法、灰色关联分析法、数据包络分析法、BP 神经网络综合评价法,其各自的优缺点及适用情况如表 11-3 所示。同时这些方法可以两两集成,比如,模糊综合评价法与数据包络分析、BP 神经网络综合评价、灰色关联分析等不同方法集成而形成综合评价方法。

表 11-3 常见的物流系统评价方法

评价方法	优 点	缺 点	适用范围
层次分析法	①可把多目标、多准则且难以全部量化处理的决策问题转化为多层次单目标问题;②计算简单,结果明确,易被决策者了解、掌握	①不能为决策提供新方案;②定性成分多,不易令人信服;③指标过多时数据统计量大,且权重难以确定	适用于无结构特性的系统评价以及多目标、多准则、多时期等的系统评价
网络分析法	①充分考虑各因素间的相互影响和反馈;②所构建的网络结构模型更符合实际	需进行大量比较,计算过程复杂,可能导致一致性检验不通过或权重向量不稳定	适用于涉及多层次、多准则、多方案且存在相互依赖和反馈关系的问题
综合评价法	①有效防止不正当竞争,避免牺牲质量和服务的情况;②充分利用专家的专业知识和经验打分判断	①权重易受主观因素影响;②可能出现分差很小、排名差很大的情况;③可能出现偏袒或误判的情况	适用于对技术要求较高、性能差异较大、价格因素不是唯一决定因素的招标项目
模糊综合评价法	①模型简单易掌握,对多因素、多层次的复杂问题评判效果较好;②被评对象有唯一的评价值,不受被评价对象所处对象集合的影响	①不能解决评价指标间相关造成的评价信息重复问题;②各因素权重的确定带有一定的主观性	广泛应用于经济管理等领域,适合各种非确定性问题
灰色关联分析法	①一定程度上排除人为因素影响,评价结果更客观准确;②计算简单易懂;③数据不必进行归一化处理,可靠性强;④无须大量样本	①要求样本数据具有时间序列特性;②只是对评判对象的优劣作出鉴别,并不反映绝对水平	对样本量无严格要求,不要求服从任何分布,适合只有少量观测数据的问题

续表

评价方法	优点	缺点	适用范围
数据包络分析法	①考虑多种输入、输出指标,更全面地衡量组织或个体的效率;②根据实际数据确定最优的权重,避免主观偏差和假设限制;③可识别相对有效和无效的组织或个体,并提供改进的方向和目标	①只能给出相对效率,可能存在所有组织或个体都无效的情况;②不能考虑输入、输出之间的非线性或动态关系,可能会忽略一些重要的影响因素或变化趋势	适用于多输入、多输出的效率评价问题,或是具有多层次结构或多阶段过程的复杂系统效率评价问题
BP神经网络综合评价法	①能对数量较大且指标更多的实例进行综合评价,具有较强的非线性拟合能力和自学习能力;②可处理不确定性和模糊性的数据,适应动态变化的环境	①需大量的训练数据和计算资源,训练过程可能较慢且不稳定;②其网络结构和参数选择缺乏统一标准,需根据具体问题进行调整优化;③其评价结果难以解释,缺乏透明性和可解释性	适用于:①多指标间存在复杂的非线性关系的评价对象;②评价对象存在不确定性和模糊性,且数据质量不高;③评价对象需根据用户期望进行动态调整和优化

本书将重点介绍模糊综合评价法、灰色关联分析法、数据包络分析法和BP神经网络综合评价法。

11.4.2 模糊综合评价法

模糊综合评价法以模糊数学为基础,应用模糊关系合成的原理,将一些边界不清、不易定量的因素定量化,基于多个因素对被评价事物隶属等级状况进行综合性评级。其特点在于,对被评价对象有唯一的评价值,不受被评价对象所处对象集合的影响。模糊综合评价法适用于难以量化的现实问题,在物流系统实际决策的过程中,很多情况下要绝对精确地描述某个评价指标是很困难的,有时也没有这个必要,所以在对物流系统进行综合评价时引入模糊概念,可以较好地获得物流系统各可行方案优劣次序的相关信息。

1. 模糊综合评价的一般步骤

1) 确定评价因素和评价等级

设因素集 U 为评价的项目或指标的集合,有 $U = \{u_i\} = \{u_1, u_2, \cdots, u_m\}$ ($i=1,2,\cdots,m$),即为描述评价对象的 m 种因素(评价指标),m 为评价因素的个数,由具体指标体系决定。

设评定集或评语集 V 为评价等级的集合,有 $V = \{v_j\} = \{v_1, v_2, \cdots, v_n\}$ ($j=1,2,\cdots,n$),即为描述每一因素所处状态的 n 决断(评价等级),n 为评语的个数,一般划分为 3~5 个等级,如 $=\{v_1, v_2, v_3, v_4\}=\{好,较好,一般,较差\}$。

2) 确定单因素评价隶属度向量,构建隶属度矩阵

隶属度是模糊综合评价中的核心概念,它是指多个评价主体对某个评价对象在 u_i 方

面作出 v_j 评定的可能性大小（即可能性程度），也就是通过对单因素 $u_i(i=1,2,\cdots,m)$ 做单因素评判，从因素 u_i 考察该对象对评价等级 $V=\{v_1,v_2,\cdots,v_n\}$ 的隶属度为 r_{ij}，就得出第 i 个因素 u_i 的单因素评判集，即隶属度向量：$\mathbf{R}_i=(r_{i1},r_{i2},\cdots,r_{in})(i=1,2,\cdots,m)$，$\sum_{j=1}^{n}r_{ij}=1$。这样 n 个评价集就构造出一个隶属度矩阵 $\mathbf{R}$，即每一个被评价对象确定了从 U 到 V 的模糊关系 $\mathbf{R}$：

$$\mathbf{R}=(\mathbf{R}_1,\mathbf{R}_2,\cdots,\mathbf{R}_n)^{\mathrm{T}}=(r_{ij})_{m\times n}=\begin{bmatrix} r_{11} & r_{12} & \cdots & r_{1n} \\ r_{21} & r_{22} & \cdots & r_{2n} \\ \vdots & \vdots & \ddots & \vdots \\ r_{m1} & r_{m2} & \cdots & r_{mn} \end{bmatrix} \quad (11\text{-}33)$$

式中，r_{ij} 表示从因素 u_i 考察，该评判对象能被评为 v_j 的隶属度 $i=1,2,\cdots,m$；$j=1,2,\cdots,n$。具体来说，r_{ij} 表示第 i 个因素 u_i 在第 j 个评语 v_j 上的频率分布，一般将其归一化使之满足 $\sum r_{ij}=1$，对 $\mathbf{R}$ 的归一化计算公式如下：

$$\mathbf{R}'=\left\{\frac{\mathbf{R}_i}{\sum_{i=1}^{m}\mathbf{R}_i}\right\},\quad i=1,2,\cdots,m \quad (11\text{-}34)$$

3）确定权重向量

得到模糊关系矩阵 $\mathbf{R}$，尚不足以对物流系统作出评价。因为评价因素集中的各个因素在评价目标中有不同的地位和作用，所以各评价因素在综合评价中占有不同的比重。

$\mathbf{W}_u=W(U_1),W(U_2),\cdots,W(U_m)$ 为评价项目或指标的权重或权数向量，权数乃是表征因素相对重要性大小的量度值。此外，可能有评定（语）集的数值化结果（标准满意度向量）$\mathbf{W}'_v$ 或权重 $\mathbf{W}_v$（$\mathbf{W}'_v$ 归一化的结果）。同时，若有考评集 $T=\{$第一次考评，第二次考评，$\cdots$，第 r 次考评$\}$，还应有不同考评次数的权重向量 $\mathbf{W}_r=(w_{1r},w_{2r},\cdots,w_{ir})$。其中，使用 $\mathbf{W}_u$ 和 $\mathbf{W}_v$ 为"双权法"，使用 $\mathbf{W}_u$ 和 $\mathbf{W}'_v$ 为"总分法"。

4）进行模糊合成并作出评价

按某种运算法则，计算综合评定量（综合隶属度向量）$\mathbf{S}$ 及综合评定值（综合得分 μ），通常 $\mathbf{S}=\mathbf{W}_u\mathbf{R}$，$\mu=\mathbf{W}'_v\mathbf{S}^{\mathrm{T}}$。

上述内容主要是针对单层次模糊综合评价模型而言，对于多层次模糊综合评价模型，需要进一步地处理，具体如下。

引入 U 上的一个模糊子集 A，称权重或权数分配集，$A=(a_1,a_2,\cdots,a_m)$，其中 $a_i\geqslant 0$，且 $\sum a_i=1$。它反映对诸因素的一种权衡。

引入 V 上的一个模糊子集 B，称模糊评价，又称决策集，即 $B=(b_1,b_2,\cdots,b_n)$。一般令 $B=A*R$（$*$ 为算子符号），称为模糊变换。在实际应用中，采用的算子只要既能抓住实际问题本质，获得满意效果，又能同时满足条件（$0=b_j<1$）即可。如果评判结果 $\sum b_j\neq 1$，应将它归一化处理。

上述描述中，b_j 表示对被评价物流系统综合状况分等级的程度描述，如果要选择一个决策，则可选择最大的 b_j 所对应的等级 v_j 作为综合评判的结果。B 是对被评判对象综合状况分等级的程度描述合集,它不能直接用于被评价对象间的排序评优,进一步分析处理,通常可采用最大隶属度法,以便得到最终评判结果。

为了充分利用 B 所带来的信息,可对各等级的评级参数和评判结果进行综合考虑,使得评判结果更加符合实际。此时,可假设相对于各等级 v_j 规定的参数列向量为: $C = (c_1, c_2, \cdots, c_n)^T$,则得出等级参数评判结果为: $W_u * C = p$,此时 p 是一个实数,它反映了由等级模糊子集 B 和等级参数向量 C 所带来的综合信息。

模糊关系合成运算方法如下:设 $A = B * C$ 为模糊关系的合成运算,B 与 C 为矩阵或向量,其算法与一般矩阵乘法规则相关,但要将计算式中普通乘法运算换为取最小的运算,将计算式中的普通加法运算换为取最大的运算。

2. 模糊综合评价法算例

制造企业 S 希望把销售物流外包给一家第三方物流企业,现有甲、乙两个物流企业可供选择,主要评价因素为物流企业服务的时效性、经济性、安全性,以及物流企业现有服务客户的情况四个方面,这四个方面的因素相对重要性排序权重为 0.4,0.3,0.1,0.2。设评价尺度为 100 分、70 分和 40 分三个等级,试用模糊综合评价法确定应选择哪家企业。

1) 确定评价因素集

$U = \{u_1, u_2, u_3, u_4\}$ 为{时效性、经济性、安全性、客户情况};权重向量 $W_u = (0.4, 0.3, 0.1, 0.2)$;评定集为 $V = \{v_1, v_2, v_3\} = \{100, 70, 40\}$。

2) 构造模糊评价矩阵 R

根据对企业背景资料的分析,通过专家投票的方法得到两个企业的模糊评价矩阵分别如下:

$$R_1 = \begin{bmatrix} 6/8 & 2/8 & 0 \\ 4/8 & 4/8 & 0 \\ 0 & 3/8 & 5/8 \\ 0 & 3/8 & 5/8 \end{bmatrix}, \quad R_2 = \begin{bmatrix} 5/8 & 3/8 & 0 \\ 0 & 7/8 & 1/8 \\ 3/8 & 5/8 & 0 \\ 4/8 & 4/8 & 0 \end{bmatrix}$$

3) 计算各评价对象方案的综合评定向量

计算综合评定向量 S,并对其归一化,得到向量 W_v。其中 $S = W_u R$,$W_v = \left(\dfrac{S_i}{\sum\limits_{i=1}^{m} S_i} \right)$,

计算得

$$S_1 = W_u R_1 = (0.4, 0.3, 0.1, 0.2) \begin{bmatrix} 6/8 & 2/8 & 0 \\ 4/8 & 4/8 & 0 \\ 0 & 3/8 & 5/8 \\ 0 & 3/8 & 5/8 \end{bmatrix} = (0.45, 0.3625, 0.1875)$$

量化处理得:$W_{v1} = (0.45, 0.3625, 0.1875)$。同理可得第二个物流企业的评价向量:

$$S_2 = W_u R_2 = (0.4, 0.3, 0.1, 0.2) \begin{bmatrix} 5/8 & 3/8 & 0 \\ 0 & 7/8 & 1/8 \\ 3/8 & 5/8 & 0 \\ 4/8 & 4/8 & 0 \end{bmatrix} = (0.3875, 0.575, 0.0375)$$

归一化处理得：$W_{v2} = (0.3875, 0.575, 0.0375)$。

4）计算各评价对象方案的综合评价得分

综合得分 $\mu = W_v S^T$，则甲、乙两家企业的模糊综合评价得分分别为

$$\mu_1 = W_{v1} S^T = (0.45, 0.3625, 0.1875) \begin{pmatrix} 100 \\ 70 \\ 40 \end{pmatrix} = 77.875$$

$$\mu_2 = W_{v2} S^T = (0.3875, 0.575, 0.0375) \begin{pmatrix} 100 \\ 70 \\ 40 \end{pmatrix} = 80.5$$

显然，根据模糊综合评价的得分大小，该制造企业应选择乙物流企业。

11.4.3 灰色关联分析法

灰色关联分析是灰色系统理论中十分活跃的一个分支，其基本思想是根据序列曲线几何形状的相似程度来判断不同序列之间的联系是否紧密。其基本思路是通过线性插值的方法将系统因素的离散行为观测值转化为分段连续的折线，进而根据折线的几何特征构造测度关联程度的模型。折线几何形状越接近，相应序列之间的关联度就越大；反之就越小。

1. 灰色关联分析的基本步骤

1）确定反映系统行为特征的参考数列和影响系统行为的比较数列

反映系统行为特征的数据序列，称为参考数列（又称母序列，设参考数列 $Y = \{Y(k) | k = 1, 2, \cdots, n\}$）；影响系统行为的因素组成的数据序列，称为比较数列（又称子序列，设比较数列 $X_i = \{X_i(k) | k = 1, 2, \cdots, n\}, i = 1, 2, \cdots, m$）。

2）对参考数列和比较数列进行无量纲化处理

由于系统中各因素的物理意义不同，数据的量纲也不一定相同，不便比较，或在比较时难以得到正确的结论，因此在进行灰色关联度分析时，一般都要进行无量纲化的数据处理。

3）求参考数列与比较数列的灰色关联系数 $\xi(X_i)$

所谓关联程度，实质上是曲线间几何形状的差别程度。因此曲线间差值大小，可作为关联程度的衡量尺度。对于一个参考数列 X_0 有若干个比较数列 $X_1, X_2, \cdots, X_n$，各比较数列与参考数列在各个时刻（即曲线中的各点）的关联系数 $\xi(X_i)$ 可由下列公式算出：

$$\xi_i(k) = \frac{\min_i \min_k |x_0(k) - x_i(k)| + \rho \cdot \max_i \max_k |x_0(k) - x_i(k)|}{|x_0(k) - x_i(k)| + \rho \cdot \max_i \max_k |x_0(k) - x_i(k)|}$$

其中,$\rho \in (0, \infty)$,为分辨系数。ρ 越小,分辨力越大,其取值区间一般在 0~1,通常取 0.5。

$\min\limits_{i}\min\limits_{k}|x_0(k)-x_i(k)|$ 是第二级最小差,记为 $\Delta(\min)$。$\max\limits_{i}\max\limits_{k}|x_0(k)-x_i(k)|$ 是两级最大差,记为 $\Delta(\max)$。

$|x_0(k)-x_i(k)|$ 为各比较数列 X_i 曲线上的每一个点与参考数列 X_0 曲线上的每一个点的绝对差值,记为 $\Delta_{0i}(k)$。

所以关联系数 $\xi(X_i)$ 也可简化为式(11-35):

$$\xi_{0i} = \frac{\Delta(\min)+\rho\Delta(\max)}{\Delta_{0i}(k)+\rho\Delta(\max)} \tag{11-35}$$

4) 求关联度

因为关联系数是比较数列与参考数列在各个时刻(即曲线中的各点)的关联程度值,所以它的数不止一个,而信息过于分散不便于进行整体性比较。因此有必要将各个时刻(即曲线中的各点)的关联系数集中为一个值,即求其平均值,作为比较数列与参考数列间关联程度的数量表示,关联度公式如下:

$$r_i = \frac{1}{N}\sum_{k=1}^{N}\xi_i(k) \tag{11-36}$$

r_i 为比较数列 x_i 对参考数列 x_0 的灰色关联度,或称序列关联度、平均关联度、线关联度,r_i 值越接近1,说明相关性越好。

5) 关联度排序

因素间的关联程度,主要是用关联度的大小次序描述,而不仅是关联度的大小。将 m 个子序列对同一母序列的关联度按大小顺序排列起来,便组成了关联序,记为 $\{x\}$,它反映了对于母序列来说各子序列的"优劣"关系。若 $r_{0i} > r_{0j}$,则称 $\{x_i\}$ 对于同一母序列 $\{x_0\}$ 优于 $\{x_j\}$,记为 $\{x_i\} > \{x_j\}$;r_{0i} 表示第 i 个子序列对母数列特征值。

2. 灰色关联分析法算例

下面进行梭梭生长量与气候因子的关联分析。表 11-4 为梭梭逐月生长量 X_0(厘米)、月平均气温 X_1(℃)、月降水量 X_2(毫米)、月日照时数 X_3(小时)和月平均相对湿度 X_4(%)的原始数据,试排出影响梭梭生长的关联序,并找出主要的影响因子。

表 11-4 梭梭生长相关原始数据

月份 影响因子	1	2	3	4	5	6	7	8	9	10	11	12
X_0	0.01	0.5	1.5	10.8	13	16.3	18	19.3	14.8	10.3	8	1
X_1	4.2	7.4	10	16.1	21.1	23.9	24.7	24.5	22	18	13.1	6.8
X_2	17	10.8	17.4	19.7	248.7	72.2	96.9	269.5	194.9	58.1	4.9	12.6
X_3	54.5	73.8	84.7	137	149.6	109.5	101.6	164.6	81.6	84	79.3	66.5
X_4	81	79	75	75	77	79	83	86	83	82	81	82

第一步,数据处理。

$X_0(k) = \{0.01, 0.5, 1.5, 10.8, 13, 16.3, 18, 19.3, 14.8, 10.3, 8, 1\}$
$X_1(k) = \{4.2, 7.4, 10, 16.1, 21.1, 23.9, 24.7, 24.5, 22, 18, 13.1, 6.8\}$
$X_2(k) = \{17, 10.8, 17.4, 19.7, 248.7, 72.2, 96.9, 269.5, 194.8, 58.1, 4.9, 12.6\}$
$X_3(k) = \{54.5, 73.8, 84.7, 137, 149.6, 109.5, 101.6, 164.6, 81.6, 84, 79.3, 66.5\}$
$X_4(k) = \{81, 79, 75, 75, 77, 79, 83, 86, 83, 82, 81, 82\}$

X_0-X_1	X_0-X_2	X_0-X_3	X_0-X_4
−4.19	−16.99	−54.49	−80.99
−6.9	−10.3	−73.3	−78.5
−8.5	−15.9	−83.2	−73.5
−5.3	−8.9	−126.2	−64.2
−8.1	−235.7	−136.6	−64
−7.6	−55.9	−93.2	−62.7
−6.7	−78.9	−83.6	−65
−5.2	−250.2	−145.3	−66.7
−7.2	−180	−66.8	−68.2
−7.7	−47.8	−73.7	−71.7
−5.1	3.1	−71.3	−73
−5.8	−11.6	−65.5	−81

第二步,计算关联系数。

$$\min\min|x_0(k) - x_i(k)| = |-8.5, -250.2, -145.3, -81| = 250.2$$
$$\max\max|x_0(k) - x_i(k)| = |-4.19, 3.1, -65.5, -62.7| = 65.5$$
$$\xi_{0i} = \frac{\Delta(\min) + \rho\Delta(\max)}{\Delta_{0i}(k) + \rho\Delta(\max)} = \frac{250.2 + 0.5 \times 65.5}{|x_0(k) - x_i(k)| + 32.75}$$

将相应 $x_0(k)$ 与 $x_i(k)$ 的数值代入式 $\xi_{0i} = \frac{\Delta(\min) + \rho\Delta(\max)}{\Delta_{0i}(k) + \rho\Delta(\max)}$ 中,得

ξ_1	ξ_2	ξ_3	ξ_4
7.652 951	5.683 554	3.240 486	2.889 411
7.129 887	6.566 783	2.665 724	2.541 124
6.853 333	5.810 894	2.438 120	2.660 706
7.429 698	6.787 515	1.778 547	2.915 936
6.920 441	1.053 083	1.669 324	2.921 964
7.006 196	3.188 945	2.244 541	2.961 760
7.166 033	2.532 020	2.429 738	2.892 072
7.449 275	0.999 116	1.587 756	2.842 634
7.076 345	1.328 790	2.839 779	2.800 396
6.988 875	2.509 621	2.655 707	2.706 558
7.468 956	7.885 635	2.716 963	2.673 286
7.333 333	6.374 295	2.877 354	2.485 275

第三步,计算关联度。

由公式 $r_i = \frac{1}{N}\sum_{k=1}^{10}\xi_i(k)$ 分别计算出月平均气温(X_1)、月降水量(X_2)、月日照时数

(X_3)和月平均相对湿度(X_4)关于梭梭树逐月生长量(X_0)的关联度 $r_1、r_2、r_3、r_4$。

$$r_1, r_2, r_3, r_4 = (7.206\,277, 4.310\,021, 2.428\,67, 2.774\,26)$$

第四步,比较关联度大小得出结论。

由 $r_1 > r_2 > r_4 > r_3$ 说明梭梭树逐月生长量与月平均气温关系最密切,而月降水量、月平均相对湿度和月日照时数的密切程度较小。说明影响梭梭树逐月生长量的主要影响因子是月平均气温。

11.4.4 数据包络分析法

数据包络分析是由美国运筹学家亚伯拉罕·查恩斯(Abraham Charnes)、威廉·库珀(William Cooper)、爱德华·罗兹(Edwardo Rhodes)于 1978 年首先提出,在相对效率评价概念基础上发展起来的一种非参数检验方法。

在数据包络分析法中,受评估的单位或组织被称为决策单元(DMU),通过选取决策单元的多项投入和产出数据,利用线性规划,以最优投入与产出作为生产前沿,构建数据包络曲线。其中,有效点会位于前沿面上,效率值标定为 1;无效点则会位于前沿面外,并被赋予一个大于 0 但小于 1 的相对的效率值指标。

1. 数据包络分析法的基本步骤

1) CCR 模型

CCR 模型由查恩斯、库珀和罗兹于 1978 年提出,它可以计算规模报酬不变情况下的资源配置效率。

首先构建决策单元。在 DEA 中,每个评估的对象称为"决策单元",设共有 n 个决策对象,每个决策对象单元都有 m 种投入和 s 种产出,$x_{ij}(i=1,2,\cdots,n; j=1,2,\cdots,m)$ 表示第 j 个决策单元的第 i 项投入,$y_{ij}(i=1,2,\cdots,n; j=1,2,\cdots,s)$ 表示第 j 个决策单元的第 i 项产出,$\boldsymbol{u}=(u_1,u_2,\cdots,u_m)$ 与 $\boldsymbol{v}=(v_1,v_2,\cdots,v_s)$ 分别表示投入、产出权值向量。

决策单元 k 的效益评价指数为:$e_k = \dfrac{\boldsymbol{u}^\mathrm{T} Y_k}{\boldsymbol{v}^\mathrm{T} X_k}, k=1,2,\cdots,n$。

其次,对 CCR 模型进行简单推导。以第 j_0 个决策单元的效率指数为目标,以所有决策单元的效率为约束,可以得到以下模型:

$$\max h_{j_0} = \frac{\sum_{r=1}^{s} u_r y_{rj_0}}{\sum_{i=1}^{m} v_i x_{ij_0}}$$

$$\text{s.t.} \begin{cases} \dfrac{\sum_{r=1}^{s} u_r y_{rj}}{\sum_{i=1}^{m} v_i x_{ij}} \leqslant 1, & j=1,2,\cdots,n \\ u \geqslant 0, & v \geqslant 0 \end{cases} \quad (11\text{-}37)$$

其中，x_{ij} 表示第 j 个决策单元对第 i 种投入要素的投放总量，而 y_{rj} 则表示第 j 个决策单元中第 r 种产品的产出总量，v_i 和 u_r 分别指第 i 种类型投入与第 r 种类型产出的权重系数。

令 $\boldsymbol{\omega} = \dfrac{1}{\boldsymbol{v}^{\mathrm{T}} x_0} \boldsymbol{v}$，$\boldsymbol{\mu} = \dfrac{1}{\boldsymbol{v}^{\mathrm{T}} x_0} \boldsymbol{u}$，经查恩斯-库珀变换，可变为如下线性规划模型：

$$\max h_{j0} = \boldsymbol{\mu}^{\mathrm{T}} y_0$$

$$\text{s.t.} \begin{cases} \boldsymbol{\omega}^{\mathrm{T}} x_j - \boldsymbol{\mu}^{\mathrm{T}} y_j \geq 0, & j = 1, 2, \cdots, n \\ \boldsymbol{\omega}^{\mathrm{T}} x_0 = 1 \\ \boldsymbol{\omega} \geq 0, \quad \boldsymbol{\mu} \geq 0 \end{cases} \quad (11\text{-}38)$$

在上述规划的对偶规划中，引入松弛变量 s^+ 和剩余变量 s^-，松弛变量表示达到最优配置需要减少的投入量，剩余变量表示达到最优配置需要增加的产出量。由此，不等式约束会变为等式约束，模型可以简化为

$$\min \theta$$

$$\text{s.t.} \begin{cases} \sum_{j=1}^{n} \lambda_j y_j + s^+ = \theta x_0 \\ \sum_{j=1}^{n} \lambda_j y_j - s^- = \theta y_0 \\ \lambda_j \geq 0, \quad j = 1, 2, \cdots, n \\ s^+ \geq 0, \quad s^- \leq 0 \end{cases} \quad (11\text{-}39)$$

可以用 CCR 模型判定技术有效和规模有效是否同时成立：

若满足 $\theta = 1$ 且 $s^+ = 0, s^- = 0$，则决策单元为 DEA 有效，决策单元的经济活动同时为技术有效和规模有效；

若满足 $\theta = 1$，但至少某个投入或者产出大于 0，则决策单元为弱 DEA 有效，决策单元的经济活动不是同时为技术有效和规模有效；

若满足 $\theta < 1$，决策单元不是 DEA 有效，经济活动既不是技术有效，也不是规模有效。

2）BCC 模型

CCR 模型是在规模报酬不变的前提下所得到的，但是技术创新的规模报酬是个固定的，现实中存在的不平等竞争也会导致某些决策单元不能以最佳规模运行，于是拉吉夫·班克（Rajiv Banker）、查恩斯和库珀在 1984 年对之前仅讨论固定规模效益的 DEA 分析进行了扩展，提出了 BCC 模型。

BCC 模型考虑到可变规模收益（VRS）情况，即当有的决策单元不是以最佳的规模运行时，技术效益（technology efficiency，TE）的测度会受到规模效率（scale efficiency，SE）的影响。

如图 11-2 所示，位于生产函数曲线 $f(x)$ 上的点 A 与点 C 都是技术有效，位于 $f(x)$ 曲线内的点 B 则不是技术有效。由于点 A 位于生产函数曲线的拐点，A 还是规模有效点。然而点 C 位于规模收益递减区域，因此它不是规模有效。BCC 模型正是要讨论处于这种生产状况的决策单元。

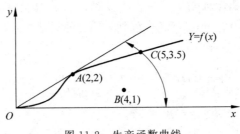

图 11-2 生产函数曲线

因此,在构建 BCC 模型时,需要假设规模报酬可变,对 CCR 模型的约束条件进行简单的改进,增加凸性假设条件:$\sum \lambda_j = 1, j = 1, 2, \cdots, n$,即可得

$$\min \theta$$

$$\text{s.t.} \begin{cases} \sum_{j=1}^{n} \lambda_j y_j + s^+ = \theta x_0 \\ \sum_{j=1}^{n} \lambda_j y_j - s^- = y_0 \\ \sum_{j=1}^{n} \lambda_j = 1 \\ \lambda_j \geqslant 0, \quad j = 1, 2, \cdots, n \\ s^+ \geqslant 0, \quad s^- \leqslant 0 \end{cases}$$

接下来,可以对数据同时做 CCR 模型和 BCC 模型的 DEA 分析来评判决策单元的规模效率。如果决策单元 CCR 和 BCC 的技术效益存在差异,则表明此决策单元规模无效,并且规模无效效率可以由 BCC 模型的技术效益和 CCR 模型的技术效益之间的差异计算出来。

3) DEA-Malmquist 指数模型

传统的 CCR 模型和 BCC 模型只能横向比较决策单元在同一时间点的生产效率, DEA-Malmquist 指数模型则可以测度决策单元在不同时期效率的动态变化,因此它可以分析面板数据,具有较广泛的应用性。

Malmquist 指数利用距离函数(E)进行运算,表示为以下数学表现形式:

$$\mathrm{MPI}_I^t = \frac{E_I^t(x^{t+1}, y^{t+1})}{E_I^t(x^t, y^t)}, \quad \mathrm{MPI}_I^{t+1} = \frac{E_I^{t+1}(x^{t+1}, y^{t+1})}{E_I^{t+1}(x^t, y^t)} \tag{11-40}$$

为了把两个时期的技术水平都纳入考虑,取它们的几何平均值:

$$\mathrm{MPI}_I^G = (\mathrm{MPI}_I^t \mathrm{MPI}_I^{t+1})^{1/2} = \left[\left(\frac{E_I^t(x^{t+1}, y^{t+1})}{E_I^t(x^t, y^t)} \right) \cdot \left(\frac{E_I^{t+1}(x^{t+1}, y^{t+1})}{E_I^{t+1}(x^t, y^t)} \right) \right]^{1/2} \tag{11-41}$$

该生产率指数又可以分解为面向输入的效率变化(EFFCH)和技术效率(TECHCH),技术效率又可以分解为规模效率(SECH)和纯技术效率(PECH)两部分:

$$\mathrm{MPI}_I^G = (\mathrm{EFFCH}_I) \cdot (\mathrm{TECHCH}_I^G)$$

$$= \left(\frac{E_I^{t+1}(x^{t+1}, y^{t+1})}{E_I^t(x^t, y^t)}\right) \left[\left(\frac{E_I^t(x^t, y^t)}{E_I^{t+1}(x^t, y^t)}\right) \cdot \left(\frac{E_I^t(x^{t+1}, y^{t+1})}{E_I^{t+1}(x^{t+1}, y^{t+1})}\right)\right]^{1/2} \tag{11-42}$$

$$\mathrm{SECH} = \left[\frac{E_{vrs}^{t+1}(x^{t+1}, y^{t+1})/E_{crs}^{t+1}(x^{t+1}, y^{t+1})}{E_{vrs}^{t+1}(x^t, y^t)/E_{crs}^{t+1}(x^t, y^t)} \cdot \frac{E_{vrs}^{t}(x^{t+1}, y^{t+1})/E_{crs}^{t}(x^{t+1}, y^{t+1})}{E_{vrs}^{t}(x^t, y^t)/E_{crs}^{t}(x^t, y^t)}\right]^{1/2} \tag{11-43}$$

$$\mathrm{PECH} = \frac{E_{vrs}^{t+1}(x^{t+1}, y^{t+1})}{E_{crs}^t(x^t, y^t)} \tag{11-44}$$

2. 数据包络分析法算例

某机床厂在采购 2M59005 型电机时,需要对多个供应商进行评价,参与竞争的供应商的数据与应用 DEA 模型得出的计算结果如表 11-5 和表 11-6 所示。在表 11-5 中,价格表示按批次供货量为权重给出的加权平均价格,价格与供货历史的乘积作为购货总额(x_1);准时供货表示准时完成合同的指标,以迟到的供货量计算(x_2);维修服务以响应天数与返修电机数量的乘积计算(x_3);质量表示到货后空运转合格的电机数量(y_1);供货历史表示以往总共订货的数量(y_2)。在上述指标中,购货总额、准时供货与维修服务都是越小越好,因此列为评价模型的投入指标;质量与供货历史都是越大越好,因此列为评价模型的产出指标。评价结果即供应商的相对有效性指标。这里没有直接使用价格指标是由于价格本身是购货总额与供货历史的比值,这样价格因素就包含在评价结果中(评价结果是产出指标与投入指标的综合比率)。

表 11-5 供应商各指标数据

供应商 DMU	购货总额	准时供货	维修服务	质量	供货历史	评价结果
1	49 776	5	144	179	183	1
2	441 798	7	160	153	157	0.943 3
3	471 938	4	176	162	166	0.973 5
4	50 908	13	70	177	178	0.924 9
5	61 257	1	30	21	21	0.922 2
6	149 073	2	30	50	51	0.923 2
7	2 934	1	48	99	100	1
8	5 856	2	44	18	20	0.894 4
9	83 808	16	120	316	320	1
10	187 712	2	56	62	64	0.924 9
11	36 777	3	72	129	130	1
12	244 383	6	30	87	87	0.954 7
13	172 398	3	42	58	59	0.902 5
14	389 961	6	136	141	143	0.977 5
15	362 368	7	150	127	128	0.929 5
16	62 722	16	144	167	169	0.957 2
17	665 144	18	57	234	244	1

表 11-6　产出指标与投入指标的比率

供应商 DMU	y_1/x_1	y_1/x_2	y_1/x_3	y_2/x_1	y_2/x_2	y_2/x_3
1	3.596	35.8	1.243	3.676	36.6	1.270 8
2	3.463	21.857	0.956 2	3.553	22.428	0.981 2
3	3.432	40.5	0.920 4	3.517	41.5	0.943 1
4	3.476	13.615	2.528 5	3.496	13.692	2.542 8
5	3.428	21	0.7	3.428	21	0.7
6	3.354	25	1.666 6	3.421	25.5	1.7
7	3.374	99	2.062 5	3.408	100	2.083 3
8	3.073	9	0.409	3.415	10	0.454 5
9	3.77	19.75	2.633 3	3.818	20	2.666 6
10	3.302	31	1.107 1	3.409	32	1.142 8
11	3.507	43	1.791 6	3.534	43.333	1.805 5
12	3.559	14.5	2.9	3.559	14.5	2.9
13	3.364	19.333	1.380 9	3.422	19.666	1.404 7
14	3.615	23.5	1.036 7	3.667	23.833	1.051 4
15	3.504	18.142	0.846 6	3.532	18.285	0.853 3
16	3.609	10.437	1.159 7	3.652	10.562	1.173 6
17	3.653	13.5	4.263 1	3.668	13.555	4.280 7

在表 11-5 中相对效率为 1 的决策单元包括 1、7、9、11、17 号供应商,相对效率在 0.9 以下的为 8 号供应商。根据相对效率的特点,供应商的相对效率比较高意味着该供应商在某一(或某几)方面的绝对效率是比较高的,其他具体数据可以参考表 11-6 中各个产出量与投入量的比率。例如,从相对效率的评价结果来看,17 号供应商在单位服务成本得到的货物量是最大的,并且在单位投入上得到的货物量是比较大的;7、9 号供应商只在单一方面具有优势,即准时供货(7 号)与价格(9 号)。如果在某些方面比较高,而在某些方面比较低,也会影响相对效率的数值,如 11 号供应商。利用以上的供应商 DEA 有效性排序进行供应商选择,结合原始数据,就比较容易选出可以达到最低的购货成本、最少的合同延迟时间、最好的维修服务、最高的质量,或者是满足采购者对几个方面的综合要求的供应商。由于篇幅所限,供应商的组合问题不在此进行讨论。

本节讨论了供应商评价问题,在此过程中研究了建立评价供应商有效性的概念,进一步利用数据包络分析模型的计算结果来选择供应商。算例的分析结果表明,利用 DEA 模型给出的选择方法是有效的。

11.4.5　BP 神经网络综合评价法

1. BP 神经网络综合评价法概述

BP 神经网络综合评价法是一种交互式的评价方法,它可以根据用户期望的输出不断修改指标的权值,直到用户满意。因此,一般来说,人工神经网络评价方法得到的结果会更符合实际情况。

神经网络具有自适应能力,能对多指标综合评价问题给出一个客观评价,这对于弱化权重确定中的人为因素是十分有益的。在以前的评价方法中,传统的权重设计带有很大的模糊性,同时权重确定中人为因素影响也很大。随着时间、空间的推移,各指标对其对应问题的影响程度也可能发生变化,确定的初始权重不一定符合实际情况。再者,考虑到整个分析评价是一个复杂的非线性大系统,必须建立权重的学习机制,这些方面正是人工神经网络的优势所在。针对综合评价建模过程中变量选取方法的局限性,采用神经网络原理可对变量进行贡献分析,进而剔除影响不显著和不重要的因素,以建立简化模型,从而避免主观因素对变量选取的干扰。

BP 神经网络是一种典型的多层前向神经网络,由输入层、隐含层(也可称为隐层或隐藏层)和输出层组成,层与层之间采用全部连接方式,同层节点之间不存在连接,其中输入层节点仅在信号输入作用,输出层节点起线性加权作用,隐含层节点负责对信息进行最主要的数学处理。三层 BP 神经网络结构如图 11-3 所示。

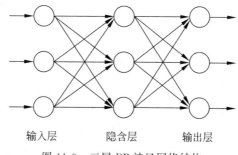

图 11-3 三层 BP 神经网络结构

不失一般性,设输入层有 M 个节点,隐含层有 L 个节点,输出层有 P 个节点,样本数为 N,输入向量为 $[x_1, x_2, \cdots, x_m]$,w_{ji} 为隐含层节点与输入层节点的连接权值,则隐含层节点的输入和输出分别为

$$\text{net}_j = \sum_{i=1}^{N} w_{ji} x_i, O_j = f_1(\text{net}_j) \tag{11-45}$$

隐含层节点的激励函数 f_1 一般选取双曲正切函数或 S 型函数等非线性函数,输入层节点的激励函数一般选取等比输出的线性函数。而输出层节点 k 与隐含层节点 j 的连接权值为 w_{kj},则输入层节点的输出为

$$y_k = f_2 \left(\sum_{j=1}^{L} w_{kj} O_i \right) \tag{11-46}$$

采用算法对 BP 网络进行训练。LM(Levenberg-Marquardt)算法是非线性最小二乘无约束优化算法,其本质是高斯-牛顿法的改进方式,具有二阶收敛速度,既具有高斯-牛顿法的局部收敛方式,又具有梯度下降法的全局收敛特性。

2. BP 神经网络综合评价法算例

影响区域物流需求的因素种类较多,包含社会、市场以及环境等,仅从传统的物流运输方式或单方面因素对其进行分析显然无法客观、准确地得到预测结果。因此,为系统、准确地确定区域物流需求预测影响因素指标体系,有必要综合考虑各类影响因素,并且兼顾区域物流需求预测指标及需求数据的可采集性和指标的针对性。综合选取国内生产总值(X_1,亿元)、第一产业总值(X_2,亿元)、第二产业总值(X_3,亿元)、第三产业总值(X_4,亿元)、社会消费品零售总额(X_5,亿元)、进出口总额(X_6,亿美元)、常住人口(X_7,万人)七个指标构建区域物流需求预测的影响因素指标体系。另外,选取港口吞吐量(万吨)、货运量(万吨)以及周转量(亿吨·千米)三个指标对区域物流需求加以衡量。

区域物流需求代表着社会的经济发展水平,同时因环境变化导致的特殊需求的反应。除一般物流内容外,它还包含多元区域物流需求内容,因此,在影响区域物流需求的各种因素以及其与多元区域物流需求之间存在着一种内在、隐含的映射关系。而传统的线性关系难以对其进行准确描述,预测也就无法用传统的预测模型来实现。神经网络模型通过模仿动物神经网络的行为特征,对分布式的并行信息进行处理,是一种有效的数学模型。BP神经网络作为一种多层前馈神经网络,在非线性映射功能方面性能突出,因此,对于表达多影响因素与多元区域物流需求之间的复杂关系优势明显。BP神经网络的预测性能在很大程度上取决于输入层与隐含层连接权值、隐含层阈值、隐含层与输出层连接权值和输出层阈值,而依靠经验及网络迭代选择这4个参数不仅耗时,而且导致预测精度低。基于此,先基于遗传算法对BP神经网络的4个参数加以优化,然后再基于BP神经网络模型对区域物流需求进行预测。

对于多输入-多输出BP神经网络预测模型构建的数学描述为:输入为$X^n = (X_1^n, X_2^n, \cdots, X_i^n)$,该向量用来描述第$n$年区域物流需求影响因素集取值;输出为$Y^{n+1} = (Y_1^{n+1}, Y_2^{n+1}, \cdots, Y_j^{n+1})$,该向量表示第$n+1$年的区域物流需求向量取值。实际上,区域物流需求的影响因素取值相对稳定,在短期内并不会出现大幅度变动,基于这一实际,本算例根据第n年的影响因素值来预测第$n+1$年区域物流需求量,从而形成数据对(X^n, Y^{n+1}),从中选择相关样本对输入BP神经网络进行学习,完成对BP神经网络的训练。通过训练使其掌握各影响因素指标对区域物流需求的影响程度、动态变化趋势和非线性关系。训练完成后,可输入新的数据,网络就会进行新的学习并输出预测数值。

此算例采用三层MLP(多层感知器)结构(输入层、隐含层及输出层),提出多输入-多输出区域物流需求预测的BP神经网络模型,其中,输入的节点数目取决于用来预测区域物流需求的影响因素的个数,输出的节点数目取决于所要预测的区域物流需求规模的多个变量个数,有效隐含层中节点个数由学习误差及样本个数共同决定。

综上,首先基于遗传算法优化初始值,产生一个合理的搜索空间,然后根据神经网络算法设置输入层、隐含层、输出层等模型要素,在这个搜索空间中找到最优解,具体求解步骤为:①确定网络拓扑结构;②BP神经网络权值阈值长度初始化;③采用遗传算法对初始值编码;④对BP神经网络进行训练,以误差为适应度值;⑤选择、交叉、变异操作;⑥计算适应度值,并判断结束条件,如不满足条件,返回⑤,如满足条件,进行下一步;⑦获取最优的权值和阈值;⑧计算误差;⑨对权值和阈值进行更新,并判断结束条件,如不满足条件,返回⑧,如满足条件,进行下一步;⑩需求量预测,得到结果。

基于GA-BP(遗传算法-反向传播)的神经网络面向多输入-多输出的多元区域物流需求预测模型如图11-4所示。

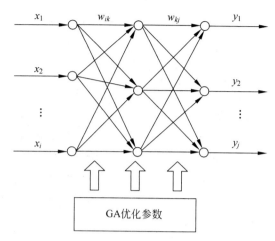

图 11-4 GA-BP 神经网络模型

将遗传算法与 BP 神经网络理论相结合,对重庆地区物流需求量进行预测。首先,收集 1995—2012 年的多输入多输出相关数据。以 1995—2009 年的数据作为训练样本对 GA-BP 神经网络进行训练,即通过第 n 年的输入变量与第 $n+1$ 年的输出变量的训练来确定 GA-BP 神经网络参数和结构。然后,对 2010—2012 年的港口吞吐量、货运量、货物周转量数据进行预测,与实际数值比对以验证方法的有效性。

数据来源于重庆市统计年鉴,具体数据如表 11-7 所示。

表 11-7 1995—2012 年相关数据

年份	地区生产总值	第一产业	第二产业	第三产业	消费品零售总额	常住人口	港口吞吐量	货运量	货物周转量
1995	1 010.00	261.52	427.19	320.76	371.80	2 873.27	853.00	22 796	335.98
1996	1 315.12	264.19	492.67	339.78	498.63	2 875.30	1 076.00	24 339	315.04
1997	1 509.75	287.56	568.99	425.6	507.93	2 873.362	548.70	23 979	297.23
1998	1 602.38	307.21	650.4	512.95	553.70	2 870.75	2 477.30	25 328	268.46
1999	1 663.20	298.67	675.64	580.8	667.01	2 860.37	2 599.84	25 190	274.20
2000	1 791.00	286.16	697.81	630.85	643.40	2 848.82	2 448.00	26 852	306.39
2001	1 976.86	284.87	760.03	694.46	699.30	2 829.21	2 839.87	28 212	325.32
2002	2 232.86	294.90	841.95	782.38	763.10	2 814.83	3 004.00	29 787	337.63
2003	2 555.72	317.87	958.87	891.17	835.50	2 803.19	3 243.76	32 565	367.70
2004	3 034.58	339.06	1 135.31	1 012.66	1 068.30	2 793.32	4 539.00	36 434	517.60
2005	3 467.72	428.05	1 376.91	1 151.96	1 215.80	2 798.00	5 251.00	39 200	625.50
2006	3 907.23	463.40	1 564.00	1 440.32	1 431.50	2 808.00	5 420.43	42 808	824.80
2007	4 676.13	386.38	1 871.65	1 649.20	1 661.00	2 816.00	6 433.54	49 973	1 051.60
2008	5 096.66	531.65	2 368.53	1 825.21	2 064.10	2 839.00	7 892.80	63 651	1 490.30
2009	6 528.72	575.40	2 433.27	2 087.99	2 479.01	2 859.00	8 612.00	68 491	1 650.50
2010	7 894.24	606.80	3 447.48	2 474.44	2 878.04	2 884.62	9 668.00	81 385	2 015.60

续表

年份	地区生产总值	第一产业	第二产业	第三产业	消费品零售总额	常住人口	港口吞吐量	货运量	货物周转量
2011	10 011.13	685.39	4 356.41	2 881.08	3 415.90	2 919.00	11 605.67	96 778	2 528.71
2012	11 459.00	844.52	5 542.80	3 623.81	4 033.70	2 945.00		86 474	2 653.30

由表 11-7 可知，神经网络包含 7 个输入层节点、3 个输出层节点、15 个隐含层节点数。基于此，BP 神经网络的结构可确定为 7-15-3，所以，遗传算法染色体长度可确定为 168。为便于研究，设置迭代次数为 120，种群规模为 20，交叉概率为 0.3，变异概率为 0.1。通过训练，可得训练平均适应度如图 11-5 所示。从图 11-5 可以看出，当迭代次数达到 35 次时，达到预测的较高精度。

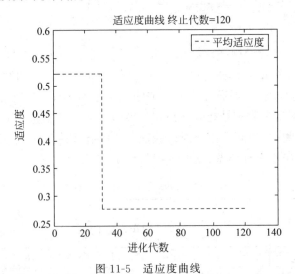

图 11-5 适应度曲线

在此基础上，对重庆区域物流进行预测。将 2009—2011 年相关数据作为输入，得到 2010—2012 年的物流预测结果，如表 11-8 所示。比对发现，模型预测数值与实际数值误差很小，表明该方法是有效的。

表 11-8 2010—2012 年的物流预测结果

年份	港口货物吞吐量/万吨			货运量/万吨			货运周转量(亿吨·千米)		
	预测值	实际值	误差%	预测值	实际值	误差%	预测值	实际值	误差%
2010	9 679.3	9 668.0	−0.11	81 373.79	81 385.00	0.01	2 013.55	2 015.60	0.10
2011	11 602.8	11 605.67	0.02	96 757.86	96 778.51	0.01	2 529.64	2 528.71	−0.04
2012	12 415.2	12 437.8	0.18	86 498.77	86 474.00	−0.03	2 659.58	2 653.30	−0.24

案例

[11-1] 基于灰色模糊综合模型的冷链配送系统风险评价

[11-2] 基于结构熵的集装箱码头物流系统有序性评价

即测即练

第 12 章

物流系统仿真

系统仿真是 20 世纪 40 年代末以来伴随着计算机技术的发展而逐步形成的一门新兴学科。仿真最初主要用于航空、航天、原子反应堆等昂贵、周期长、危险性大、实际系统实验难以实现的少数领域,后来逐步发展到电力、石油、化工、冶金、机械等主要工业部门,并进一步扩大到社会系统、经济系统、交通运输系统、生态系统等非工程系统领域。可以说,现代系统仿真技术和综合性仿真系统已经成为任何复杂系统,特别是高技术产业不可缺少的分析、研究、设计、评价、决策和训练的重要手段。本章介绍物流系统仿真的主要概念、基本原理、仿真步骤以及仿真应用;并针对常见的物流系统仿真软件,进行具体介绍并加以分类,然后从不同角度进行深入的比较和合理的选择。

12.1 物流系统仿真简介

物流系统仿真能够在物流系统的规划设计阶段,对设施布置、设备配置、系统能力、参数优选、系统运行、作业流程等进行仿真分析,评价和对比不同的系统设计方案,从而达到优化物流系统的目的。物流系统仿真在国外已普遍推广应用,据国外经验,应用物流系统仿真后能够使物流系统方案总投资有效降低 30% 左右。[①]

12.1.1 系统仿真概述

系统是由相互作用和相互依赖的若干部分结合而成的有机整体,它具有组成部分独立状态所不具有的整体功能,并总是同一定的环境相联系。系统的概念强调各要素共同致力于目标实现并建立相互协调的合作关系。

系统模型是反映系统的本质特征、反映系统内部要素关系以及内部要素与外部环境关系的抽象。模型具有与系统相同或相似的数学或物理等方面的性质。模型可以分为形象模型和抽象模型,形象模型如飞机模型、汽车模型、建筑模型等,抽象模型如概念模型、模拟模型、图表模型、数学模型等。

系统仿真是建立在系统理论、控制理论、相似理论、数理统计、信息技术和计算机技术

---

① 马向国,梁艳,杨惠惠. 现代物流系统建模、仿真及应用——基于 Flexsim[M]. 北京:机械工业出版社,2017.

等理论基础之上的,以计算机和其他专用物理效应设备为工具,利用系统模型对真实或假设的系统进行试验,并借助专家的经验知识、统计数据和信息资料对实验结果进行分析研究,进而作出决策的一门综合的实验性学科。

"系统、模型、仿真"三者之间有着密切关系。系统是研究的对象,模型是系统的抽象,仿真是通过对模型的实验达到研究系统的目的。系统仿真具有三个基本活动,即系统建模、仿真建模和仿真实验,联系这三个活动的是系统仿真的三要素:系统、模型、计算机(包括软件和硬件)。它们的关系如图12-1所示。

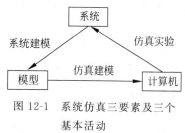

图 12-1　系统仿真三要素及三个基本活动

从广义而言,系统仿真的方法适用于任何领域,无论是工程系统领域(如机械、化工、电力、电子等)或是非工程系统领域(如交通、管理、经济、政治等)。

12.1.2　物流系统仿真概述

1. 物流系统仿真的定义

物流系统仿真,是借助计算机仿真技术,对物流系统建模并进行实验,得到各种动态活动过程的模拟记录,进而研究物流系统性能的方法(《物流术语》GB/T 18354—2021)。通过仿真,可以——仿效实际物流系统的各种动态活动并把系统动态过程的瞬间状态记录下来,最终得到用户所关心的系统统计性能。物流系统运作的成败关系重大,而仿真方法是完善、推进物流系统的一个很好的方法,可以节省费用、减少浪费、消除物流过程中不合理的地方。

2. 物流系统仿真的特点

物流系统仿真是一种有效的技术手段,用于分析和优化现实世界中的物流系统。通过仿真技术,可以在计算机上创建和测试物流系统的模型,从而实现低成本、高效率的分析和优化。下面将从八个方面阐述物流系统仿真的特点。

1) 实物实验的可替代

物流系统仿真技术作为一种替代传统实物实验的方法,具有显著的优势。传统的实物实验受到诸多限制,如实验条件、实验时间、实验成本等。物流系统仿真可以在计算机上模拟物流系统的运行,不受实验条件和实验时间的限制,同时可以大幅降低实验成本。此外,仿真实验还可以模拟出实际物流系统中可能出现的各种情况,从而更好地分析和优化系统的性能。

2) 可重复性

物流系统仿真具有极高的可重复性。通过在计算机上模拟物流系统的运行,可以多次进行相同的实验,以便验证实验结果的一致性和可重复性。此外,通过复制和修改实验条件,可以进行多种不同的实验,从而对比和分析不同条件下的实验结果。

3）参数可调

物流系统仿真实验中的参数可调性,是其重要的特点之一。我们可以根据不同的需求和情况,调整实验参数,如货物数量、运输速度、仓库容量等。通过调整这些参数,可以更好地分析不同情况下物流系统的性能,从而找到最佳的参数配置。

4）定量分析

物流系统仿真可以获得量化的实验结果,从而更好地描述和优化物流系统。通过仿真实验,我们可以精确地计算出物流系统中的各项指标,如运输成本、库存成本、客户服务水平等。这些量化的实验结果为优化物流系统提供了科学的依据。

5）系统级视角

物流系统仿真具有系统级的视角,它从整个物流系统的角度出发,全面地模拟和分析物流系统的各个组成部分及其相互之间的关系。通过仿真实验,可以观察到物流系统中不同部分之间的相互作用,从而更好地理解整个系统的运行机制。此外,这种系统级的视角还使我们可以从宏观的角度出发,分析和优化整个物流系统的性能。

6）灵活性

物流系统仿真具有极高的灵活性,它可以针对不同的需求进行不同的实验,从而更好地满足多样化的优化目标。例如,我们可以通过仿真实验来研究如何提高物流系统的运输效率、减少运输成本,或者如何提高客户服务水平、提升客户满意度。这种灵活性使物流系统仿真成为一种非常有力的分析工具。

7）故障模拟

物流系统仿真还可以模拟不同的故障情况,从而更好地提高系统的可靠性和稳定性。通过模拟故障,我们可以分析故障对整个物流系统的影响,并找到应对策略。例如,我们可以模拟运输过程中的交通事故、仓库中的火灾等故障情况,以评估这些故障对整个物流系统的影响。

8）计划和优化

物流系统仿真在计划和优化方面具有广泛的应用前景。通过仿真实验,我们可以预测未来物流系统的性能,从而制订更为有效的计划和优化策略。例如,我们可以通过仿真实验来研究如何优化库存管理、提高运输效率或者降低运营成本等问题。此外,仿真实验还可以为我们提供在各种不同情况下的优化方案,从而在实际运营中应对各种可能的变化。

综上所述,物流系统仿真作为一种有效的分析工具,具有实物实验的可替代、可重复性、参数可调、定量分析、系统级视角、灵活性、故障模拟以及计划和优化等方面的特点。这些特点使物流系统仿真成为解决现实世界中物流问题的有力手段,同时也为优化物流系统的性能提供了科学依据和有效途径。

3. 物流系统仿真的价值

物流系统仿真是一种基于计算机技术的模拟方法,用于分析和优化物流系统的性能。它可以帮助企业实现对物流系统的规划和优化,从而提高物流效率和降低成本。物流系统仿真的价值,主要包含以下方面。

1）系统建模

系统建模是物流系统仿真的基础，目的是建立物流系统的计算机模型。在系统建模过程中，首先需要对物流系统进行详细的需求分析，明确系统的目标和约束条件。然后，通过系统设计将需求转化为具体的仿真模型，同时收集并整合相关数据以支持仿真实验。

2）模型验证

模型验证是确保物流系统仿真准确性和可靠性的关键步骤。在模型验证过程中，需要对仿真模型的输出与实际系统的数据进行对比，以检查模型是否能够真实地反映实际系统的行为。如果发现模型存在误差，需要对模型进行修正，以确保其准确性。

3）性能评估

性能评估是通过物流系统仿真对模型进行性能分析和优劣评估的过程。通过性能评估，可以发现模型的优点和不足，为企业提供改进意见。性能评估通常涉及的指标包括但不限于库存水平、运输成本、客户服务水平等。马士基航运是全球最大的集装箱运输公司之一，也是物流仿真技术的使用者。马士基航运利用仿真技术对全球范围内的海运和陆运过程进行模拟。通过仿真实验，马士基航运可以评估不同航线、不同船只的运输效率，预测运输时间和成本，从而为客户提供更可靠的运输服务。此外，马士基航运还通过仿真技术对仓库管理、集装箱装卸等环节进行优化，进一步提高了物流效率和安全性。

4）决策支持

物流系统仿真可以为决策者提供有力的决策支持。通过仿真实验，决策者可以模拟不同的决策方案，观察其对企业物流系统的影响，从而选择最优的决策方案。此外，仿真模型还可以为决策者提供预测性分析，帮助他们预测未来物流系统的性能。亚马逊公司使用仿真技术来模拟其物流操作，包括库存管理和配送过程。通过模拟，亚马逊能够预测在不同情况下的物流成本、效率和错误率，从而制定出更精确的决策。仿真实验可以帮助亚马逊确定最佳的仓库布局、运输路线和配送时间，以最大限度地提高物流效率和客户满意度。

5）风险管理

物流系统仿真可以帮助企业分析和预测物流系统中可能出现的风险，从而采取相应的风险控制措施。通过模拟不同的情况，可以发现潜在的瓶颈和挑战，以及可能出现的最坏情况。针对这些风险，企业可以制定应对策略，从而降低风险对物流系统的影响。德邦物流是国内知名的物流公司，为了降低运输过程中的风险，德邦物流采用了物流仿真技术。通过仿真实验，德邦物流可以模拟不同情况下的运输过程，包括天气变化、交通情况以及配送人员的表现等。通过这种方式，德邦物流可以预测并优化配送时间，提高物流效率，并降低运输延误等风险。

6）持续改进

物流系统仿真是一种持续改进的工具，通过不断地对系统进行建模和仿真实验，可以发现新的改进机会，引入新的技术和方法，提升物流系统的性能。此外，仿真过程还可以帮助企业了解系统的动态性，预测未来趋势，为企业适应不断变化的市场环境提供支持。以某企业的焊接车间为例，以往面临着物流到货车辆压车较严重、道口拥堵、供应商频繁投诉等问题。对此，企业通过搭建物流系统仿真模型，对车间内正向物流、逆向物流运作进行仿真,使车间内物流通道拥堵站点流量有效降低,工厂卸货道口泊位负荷得到优化改善,卸货效率提升20%,设备利用率提升18%,物料缓存区面积节约58%。[①]

7) 环境影响评估

物流系统仿真可以帮助企业评估环境因素对物流系统的影响,从而采取相应的措施来减小环境影响。例如,通过模拟不同碳排放水平的运输方案,可以评估出碳排放对环境的影响,进而制定降低碳排放的策略。此外,仿真模型还可以帮助企业评估不同资源配置方案对环境的影响,以制定更加可持续的物流策略。京东物流使用仿真技术来模拟其物流操作在不同碳排放水平下的效果。通过模拟,京东物流能够预测在不同碳排放水平下,如采用低碳排放的配送车辆、利用清洁能源等措施,对物流效率和成本的影响,从而制定出更具可持续性的决策,推动企业实现绿色发展。

总之,物流系统仿真是一种非常有用的分析工具,可以帮助企业实现物流系统的优化和决策支持。通过对物流系统的计算机模拟,可以深入了解系统的性能和行为,为企业制定更加高效和可持续的物流策略提供有力支持。

12.2 物流系统仿真基本原理

12.2.1 系统与系统仿真

1. 连续系统和离散系统

连续系统和离散系统最大的区别在于离散系统的输入变量、输出变量的随机性以及状态变化的不确定性。一般而言,连续系统模型借助各种方程进行,亦称为方程模型;而离散系统模型借助流程图来描述,亦称为流程模型。

2. 连续系统仿真和离散系统仿真

物流系统仿真中最常见的有两类:连续系统仿真和离散系统仿真,如图12-2、图12-3所示。

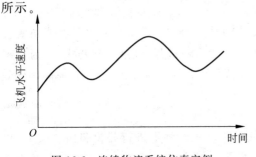

图12-2 连续物流系统仿真实例

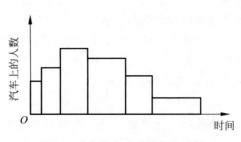

图12-3 离散物流系统仿真示例

---

① 尹静,马常松. Flexsim物流系统建模与仿真[M]. 北京:冶金工业出版社,2014.

由于连续系统和离散系统的不同,连续系统仿真和离散系统仿真的方法也有很大区别。连续系统仿真可以用方程式,如常微分方程、偏微分方程、差分方程等来描述系统,借助数字积分算法和离散相似算法等来求解表征系统变量之间关系;而离散系统仿真则难以采用常规的微分方程、差分方程等方程模型来描述,它是建立在系统的概率模型之上,采用数值方法"执行"仿真模型,从而对系统进行分析。

进一步分析可知,离散系统本质上属于人造系统。系统中,对系统行为进程起决定作用的是一批离散事件,而不是连续变量,所遵循的是一些人为规则,而不是物理学定律。结合上述物流系统复杂性和不确定性的分析,可以得出这样的结论:物流系统主要是离散系统(或离散事件动态系统),物流系统行为进程中起决定作用的是人为规定的一系列规则。因此,主要围绕离散物流系统仿真展开。

12.2.2　离散事件系统仿真基本要素

描述一个离散事件系统一般需要五个基本要素:实体(entity)、属性(attribute)、事件(event)、活动(activity)、进程(process)。

1. 实体

构成系统的各种成分称为实体。实体可分为临时实体(在一部分仿真过程中存在,有进入、退出系统的情况)和永久实体(在整个仿真过程中始终存在)两大类。如工件为临时实体,加工机器为永久实体。

2. 属性

实体的状态由其属性的集合来描述,属性用来反映实体的某些性质。

3. 事件

事件是引起系统状态发生变化的行为,它是在某一时间点上的瞬间行为。离散事件系统可以看作是由事件驱动的。在上面的例子中,可以定义"工件到达"为一类事件。由于工件的到达,系统状态中,机器的状态可能由"闲"变为"忙",或者队列状态(即排队的工件个数)发生变化。工件加工完毕后离开系统的行为也可以定义为一类事件——工件离开,此事件可能使机器的状态由"忙"变为"闲",同时生产线上"现有工件数"减1。

4. 活动

导致系统状态变化的一个过程为活动。活动的开始与结束都是由事件引起的,活动反映了系统变化的规律。

5. 进程

进程由和某类实体相关的事件及若干活动组成。一个进程描述了它所包括的事件及活动之间的相互逻辑关系和时序关系。图12-4揭示了一个工件加工的进程情况。

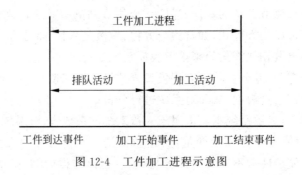

图 12-4 工件加工进程示意图

12.2.3 离散事件系统仿真推进机制

为了实现对系统的动态仿真,必须跟踪仿真过程中时间的推进,即必须给模型一个从某一时刻推进到下一时刻的时间推进机制。仿真时钟就是一个仿真模型中用来记录仿真当前时刻的变量。需要说明的是,仿真时钟所显示的是系统仿真所花费的时间,而不是计算机运行仿真模型的时间。

仿真实则为系统状态基于时间序列的动态描述,仿真时钟就是用来表征仿真的时间变化的,仿真时钟推进是仿真程序的核心。在离散事件系统仿真中,由于系统状态变化是不连续的,在相邻两个事件发生之间,系统状态不发生变化,因而仿真时钟可以跨越这些"不活动"周期,把仿真推向下一个进程。

离散事件系统仿真的仿真时钟推进方法分为两类:一类是变步长推进法(或称下次事件时间推进法),另一类是固定步长推进法(或称固定增量法)。

1. 变步长推进法

变步长推进法也叫下次事件时间推进机制,或面向事件的仿真时钟推进。该推进方式事先并没有确定时钟推进步长,而是根据随机事件的发生,进行随机步长的推进,推进步长为最后发生事件与下一事件的时间间隔。图 12-5 为仿真时钟的变步长推进机制。由于离散事件系统的状态多数是随时间离散变化的,在仿真时不需要考虑那些没有发生状态变化的时段,因此变步长推进法的节奏性与系统状态变化更加吻合。

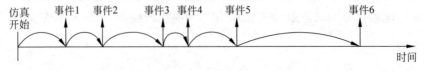

图 12-5 仿真时钟的变步长推进机制

下次事件时间推进机制的仿真时钟按照下一个事件预计将要发生的时刻,以不等距的时间间隔向前推进。因此,仿真时钟的增量可长可短,完全取决于被仿真的系统。为此,必须对各事件按发生时间的先后次序进行排列,时钟时间则按事件顺序发生的时刻推进。每当某一事件发生时,需要立即计算出下一事件发生的时刻,以便推进仿真时钟。这个过程不断重复,直到仿真运行满足规定的终止条件,如某一特定事件发生或达到规定的仿真时间等。

下次事件时间推进机制具有以下特点。

(1) 下次事件时间推进机制能在事件发生的时刻捕捉到发生的事件，不会导致虚假的同时事件，因而能达到最高的精度。

(2) 下次事件时间推进机制能跳过大段没有事件发生的时间，这样也就消除了不必要的计算和判断，有利于提高仿真的效率。

(3) 采用下次事件时间推进机制时，仿真的效率完全取决于发生的事件数，也即完全取决于被仿真的系统，用户无法控制调整。

2. 固定步长推进法

固定步长推进法也叫面向时间间隔的仿真时钟推进。该推进方式确定一个固定的时间间隔，以此为增量来逐步推进仿真时钟，如图 12-6 所示。每推进一个增量，就在被推进的时刻观察有无事件发生，并根据情况做相应处理。

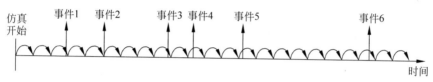

图 12-6 仿真时钟的固定步长推进机制

可以看出，固定步长推进法适合周期性强的系统仿真；而变步长推进法仿真时钟推进灵活，且能越过那些不发生系统状态变化的时刻。

12.2.4 离散事件系统仿真算法

物流系统仿真可以认为是物流系统运行的快速拍照，是物流系统运行过程的真实再现。然而，在复杂的物流系统中，每一时刻有多少事件发生，有多少状态发生变化，如何推进仿真时钟，使仿真能够完整、准确地记录这一复杂过程呢？仿真时钟的推进算法是关键。仿真算法是确定仿真时钟推进策略的控制方法，是仿真控制的核心。目前，比较成熟的仿真算法有三类：第一类是以事件为基础的事件调度法(event scheduling, ES)；第二类是以活动扫描为基础的活动扫描法(activity scanning, AS)；第三类是以进程为基础的进程交互法(process interaction, PI)。

1. 事件调度法

事件调度法是面向事件的方法，而事件都是预定的，状态变化发生在明确的预定时刻，适合活动持续、事件比较确定的系统。

事件调度法的基本思想：以事件为分析系统的基本单元，通过定义事件及每个事件发生对系统状态的影响，按事件发生的先后顺序确定并执行每个事件发生时的逻辑关系并策划新的事件来驱动模型的运行。

以事件调度法作为仿真策略建立仿真模型时，所有事件均放在事件表中。模型中设有一个时间控制模块,该模块从事件表中选择具有最早发生事件的时间,并将仿真时钟置为该事件发生的时间,再调用与该事件对应的事件处理模块,更新系统状态,策划未来将要发生的事件,该事件处理完后返回时间控制模块。这样,事件的选择与处理不断进行,直到仿真终止的条件满足。

事件调度法的仿真过程如下。

(1) 初始化:置仿真的开始时间 t_0 和结束时间 t_f,置各实体的初始状态,事件表初始化。

(2) 置仿真时钟 TIME=t_0。

(3) 如果 TIME≥t_f,转至第(4)步,否则执行:

操作事件表,取出发生时间最早的事件 E_i,$i=1,2,\cdots,n$;

将仿真时间推进到此事件的发生时间,TIME=t_E;

{Case 根据事件 E 的类型:

$E \in E_1$:执行事件 1 的事件处理模块;

$E \in E_2$:执行事件 2 的事件处理模块;

…

$E \in E_n$:执行事件 n 的事件处理模块;

Endcase};

更新系统状态,策划新的事件,修改事件表;重复执行第(3)步。

(4) 仿真结束。

根据事件调度法建立的仿真模型称为面向事件的仿真模型。对于面向事件的仿真模型,总程序必须完成三项工作。一是时间扫描:确定下一事件发生的时间并将仿真时钟推进到该时刻;二是事件辨识:正确地辨识当前要发生的事件;三是事件执行:正确地执行当前发生的事件。

面向事件仿真模型的总控程序使用事件表(event list)来完成上述任务。事件表可以想象为一个记录将来事件的"笔记"。在仿真运行中,事件的记录不断被列入或移出事件表。比如,在单机器加工系统中,工件的到达可能会导致一个加工开始事件的记录被列入事件表。每一个事件记录至少应由两部分组成:第一是事件的发生时间;第二是事件的标识(event identifier)。有时,事件记录中还会有参与事件的实体名称等信息。

2. 活动扫描法

活动扫描法在 1962 年由约翰·巴克斯顿(John Buxton)和约翰·拉斯基(John Laski)提出,以活动为分析系统的基本单元,认为仿真系统在运行的每一个时刻都由若干活动构成。每一活动对应一个活动处理模块,处理与活动相关的事件。活动与实体有关,主动实体可以主动产生活动,如单机器加工系统中的工件,其到达会产生排队活动或加工活动;被动实体本身不能产生活动,只有在主动实体的作用下才会产生状态变化,如单机器加工系统中的机器。

活动扫描法的基本思想:用各实体时间元的最小值推进仿真时钟;将仿真时钟推进到一个新的时刻点,按优先级顺序执行可激活实体的活动处理,使测试通过的事件得以发生并改变系统的状态和安排相关确定事件的发生时间。

活动扫描法的仿真过程如下。

(1) 初始化。

置仿真的开始时间 t_0 和结束时间 t_f。

置各实体的初始状态。

置各个实体的时间元 time-cell[i] 的初值;$i=1,2,\cdots,m$;m 是实体个数。

(2) 置仿真时钟 TIME=t_0。

(3) 如果 TIME$\geqslant t_f$,转至第(4)步,否则执行:

活动处理扫描:

for $j=1$ to n(优先级从高到低)

　处理模块 A,隶属于实体 E_{ni};

　if(time-cell[i]$\leqslant$TIME)then

　　执行活动处理 A_j;

　　若 A_j 中安排了 E_{ni} 的下一个事件,则刷新 time-cell[i];

　End if

　若处理模块 A_j 的结束测试条件 $D(j)$=true,则退出当前循环,重新开始扫描;

End for

推进仿真时钟 TIME=min{time-cell[i]|time-cell[i]>TIME};

重复执行第(3)步。

(4) 仿真结束。

可以看出,活动扫描法要求在某一仿真时刻点上对所有当前(time-cell[i]=TIME)可能发生的和过去(time-cell[i]<TIME)应该发生的事件反复进行扫描,直到确认已经没有可能发生的事件时才推进仿真时钟。

根据活动扫描法建立的仿真模型称为面向活动的仿真模型。在面向活动的仿真模型中,处于仿真模型第二层的每个活动处理例程都由两个部分构成。一是探测头:测试是否执行活动例程中操作的判断条件;二是动作序列:活动例程所要完成的具体操作,只有测试条件通过后才能被执行。

总控程序的主要任务是进行时间扫描,以确定仿真时钟的下一个时刻。根据活动扫描法,下一时刻是由下一最早发生的确定事件所决定的。在面向事件的仿真模型中,时间扫描是通过扫描事件表完成的。而在面向活动的仿真模型中,时间扫描则是通过扫描时间元 time-cell 完成的。

3. 进程交互法

事件调度法和活动扫描法的基本模型单元是事件处理和活动处理,这些处理是针对事件而建立的。在事件调度法和活动扫描法中,每个处理都是独立存在。

进程交互法的基本模型单元是进程。进程是针对某类实体的生命周期建立的,一个进程中要处理实体流动中发生的所有事件(包括确定事件和条件事件)。

进程交互法的设计特点是为每一个实体建立一个进程,该进程反映某一个动态实体从产生到结束的全部活动。这里所建立进程的实体一般是指临时实体(如工件),当然建立的进程还要包括与这个临时实体有交互的其他实体(如机器,当然机器的实体不仅包含在一个进程中,为多个进程所共享)。

进程交互法中实体的进程需要不断推进,直到某些延迟发生后才会暂时锁住。一般需要考虑两种延迟的作用。一是无条件延迟:在无条件延迟期,实体停留在进程中的某一点上不再向前推进,直至预先确定的延迟期满。例如,工序停留在加工通道直到加工结束。二是条件延迟,即条件延迟期的长短与系统的状态有关,事先无法确定。条件延迟发生后,实体停留在进程中的某一点,直到某些条件得到满足后才能继续向前推进。例如,队列中的工件一直在排队,等到机器空闲并且自己处于队首时才能离开队列开始加工。

进程交互法的基本思想:通过所有进程中时间值最小的无条件延迟复活点来推进仿真时钟;当时钟推进到一个新的时刻点后,如果某一实体在进程中解锁,就将该实体从当前复活点一直推进到下一次延迟发生。

进程交互法的过程如下。

(1) 初始化。

置仿真的开始时间 t_0、结束时间 t_f。

置各进程中每一实体的初始复活点及相应的时间值 $T[i,j]$; $i=1,2,\cdots,m$; m 是进程个数;$j=1,2,\cdots,n[i]$;$n[i]$ 是第 i 个进程中实体的个数。

(2) 推进仿真时钟 TIME$=\min\{T[i,j]|j$ 处于无条件延迟$\}$。

(3) 如果 TIME$\geqslant t_f$,转至第(4)步,否则执行:

for $i=1$ to m(优先级从高到低)

    for $j=1$ $n[i]$

        if($T[i,j]=$TIME)then

            从当前复活点开始推进实体 j 的进程 i,直至下一次延迟发生;

            如果下一延迟是无条件延迟,则设置实体 j 在进程 i 中复活时间 $T[i,j]$;

        End if

        if($T[i,j]<$TIME)then

            如果实体 j 在进程 i 中的延迟结束条件满足,则

            {从当前复活点开始推进实体 j 的集成 i,直至下一延迟发生;

            如果下一延迟是无条件延迟,则{设置 j 在 i 中的复活时间 $T[i,j]$};

            退出当前循环,重新开始扫描};

        End if

    End for

End for

返回到第(2)步。

(4) 仿真结束。

显然,进程交互法兼有事件调度法和活动扫描法的特点,但其算法比两者都要更为复杂。根据进程交互法建立的仿真模型称为面向进程仿真模型。面向进程仿真模型的总控程序设计的简单方法是采用两个事件表。

其中,未来事件表(future event list,FEL)中的实体需要满足两个条件:实体的进程

被锁住;被锁实体的复活时间是已知的。

为了方便,FEL中除存放实体名外,还存放实体的复活时间及复活点位置。

另一个事件表是当前事件表(current event list,CEL),包含以下两类实体的记录:一是进程被锁而复活时间等于当前仿真时钟值的实体;二是进程被锁且只有当某些条件满足时方能解锁的实体。

从另一方面理解,FEL中存放的是处于无条件延迟的实体记录;CEL中存放的是当前可以解锁的无条件延迟的实体记录,或者是处于条件延迟的实体记录。

面向进程仿真模型的总控程序包含三个步骤。一是未来事件表扫描:从FEL的实体记录中检出复活时间最短的实体,并将仿真时钟推进到该实体的复活事件;二是移动记录:将FEL中当前事件复活的实体记录移至CEL中;三是当前事件表扫描:如果可能,将CEL中的实体进程从某复活点开始尽量向前推进,直至进程被锁住。如果锁住进程的是一个无条件延迟,则在FEL中为对应实体建立一个新的记录,记录中应含有复活点及其时间值;否则,在CEL中为该实体建立一个含有复活点的新记录。在这两种情况下,都需要将进程已推进的实体的原有记录从CEL中删除。如果某一时刻实体已完成其全部进程,则将其记录全部删除。对CEL的扫描要重复进行,直到任一实体的进程都无法推进。

以上讨论的三种仿真方法在离散事件系统仿真中均得到广泛的应用。有的仿真语言采用某一种方法,有的则允许用户在同一个仿真语言中用多种方法,以适应不同用户的需要。显然,选择何种方法依赖于所研究系统的特点。一般说来,如果系统中的各个成分相关性较低,则宜采用事件调度法,相反则宜采用活动扫描法;如果系统成分的活动比较规则,则宜采用进程交互法。

图12-7、图12-8、图12-9揭示了银行出纳员系统的三种方法仿真模型。

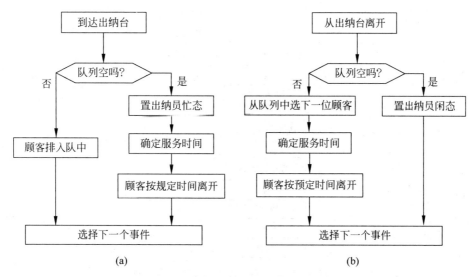

图12-7 出纳员系统事件调度法仿真模型
(a)到达事件仿真流程;(b)完成事件仿真流程

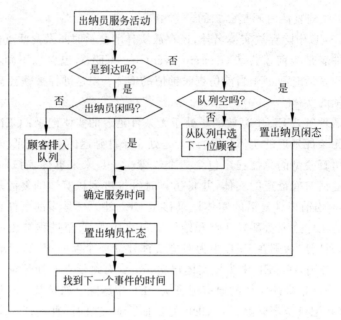

图 12-8　出纳员系统活动扫描法仿真模型

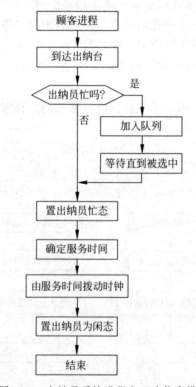

图 12-9　出纳员系统进程交互法仿真模型

三种仿真方法在系统描述、建模要点、仿真时钟推进和执行控制方面的优缺点如表 12-1 所示。

表 12-1　事件调度法、活动扫描法、进程交互法的比较

特征	事件调度法	活动扫描法	进程交互法
系统描述	主动成分可施加作用	主动成分、被动成分均可施加作用	主动成分、被动成分均可施加作用
建模要点	对事件建模,事件子程序	对活动建模,条件子程序	进程分布,条件测试与执行活动
仿真时钟推进	系统仿真时钟	系统仿真时钟,成分仿真时钟	依据 CEL 最早发生的事件时间执行活动
执行控制	选择最早发生的事件记录	扫描全部活动,执行可激活成分	扫描 CEL,执行 $Da(S) = true$ 的记录断点

12.3　物流系统仿真步骤

物流系统仿真的一般步骤如图 12-10 所示,图中给出了一般情况下物流系统典型的、完整的仿真步骤及其相互关系。

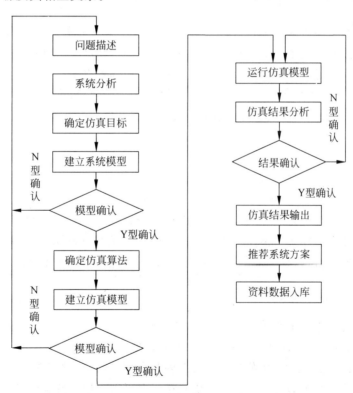

图 12-10　物流系统仿真的一般步骤

总体来说,物流系统仿真可以大致分为系统描述及问题定义、概念建模、选择合适的物流系统仿真软件、建立物流系统仿真模型、运行仿真系统、仿真结果输出和数据分析六个步骤。

1. 系统描述及问题定义

由于系统仿真是面向问题的而不是面向整个实际系统的,因此首先要在分析调查的基础上,明确要解决的问题及仿真的目标。

2. 概念建模

物流系统仿真的前提是要对仿真对象即现实或假想的物流系统有一个清晰的认识和描述,确定系统的每个组成部分及其相互关系,并对系统运行过程有清晰的描述,即要建立系统的概念模型。建立清晰的概念模型是建立正确的仿真模型的重要基础。

3. 选择合适的物流系统仿真软件

目前用于物流系统仿真的软件平台很多,如 FlexSim、Witness、Arena 和 Extend 等,这些仿真软件平台各有特点,如有的图形化、可视化功能强,有的数据处理和分析方便,具体要根据仿真对象的实际情况和仿真目标及需要进行合理选择。

4. 建立物流系统仿真模型

选定物流系统仿真软件平台后,可依据物流系统的概念模型,结合物流系统的实际需求和运作流程建立物流系统的仿真模型。一般来说,这一过程包括仿真布局及场景建立、设备对象建模、仿真流程建模等环节。另外,为了进行系统仿真,除了必要的仿真输入数据外,还必须收集与仿真初始条件及系统内部变量有关的数据,这些数据往往是某种概率分布的随机变量的抽样结果。因此,需要对真实系统的这些参数做必要的统计调查,通过分布拟合、参数估计及假设检验等步骤,确定这些随机变量的概率密度函数,以便输入仿真模型实施仿真运行。

5. 运行仿真系统

建立的物流系统仿真模型经过编译后即可运行,仿真运行时间可以根据实际物流系统的生产班次或最大物流量模拟。通过设置不同的初始条件和仿真参数,可以对仿真模型多次独立重复运行,以得到一系列输出数据和系统性能参数,便于进行对比分析。

6. 仿真结果输出和数据分析

这是系统仿真非常重要的一步,需要根据流程运行结果和输出数据进行必要的统计分析和判断,如系统是否存在"瓶颈"、流程是否畅通、物流量能否满足需求等。如果系统运行后,结果有不理想之处,要分析具体的原因和影响因素,并调整方案或者改变参数,直至满足物流系统的需求和仿真的目标。仿真结果也可以生成三维动画输出并形成仿真报告,提交给物流系统的管理者和设计者,进一步优化和完善。

需要注意的是:一是对于一些简单的、特殊的或复杂的物流系统仿真,可以根据情况相应简化、减少或增加仿真过程的步骤;二是模型、算法及仿真结果(含中间结果和最终结果)的验证和确认,将始终贯穿在物流系统仿真过程当中;三是从仿真问题描述到仿真结束的全过程,是一个客观辩证、反复迭代的过程,直至为仿真人员、决策部门提供一个满意的方案。

12.4 物流系统仿真应用

系统仿真在物流系统运行中发挥的重要作用,可以从如下三方面考虑：一是在物流系统尚未建立之前,可以评价和论证系统方案及其可行性,避免投资风险；并且可以进行多种方案的比较,进行最优化设计,从而大大提高设计的成功率。二是在物流系统设计过程中,利用仿真技术可以帮助设计人员建立系统模型,进行模型验证与模型简化并进行最优化设计。另外,系统设计中常常涉及采用新部件、新设备等问题,利用仿真技术可以帮助设计人员完成设备和运行参数的选择。三是在物流系统建成后,利用仿真技术可以分析系统工作的状况,寻求系统改进的途径以及找出最佳的运行参数。

常见的物流系统仿真应用主要有以下几方面。

1. 系统规划与设计

在物流系统还处于规划设计、没有实际建成的情况下,把系统规划转换成仿真模型,通过运行模型,评价规划方案的优劣并修改方案,是系统仿真经常用到的一方面。这可以在系统建成之前,对不合理设计和投资进行修正,避免了资金、人力和时间的浪费。例如,一个复杂的物流系统,由自动化立体仓库、AGV、缓冲站等组成。系统设计面临的问题经常是：如何确定自动化立体仓库的货位数,如何确定 AGV 的速度、数量,如何确定缓冲站个数,如何确定堆垛机的装载能力(运行速度和数量),如何规划物流设备的布局以及如何设计 AGV 的运送路线等。这里生产能力、生产效率和系统投资常常是设计的重要指标,而它们又是相互矛盾的,需要选择技术性与经济性的最佳结合点。系统仿真运行准确地反映了未来物流系统在有选择地改变各种参数时的运行效果,从而使设计者对规划与方案的实际效果更加胸有成竹,有利于避免企业新上项目的失误。从这个意义上说,系统仿真"把明天的工厂放到了今天"。

2. 生产物料控制

对生产制造企业来说,生产物流有其独特的地方。根据企业生产的工艺流程、设备参数、人员配备、资金约束、物料供应等,建立生产物流仿真系统。通过仿真,可以分析生产系统的生产量,确定生产瓶颈位置,报告资源利用率；可以考察生产物流系统重构、车间物流改造；可以考评生产物料的 JIT 配送、生产物流的库存管理等。生产物流仿真若同 MRP、MRP Ⅱ、ERP 等有机结合,将使企业的人、财、物等资源配置更合理有效。

3. 库存控制

对企业内部运行来说,外部市场需求的不确定及其波动,往往导致企业内部物料供应部门与生产加工部门的供求关系存在矛盾。为确保物料及时、准确供应,人们常常在工厂、车间设置物料仓库,在生产工序间设置缓冲物料库,来协调生产节奏。通过对物料库存状态的仿真,可以动态地模拟入库、出库、库存的实际状况。根据加工要求,正确地掌握入库、出库的时机和数量。

对企业所在供应链来说,供应商、生产商、分销商、零售商和终端客户之间,供需存在很多不协调,这就需要库存调剂。按照现代物流的理念,在满足下游客户需求的前提下,库存越少越好。对于每个环节的库存都可以建立模型进行仿真,动态地模拟入库、出库、库存的实际状况,根据下游需求正确地掌握入库、出库的时机和数量;在此基础上,拓展到整个供应链,从而降低整个供应链的总库存量和库存成本,提升供应链的整体运行绩效。这方面典型的应用如构建"啤酒游戏"的计算机模型,分析比较不同库存策略时"啤酒游戏"和"牛鞭效应"产生的原因与机理,根据仿真结果采取相应的手段,降低供应链中企业的库存总量,降低供应链的物流总成本。

4. 运输管理

物流运输系统是一个复杂的动态过程,系统中常常包含多种运输车辆、多种运输路线。合理的调度运输工具、规划运输路线、保障运输路线的通畅和高效等都不是一件轻而易举的事情。运输策略存在多种可能。如何评价各种策略的合理性呢?怎样才能选择一种较优的调度策略呢? 运输调度是物流系统最复杂、动态变化最大的,很难用解析法描述运输的全过程。建立运输系统仿真模型,动态运行此模型,可以用动画将运行状态、道路堵塞情况、货物供应情况等生动地呈现出来。仿真还能够提供其他数据,如车辆的利用率、运行时间等。通过对运输调度过程仿真,调度人员对所执行的调度策略进行检验和评价,就可以采取比较合理的调度策略。

5. 成本估算

物流成本包括运输成本、库存成本、装卸成本、人工成本等,可以认为,物流成本的核算与所花费的时间比例相关。物流系统仿真是对物流整个过程的模拟,进程中每一个操作的时间,通过仿真推进被记录下来。因此人们可以通过仿真,统计物流时间的花费,进而计算物流的成本。这种计算物流成本的方法,比用其他数学方法计算更简便、更直观,同时可以建立成本与物流系统规划、成本与物料库存控制、成本与物料运输调度策略之间的联系,从而用成本核算结果来评价物流系统的各种策略和方案,保证系统的经济性。实际仿真中,物流成本的估算可以与物流系统其他统计性能同时得到。

6. 军事物流

物流系统仿真技术在军事物流中的应用广泛且具有重要意义,有助于提高军事物流的效率和适应性。物流系统仿真技术可以用于评估不同的军事物流方案,如评估不同的库存管理策略、运输方案或配送计划等;帮助优化军事物流的各个流程,如装备研制、人员训练、仓储、运输、配送等环节,模拟不同的系统设计方案或改进方案,观察其在模拟环境中的表现,进而选择最佳的设计或改进方案;为军事物流决策提供支持,如用于预测物资需求、模拟物资供应中断、评估应急物流策略等,帮助其作出更加合理的决策。此外,物流系统仿真技术还可以用于军事物流训练模拟,模拟真实的物流环境,让军事人员在实际操作之前，对物流流程和操作有更加深入的理解和熟悉，提升训练效果和效率。

7. 应急物流

仿真技术可以模拟应急物流的整个过程，包括物资的收集、中转、分配、运输等环节，以便更好地管理和优化这些环节。通过物流系统仿真技术，实现对应急物流系统性能的评估，如系统的吞吐量、响应速度、灵活性等，进而在不同的应急物流网络设计方案中进行比较和选择，以提高网络的性能和可靠性。同时，通过仿真能够预测应急物流的成本，并优化应急物流的方案，降低成本。此外，可以模拟不同情况下的物资可达性和可得性，以便更好地管理和优化应急物资的分配和运输，为决策者提供更可靠和有效的决策支持。

综上可见，物流系统仿真主要是针对物流系统的整体运作和流程，提出优化的方案，这个过程是不断完善、精益求精的过程，也是一个基于现实问题的过程。从事物流系统仿真的相关工作，既要敬业，敢于面对存在问题，也要不怕困难、精益求精，更要专注于具体问题，通过不懈努力、敢于创新找到最优方案，其中无处不蕴含着"工匠精神"。

12.5 物流系统仿真的常见错误与注意事项

12.5.1 物流系统仿真过程中的常见错误

在进行物流仿真过程中，常见的错误包括以下几点。

1. 数据不准确或者不完整

数据不准确或者不完整是物流仿真中最常见的错误之一。如果数据不正确，仿真结果就无法真实地反映实际生产或运营环境，作出的决策就可能会有误。

2. 模型设计不合理

物流仿真模型需要符合实际情况，并尽可能准确地表达物流系统中各个环节。如果模型设计不合理，仿真结果也会存在偏差。

3. 参数设置错误

在物流仿真中，各种参数的设置对最终结果影响非常大。如果参数设置不合理，仿真结果就会失真或者无法提供有价值的信息。

4. 仿真执行不当

物流仿真需要耗费大量的时间和精力。如果操作过程不当，如停机或破坏仿真过程等，则可能导致仿真结果不可用。

5. 结果解释不当

物流仿真结果需要专业人员进行分析和解读，以便得出相关结论。如果对结果的解释不透彻或缺乏必要的知识技能,容易产生错误结论。

6. 忽略系统动态变化

物流系统是一个动态的过程,包含多个环节和实体。如果在仿真过程中忽略了系统内部及外部的动态变化,那么得到的结果就可能无法反映实际情况。

在物流仿真过程中,需要进行充分的实验和对比分析,以便准确地得出结果。同时,应该注意仿真过程中的输入、输出数据的可靠性,以保证仿真结果的准确性和有效性。

12.5.2 物流系统仿真过程中的注意事项

任何一项技术都不可能十全十美,物流系统仿真也不例外。这就要求在物流系统仿真过程中,必须认真考虑一些主要的注意事项,实现高效、精确的物流仿真。具体来讲,物流系统仿真过程中的注意事项主要有以下几个方面。

1. 物流系统仿真无法完全与现实物流系统一致

现实中的物流系统是机械、材料、控制、电气、管理、计算机、人工智能等多学科综合的有机体,而物流系统仿真只是从流程逻辑上尽可能接近现实物流系统,难以作出与现实物流系统完全一致的仿真。因此,就仿真输出而言,也不可能和现实系统的输出完全一致。归根结底,仿真中"仿"字更为重要,模仿的一定会与真实的存在差距。只是,对于现实问题除了模仿,并没有更好的选择。所以只要物流系统仿真输出接近现实系统输出的结果,就具有辅助决策的价值。但如果差距过大,物流系统仿真就失去了"真"这一核心价值点。

2. 物流系统仿真只能发现问题,而无法给出解决方法

物流系统仿真可以发现隐藏的具体问题,但不能自动给出解决问题的方法。通常需要借助仿真人员的相关知识和经验,对仿真结果进行分析,最终找到解决问题的方法。所以,对于现代物流而言,物流系统仿真只是一个有效的支撑工具,但并非智能实现的组成部分。

3. 数据超载,仿真速度慢

当仿真模型超大或需要处理大量数据时,会存在数据超载现象,导致仿真速度慢。其原因在于离散事件仿真本身的机制是逐个处理每个事件,在处理每个事件过程中不断对新产生的未来事件进行排布。为了保证处理逻辑正确,这一过程往往由一个单核 CPU(中央处理器)处理,如果事件很多,处理过程就会非常烦琐耗时。目前主流的物流系统仿真软件都难以突破对大规模仿真算力不足的瓶颈,这也是制约物流系统仿真"快"的一个难题。

4. 仿真模型准确度难以被充分验证

物流系统仿真主要应用于物流系统设计领域,在系统设计阶段没有真实系统的输出

作为对照,往往难以充分验证仿真模型的准确度和仿真结果的偏差。通常的做法是,将物流系统仿真结果与经验结果或简单的逻辑分析结果进行对比。但是,这种对比往往不够充分,又缺乏相应的验证标准。即使对现实物流系统仿真,将仿真输出与现实物流系统输出进行对比,也会存在有时准确、有时误差偏大的现象。而且,仿真往往要对现实物流系统作出改善,针对改善方法而假设的仿真结果,同样失去了现实系统输出作为对标,其准确度也难以准确度量。VVA(verification"校核",validation"验证",accreditation"接受标准")是公认的仿真模型准确度验证的方法。但目前在物流系统仿真领域,还缺乏相应 VVA 标准。

12.6 物流系统仿真软件

物流仿真软件的开发起源于 20 世纪 80 年代,现阶段常用的物流仿真软件主要来自美国,也有部分仿真软件来自欧洲。物流仿真软件是对商业物流进行建模、分析、可视化控制的强大工具,可以帮助企业规划和实施可靠的物流与制造解决方案,降低投资风险、减少运营成本,同时也是培训人员的有力手段。

12.6.1 常见物流系统仿真软件介绍

1. FlexSim

FlexSim 是美国企业开发的三维物流仿真软件,可以应用于系统建模、仿真及实现业务流程可视化。FlexSim 是面向对象的仿真软件,其中的对象参数可以表示基本上所有存在的实物对象,如机器装备、操作人员、传送带、叉车、仓库、集装箱等,同时数据信息可以用 FlexSim 丰富的模型库表示出来。FlexSim 具有层次结构,可以使用继承来节省开发时间,而且它还是面向对象的开放式软件,对象、视窗、图形用户界面、菜单列表、对象参数等都是非常直观的。由于 FlexSim 对象的开放性,这些对象可以在不同的用户、库和模型之间进行交换,再结合对象的高度可自定义性,大大加快建模的速度。同时,FlexSim 的用户性和可移植性延长了对象和模型的生命周期。

2. RaLC

RaLC 软件是由上海乐龙人工智能软件有限公司(日本人工智能服务株式会社在华子公司)研发,集现代物流技术、人工智能、3D 图像、数据处理和计算机仿真等技术于一体,专门服务于物流行业和工业工程领域的物流系统仿真软件。RaLC 软件可以针对物流仓储配送中心系统进行系统仿真规划设计、分析和验证,通过对物流设备、控制系统、作业人员和业务信息数据进行系统仿真,为物流生产管理以及物流工程规划和设计提供经过仿真验证的科学数据。同时,它也可以为物流中心及工厂获取各种最佳解决方案提供快速、实用的三维动画仿真形象化展示、可视化信息分析和讨论、一体化人员沟通和业务交流、数字化系统仿真和方案验证平台。

3. Witness

Witness 由英国 Lanner 集团用数十年系统仿真经验开发出的，它是面向工业系统、商业系统流程的动态系统建模仿真软件平台，是离散型的仿真软件，流程的仿真动态演示是三维的，是世界上该领域的主流仿真软件之一。Witness 提供了大量描述工业系统的模型元素，如生产线上的加工中心、传送设备、缓冲存贮装置等，以及逻辑控制元素，如流程的倒班机制、事件发生的时间序列、统计分布等，用户可方便地使用这些模型元素建立工业系统运行的逻辑描述。通过其内置的仿真引擎，可快速地进行模型的运行仿真，展示流程的运行规律。进一步，在整个建模与仿真过程中，用户可根据不同阶段的仿真结果，随时修改系统模型，如添加和删除必要的模型元素，动态地提高模型的精度；可方便地设计与测试新设计的工厂和流程方案，平衡服务与花费，简化换班模式，评测可选的设计方案。

4. AutoMod

AutoMod 是由 Autosumulation 旗下的 Brooks 软件部门开发的，由 AutoMod、AutoStat 和 AutoView 及其他模块四个部分组成。AutoMod 模块提供给用户一系列的物流系统模块来仿真现实世界中的物流自动化系统，主要包括输送机模块、自动化存取系统、基于路径的移动设备、起重机模块等。AutoStat 模块为仿真项目提供增强的统计分析工具，由用户定义测量和实验的标准，自动在 AutoMod 的模型上执行统计分析。AutoView 允许用户通过 AutoMod 模型定义场景和摄像机的移动，产生高质量的 AVI 格式的动画。用户可以缩放或者平移视图，或使摄像机跟踪一个物体的移动。AutoView 可以提供动态的场景描述和灵活的显示方式，是目前市面上比较成熟的三维物流仿真软件。

5. MATLAB

MATLAB(MATrix LABoratory)，是由美国 Math Works 公司开发的一个功能强大的数学软件包。MATLAB 提供了一个高性能的数值计算和图形显示的科学和工程计算软件环境，计算功能强大，可以做微积分（如微分、积分、求极限、泰勒展开、级数求和等）、代数（如求逆、特征值、行列式等）、数值分析（如插值与拟合、数值微分与积分、函数逼近等）、统计计算（如均值、方差、概率、参数估计、假设检验、回归分析、统计绘图、随机数产生器等）、优化问题求解（如线性规划、非线性规划等）、动态系统模拟仿真等。同时，它还包含一系列称为工具箱（TOOLBOX）的涉及许多领域的应用软件模块，如信号处理、图像处理、控制系统分析、神经网络、优化、统计学和符号数学等，因而成为全世界各类专业人员"万能"的工具。

6. 其他仿真软件

当然，还有其他仿真软件，如 AnyLogic、SIMAnimation、Supply Chain Guru、ClassWarehouse、SimLab 等，也都各有特点，在不同应用领域得到广泛使用，在此不再一一列举。

12.6.2 物流系统仿真软件分类

随着计算机技术和仿真技术的发展,目前有很多物流仿真软件可供选择。物流仿真软件有不同的分类方法。

(1) 根据软件结构形式,物流仿真软件可分成结构性(hierarchical)和分散式(discrete)两大类型。

(2) 根据动画表现形式,物流仿真软件可分为 2D 类(如 Arena、eM-Plant、Witness、Extend)和 3D 类(如 FlexSim、AutoMod、RaLC)。2D 是指动画表现形式为二维平面形式,3D 是指动画表现形式为三维立体形式。大多数 3D 类仿真软件也能在 2D 形式下表现,例如 FlexSim,建模可在 2D 环境下进行,在 2D 环境下的建模过程中,自动生成了 3D 模型,建立 3D 模型不需另外花费时间。有些 2D 类仿真软件通过其他工具辅助也可表现为 3D 形式,如 Extend、Witness。

(3) 根据建模方法,物流仿真软件可分为部件固定类(如 Arena、Witness、Extend、AutoMod、RaLC 等)和部件开放类(如 FlexSim、eM-Plant 等)。本质上,物流仿真软件的建模方法大同小异,都是通过组合预先准备好的部件来建模。其中用户不能够定制部件的软件为部件固定类,用户能够定制部件的软件为部件开放类。部件开放类的仿真软件更具有通用性和扩展性,由于用户定制的部件可被其他用户利用,部件库将会越来越大,从而加快建模速度。

(4) 根据仿真软件的来源,物流仿真软件可分为普适性类和物流专业类。普适性类仿真软件指该软件不但可以用于物流仿真,而且可以应用到其他行业,如 Extend 仿真软件。而专业物流仿真软件则专门针对物流行业应用开发,如 FlexSim 和 AutoMod。

随着计算机技术的发展和新的建模方法、建模手段的产生,物流仿真软件也将逐渐完善并更广泛地应用到物流系统设计、规划当中,取得更多的成果。

12.6.3 物流系统仿真软件比较

FlexSim、Arena、ProModel、Witness 和 AutoMod 都是市场上常见的模拟软件。Arena、ProModel、Witness 和 AutoMod 的模拟技术都开发自 20 世纪 80 年中至 90 年代后期。Arena、Witness、ProModel 都没有三元虚拟的技术,而 AutoMod 三元虚拟技术只限于线框模型(Wireframe Model)的代表,非实质模拟技术。有的软件只能代表性而不能反映实际的情况。FlexSim 是一个完整的 3D 模拟软件,其虚拟技术不比其他软件逊色,无论是在模拟驱动器、统计数字分析,或者在图形代表上都能反映实际情况。在 FlexSim 的 3D 虚拟中,用户可以使用鼠标(右击、单击和左右同时点)来放大、缩小和改变视像的角度,这在别的软件里是不能做到的。

除了 Arena 和 Supply Chain Guru,其他都为三维软件,其中 FlexSim 和 RaLC 等有很好的面向对象性,Supply Chain Guru 是专门的供应链仿真软件,ClassWarehouse 是专门的仓库仿真软件,Arena 是一种管理系统模拟软件。

FlexSim、Supply Chain Guru 等仿真软件的资料、图像和结果都可以与其他软件实现无缝连接，这是其他软件不能做到的。因此，FlexSim、Supply Chain Guru 等可以从 Excel 读取资料和输出资料（或任意 ODBC database），可以从生产线上读取现时资料以实现分析功能。FlexSim、Quest 等也允许用户建立自己的模拟对象（objects）。

模拟方法方面，在 FlexSim 中，逻辑和资料是输入每一个对象中，而不是在产品中。用户也可以用 C++建立自己的逻辑，并输入对象中。

查询系统（Query System）方面，FlexSim 允许用户在虚拟当中，同时作出任何询问。而在其他仿真软件里，用户需要暂停或结束虚拟，才可以作出询问。

大多数仿真软件在运行结束后可根据统计数据生成仿真报告，仿真报告以表格、直方图、饼状图等形式表示，显示了各个物流设备的利用率、空闲率、阻塞率等数据。用户可根据仿真报告提供的数据对物流系统的优缺点进行判断，作出科学决策。

主流仿真软件概要比较如表 12-2 所示。

表 12-2　主流仿真软件概要比较

软件	国度及开发商	面向对象	物流部件	扩展性	分析功能	应用行业	动画功能	操作容易性	价格
FlexSim	美国/FlexSim Software Production	是	有	较好	较强	几乎能为所有产业定制特定的模型	3D	可用 C++创建和修改对象	一般
RaLC	日本/人工智能服务株式会社	是	有	一般	一般	专业面向物流行业和工业工程领域	3D	建模简单直观，短时间可熟练掌握	较低
eM-Plant	美国/Tecnomatix	是	丰富	较好	强大	面向大型制造业领域的仿真群	2D	比较复杂	一般
Witness	英国/Lanner Group	是	有	一般	一般	平面离散系统生产线仿真器	2D	一般	一般
SIM-Animation	美国/3i 公司	是	有	一般	一般	集成化物流仿真软件	3D	基于图像的仿真语言，建模简单	一般
ShowFlow	荷兰/Incontrol Simulation Software	是	有	较好	较强	制造业和物流业	3D	功能简练，操作简单	较低
Delmia	美国/DELMIA Corp	是	有	较好	一般	汽车、航空、电力电子、家用消费品、造船等行业	3D	可 3D 协同工作	较贵
Quest	法国/Dassault Systèmes	是	有	较好	强大	大型制造业生产线，对物流生产线不太适用	3D	快速、有效地建模	昂贵
AutoMod	美国/Autosimulation	是	有	较好	强大	比较成熟的三维物流仿真软件	3D	需要编制程序才能做出作业流程	昂贵

续表

软　件	国度及开发商	面向对象	物流部件	扩展性	分析功能	应 用 行 业	动画功能	操作容易性	价格
ProModel	美国/ProModel	是	丰富	较好	一般	小型化工厂、大型工厂生产及先进的弹性制造系统	3D	不需撰写任何程序	较贵
Arena	美国/System Modeling	是	有	较好	较强	制造业、物流及供应链、服务、医疗、军事、日常生产作业、各类资源的配置、业务过程的规划、系统性能和计划结果的评价、风险预测	2D	用户容易得到的免费参考材料以及服务	一般
Supply Chain Guru	美国/LLamaSoft	是	有	一般	一般	专门的供应链仿真软件	3D	一般	较贵
Extend	美国/Imagine That	是	一般	最好	较强	政府流程、工厂设计和布局、供应链管理、物流、公共事业管理、生产制造、认知建模、运营管理、环境保护	2D	用户需有行业经验，具备编程知识	一般

12.6.4　物流系统仿真软件选择

选择仿真软件时，必须从分析功能、动画功能、操作容易性、售后服务等方面来对软件进行评价，企业使用仿真软件的目的不同，评价项目的侧重点不一样。

物流仿真软件的评价项目概况如表 12-3 所示。

表 12-3　物流仿真软件的评价项目概况

评价项目	评价内容	备　注
分析功能	• 有没有好的随机数发生器？是否可设定随机数初值？ • 有多少种统计分布函数可供选择？ • 是否有自动找出合适分布函数的功能（或是否附带有 ExpertFit 等工具）？ • 是否有优化功能（或是否附带有 OptQuest 等工具）？ • 是否有 Excel 接口？是否能和 ODBC（开放数据库互连）数据源相连接？ • 是否具有强大的商务图表功能？	分析功能的强与弱是评价仿真软件最关键的一个项目。能否容易地建立近似于现实系统的模型是仿真成功的关键 注意：没有随机数发生器和多种统计分布函数的软件，不可能实现仿真

续表

评价项目	评价内容	备注
动画功能	• 是 2D 类还是 3D 类？ • 能否自由变更部件图形？是否可用大众化 3D 图形文件？ • 在仿真运行过程中，能否瞬间变换模型角度和位置？ • 是否能将动画转换成 AVI 或其他大众化播放文件？	动画不仅是一个演示工具，还能将问题可视化，对沟通经营者、管理者和操作者之间的意见具有很重要的意义
操作容易性	• 是否拖拉式图形界面？ • 部件参数选择是否灵活？ • 参数、部件或局部模型的复制、粘贴、移动、删除等编辑功能是否方便？ • 是否必须掌握软件的专用语言？ • 建立 3D 模型是否需要多余的操作？ • 对于复杂逻辑是否可用大众化语言（VC、VB、JAVA 等）来编程？	部件或局部模型的复制、粘贴等功能，以及可用大众化语言来编程等特点，对方便建立大型或复杂模型非常重要
物流部件	• 有多少种物流部件？ • 物流部件的属性（外部形状）、参数的变更是否方便？	不仅评价物流部件种类多少，更主要是评价部件可变性
面向对象	• 是否具有面向对象特性？ • 部件是否可以相互移到另一个部件里？ • 部件是否可以继承其他部件的属性？ • 部件是否可在用户、程序库和模型间兼容？	软件工程的主流是面向对象，仿真软件也不例外
扩展性	• 部件是固定类，还是开放类？ • 模型里是否能输入其他模型，并与之相连接？	从发展的角度来说，当然应该选择部件开放类仿真软件
仿真运行速度	• 仿真运行过程中，是否需要编译？	一般来说，运行过程中，不需要编译的软件运行速度快
售后服务	• 在中国是否有代理店？ • 代理店是否有仿真专家？ • 做过多少物流仿真的案例？ • 除了软件的培训外，是否具有仿真咨询能力？ • 年间培训次数和用户交流会次数是多少？	仿真是一门技术，不单是使用软件。所以选择具有仿真咨询能力特别是具有相关物流仿真经验的代理商是非常重要的
价格	• 软件价格、培训价格、维护费用	选择性价比好的软件

案例

[12-1] 基于 FlexSim 的应急物流配送中心仿真
[12-2] 基于 AnyLogic 的城市地下物流配送仿真

即测即练

参 考 文 献

[1] 汝宜红,田源.物流学[M].北京:高等教育出版社,2009.
[2] 聂永有,袁洪飞.现代物流管理教程[M].上海:上海大学出版社,2020.
[3] 鲁衍,黄惠春,陈乐群.现代物流基础[M].成都:电子科技大学出版社,2020.
[4] 董千里.物流工程[M].北京:中国人民大学出版社,2012.
[5] 王丰,姜大立.物流工程概论[M].北京:首都经济贸易大学出版社,2008.
[6] 刘军,阎芳,杨玺.物流工程[M].北京:清华大学出版社,2014.
[7] 崔介何.物流学概论[M].北京:北京大学出版社,2019.
[8] 李玉民.物流工程[M].重庆:重庆大学出版社,2009.
[9] 张利."人工智能+"物流全链架构及场景应用[J].商业经济研究,2021(16):104-107.
[10] 霍艳芳,齐二石.智慧物流与智慧供应链[M].北京:清华大学出版社,2022.
[11] 张彤.大数据背景下智慧物流业务体系构建与运营[J].商业经济研究,2019(21):86-89.
[12] 方景芳.现代物流系统分析与设计[M].北京:机械工业出版社,2009.
[13] 吴清烈.预测与决策分析[M].南京:东南大学出版社,2004.
[14] 陶靖轩.经济预测与决策[M].北京:中国计量出版社,2004.
[15] 白思俊.系统工程[M].北京:电子工业出版社,2013.
[16] 张庆英.物流案例分析与实践[M].北京:电子工业出版社,2018.
[17] 王长琼.物流系统工程[M].北京:中国财富出版社,2014.
[18] 张庆英.物流系统工程——理论、方法与案例分析[M].北京:电子工业出版社,2011.
[19] 丁立言.物流系统工程[M].北京:清华大学出版社,2000.
[20] 贾志林.物流系统设计[M].北京:知识产权出版社,2006.
[21] 顾培亮.系统分析与协调[M].天津:天津大学出版社,2008.
[22] 李惠彬.系统工程学及应用[M].北京:机械工业出版社,2013.
[23] 胡怀邦.现代物流管理学[M].广州:中山大学出版社,2000.
[24] 刘思峰.预测方法与技术[M].北京:高等教育出版社,2015.
[25] 吴小珍.物流系统工程[M].北京:人民交通出版社,2021.
[26] 陈荣虎,任利.国内外物流需求预测研究趋势可视化分析[J].重庆工商大学学报(社会科学版),2023,40(2):92-107.
[27] 李金林,赵中秋,马宝龙.管理统计学[M].3版.北京:清华大学出版社,2016.
[28] 张华歆.预测与决策——理论及应用[M].上海:上海交通大学出版社,2014.
[29] 张彤,李胜朋,谭建国,等.预测与评价[M].天津:天津大学出版社,2015.
[30] 林建新,林孟婷,王皖东,等.分级设施选址问题研究进展与展望[J].清华大学学报(自然科学版),2022,62(7):1121-1131.
[31] 李云清.物流系统规划[M].上海:同济大学出版社,2004.
[32] 聂永有,陈多友,邱岩红.物流管理学[M].成都:四川人民出版社,2011.
[33] 齐二石,方庆琯,霍艳芳.物流工程[M].2版.北京:机械工业出版社,2021.
[34] 刘友权.EIQ分析法在连锁经营配送中心的应用及实例研究[D].武汉:华中科技大学,2005.
[35] 宋志兰,孔民警,项祎麒,等.基于EIQ-ABC方法的M公司钢铁物流园储位优化[J].物流技术,2019,38(7):135-139.
[36] 仝凌云,刘志帅,李娜,等.EIQM分析法:基于EIQ分析法的扩展分析方法[J].物流技术,2014,33(3):171-173,182.

[37] 赵晓辉,张贵炜.EIQ分析法在J电商配送中心规划中的应用[J].机电工程技术,2022,51(9):201-204.

[38] 高嘉成.基于改进SLP的生产车间设施布局优化及仿真研究[J].内燃机与配件,2019(1):189-191.

[39] 张永强,李星圆,赵尘.基于SLP和SHA的林产品仓储布局优化[J].林业工程学报,2021,6(1):171-177.

[40] 彭越.基于改进SLP的H公司车间设备布局研究[D].成都:西南交通大学,2017.

[41] 陈云辉.基于穿梭车的"货到人"仓储系统调度建模与优化研究[D].南昌:南昌大学,2022.

[42] 朱子欣.基于货到人模式的拣选台订单处理优化研究[D].北京:清华大学,2019.

[43] 胡金昌.多层穿梭车分拣系统的订单分配优化[D].济南:山东大学,2016.

[44] 匡成镇.基于半开排队网络模型的货到人拣选仓库性能评估[D].北京:清华大学,2019.

[45] 马永敬,孔维荣,周娇娇,等.典型立体仓储系统优势对比分析[J].价值工程,2019,38(36):166-169.

[46] 马文凯.基于平面和立体作业模式的两类"货到人"存取系统性能分析和配置优化[D].济南:山东大学,2018.

[47] 解晓东.离散制造企业自动化物料搬运系统柔性评估[D].徐州:中国矿业大学,2020.

[48] 赵世全.自动物料搬送系统调度策略及调度方法研究[D].北京:中国科学院大学(工程管理与信息技术学院),2017.

[49] 丁立言,张铎.物流系统工程[M].北京:清华大学出版社,2000.

[50] 潘勇.跨境电子商务物流管理[M].北京:高等教育出版社,2021.

[51] 杨头平.企业物流系统成本分析与控制优化研究[D].武汉:华中科技大学,2008.

[52] 易宏江.物流质量保障体系研究[D].西安:长安大学,2004.

[53] 周家红.物流系统风险评价研究[M].北京:中国商业出版社,2013.

[54] 赵林度.基于绩效分析与关键控制点的物流系统控制[J].东南大学学报(自然科学版),2007(S2):231-236.

[55] 高倩.基于系统动力学的制造企业物流成本控制研究[D].北京:北京交通大学,2013.

[56] 王长琼,张莹.物流系统工程[M].3版.北京:高等教育出版社,2022.

[57] 周三元.物流决策理论与技术[M].北京:中国人民大学出版社,2012.

[58] 白晓娟.物流运筹决策及方法运用[M].北京:中国财富出版社,2023.

[59] 邱卓磊,杨斌.市场竞争下平台与零售商的物流服务决策研究[J].计算机工程与应用,2022,58(14):313-320.

[60] 黄蓓蓓,吴光明,张蔚雯.电子商务企业物流模式的经济学研究[J].物流科技,2007(5):120-122.

[61] 鲍新中,刘小军.物流系统评价的数量化方法及其应用[J].工业工程,2007,9(4):122-124,132.

[62] 胡万达.基于遗传BP神经网络的区域物流需求预测[J].重庆三峡学院学报,2014,30(5):60-63.

[63] 汪应洛.系统工程[M].北京:机械工业出版社,2003.

[64] 许永龙.物流系统的经济评价理论与方法[M].北京:中国社会科学出版社,2006.

[65] 马向国,孙佩健,吴丹婷.物流系统建模与仿真实用教程:基于Flexsim2018中文版[M].北京:机械工业出版社,2020.

[66] 谢勇,王红卫,王小平,等.物流系统仿真[M].2版.北京:清华大学出版社,2020.

[67] 李文锋,张煜.物流系统建模与仿真[M].2版.北京:科学出版社,2018.

[68] 马汉武.设施规划与物流系统设计[M].北京:高等教育出版社,2005.

教师服务

感谢您选用清华大学出版社的教材！为了更好地服务教学，我们为授课教师提供本书的教学辅助资源，以及本学科重点教材信息。请您扫码获取。

》 教辅获取

本书教辅资源，授课教师扫码获取

》 样书赠送

物流与供应链管理类重点教材，教师扫码获取样书

 清华大学出版社

E-mail: tupfuwu@163.com
电话：010-83470332 / 83470142
地址：北京市海淀区双清路学研大厦 B 座 509

网址：https://www.tup.com.cn/
传真：8610-83470107
邮编：100084